SCHÄFFER
POESCHEL

Max Deml/Hanne May

Grünes Geld

Jahrbuch für ethisch-ökologische Geldanlagen 2002/2003

2002
Schäffer-Poeschel Verlag Stuttgart

ISBN 3-7910-2101-X

Gedruckt auf säure- und chlorfreiem, alterungsbeständigem Papier

www.schaeffer-poeschel.de
info@schaeffer-poeschel.de
Einbandgestaltung: Willy Löffelhardt
Satz: DTP + TEXT Eva Burri, Stuttgart
Druck und Bindung: Ebner & Spiegel GmbH, Ulm

Printed in Germany
Oktober/ 2002

Schäffer-Poeschel Verlag Stuttgart
Ein Tochterunternehmen der Verlagsgruppe Handelsblatt

Vorwort

Als vor 12 Jahren, im Jahr 1990, die erste Ausgabe von »Grünes Geld« erschien, waren ethisch-ökologische Geldanlagen kaum jemandem ein Begriff. Inzwischen hat sich der einstige Nischenmarkt für Idealisten zu einem Milliardengeschäft entwickelt. Neben den traditionellen Anbietern haben längst auch zahlreiche konventionelle Banken auf den neuen Markttrend reagiert. Zu fast jedem Geldanlageprodukt gibt es heute eine »grüne« Variante – von Sparbüchern, geschlossenen Fonds über Aktien, Investmentfonds und Venture-Capital bis hin zu Öko-Lebens- und Rentenversicherungen. Immer mehr Menschen wollen sichergehen, dass ihr Geld nicht genutzt wird, um Waffen und Atomkraft, Umweltverschmutzung und soziale Ungerechtigkeiten zu finanzieren. Auf eine gute Rendite wollen und müssen sie dabei nicht verzichten: Die Mehrzahl der grünen Anlageprodukte bietet marktübliche, teilweise sogar überdurchschnittliche Renditen.

Unabhängige Informationen über sinnvolle und profitable Investments sind rar, auch wenn die Zahl der Veröffentlichungen zu diesem Thema stark gestiegen ist. Das Jahrbuch »Grünes Geld« erscheint als einzige Publikation regelmäßig alle zwei Jahre und ist inzwischen eine Art »Klassiker« geworden. Auch diese komplett überarbeitete Ausgabe möchte wieder einen möglichst umfassenden Überblick zu den aktuellen ethisch-ökologischen Investmentmöglichkeiten geben. Neben Banken, Aktien- und Renten-Investmentfonds, Beteiligungsmöglichkeiten und einer Vielzahl von Aktien, werden die neuen »Öko«-Riesterprodukte vorgestellt. Wichtige Forschungsinstitute, Rating-Organisationen, Informationsquellen für Anleger und mehr als drei Dutzend Öko-Finanzdienstleister werden ebenso portraitiert. Das ausführliche Literatur- und Stichwortverzeichnis sowie ein Unternehmens- und Namensregister sollten kaum eine Frage offen lassen. Falls doch, freuen wir uns über eine Rückmeldung per E-Mail an hannemay@web.de oder oekoinvest@teleweb.at.

Viel Spaß beim Lesen und nachhaltigen Erfolg beim Investieren wünschen

Hanne May und Max Deml
Wiesbaden/Wien, im Juli 2002

Inhaltsverzeichnis

1 Einleitung: Grünes Geld – ein wachsender Markt

1.1 Globalisierung, Verschuldung und Zinsproblematik

Die Konzepte ethisch-ökologischer Geldanlagen haben ihre Wurzeln in der Umwelt-, Friedens- und Bürgerrechtsbewegung. Die Aktivisten waren es einfach leid, gegen Umweltzerstörung, Aufrüstung und Rassendiskriminierung zu demonstrieren und dies gleichzeitig mit dem eigenen Sparbuch zu finanzieren. Alternativen waren gefragt, bei denen das Geld sozial und ökologisch sinnvoll investiert wurde – ohne dabei auf eine marktübliche Rendite zu verzichten. Denn Ökologie lässt sich durchaus mit ökonomischem Nutzen verbinden: Unternehmen, die heute umweltfreundlich wirtschaften und deren Schadstoffausstoß weit unter den gesetzlichen Grenzen liegt, haben es in Zukunft leichter als die Konkurrenz, die z. B. bei gesetzlichen Grenzwertverschärfungen erst teure Investitionen vornehmen muss, die ihren Gewinn schmälern. Ganz zu schweigen von dem Vorteil, den ein »umweltfreundliches« Firmenimage auf den Produktabsatz hat.

Aber nicht nur Umweltschützer werden sensibler im Umgang mit Geld und wollen ihre Marktmacht im Geldanlagebereich demonstrieren. Auch Politiker und die Chefs von Weltbank & Co. schließen sich dem Leitspruch »Ökologie ist langfristige Ökonomie« an und beschwören – getreu der Umweltkonferenz von Rio 1992 – das Konzept der »Sustainability«/Nachhaltigkeit. Denn als gute Haushalter (griechisch: oikonomoi) müssen die ökonomisch Denkenden auch Ökologie und soziale Aspekte beachten, wenn sie langfristig und dauerhaft wirtschaften wollen.

Ethisch-ökologisch motivierte Investoren haben zwar mit der Auswahl ihrer Anlageobjekte einen wirkungsvollen Hebel in der Hand, denn jedes Projekt braucht zur Realisierung eine mehr oder weniger gesicherte Finanzierung. Allerdings sind die noch relativ kleinen Finanzströme nur ein Tropfen auf den heißen Stein und grüne Geldanlagen sollten nicht zu einem Feigenblatt werden, das den Blick auf die Realitäten der globalen Geldwirtschaft verstellt.

Zinseszins oder: Wachstumszwang und Umverteilung

Täglich werden Milliarden Dollars und Euros als »anlagesuchendes« Kapital elektronisch rund um den Globus transferiert. Dessen Verzinsung führt zu exponentiellen Vervielfachungen der irgendwo verbuchten Guthaben und Schulden. Die Verschuldung treibt hunderttausende Menschen ins Elend; manche Länder müssen zur Zinszahlung Nahrung exportieren, während die eigene Bevölkerung hungert. Die Finanzkrisen häufen sich nicht nur in Asien und Afrika, sondern treffen auch ehemals reiche Länder wie jüngst Argentinien.

Eine der Hauptursachen dieser Probleme ist der Zins auf Geld. Durch das Zinseszinssystem findet jeden Tag eine Umverteilung des Vermögens von den 80 Prozent ärmeren zu den 10 Prozent reicheren Bevölkerungsteilen statt. Die 10 Prozent dazwischen steigen dabei ohne großen Gewinn oder Verlust aus. Nicht nur in der dritten Welt, wo das Missverhältnis vielleicht sogar noch weit höher liegt, sondern in den entwickelten Ländern.

Wer glaubt, mit seinen Sparbuchzinsen zu den Gewinnern des Systems zu zählen, täuscht sich gewaltig. Denn auch wer keine Schulden hat, muss rund ein Drittel aller Ausgaben für Zinsen aufwenden, die in Mieten, Preisen oder Steuern (Staatsverschuldung!) mehr oder weniger versteckt enthalten sind. Der Aachener Wirtschaftspublizist Helmut Creutz hat schon vor Jahren errechnet, dass jeder Anleger etwa 150 000 Euro – gut verzinst – anlegen müsste, um diese Zinsen wieder hereinzuholen. Jeder, der weniger (verzinstes) Geldvermögen hat, zahlt täglich drauf. Und jeder, der über dieser Grenze liegt, profitiert von unserem Geldsystem, weil er – bei durchschnittlichem privatem Konsum – mehr Zinsen erhält als er selbst über Mieten, Preise und Steuern zahlt.

Aus diesem Geldsystem gibt es kaum ein Entrinnen, es sei denn, man macht es wie Franz von Assisi, der überhaupt kein Geld anrührte. Oder man wartet, bis die Schwellensumme angespart ist und hat dann den Ruhepunkt innerhalb des Systems gefunden.

Eine Alternative zu diesem Problem bieten einige in diesem Buch vorgestellten Anlagemöglichkeiten – durch freiwilligen gänzlichen oder teilweisen Zinsverzicht.

Globalisierung und Monetarisierung

Möglichst niedrige Zinsen forderte schon vor fast 100 Jahren der wirtschaftswissenschaftliche Autodidakt, Schriftsteller und kurzzeitige Finanzberater der Räterepublik Bayern, *Silvio Gesell*. Sein 1916 erschienenes Buch »Die natürliche Wirtschaftsordnung durch Freiland und Freigeld« gilt nach wie vor als eines der Hauptwerke der Freiwirtschaftslehre. Gesell entwarf darin ein Zukunftsmodell für eine Wirtschaft, die die Schere zwischen Reichen und Habenichtsen langsam schließen statt weiter öffnen sollte. Das mit einer Art Negativzins belastete »Freigeld« sollte nicht mehr gehortet werden, sondern im Umlauf bleiben. Das nicht mehr in Privatbesitz befindliche, sondern zugunsten der Allgemeinheit verpachtete »Freiland« sollte Bodenspekulationen vorbeugen, und schließlich würde ein nicht mehr von Zöllen und Beschränkungen behinderter »Freihandel« auch dazu beitragen, mehr Gerechtigkeit zu erreichen.

Maynard Keynes, sah in Gesell einen »antimarxistischen Sozialisten« und in gewissem Sinn auch einen Vorläufer seiner eigenen Lehre. Auch Albert Einstein fand Gefallen an den Theorien seines Kartenspielpartners Silvio Gesell und meinte »die Schaffung eines Geldes, das sich nicht horten läßt, würde zur Bildung von Eigentum in anderer wesentlicherer Form führen.«

Im Zuge der Globalisierungsdebatte wird seit einigen Jahren heftig über die Rolle der internationalen Finanzmärkte diskutiert. Selbst einer der größten Nutznießer des Systems, der Spekulant George Soros, hat in seinem Buch »Die Krise des globalen Kapitalismus« »pathologische und unhaltbare« Zustände diagnostiziert: »Die Finanzmärkte sind ihrem Wesen nach instabil; und bestimmte gesellschaftliche Bedürfnisse lassen sich nicht befriedigen, indem man den Marktkräften freies Spiel gewährt.«

Doch wie soll die Globalisierung des Geldes, die Monetarisierung der Welt und die Steuerflucht eingedämmt werden? Kapitalverkehrskontrollen oder Steuern auf Kapitalströme wie die schon vor Jahren vorgeschlagene so genannte »Tobin«-Steuer auf Devisentransaktionen könnten neue Rahmenbedingungen für eine gerechtere Finanzordnung schaffen. Allein die nähere Erläuterung dieses Themas wäre allerdings schon ein eigenes Buch wert.

Anregungen zu Veränderungen gibt es von vielen Seiten, an dieser Stelle deshalb nur ein Hinweis auf zwei Institutionen: die *Internationale Vereinigung für Natürliche Wirtschaftsordnung (INWO)*, die sich den Ideen von Gesell verpflichtet fühlt, und *Attac*, eine aufstrebende internationale Bewegung, die – ebenfalls parteiunabhängig – vehement und kompetent gegen die negativen Auswirkungen der Globalisierung protestiert. Von Attac gibt es beispielsweise auch Diskussionspapiere zu Themen wie »Regulierung der internationalen Finanzmärkte für eine sozial gerechte und ökologisch tragfähige Entwicklung«.

Kontaktadressen:

- Attac-Netzwerk, Artilleriestr. 6, D-27283 Verden, Tel. 04231/957591, www.attac-netzwerk.de
- inwo-Internationale Vereinigung für Natürliche Wirtschaftsordnung, Bahnhofstrasse 102, Postfach, CH-5001 Aarau, Tel. 0041/62/822 84 86, www.inwo.ch, www.inwo.org

- inwo Deutschland e. V., Max-Bock-Str. 55, D-60320 Frankfurt, www.inwo.de
- inwo Österreich, Staudingergasse 11, A-1200 Wien, Tel. 0043/1/3300425, www.inwo.org/at
- Stiftung für Reform der Geld- und Bodenordnung, Pinnaudamm 4, D-25421 Pinneberg

1.2 Grünes Geld: ein neuer Trend oder nur vorübergehend »trendy«?

Im ersten Halbjahr 2002 gerieten die Börsen weltweit in die Schieflage: Anhaltende Konjunkturschwäche und Bilanzfälschungsskandale ließen die Kurse tief in den Keller rutschen. Scheinbar unbeeindruckt von dieser Entwicklung zeigte sich der Markt für ethisch-ökologische Geldanlagen. Während die Börsenkurse unaufhaltsam sanken, kamen ständig neue Produkte auf den Markt: Aktien- und Rentenfonds, Zertifikate. Viele Bankhäuser schienen getrost der Maxime zu handeln: Jetzt geht's nur noch mit Moral. Und griffen deshalb auf ethisch-ökologische Anlageprodukte zurück. Ist ethisch-ökologisches Investment also nur vorübergehend »trendy«? Wird das »grüne Geld« wieder in die kuschelige Nische wandern, wenn sich die Börse von Skandalen und geplatzten New Economy-Träumereien erholt hat?

Die Antwort lautet: Nein. Schon seit Jahren sind grüne Geldanlagen kräftig im Aufwind. Im Jahr 2001 konnten geschlossene Fonds für Windparks – anders als alle Konkurrenzprodukte – deutlich zulegen. Und das in deutschen Investmentfonds angelegte Volumen stieg erneut um über 60 Prozent. 2,41 Milliarden Euro haben deutsche Privatanleger inzwischen in ethisch-ökologische Publikumsfonds investiert, institutionelle Anleger immerhin auch schon 3,5 Milliarden (siehe Info-Grafiken). Trotz des rasanten Wachstums in beiden Anlage-Segmenten: Der Anteil am Gesamtmarkt liegt jeweils noch unter einem Prozent.

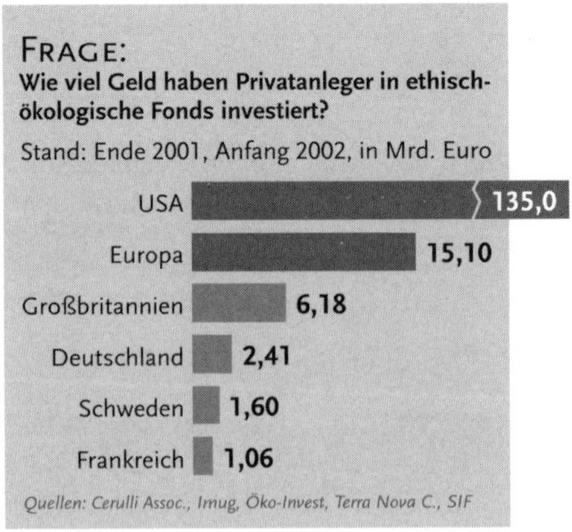

Doch wo die Reise hingehen könnte, zeigen exemplarisch die beiden größten Märkte für ethisch-ökologisches Investment:

- In den *USA* summierte sich das »socially responsible« investierte Vermögen im Jahr 2001 auf über 2,3 Billionen Dollar. Der Löwenanteil von über 90 Prozent entfällt dabei traditionell auf die institutionellen Investoren – allen voran Kirchen und Pensionsfonds. Insgesamt knapp 15 Prozent des gesamten Kapitals institutioneller Investoren werden nach ethischen und/oder ökologischen Kriterien angelegt – allerdings häufig nur mit einem oder zwei Ausschlusskriterien.
- In *Großbritannien*, dem größten Markt in Europa, waren zum Jahresende 2001 rund 6,2 Milliarden Euro in ethisch-ökologischen Publikumsfonds angelegt – knapp 3 Prozent des Gesamtmarkts. Den Boom hat eine Novellierung der Altersvorsorge im Juli 2000 ausgelöst. Alle Anbieter von Pensionsfonds müssen nachweisen, ob und inwiefern sie bei ihrer Geldanlage ethische Kriterien berücksichtigen.

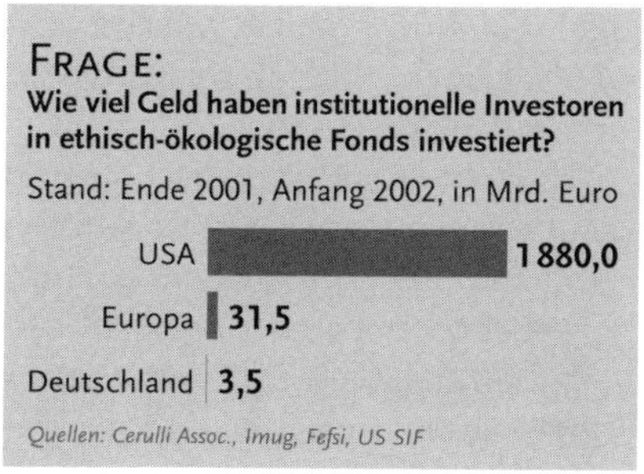

Institutionelle Investoren und Pensionsfonds können auch im deutschsprachigen Raum zu den zentralen Akteuren für die weitere Marktentwicklung werden – darin sind sich alle Marktbeobachter einig. Obwohl die Riester-Rente in Deutschland bislang die in sie gesetzten Hoffnungen nicht erfüllen konnte (siehe Kapitel 3): Zum Aufbau einer privaten Altersvorsorge gibt es keine Alternative. Kommt der Markt in Schwung, werden davon auch ethisch-ökologische Produkte profitieren.

Institutionelle Investoren spielen im deutschsprachigen Raum und in Europa insgesamt – im Vergleich zu den USA – noch eine untergeordnete Rolle. Doch es kommt Bewegung in die konservative und primär auf Sicherheit bedachte Anlagepolitik von Kirchen, Gewerkschaften und Verbänden. Nicht zuletzt durch die bohrenden Fragen der Mitglieder. So mancher sieht die Glaubwürdigkeit der Institutionen gefährdet, wenn einerseits Wein gepredigt wird, bei der Geldanlage aber nur Wasser als Maßstab dient.

Die Untersuchungen des *Imug-Instituts*, Hannover, und von *Henry Schäfer*, Universität Stuttgart, belegen: Es gibt keine Grundsatzdiskussionen mehr, es wird gehandelt. Kirchliche Investoren – so die Erkenntnis von Imug – testen verschiedene Produkte. Stiftungen und Nichtregierungsorganisationen – so das Ergebnis der Befragungen von Henry Schäfer – sind ebenfalls aufgeschlossen und suchen nach geeigneten Anlageformen.

Und was tun die Privatanleger? Sie haben den Markt ins Laufen gebracht und dabei gerade in der Anfangsphase reichlich Lehrgeld gezahlt. Pleiten, Pannen und Betrügereien wurden oftmals auf dem Rücken der besonders motivierten Anleger ausgetragen. Ein Glück für den Markt, dass sie dies meist mit Gelassenheit hingenommen haben. Doch inzwischen sind längst andere Anleger-Typen auf den Plan getreten, die teilweise in erster Linie auf die Rendite schauen und erst im zweiten Blick auf Ethik und Ökologie. Konsequenz: Missmanagement und Verluste werden künftig härter bestraft. Auch in dieser Hinsicht wird der »grüne« Kapitalmarkt (endlich) zum normalen Geschäft.

Ob nach den Kursrückschlägen des Jahres 2002 immer noch so viele Privatanleger von der Attraktivität des ethisch-ökologischen Investments überzeugt sind, sei dahingestellt (siehe Info-Grafiken). Die viel zitierte repräsentative Befragung des Imug-Institut wurde Anfang 2001 durchgeführt. Damals befanden sich viele Öko-Aktien nach dem Boom durch das Erneuerbare-Energien-Gesetz und dem Öl-Preis-Anstieg auf dem »All-time-high«. Zur Jahresmitte 2002 notierten fast alle diese Gipfelstürmer wieder unter ihrem Emissionskurs. Viele Fonds, die zum Kurshöhepunkt aufgelegt wurden, lagen deshalb kräftig im Minus.

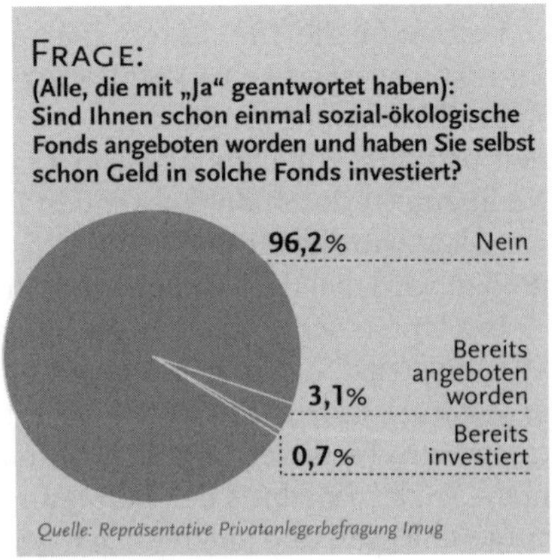

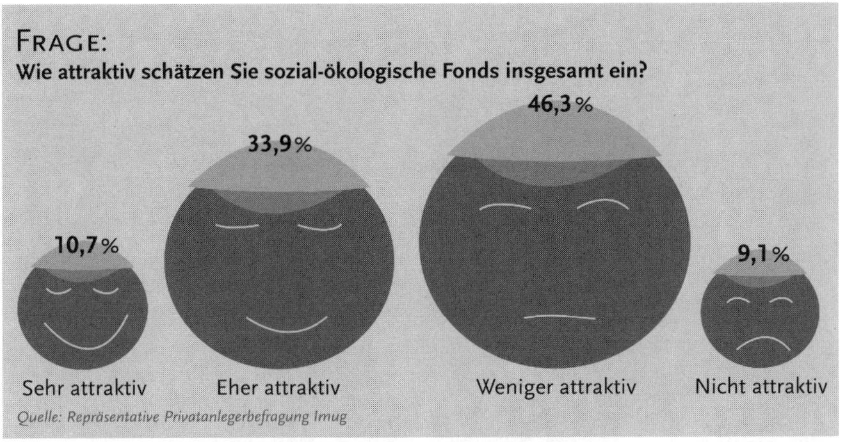

Dennoch: Selbst der Leiter des Deutschen Aktieninstituts *Rüdiger von Rosen* spricht von einem »neuen, ernst zu nehmenden Trend« und erwartet für die kommenden Jahre ein weltweites Marktwachstum von 30 bis 40 Prozent. Aus unserer Sicht sprechen vier zentrale Trends dafür, dass die Erfolgsgeschichte des ethisch-ökologischen Investments auch künftig fortgeschrieben werden kann.

Keine Alternative zu Klimaschutz und Agrarwende

Die Probleme einer globalen Klimaveränderung sind kein theoretisch diskutiertes Phänomen mehr, sondern längst in der Realität angekommen – auch wenn dies diesseits des Atlantiks nur ungern zur Kenntnis genommen wird. In politischen Kreisen verschiedenster Couleur herrscht Einigkeit darüber, dass gehandelt werden muss. Die Frage lautet einzig: wie und wie schnell. Beim Energiesparen und dem Ausbau neuer Energieträger ist Europa führend. Deutschland ist weltweit Windenergieland Nummer 1. Die Technologie ist längst über die Grenzen hinaus gewachsen (siehe Bild), der Exportmarkt bekommt für aufstrebende Firmen eine immer größere Bedeutung. Anleger können auch künftig von dieser Entwicklung profitieren.

Nach mehreren Skandalen und den negativen Folgen des ausufernden europäischen Fördersystems scheint auch die Agrarwende in Gang zu kommen. Anleger konnten daraus zwar bislang kaum Gewinn ziehen. Mit einer zunehmenden Professionalisierung der Bio-Lebensmittelsbranche – wie es beispielsweise in den USA schon der Fall ist – könnten aber auch hier endlich Erfolge verzeichnet werden.

Weltweit im Aufwind: Deutsche Windmühlenbauer drängen auf den internationalen Markt. Die im Nemax 50 notierte Nordex hat selbst in der ägyptischen Wüste (Zafarana) schon einen Windpark errichtet. (Foto: Nordex)

Ruf nach sozialer Gerechtigkeit

Die breite Debatte zu den Folgen der Globalisierung und der unerwartete Erfolg der Anti-Globalisierungsbewegung Attac haben gezeigt: Das schon beinahe tot geglaubte Thema »soziale Gerechtigkeit« ist auferstanden. Insbesondere die ungehinderten Geldströme des weltweiten – einzig wirklich globalen – Finanzmarkts, die drückende Schuldenlast der Länder des Südens und die Marktbarrieren der reichen Länder des Nordens sind den Gegnern ein Dorn im Auge. Unternehmen, die nicht nur auf den »Shareholder Value«, sondern primär auf den »Stakeholder Value« setzen, den fairen Umgang mit Mitarbeitern, Geschäftspartnern und der Umwelt, werden nachhaltig mehr Erfolg auf dem Markt haben.

Die neue Debatte um Ökonomie und Moral

Die Enron-Pleite, die Bilanzfälschungen beim Telekommunikationskonzern Worldcom und das Missmanagement beim Medien- und Energieriesen Vivendi haben das Vertrauen der Anleger in die Unternehmenslenker nachhaltig erschüttert. Auch Banken, Analysten, Wirtschaftsprüfer und Rating-Agenturen geraten ins Zwielicht, da sie die kriminellen Vorgänge mittrugen oder die Augen davor verschlossen.

Bei Enron erstaunt nicht nur das unerhörte Ausmaß von Bilanzfälschung und krimineller Energie. Der Energiehändler wurde mehrfach unter die 100 arbeitnehmerfreundlichsten Unternehmen gewählt und steckte in den Portfolios zahlreicher ethischer Investmentfonds. Auch deren Kontrollmechanismen konnten die Schieflage nicht aufdecken.

Die Folgen dieser Entwicklung sind verheerend. Immer mehr enttäuschte Anleger haben ihr Geld vom internationalen Kapitalmarkt abgezogen. Eine neue Debatte über die Redlichkeit von Managern und eine faire Unternehmenspolitik ist entbrannt. Obwohl auch ethisch-ökologische Investmentfonds von den Verlusten betroffen sind: Das Vertrauen der Anleger können am ehesten die Anlageprodukte zurückgewinnen, die auf Nachhaltigkeit/Sustainability setzen. Denn Unternehmen, die auf langfristige Erfolge ausgerichtet sind, werden ihre Substanz nicht für den schnellen, kurzfristigen Gewinn aufs Spiel setzen.

Die zweite Stufe: Diversifikation und Standardisierung

Die Folgen des stetigen Marktwachstums ethisch-ökologischer Investments sind eine Ausweitung der Produktpalette und die Professionalisierung auf Anbieterseite – nicht zuletzt durch den verstärkten Einstieg größerer Player in den Markt. Um auf dem wachsenden Markt noch den Überblick zu behalten, sind dringend mehr Transparenz und einheitliche Standards geboten.

Für die meisten Anleger sind die unterschiedlichen Anlagephilosophien eines reinen Ethik- oder Öko-Fonds im Vergleich zu Nachhaltigkeitsfonds nicht erkennbar. Eine gewisse Schwammigkeit der Begriffe wird zumindest von denen gern in Kauf genommen, die in erster Linie auf den positiven Image-Effekt solcher Anlagen setzen. Die Einführung allgemein gültiger Standards – beispielsweise in Form von Labels – könnte den Anlegern klar machen, wo sie dunkelgrün und wo sie eher hellgrün investieren.

Auch Anbieter »grüner« Kapitalmarktprodukte können sich also keinesfalls zurücklehnen. Der Vertrauensvorschuss, der den Produkten entgegengebracht wird, muss von der Realität bestätigt werden – durch eine transparente und glaubwürdige Anlagepolitik und gute Ergebnisse. Vielen Marktteilnehmern ist dies in der Vergangenheit gelungen. Der Natur-Aktien-Index (siehe Kapitel 2.4.3.1) hat beispielsweise den MSCI-World-Index selbst im Krisenhalbjahr 2002 noch um Längen geschlagen. Hält dieser Trend an, wird ethisch-ökologisches Investment auch künftig nachhaltigen Erfolg haben – zur Freude der Anleger.

2 Grün anlegen

2.1 Grüne Banken

Immer mehr Banken bieten inzwischen grüne Geldanlagen an. Doch ihr Hauptgeschäft machen sie nach wie vor mit konventionellen Produkten. Grüne Banken haben sich dagegen zum Ziel gesetzt, ihren gesamten Geldfluss nach ethisch-ökologischen Kriterien auszurichten. Wer dort ein Girokonto eröffnet oder einen Sparbrief erwirbt, kann sicher sein, dass sein Geld in soziale Projekte, Kultur und Bildung, umweltfreundliches Bauen, ökologische Landwirtschaft oder erneuerbare Energien investiert wird. Denn die Banken geben einen Großteil der Kundenspargelder in Form von Krediten an diese Branchen weiter. Meist können Anleger(innen) selbst festlegen, in welchem Bereich ihr Geld arbeiten soll. Wer möchte, kann über eine Beteiligung am Grundkapital der Bank oder durch teilweisen Zinsverzicht für günstigere Kreditkonditionen sorgen. Anders als bei herkömmlichen Banken, können die Kunden auch jeden einzelnen Kredit nachvollziehen: Übersichten mit allen Kreditnehmern veröffentlichen die GLS Gemeinschaftsbank in ihrer Mitgliederzeitschrift (»Bank-spiegel«), die Freie Gemeinschaftsbank BCL und – besonders ausführlich – die Alternative Bank Schweiz (ABS) im Geschäftsbericht.

Die Einhaltung der selbst gesteckten Ziele wird von verschiedenen Gremien überwacht. Die Umweltbank hat beispielsweise einen 22-köpfigen Umweltrat berufen, der die Bankgeschäfte kritisch unter die Lupe nimmt. Bei der Alternativen Bank Schweiz agiert der Ethische Rat als direktes Organ der Hauptversammlung.

Bei allen Banken steht nicht die Gewinnmaximierung, sondern der Mehrwert von Investitionen in Menschen und Umwelt im Vordergrund. Was aber nicht heißt, dass die Banken kein Wachstum anstreben. Im Gegenteil: In den vergangenen Jahren konnten sie ihre Umsätze und Gewinnbeiträge allesamt kräftig steigern. Die Genossenschaftsbanken (GLS, BCL) haben dies genutzt, um Eigenkapital und Rücklagen zu stärken. Die Aktiengesellschaften (ABS, Umweltbank) gaben einen Teil in Form von Dividenden weiter.

»Idealismus ist das Feuer, aber das Rüstzeug muss auch sitzen«, sagt Paolo Wegmüller von der Freien Gemeinschaftsbank BCL. Beredtes Beispiel für diese Aussage ist das Schicksal der Ökobank. Denn in der Öko-Nische gelten die gleichen Gesetze wie in der konventionellen Geldwirtschaft: Wer mit dem anvertrauten Geld unwirtschaftlich arbeitet, kann nicht bestehen.

2.1.1 Gestrandete Ideale: Die Ökobank

Die 1988 gestartete Bank stützte sich auf eine breite Mitgliederstruktur. Bis zu 24 000 Genossen setzten ihr Kapital ein, um die neue Bank zu finanzieren. Anders als die Spezialbanken GLS und Umweltbank wollte die Ökobank eine umfassende Alternative zu herkömmlichen Banken bieten. Die Produktpalette reichte so vom Girokonto bis zum eigenen Aktienfonds. Ende der 90er-Jahre waren die Frankfurter die größte ethisch-ökologische Bank Deutschlands mit Bilanzsummen von nahezu 400 Millionen Mark.

Die Kehrseite der Medaille: Seit ihrer Gründung schleppte die Bank Schulden mit sich herum. Neue Kredite wurden oft nur unzureichend geprüft, weil Vorstand und Personal das Know-how fehlte. Leider spielten bei der Besetzung von Schlüsselfunktionen häufig persönliche Beziehungen eine größere Rolle als fachliche Qualifikation. Der eine oder andere Mitarbeiter kehrte der Bank deshalb schon lange vor dem Aus frustriert den Rücken. Das dicke Ende kam Mitte 2001: Erst platzten 1999 drei faule Großkredite, dann kamen im Folgejahr weitere Verluste hinzu. 30 Millionen Mark waren weg, die Bank stand vor der Pleite. Seitdem hat die Bankaktiengesellschaft Hamm (BAG), eine Auffanggesellschaft der deutschen Genossenschaftsbanken, das Ruder übernommen. Sie wird die Altschulden abwickeln und das bestehende Bankgeschäft (Kunden, Einlagen, Kredite) voraussichtlich bis zum 1.1.2003 an die GLS Gemeinschaftsbank übergeben. Wie viele Kunden nach diesem langen Hin und Her noch die Stange halten, bleibt abzuwarten.

2.1.2 GLS Gemeinschaftsbank eG

Die älteste grüne Bank Europas hat ihren Sitz in Bochum. 1974 wurde die »Gemeinschaft für Leihen und Schenken« (GLS) gegründet, die heutige GLS Gemeinschaftsbank eG. Dass sich die Gründungsmitglieder an den Leitlinien des Anthroposophen Rudolf Steiner orientierten, erschließt sich – anders als bei der schweizerischen Freien Gemeinschaftsbank – nicht sofort. Ein Blick ins Portfolio zeigt aber, dass auch heute noch knapp die Hälfte aller Kredite für die Bereiche Geistesleben, Heil- und Waldorfpädagogik vergeben wird. Die Entscheidung über die Kreditvergabe treffen die über 24 000 Kunden der GLS zum Großteil selbst. Sie können frei wählen, in welchem Bereich ihr Geld angelegt werden soll: in ökologische oder soziale Projekte, Kultur, Bildung und Pädagogik. Eine Übersicht zu allen Kreditnehmern und Portraits einzelner Projekte werden regelmäßig in der Kundenzeitschrift »Bankspiegel« veröffentlicht.

GLS Gemeinschaftsbank: Einen großen Teil ihrer Kredite vergibt die Genossenschaftsbank an Einrichtungen in den Bereichen Bildung und Pädagogik. Die einzelnen Kreditnehmer – wie das Waldorfhaus in Wuppertal – werden ausführlich im hauseigenen »Bankspiegel« portraitiert. (Foto: GLS Gemeinschaftsbank)

Neben dem Spar- und Kreditgeschäft legt die GLS über ihre Tochtergesellschaft GLS Beteiligungs AG (BAG) seit 1995 geschlossene Fonds und Beteiligungen auf. Das Schwergewicht liegt auf Windkraft-Fonds und anderen erneuerbaren Energien. Die BAG bringt der Bank gute Gewinne – einzig 1999 mussten Verluste verkraftet werden.

Um den stetigen Zuwachs des Kreditvolumens zu bewältigen und die bevorstehende Übernahme der Ökobank zu bewältigen, hat die GLS Ende 2001 erstmals in ihrer Geschichte eine Aktion zur Eigenkapitalerhöhung gestartet. Ziel ist ein Zuwachs um 3 Millionen auf insgesamt 12,5 Millionen Euro Eigenkapital. Ein Anteil ist schon ab 100 Euro zu haben. Die Bank freut sich, wenn Anleger mindestens drei Anteile zeichnen. Wichtig: Die Anteile kommen einer Stiftungseinlage gleich. Es wird keine Dividende gezahlt und das Geld wird erst fünf Jahre nach Kündigung ausgezahlt.

Wirkliche Stiftergelder werden dagegen von der Gemeinnützigen Treuhandstelle verwaltet. Die 1961 ins Leben gerufene Mutterorganisation der GLS verwaltet derzeit über 100 Stiftungsvermögen.

Die GLS arbeitet nicht nach dem Prinzip der Profitmaximierung. Dennoch: Für die kommenden Jahre hat sich die Bank ein moderates Umsatz- und Gewinnwachstum vorgenommen. Im Jahr 2001 wurden die eigenen Prognosen deutlich übertroffen. Mit 436,7 Millionen Mark lag die Bilanzsumme 18,5 Prozent über dem Vorjahr. Grund für den Zuwachs ist vor allem das gute Einlagengeschäft. Vielleicht ist auch schon der eine oder andere Kunde von der Ökobank hinübergewandert. Wenn sich beide Institute zum 1.1.2003 zusammenschließen, rechnet die GLS mit einem Anwachsen der Kundenzahl auf 45 000 und einer gemeinsamen Bilanzsumme von rund 380 Millionen Euro.

2.1.3 Umweltbank

Wesentlich dynamischer geht das Wachstum bei der Nürnberger Umweltbank voran. Vorstandsvorsitzender Horst P. Popp verließ Anfang der 90er-Jahre die Ökobank und gründete selbst eine Bank. Die im Frühjahr 1997 gestartete Direktbank hat – anders als ihre Konkurrenten – keine Filialen, sondern operiert ausschließlich von Nürnberg aus. Inzwischen werden 29 000 Kunden betreut und eine Bilanzsumme von 322 Millionen Euro erzielt. Spätestens Mitte 2003 wollen die Nürnberger an dem Duo GLS/Ökobank vorbeiziehen und peilen für Ende 2004 eine Bilanzsumme von 500 Millionen Euro an. Dann wären sie hinter der nicht börsennotierten Triodos Bank Europas Nummer 2.

Wo das Geld angelegt werden soll, können Anleger nicht individuell entscheiden. Dafür gibt die Umweltbank aber eine Garantie, dass alle Sparbeträge ausschließlich in ökologische Projekte investiert werden. Was darunter zu verstehen ist, hat das beratende Gremium des Umweltrates über Negativ- und Positivkriterien festgelegt. Zu den Ausschlusskriterien zählen: Großkraftwerke, Rüstung, umweltschädliche und sozial unverträgliche Projekte. Positiv bewertet werden beispielsweise regenerative Energieerzeugung, umweltfreundliches Bauen und ökologische Landwirtschaft. Der Umweltrat tritt zwei Mal jährlich zusammen, um zu überprüfen, ob die Anlage- und Kreditangebote der Bank diesen Ansprüchen gerecht werden.

Neben den klassischen Sparangeboten bietet die Umweltbank auch Windpark-Beteiligungen verschiedener Projektentwickler an, vertreibt ökologische Aktienfonds und bietet Aktiendepots an. Für die zweite Jahreshälfte 2002 ist der erste eigene geschlossene Fonds geplant: ein Immobilienfonds.

Schwerpunkt im Kreditgeschäft sind ökologische Immobilien. Private Bauherren, die besonders umweltfreundlich bauen, werden nach einem Bonus-System mit niedrigeren Hypotheken-Zinssätzen belohnt.

Eine weniger glückliche Hand bewiesen die Nürnberger als Emissionshaus. Anleger, die ihr Geld in die außerbörslichen Kapitalerhöhungen von Unit Energy und Nevag steckten, stehen heute fast mit leeren Händen da (siehe Kapitel 2.4.1.1). Erfolgreicher verliefen aber die Börsengänge der Windparkprojektierer Umweltkontor und Plambeck (siehe Kapitel 2.4.1.2), bei denen die Umweltbank als Konsortialbank fungierte. Geglückt ist auch der eigene Börsengang im Juni 2001. Seitdem sind 100 Prozent des Kapitals im Freiverkehr der Frankfurter Börse gelistet.

Im Geschäftsjahr 2001 erlebten die Nürnberger eine böse Überraschung. Anfang Mai 2002 lag schon der testierte Jahresabschluss vor, der ohnehin nur eine schwarze Null auswies. Grund: Sicherheitsrücklagen nach dem miserablen Börsenjahr. Kurz vor Veröffentlichung des Abschlusses kam die Meldung vom Konkurs der BkmU Bank (siehe Kapitel 2.5), berichtet Vorstand Jürgen Koppmann. Die Umweltbank musste damit nicht nur ihre zweiprozentige Beteiligung komplett abschreiben (Aktienwert/Verlust rund 1 Millionen Euro), sondern auch eine Geldanlage über ca. 0,9 Millionen Euro mit 50 Prozent als Verlust verbuchen. Folge: Das Geschäftsjahr 2001 schließt mit einem dicken Minus von 1,45 Millionen Euro ab. Für 2002 und 2003 will Vorstand Koppmann keine konkreten Ziele nennen, verspricht den Aktionären aber »ein deutlich positives Ergebnis«.

2.1.4 Alternative Bank Schweiz (ABS)

Mit einer Bilanzsumme von 500,6 Millionen Schweizer Franken war die ABS im Jahr 2001 größte grüne Bank im deutschsprachigen Raum. Bei ihrer Gründung (1990) standen zahlreiche Organisationen aus der Umweltbewegung und Entwicklungspolitik Pate. Über die Einhaltung der 1989 formulierten Leitlinien wacht der Ethische Rat, ein von der Hauptversammlung gewähltes Gremium. Der Rat tritt fünf bis sieben Mal im Jahr zusammen, steht in engem Kontakt mit Geschäftsführung und Verwaltungsrat und wird bei allen strategischen Grundsatzentscheidungen einbezogen, berichtet Geschäftsführer Felix Bührer. Damit hat die ABS das aktivste und einflussreichste Mitgliedergremium aller grünen Banken.

Seit ihrem ersten Geschäftsjahr 1991 hat die ABS die Angebotspalette Zug um Zug ausgeweitet. Mittlerweile reicht sie vom Girokonto über Sparbriefe, die Vermittlung von Anleihen, Beteiligungen und seit Ende 2001 auch Aktienfonds. Durch das Girokonto inklusive EC-Karte bietet die ABS neben der Ökobank die einzige komplette Alternative zu herkömmlichen Banken. Eine Besonderheit sind die Treuhanddarlehen. Vorteil für den Anleger: Der Kredit wird ganz gezielt an ein konkretes Projekt vergeben. Nachteil: Der Anleger übernimmt – anders als bei den gleichfalls angebotenen Schuldverschreibungen – das volle Haftungsrisiko.

Bei den Krediten überwiegen Immobilien. »Wir wollen neue Formen des Bauens fördern«, sagt Felix Bührer. Hierzu zählt er neben energiesparenden Einfamilienhäusern auch Großprojekte wie die Umnutzung von Industriebrachen. 2001 habe man beispielsweise einen Einzelkredit über 15 Millionen Franken an ein größeres Projekt vergeben. Perspektivisch strebt die ABS eine Drittelstruktur in ihrem Kreditportfolio an: je ein Drittel für Firmen, ein Drittel für größere Immobilienprojekte und ein Drittel für selbstgenutztes Wohneigentum.

Die ABS ist eine Aktiengesellschaft mit breit gestreutem Aktienbesitz. Die Papiere sind nicht börsennotiert. Eine Aktie konnte Mitte 2002 zu 110 Prozent des Nominalwerts von 1000 Schweizer Franken erstanden werden. Wer möchte, kann die jährliche Dividende spenden. In den vergangenen Jahren wurde das Eigenkapital kontinuierlich erhöht – nicht zuletzt dank stabiler Gewinne. Damit wurde ein solides Fundament geschaffen, um das stetige Umsatz- und Kreditvolumenwachstum zu bewältigen. Für die kommenden Jahre hat sich die ABS bewusst ein moderates Wachstum zum Ziel gesetzt (Bilanzsummenwachstum ca. 8 Prozent pro Jahr). Man möchte die bislang erreichte Qualität nicht aufs Spiel setzen.

2.1.5 Freie Gemeinschaftsbank BCL

Die 1984 gegründete Genossenschaftsbank beruft sich deutlicher als die deutsche Schwesterbank GLS auf die Ideen Rudolf Steiners. Geld soll nicht als Ware oder Spekulationsobjekt eingesetzt werden, sondern um die Entwicklung von Menschen zu fördern. Ein Großteil der Kredite wird deshalb für die Bereiche Pädagogik, Heilpädagogik und gemeinschaftliches Wohnen vergeben. Ein weiterer Schwerpunkt ist die ökologische Landwirtschaft. Erneuerbare Energien sind noch gering vertreten, sollen aber künftig stärker Berücksichtigung finden. Bei den Treuhanddarlehen ist ihr Anteil schon deutlich höher (2001: ca. 10 Mio. Franken).

Um günstige Kreditkonditionen zu gewährleisten, können Anleger den Zinssatz bei ihren Sparanlagen selbst bestimmen. Von den 5100 Kunden verzichteten im Jahr 2001 immerhin 28 Prozent auf jegliche Zinszahlung. Ein Wert, den keine andere grüne Bank erreicht. Das Umsatzwachstum der Bank stützte sich in den vergangenen Jahren allerdings überwiegend auf die herkömmlich verzinsten Konten.

Mit einer Bilanzsumme von 149 Millionen Franken (2001) und vermittelten Treuhanddarlehen in Höhe von 45,5 Millionen Franken, steht die BCL auf einer soliden Basis. Die jährlich erzielten Gewinne von derzeit rund 500 000 bis 600 000 Franken werden komplett zur Aufstockung des Eigenkapitals aufgewandt. Den Grundstock liefern jedoch die gut 1900 Genossenschaftsmitglieder. Sie haben Beteiligungen für 300, 1000 oder 10 000 Franken eingebracht und damit zeitlebens nicht nur auf Zinszahlungen, sondern auch auf eine Rückzahlung verzichtet. Eine Beteiligung an der BCL ist damit de facto eine Schenkung.

Im vergangenen Jahr wurde die Stiftung Förderfonds gegründet. Die Stiftung soll nach dem Vorbild der Treuhandstelle der Bochumer GLS Kapital aus größeren Erbschaften verwalten.

2.1.6 Neue Bank am Horizont?

Natürlich wird ethisch-ökologisches Investment nicht nur von den vier beschriebenen Instituten realisiert. Vor allem die deutschen Kirchenbanken sind seit vielen Jahren sehr aktiv in diesem Geschäftsfeld. Sie haben verschiedene ökologische Investmentfonds initiiert und für große institutionelle Anleger umfassende Anlagekonzepte erarbeitet. Da ihr Kundenkreis allerdings meist auf Kirchenmitarbeiter beschränkt ist und ein Gutteil des Geschäfts konventionelle Geldanlagen umfasst, werden sie hier nicht ausführlicher vorgestellt.

Angebote der Grünen Banken im Überblick			
	Angebot	**Adresse**	**Filialen**
GLS	Anlage- und Vermögensberatung, Girokonto (nur für Betriebe), Tagesgeldkonto, Sparkonten, Sparbriefe, Altersvorsorgekonten, Festgelder, eigene Beteiligungsfonds, *Bankbeteiligung* ab 100 Euro; Verwaltung von Stiftungsvermögen und Spendenfonds	GLS Gemeinschaftsbank, Postfach 10 08 29, D-44708 Bochum, Tel. 0234/5797-0, Fax 5797-133 Mail: bochum@gemeinschaftsbank.de – Internet: www.gemeinschaftsbank.de	Stuttgart, Hamburg (Ökobank: Freiburg, Berlin)
Umweltbank	Anlage- und Vermögensberatung, Tagesgeldkonto, Sparkonto, Sparbriefe, Vertrieb von geschlossenen Fonds, Aktien- und Rentenfonds sowie Versicherungen; Handel mit ausgewählten Aktien *Bankbeteiligung* über Aktienkauf an der Frankfurter Börse	Umweltbank, Laufertorgraben 6, D-90489 Nürnberg Tel. 0911/5308-123, Fax 5308-129 Mail: service@umweltbank.de, Internet: www.umweltbank.de	keine (Direktbank)
ABS	Anlage- und Vermögensberatung, Girokonto (inkl. EC-Karte), Tagesgeld-, Spar- und Altersvorsorgekonten, Kassenobligationen (Schuldverschreibungen), Festgelder, Vertrieb von Aktienfonds, Vermittlung von Anleihen und Treuhanddarlehen; *Bankbeteiligung* über Aktienkauf (Stückpreis 1000 CHF)	Alternative Bank Schweiz, Leberngasse 17, CH-4601 Olten Tel. 0041/62/206-1616, Fax 206-1617 Mail: contact@abs.ch, Internet: www.abs.ch	Genf, Lausanne, Zürich
BCL	Anlage- und Vermögensberatung, Vermögensverwaltung, Tagesgeldkonto, Sparkonten, Festgeld, Vermittlung von Lebensversicherungen und Treuhanddarlehen; *Bankbeteiligung* ab 300 CHF	Freie Gemeinschaftsbank BCL, Gerbergasse 30, CH-4001 Basel Tel. 0041/61/269-8100, Mail: info@gemeinschaftsbank.ch, Internet: www.gemeinschaftsbank.ch	keine

In den Bereichen Umweltschutz und erneuerbare Energien spielt die *Deutsche Ausgleichsbank*, eine Anstalt öffentlichen Rechts, eine wichtige Rolle. Mit zinsgünstigen Darlehen wurden zahlreiche Investitionen in Kommunen und

Betrieben ermöglicht. In Österreich hat die *Kommunalkredit Austria AG* eine ähnlich wichtige Funktion (siehe Kapitel 2.2.2).

Ein möglicher Konkurrent für die vier grünen Banken regt sich in Thüringen. Die *Volksbank Eisenberg*, die neben dem Regionalbankgeschäft eine kleine Direktbank betreibt, bastelt an einem erweiterten Angebot für nachhaltige Geldanlagen. Juristisch soll die neue Institution als unselbständige Zweigniederlassung der Volksbank Eisenberg fungieren und im September 2002 erste Produkte anbieten. Initiator der »grünen« Zweigbank ist die Volksbank Eisenberg selbst. Zum Vergleich: Bei den vier etablierten Konkurrenten standen zahlreiche Einzelpersonen und institutionelle Initiatoren zur Seite. Sie waren nicht nur ein wichtiger Garant für den Erfolg, sondern auch Beleg für die Glaubwürdigkeit der Institution.

Bislang hat die Volksbank Eisenberg nur Sparkonten mit Spendenanteil im Angebot (siehe Kapitel 2.2.4). Die neue Bank soll aber alles bieten – vom Girokonto bis zum Aktiendepot. Großer Unterschied zu den »grünen« Konkurrenten: Es sollen keine Kredite vergeben werden, was den Beleg einer direkten ethisch-ökologischen Wirkungsweise der Gelder erschwert. Dafür will die Bank aber alle Spargelder nach strengen Ausschlusskriterien und verschiedenen Positivkriterien anlegen.

Es bleibt abzuwarten, ob die Volksbank Eisenberg noch Kooperationspartner findet. Und ob sie – mit oder ohne diese – auch ein nennenswertes Marktvolumen erreichen kann.

2.1.7 Weitere europäische Banken und Inaise

Mit einer Bilanzsumme von 759 Millionen Euro (2001) ist die *Triodos-Bank* größte ethisch-ökologische Bank Europas. 1980 in den Niederlanden gegründet hat sie ihre Geschäftsaktivitäten inzwischen auf Belgien und Großbritannien ausgeweitet. Triodos bietet umfassende Sparangebote für Privatanleger und legt seit vielen Jahren eigene Beteiligungsfonds auf, auch als Venture Capital (siehe Kapitel 2.5). In der Entwicklungshilfe (Kleinkredite, fairer Handel) ist Triodos ebenfalls aktiv.

Trotz aller Erfolge: Im Vergleich zur konventionellen Konkurrenz sind grüne Banken immer noch Zwerge (siehe Info-Grafik Seite 11). Um ihre Interessen in den zahlreichen Gremien der europäischen Gemeinschaft und auf internationaler Ebene besser vertreten zu können, wurde 1989 Inaise gegründet: die »International Association of Investors in the Social Economy«. Derzeit sind über 40 Banken und Finanzinstitute Mitglied. Inaise erarbeitet

Grundlagenpapiere für politische und fachliche Diskussionen, dient als Informations- und Anlaufstelle und bietet Seminare an.

Kontaktadressen:

- Inaise: Rue d'Arlon 40, B-1000 Brussels, Tel. 0032/2/234-5797, Fax 234-5798, inaise@inaise.org, www.inaise.org
- Banca Etica: Piazzetta Forzatè 2, I-35157 Padua, Tel. 0039/049/887-1166, Fax 664-922, posta@bancaetica.com, www.bancaetica.com
- Merkur – den Almennyttige Andelskasse: Vejgaard Mollevej 3-II, DK-9100 Aalborg, Tel. 0045/98/1018-35, Fax 1018-53, Merkurbank@merkurbank.dk, www.merkurbank.dk
- Triodos Bank: PO Box 55, NL-3700 AB Zeist, Tel. 0031/30/6936-500, Fax 6936-555, triodos@triodos.nl, www.triodos.nl

2.1.8 Geld für Entwicklung

Soziale Gerechtigkeit ist ein zentrales Kriterium nachhaltiger Entwicklung. Dass hierfür auch die Geldmittel zwischen den reichen und armen Ländern besser verteilt werden müssen, wird als wichtiges ethisches Ziel angesehen. Tatsächlich schrumpfen die Investitionen in Entwicklungsländer aber stetig.

Auch ethisch-ökologische Geldanlagen konzentrieren sich nahezu ausschließlich auf die Heimatländer. Im Hinblick auf Sicherheit und eine möglichst direkt erkennbare Wirkung der Gelder ist dies auch gerechtfertigt. Wie schwierig es ist, hehren Zielen gerecht zu werden und dennoch eine sichere Geldanlage zu bieten, zeigen beispielhaft die Bemühungen der Kairos Global Association for Investment Ethic mit Sitz in Genf. Schon Anfang 1998 wurde – mit Unterstützung zahlreicher evangelischer Kirchen aus Nordamerika – ein Konzept für einen internationalen ethischen Investmentfonds entwickelt. Bis heute hat sich noch keine Bank gefunden, die auf dieser Basis einen Fonds auflegen will.

Eine positive Bilanz können dagegen die beiden Institute Oikocredit und Grameen Bank vorweisen. Das Geheimnis ihres Erfolges: Sie geben Geld an Menschen, die als nicht kreditwürdig gelten.

Grameen Bank

Bangladesch, eines der ärmsten Länder der Welt, ist für zwei Dinge bekannt: seine Textil-Produktion und die Grameen Bank. Als Muhammad Yunus 1976 die Idee hatte, Kleinkredite an nahezu mittellose Landbewohner zu verge-

Grameen Bank: Hühnerfarmen sind in Bangladesch ein beliebtes Geschäftsmodell für Kleinunternehmerinnen. Grameen Bank stellt ihnen Kapital zur Verfügung, das sie bei keiner anderen Bank bekommen würden. (Foto: Hanne May)

ben, konnte er kaum ahnen, dass daraus eine weltweite Bewegung entsteht. Auf das Forschungsprojekt des Universitätsprofessors Yunus folgte 1983 die Gründung der Grameen Bank. Staatliche Unterstützung und Geldzuwendungen internationaler Organisationen bildeten das Grundkapital. Mittlerweile arbeitet die Bank kostendeckend, hat ein Kreditvolumen von insgesamt 3,43 Milliarden Dollar bewilligt und 540 000 Wohngebäude finanziert. Landesweit ist Grameen in über 40 000 Dörfern aktiv und betreut rund 2,4 Millionen Kunden. Dabei wird nach dem immer gleichen Prinzip verfahren: Die Kreditnehmer – fast ausschließlich Frauen – schließen sich in Fünfergruppen zusammen. Zwei von ihnen erhalten einen Kredit. Erst wenn dieser im Verlauf eines Jahres zurückbezahlt wurde, bekommen die anderen eine Chance. Der soziale Druck und die wöchentlichen Treffen mit den Bank-Mitarbeitern zur Ratenzahlung zeigen Wirkung: Die Rückzahlungsquote liegt weit über 90 Prozent.

Zweifelsohne hätten viele Frauen in Bangladesch ohne das Grameen-Modell kaum eine Chance gehabt, sich eine Existenz aufzubauen. Dennoch gibt es seit einigen Jahren Kritik an der Bank: Ihre Mitarbeiter treten teilweise herablassend gegenüber den Kunden auf. Frauen lassen sich das gefallen, denn sie haben in dieser patriarchalisch geprägten Gesellschaft ohnehin wenig zu sagen. Dass die erste Kreditrate schon eine Woche nach Auszahlung fällig wird, setzt sie unter enormen Druck. Häufig haben sie erst nach einiger Zeit Rückflüsse aus ihrem Geschäft.

Die Finanzierung von Kleinstgeschäften hat die marginale Rolle der Frauen in der Volkswirtschaft nicht gestärkt. Zumal, wie die Erfahrung zeigt, die Frauen oftmals vorgeschickt werden und der Kredit dann von den Männern genutzt wird. Eindeutig profitiert von den Geschäften hat die Organisation selbst. Grameen ist längst nicht mehr nur eine Bank, sondern ein Firmen-Konglomerat. Die Geschäftsbereiche von Landwirtschaft bis Hightech (Telekommunikation, Internet) arbeiten teilweise höchst profitabel. Der Mobilfunkanbieter Grameen Phone hat diese Technologie bis in die kleinsten Dörfer gebracht. Dank eines Kleinkredits der Bank, konnten sich viele Frauen ein Mobiltelefon anschaffen, dass sie nun gegen Gebühr vermieten.

Trotz aller Einwände: Mit der Erfindung des Mikrokredit-Modells hat Grameen eine wichtigen Beitrag geleistet. Weltweit wird das Modell inzwischen in mehreren Dutzend Ländern übernommen.

Weitere Informationen unter: www.grameen-info.org, www.microcreditsummit.org

Oikocredit

Auch bei Oikocredit spielen Kleinkredite eine zentrale Rolle. 1975 wurde die Organisation unter dem Namen »Ecumenical Development Cooperative Society« von Vertretern verschiedener Kirchen gegründet. Inzwischen haben 530 Mitglieder in den Fonds eingezahlt, aus dem Kredite an Personen und Initiativen in den Entwicklungsländern vergeben werden. Den Löwenanteil des Anteilskapitals von 170 Millionen Euro haben die weltweit 32 Förderkreise aufgebracht (75 Prozent), vor allem durch Einlagen von Privatpersonen. Anteile können ab 200 Euro erworben werden. Anleger erhalten darauf eine maximale Verzinsung von jährlich zwei Prozent.

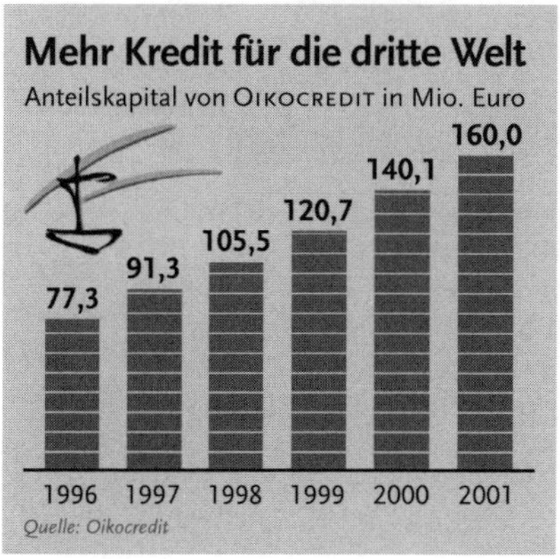

Oikocredit: Die Entwicklungsgenossenschaft unterstützt weltweit über 300 Partner. Dazu zählen auch die Horizon Farms in Ghana, ein Zusammenschluss von 23 Kleinbetrieben. Ihr Geld verdienen die Mitarbeiter mit Anbau und Verarbeitung von Ananas und Papaya. Das über fünf Jahre laufende Darlehen von Oikocredit über 490 000 Dollar hat 140 Arbeitsplätze gesichert. (Foto: Oikocredit)

Im Zentrum der Arbeit steht der »Careholders Value«, die Investition in Menschen und ihre Aktivitäten. Der Fonds trifft seine Anlageentscheidung nach Positivkriterien. Gefördert werden sollen wirtschaftlicher Fortschritt, soziale Gerechtigkeit und Eigenständigkeit. Kredite werden beispielsweise an landwirtschaftliche Kooperativen vergeben oder an Organisationen, die Kleinkredit-Programme auflegen. 2001 gingen 42 Prozent der bewilligten Gelder an Darlehens-Fonds und Genossenschaftsbanken. Ziel ist ein Anteil von gut 50 Prozent.

In den Jahren 1998/99 rissen die Asienkrise und Naturkatastrophen ein großes Loch in die Kasse; die Dividende sank auf ein Prozent. Seitdem wurde einiges getan, um Oikocredit auf eine bessere Finanzbasis zu stellen und effizienter zu organisieren. Für die Jahre 2000 und 2001 konnten wieder zwei Prozent Zinsen gezahlt werden, das bewilligte Kreditvolumen hat sich verdoppelt.

Auf der Generalversammlung 2002 stellte die Geschäftsführung ein Strategiekonzept für die kommenden 10 bis 15 Jahre vor. Die weltweit zwölf Regionalbüros sollen personell verstärkt werden, selbstständiger arbeiten – mit Schwerpunkt in ihrer Region – und über eigene Geldmittel verfügen. Parallel dazu wird ein Controlling- und Evaluierungssystem aufgebaut, um zu gewährleisten, dass die geförderten Projekte für Anleger und Kreditnehmer Gewinn bringend sind.

Kontaktadressen:

- Oikocredit Westdeutscher Förderkreis e. V., Adenauerallee 37, D-53113 Bonn, Tel. 0228/9259-738, Fax 9259-740, oikocredit.bonn@t-online.de
- Oikocredit Austria, Berggasse 7, A-1090 Wien, Tel. 0043/1/317-4030, Fax 317-4015, oesterreich.fk@oikocredit.org
- Oikocredit deutsche Schweiz, Postfach, Beim Bahnhof, CH-3672 Oberdiessbach, Tel. 0041/31/77200-42, Fax 77200-44, swiss.sa@oikocredit.org www.oikocredit.org

2.2 Hohe Sicherheit, niedrige Rendite: Sparbriefe und festverzinsliche Wertpapiere

Fest verzinste Geldanlagen bilden den soliden Grundstock beim Vermögensaufbau. Inzwischen gibt es auch im Bereich grüner Geldanlagen eine breite Palette von Angeboten für kleine wie große Sparbeträge. Allen ist gemein: Die Sicherheit eines festen Zinssatzes wird mit einer niedrigen Rendite bezahlt.

Während die Wirkungsweise der angelegten Gelder bei Sparbüchern und Schuldverschreibungen der grünen Banken relativ transparent ist, wird dies bei den frei gehandelten Anleihen und Rentenpapieren ungleich schwieriger.

2.2.1 Festgeld, Sparbriefe & Co.

Zum Standardangebot zählen verschiedene Formen von Sparkonten und Sparverträgen mit mehrjähriger Laufzeit. Dabei lohnt auch unter den grünen Banken der Vergleich. Die höchsten Zinsen für Sparanlagen zahlte Mitte 2002 die Nürnberger Umweltbank – trotz einer Absenkung Ende 2001.

Wer nur wenig Geld übrig hat, kann bei GLS und Umweltbank schon mit 25 Euro im Monat einen mehrjährigen Sparvertrag abschließen. Für größere Beträge (ab 15 000 Euro) bieten GLS und ABS Festgeldverträge ab drei Monaten Laufzeit.

Anleger, die konkrete Projekte unterstützen möchten, werden ebenfalls bei GLS und ABS fündig: Die ABS legt Schuldverschreibungen (Kassenobligationen) mit zwei- bis achtjähriger Laufzeit auf. Bei den Förderobligationen verzichten Anleger zugunsten einer Branche (z. B. erneuerbare Energien, Frauenprojekte) auf die Hälfte ihrer Zinserträge.

Die GLS bietet neben dem für alle Angebote wählbaren Zinsverzicht zugunsten einzelner Branchen zwei spezielle Sparkonten mit Förderkomponente an. Beim Philharmonie-Sparbrief kommen alle Zinserträge der Jungen Deutschen Philharmonie zugute, beim Hinz & Kunzt-Sparen einem Hamburger Obdachlosenprojekt. Noch einfacher wäre es allerdings, das Geld gleich einer Organisation seiner Wahl zu spenden (siehe 2.2.4).

2.2.2 Anleihen

Als Anleihen, Bonds oder auch Rentenpapiere werden mehrjährig laufende verzinste Schuldverschreibungen öffentlicher oder privater Emittenten bezeichnet. Im Unterschied zu den Direktschuldverschreibungen der grünen Banken sind sie in der Regel über die Börse handelbar. Es gibt Anleihen mit festem Zinssatz und solche, deren Zinsniveau an die allgemeine Marktentwicklung angepasst wird. Ihr Kurswert schwankt um die 100-Prozent-Marke. Nur bei den so genannten Null-Kupon-Anleihen oder Zerobonds erhöht sich der Rückzahlungskurs, da während der Laufzeit keine Zinsen ausgezahlt werden.

Wer Anleihen erwerben will, muss bei seiner Hausbank nicht selten standhaft insistieren. Zum einen verkaufen viele Banken ungern Fremdprodukte, zum anderen verdienen sie an den niedrig verzinsten Spareinlagen mehr.

Bei der Anlage-Auswahl spielt neben Laufzeit und Höhe der Zinssätze die Bonität des Emittenten eine zentrale Rolle. Das Maß der Dinge sind hierbei die Beurteilungen der beiden Rating-Agenturen Standard & Poor's und Moody's. Zu den ethisch-ökologischen Qualitäten des Kreditnehmers sagen sie allerdings nichts aus. Bei der Beurteilung von Unternehmensanleihen können Anleger und Investoren zum Teil auf vorhandene Nachhaltigkeitsratings zurückgreifen. Die Züricher Kantonalbank und die Münchner Oekom Research haben Anfang 2002 erstmals auch Staatsanleihen untersucht. Oekom hat alle 30 OECD-Staaten und Russland unter Nachhaltigkeitskriterien überprüft. Die Spitzenplätze belegen vier skandinavische Staaten, allen voran Norwegen. Deutschland kommt – auf Grund seiner Defizite in den Bereichen Bildung und Arbeitsmarkt – nur auf Platz 12, die USA liegen wegen Schwächen bei der Menschenrechtspolitik und ihrer Versäumnisse in Klimaschutz und Entwicklungspolitik nur auf Platz 17.

Viele Ethik-Fonds lehnen Staatsanleihen generell ab, weil nicht ausgeschlossen ist, dass damit auch Rüstungsprojekte finanziert werden. Alternativ bieten sich Länder- und Kommunalanleihen an oder Investitionen in die Bahn.

Eurofima

Wer in einem modernen Zug durch die Gegend rollt, kann sich nicht nur über den gestiegenen Komfort freuen, sondern daran auch noch verdienen, indem er Anleihen von Eurofima ersteht. Die »Europäische Gesellschaft für die Finanzierung von Eisenbahnmaterial« (Eurofima) ist eine Aktiengesellschaft im Besitz von 23 europäischen Eisenbahngesellschaften. Mit jeweils knapp 25 Prozent halten die Deutsche Bahn und die französische SNCF den Löwenanteil des Kapitals. In den vergangenen Jahren kamen neue Eigner aus dem ehemaligen Jugoslawien und dem Balkan hinzu. Sie besitzen allerdings jeweils nur marginale Anteile von 0,2 Prozent.

Eurofima sorgt dafür, dass den Aktionären nicht die Züge ausgehen und gibt zur Finanzierung neuer Lokomotiven und Wagen auch Anleihen heraus. Für die langfristigen Anleihen haben Standard & Poor's und Moody's im Geschäftsjahr 2001 erneut den Bestwert vergeben: AAA/Aaa. Nicht nur unter grünen Geldanlagen eine Traumwert.

Grund für diese gute Note: Die finanzierten Lokomotiven und Wagen bleiben bis zur vollständigen Rückzahlung Eigentum von Eurofima. Die Gesellschaft verfügt so ständig über wertvolle Sicherheiten in Form von mehreren tausend Lokomotiven und Wagen. Alle Verpflichtungen der Bahnen aus den Verträgen mit Eurofima besitzen zudem eine zweifache Regierungsgarantie.

Im Geschäftsjahr 2001 sind Bilanzsumme und Aufnahme von Fremdkapital erneut gesunken. Das Ergebnis konnte aber leicht verbessert werden. Die Anleihen-Käufer rührt das wenig. Für sicherheitsorientierte Anleger sind Euro-Anleihen der Eurofima nach wie vor eine attraktive Alternative zum klassischen Sparbuch. Am Ende der Laufzeit erhält man 100 Prozent zurück. Wer das Geld vorher braucht, kann die Anleihe jederzeit verkaufen.

- Kontaktadresse: Eurofima, Rittergasse 20, CH-4001 Basel, Tel. 0041/61/287-3340, Fax 287-3240, info@eurofima.org

Kommunalkredit Austria AG

Österreich hat zwar keine grüne Bank, mit der Kommunalkredit Austria AG aber einen der wichtigsten Emittenten für grüne Anleihen in Europa. Kern-

Kommunalkredit Austria: Die österreichische Bank vergibt zinsgünstige Kredite an Projekte, die im Einklang mit Mensch und Natur stehen. Bei Anlegern sind die hierfür ausgegebenen Anleihen sehr begehrt. (Foto: Kommunalkredit Austria)

Anleihen der Kommunalkredit Austria (Stand Juni 2002)					
Fixer Zinssatz					
WKN	Zinssatz in %	Bezeichnung	Laufzeit bis	Währung	Börse
032 963	6,250	Umweltanleihe 1993–2005	2.12.05	ATS	Wien
133 950	6,125	Umweltanleihe 1996–2003	20.8.03	DEM	Frankfurt
191 940	6,125	Umweltanleihe 1997–2007	2.7.07	DEM	München/Frankfurt
032 986	5,250	Environmental Bond 1997–2003	19.12.03	EUR	Luxemburg
196 165	5,875	Umweltanleihe 1998–2008	7.1.08	DEM	München/Frankfurt
249 050	5,250	Umweltanleihe 1998–2013	29.7.13	DEM	Frankfurt
125 8281	3,125	Environmental Bond 2001–2004	30.7.04	CHF	Zürich
857 580	5,250	Environmental Bond 2002–2007	29.5.07	EUR	Luxemburg
Variabler Zinssatz					
WKN	Zinssatz in %	Bezeichnung	Laufzeit bis	Währung	Börse
292 885	3,608	Environmental FRN 1999–2005	25.2.05	EUR	Luxemburg
352 220	3,474	Environmental FRN 1999–2007	14.9.07	EUR	Luxemburg
450 922	1,870	Environmental FRN 2000–2005	19.1.05	USD	Luxemburg
453 090	3,554	Environmental FRN 2000–2010	16.3.10	EUR	Luxemburg
557 735	3,506	Environmental FRN 2000–2003	19.9.03	EUR	Luxemburg
557 725	3,531	Environmental FRN 2000–2005	19.9.05	EUR	Luxemburg
610 070	2,02	Environmental FRN 2001–2004	6.2.04	USD	Luxemburg
687 837	3,551	Environmental FRN 2001–2006	11.7.06	EUR	Luxemburg

geschäft der 1958 gegründeten Spezialbank ist die Finanzierung öffentlicher Investitionsvorhaben, primär in österreichischen Kommunen. Die Kredite haben eine Laufzeit von bis zu 25 Jahren bei festem Zinssatz. Finanziert werden damit Infrastrukturmaßnahmen. Inzwischen vergibt die Kommunalkredit auch Kredite an die österreichischen Bundesländer und Regionen und ist über die Landesgrenzen hinaus aktiv, vor allem in Osteuropa.

Ein Großteil der Kredite wird für Projekte eingesetzt, die zur Verbesserung des Umweltschutzes beitragen. In den Genuss der zinsgünstigen Darlehen kommen nur solche Projekte, die umweltpolitisch unbedenklich sind und die gesetzlichen Umweltschutzauflagen (z. B. an Schadstoffausstoß) übertreffen. Schwerpunkt sind seit vielen Jahren Abwasserentsorgung und Altlastensanierung. Zur Refinanzierung gibt die Kommunalkredit Austria Anleihen heraus. Diese Umweltanleihen oder Environmental Bonds sind unter institutionellen Anlegern sehr beliebt (derzeitiges Angebot siehe Tabelle). Seit dem vergangenen Jahr erhöhte die Kommunalkredit deshalb ihr »Debt Issuance Programm« von 3 auf 5 Milliarden Euro.

Seit Anfang 2001 ist das Grundkapital der Kommunalkredit in Händen von zwei Großaktionären: der Investkredit Bank AG (51 Prozent), die mehreren österreichischen Universalbanken gehört, und der Dexia Crédit Local (49 Prozent), der größten europäischen Spezialbank für Kommunalfinanzierung. Moody's belohnte die Umverteilung – Dexia besaß zuvor nur 26,7 Prozent – mit einer Heraufstufung des Ratings auf Aa3.

Auch in der Selbstverwaltung zählt die Kommunalkredit zu den ökologischen Vorreitern unter den Finanzdienstleistern. Als erste europäische Bank wurde ihr internes Umweltmanagement bereits 1997 nach den EMAS-Kriterien zertifiziert. Im Jahr 2000 wurde die Prüfung erneut durchgeführt.

Kontaktadresse:

- Kommunalkredit Austria AG, Türkenstraße 9, A-1092 Wien,
  Tel. 0043/1/31631-0; Fax 31631-99650, info@kommunalkredit.at,
  www.kommunal-kredit.at

2.2.3 Rentenfonds

Eine Alternative zum Kauf einzelner Anleihen sind Rentenfonds. Bislang gibt es nur sechs Fonds, die nach ethisch-ökologischen Kriterien ausschließlich in fest verzinsliche Papiere investieren (KCD Union Renten Plus, Oekosar, Prime Value Mix, Raiffeisen Futura Swiss Franc Bond, Raiffeisen Futura Global Bond, SEB Invest Ökorent, S Ethik Bond). Zwei dieser Fonds legen überwiegend in Anleihen, aber auch in Aktien an (Oekosar und Prime Value Mix siehe Kapitel 2.4.2.2). Ein Fonds ist nicht nach ethisch-ökologischen Kriterien konzipiert, spendet aber einen Teil der Gebühren (Panda Renditefonds). Dass verstärkt institutionelle Investoren in den »grünen« Markt einsteigen, belegen vier weitere, speziell für diese Klientel aufgelegte Fonds (DVG Stiftungsfonds, Sarasin Fair Invest Universal Fonds, SEB Invest Responsibility Fonds, Superior 3).

DVG Stiftungsfonds

Der im April 2002 aufgelegte Rentenfonds richtet sich – wie der Name schon andeutet – primär an institutionelle Investoren, die eine langfristige Geldanlage suchen. Privatanleger können den Fonds aber ebenso zeichnen. »Nachhaltigkeit« und »langfristige Werterhaltung« werden als zentrale Kriterien für die Anlageauswahl genannt. Im Vordergrund stehen dabei Rentenpapiere und Aktien aus Europa. Der Aktienanteil kann bis zu 30 Prozent betragen; Anfang Juni 2002 waren allerdings ausschließlich festverzinsliche Papiere im Portfolio.

KCD Union Renten Plus Nachhaltig DJSG-Index

Der größte unter den Rentenfonds wurde – ähnlich wie bei der SEB – parallel zu einem Aktienfonds aufgelegt (siehe Kapitel 2.4.2.2). Das Volumen lag nach einem knappen Jahr aber schon doppelt so hoch wie beim Pionier von SEB Invest. Grund: Initiatoren sind die Kirchenbanken. Sie wollen ihren Kunden mit diesem Fonds eine neue, sichere Anlagemöglichkeit bieten. Die Rechnung scheint aufzugehen.

Der Fonds investiert überwiegend in Pfandbriefe und Kommunalanleihen aus der Europäischen Union und dem Europäischen Wirtschaftsraum. Unternehmensanleihen machen mindestens 20 Prozent des Portfolios aus. Bedingung: Die Unternehmen müssen im Dow Jones Sustainability Group-Index gelistet sein; bestimmte Branchen sind ausgeschlossen.

Die Wertentwicklung blieb 2001 noch hinter der Konkurrenz zurück. Dafür schreibt der KCD Union aber keine Mindestanlagesumme vor und hat günstige Gebühren (kein Ausgabeaufschlag).

Panda Renditefonds

Bei der Wertpapier-Auswahl dieses Fonds spielen ethisch-ökologische Zielvorgaben keine Rolle. Einzige Ausnahme: Der Anlageausschuss aus Vertretern des World Wildlife Funds (WWF) Deutschland erhebt hin und wieder Einspruch.

Der Panda Renditefonds investiert weltweit in festverzinsliche Wertpapiere. Schwerpunkt sind Staatsanleihen und Telekommunikationsanleihen. Durch eine breite Streuung in verschiedene Währungen soll von Kursschwankungen profitiert werden. Sichtbarer Beleg für den Erfolg dieser Strategie ist die gute Wertentwicklung im Jahr 2001. Einzig messbare grüne Komponente dieses Fonds: Ein Drittel des Ausgabeaufschlags wird für die Arbeit des WWF gespendet.

Prime Value Mix

Der Prime Value ist ein Mischfonds, der in internationale Anleihen und Aktien investiert. Bei der Auswahl spielen primär ethische Kriterien eine Rolle (siehe Kapitel 2.4.2.2). Ein Ethik-Rat überprüft alle vom Fondsmanagement ausgewählten Anlagen und stuft sie in verschiedene Klassen ein (ethisch hochwertig, positiv, vertretbar oder unakzeptabel). Ende April 2002 waren über 80 Prozent aller Anlagen in die beiden höchsten Kategorien eingestuft.

Ähnlich wie bei SEB Invest hat sich das Fondsvolumen des Prime Value seit Anfang 2000 verdoppelt – sichtbares Zeichen des Booms bei grünen Geldanlagen. Bedingt durch die miserable Börsenlage hat das Jahr 2001 mit einem leichten Verlust abgeschlossen. Zur Absicherung wurde der Aktien-Anteil zwischenzeitlich auf knapp 25 Prozent verringert (Anfang 2002); Ende April lag er schon wieder bei 30,5 Prozent.

Raiffeisen Futura Global Bond, Raiffeisen Futura Swiss Franc Bond

Die Schweizer Raiffeisen hat im Mai 2001 zwei Rentenfonds gestartet: Beide Fonds investieren weltweit in Unternehmensanleihen, der Futura Global Stock in verschiedene Fremdwährungen (Dollar, Euro, Yen, Pfund), der Swiss Franc Bond ausschließlich in Franken-Anleihen. Alle Titel werden vom Research-Institut Inrate (siehe Kapitel 6) nach ethisch-ökologischen Kriterien bewertet. Dabei scheiden bestimmte Unternehmen durch umfassende Ausschlusskriterien von vornherein aus. Die anschließende Selektion nach wirtschaftlichen Kriterien übernimmt die Vontobel Asset Managment in Zürich.

Im ersten Jahr konnte der Swiss Franc Bond leicht zulegen (+2,6 %), der Global Bond lag dagegen im Minus (–3,4 %).

Sarasin Fair Invest Universal Fonds

Im März 2001 wurde dieser speziell für sicherheitsorientierte kirchliche Anleger und Stiftungen konzipierte Fonds aufgelegt. Er investiert – nach den Auswahlkriterien des bewährten Sarasin-Managements (siehe Kapitel 4.2.2.2) – zu rund 75 Prozent in Euro-Anleihen bester Bonität, zu mindestens 20 Prozent in europäische Standard-Aktien und zu 5 Prozent in Nachhaltigkeits-Pioniere. Ausgeschlossen sind unter anderem Titel aus den Branchen Rüstung, Atomkraft, Tabak, Automobilbau.

SEB Invest Öko Rent

Der Pionier unter den Rentenfonds startete schon 1989. Über viele Jahre hielt sich das Volumen relativ konstant, erst seit Anfang 2000 hat es sich nahezu

Wir führen Ihr Kapital in gesunde Regionen
SARASIN OEKOSAR PORTFOLIO mischt weltweit Aktien und Obligationen von Unternehmen, die nachhaltig zu einer umwelt- und sozialverträglichen Wirtschaftsweise beitragen. Und bietet damit auch dem umweltsensiblen Anleger eine Erfolg versprechende Anlagezukunft. Wie gut Ihr Vermögen dank SARASIN OEKOSAR PORTFOLIO gedeiht, weiss Ihr Finanzberater. Oder die Schweizer Privatbank Sarasin unter www.sarasin.ch. Infos über die Sarasin Investmentfonds erhalten Sie bei allen Banken und Sparkassen.
SARASIN
INVESTMENTFONDS
cR Basel

verdoppelt. Der Fonds investiert weltweit vornehmlich in Unternehmensanleihen. Neben der Prüfung von Negativ- und Positivkriterien wird jedes Unternehmen einem Umwelt-Rating unterzogen. Die entsprechenden Kriterien hat Oekom Research erarbeitet.

Zu den größten Positionen zählen Anleihen des Europarats, der Deutschen Ausgleichsbank, der amerikanischen Hypothekenbank Fannie Mae sowie verschiedener Telekommunikationsanbieter. Zusammen mit festverzinslichen Wertpapieren von Banken und anderen Instituten (z. B. Inter-American Development Bank) machen sie gut 50 Prozent des Fondsvolumens aus. Weitere knapp 10 Prozent sind im Bereich Wasserver- und entsorgung investiert. Der Fonds legt fast ausschließlich in Euro- und Dollar-Anleihen an (50 bis 60 Prozent Euro Anleihen, ca. 35 Prozent Dollar-Anleihen).

S Ethik Bond

Anlageschwerpunkt dieses erst im Mai 2002 gestarteten Rentenfonds sind Staatsanleihen. Unternehmensanleihen können beigemischt werden. Die ethisch-ökologische Titelauswahl nimmt das Münchner Institut Oekom Research vor. Außerdem wurde ein prominent besetzter, unabhängiger Beirat eingerichtet, der die Anlagestrategie regelmäßig überprüfen soll.

Zum Start (2.5.2002) waren 60 Prozent des Musterportfolios in Schatzbriefe und Staatsanleihen investiert, bei den Unternehmensanleihen dominierten Konsumgüter (12,55 %) und Telekommunikation (5,75 %).

Superior 3

Das Wiener Bankhaus Schelhammer & Schattera AG – Hausbank für viele katholische Einrichtungen – hat Ende 2001 die Anlagephilosophie für den vorher konventionell veranlagten Fonds geändert, das heißt, um ethische Kriterien erweitert. Nach einer entsprechenden Umstellung des Portfolios wird das Superior 3-Volumen nach dem Motto »Langfristiges Anlageziel ist die kaufkraftmäßige Erhaltung und Mehrung des eingesetzten Kapitals unter Beachtung ethischer Gesichtspunkte« gemanagt. Mit seinem hohen Anleihenanteil – Aktien dürfen höchsten 20 Prozent ausmachen – wendet sich der Fonds an sicherheitsorientierte Anleger. Bei einer jährlichen Verwaltungsgebühr von nur 0,3 % ist er sehr günstig.

Rentenfonds im Überblick

	KCD Union-Renten Plus	Panda Renditefonds	Prime Value Mix	Raiffeisen Futura Swiss Franc Bond / Global Bond	SEB Invest Öko Rent	S Ethik Bond
WKN / Valoren-Nr.	532 652	976 984	986 054 (Euro) 433 023 (CHF)	1198099 / 1198103	971 297	068 18
Auflagedatum	1.3.2001	1.10.1997	28.12.1995	28.5.2001	5.12.1989	2.5.2002
Volumen in Mio. Euro	114,08*	27*	41,7*	83 Mio. CHF / 21 Mio. CHF	50,1**	k.A.
Wertentwicklung seit Auflage in %	+ 4,1*	+ 50,44*	+ 58,03*	+2,6* / –3,4*	+ 116,7**	–
Wertentwicklung 2001 in %	+ 3,6	+ 7,66	– 3,0	+ 1,7 / –– 2,1	+ 6,7	–
Ausgabeaufschlag in %	–	3,00 (1,00 für WWF)	max. 5,00	–	3,00	4,00
Verwaltungsgebühr p.a in %	max. 1,25 2001: 0,925	0,7	1,1	1,00 / 1,00	0,7	–
Geschäftsjahr	1.10. – 30.9.	1.10. – 30.9.	1.1. – 31.12.	1.5. – 30.4.	1.5. – 30.4.	1.2. – 31.1.
Anlagehorizont	Pfandbriefe, Kommunal- und Unternehmensanleihen	Anleihen weltweit	Anleihen und Aktien weltweit	Franken-Anleihen / Fremdwährungsanleihen	Anleihen weltweit	Anleihen weltweit
Ausschlusskriterien	Rüstung, Alkohol, Tabak, Glücksspiel	Rüstung	Rüstung, Atomenergie, Kinderarbeit, Menschenrechtsverstöße, Menschenhandel, Drogen, Prostitution	Rüstung, Menschenrechtsverstöße, Pornographie, Alkohol, Tabak, Glücksspiel, Atomenergie, Gentechnik	Rüstung, Menschenrechtsverstöße, Kinderarbeit, Tierversuche, Atomenergie, Gentechnik, Suchtmittel, chlororganische Massenproduktion	k.A.
Positivkriterien	Unternehmensanleihen ausschließlich von Firmen aus dem Dow Jones Global Sustainability-Index (DJGS)	–	Gute Beziehungen zu den Stakeholdern (Mitarbeiter, Partnerfirmen, Kunden, Umwelt, Gesellschaft)	Soziales und ethisches Engagement, Umweltmanagement	Privater Wohnungsbau, Kommunikationstechniken, Sozial-, Gesundheits- oder Bildungswesen, Umwelttechnologien,	
Unabhängiges ethisch-ökologisches Rating	Nur indirekt; SAM überwacht den DJGS	Nein; aber WWF im Anlageausschuss	Ja; eigener Ethik-Rat	Ja; Inrate	Ja; Oekom Research	Ja; Oekom Research und unabhängiger Beirat

* zum 30.4.2002, ** zum 28.3.2002

Anmerkung: Alle Kontaktadressen zu Fondsgesellschaften siehe Kapitel 2.4.2

2.2.4 Konventionell anlegen und Spenden

Immer mehr Anbieter treten mit dem Prädikat »Ethik« auf den Markt. Oft genug verbirgt sich dahinter aber nur ein konventionelles Produkt mit Spendenkomponente. So hat die DWS nicht nur den Panda Renditefonds, sondern zwei vergleichbare Fonds im Angebot. Beim GKD-Fonds können die jährlichen Ausschüttungen an SOS-Kinderdörfer gespendet werden, der DWS Bildungsfonds unterstützt auf die gleiche Art Schulen und Hochschulen – Spendenquittung inklusive.

Einen neuen Weg hat die *Volksbank Eisenberg* eingeschlagen. Die Direktbank bietet seit Anfang 2001 Tagesgeldkonten mit Ethik-Komponente an. Anleger können auf 0,25 Prozent Zinsen verzichten und auswählen, welches von drei Projekten damit unterstützt werden soll. Drei Prozent aller Kunden entschieden sich im Jahr 2001 für dieses Angebot. Die Bank selbst hatte nur mit einem Prozent gerechnet (siehe auch Kapitel 2.1.6).

Eine weitere Neuheit ist das im Oktober 2001 gestartete Spendenprojekt der *Evangelischen Kreditgenossenschaft Kassel* (EKK). Da die Bank einen Großteil ihrer Gelder im kirchlichen Bereich investiert, kann hier schon eher von ethischem Investment gesprochen werden. Für jede Transaktion im Online-Banking werden 8 Cent gespendet. Ungefähr alle drei Monate werden drei neue Projekte vorgestellt. Die Kunden können darüber abstimmen, welches Projekt unterstützt werden soll und selber Vorschläge machen. Die Erlöse werden nach dem Abstimmungsergebnis proportional unter den Projekten aufgeteilt.

Wer lieber direkt spenden und dennoch Aktien-Besitzer sein möchte, wird beim *Bund für Umwelt- und Naturschutz Deutschland e. V.* (BUND) fündig. Für 65 Euro werden Anteilsscheine zum Erhalt des »Grünen Bandes« angeboten. Der knapp 1400 Kilometer lange ehemalige deutsch-deutsche Grenzstreifen hat sich durch die jahrzehntelange Zwangstrennung zum längsten Biotopverbundsystem Deutschlands entwickelt. Dieses Band über systematische Zukäufe erhalten zu können, ist eines der ehrgeizigsten Naturschutzprojekte in Europa. Für den Anfang hat der BUND drei Pilotgebiete ausgewiesen. Rund 3000 »Aktionäre« konnten sich – nach Angaben von Pressesprecher Alexander Purps – schon für die Idee begeistern. Eine jährliche Hauptversammlung gibt es übrigens auch. Sie wird natürlich direkt »vor Ort« abgehalten (Infos: BUND, Tel. 030/275864-24, www.dasgrueneband.info).

Eine originelle Idee haben auch Mari Kuraishi und Dennis Whittle umgesetzt, zwei ehemalige Mitarbeiter der Weltbank. Sie haben ein Internet-Portal erfunden (www.developmentspace.com), das Gelder aus der so genannten Ersten und Projekte aus der Dritten Welt zusammenbringt. Die Gelder von Privatleuten und zunehmend auch von Institutionen werden auf Kredit-

Grünes Band: Die Umweltschutzorganisation BUND will mit dem Kapital spendenfreudiger »Aktionäre« Teile des ehemaligen deutsch-deutschen Grenzstreifens erwerben. Ein Investment mit idealem Mehrwert.

basis vergeben. Das Internet-Portal fungiert dabei als eine Art Marktplatz, auf dem beide Partner ihre Angebote machen. Vorteil für die Geldgeber: Sie können sich direkt aussuchen, ob sie ihr Geld in eine Kaffee-Kooperative in Guatemala, einen Fahrradladen in Thailand oder neue Toiletten für eine Schule in Indien investieren wollen. Nach dem überraschenden Erfolg der Website überlegen Kuraishi und Whittle nun, mit bestehenden Organisationen im Bereich Kleinkredite zusammenzuarbeiten (siehe Kapitel 2.1.8).

2.3 Langfristig anlegen mit stabiler Rendite: geschlossene Fonds und Direktbeteiligungen

Geschlossene Fonds und Direktbeteiligungen sind eine ideale Depotbeimischung für die langfristige Anlage mittelgroßer Beträge. Die Wirkung der Investition ist viel direkter ablesbar als bei Sparbüchern oder Anleihen. Denn in der Regel werden die Gelder zur Finanzierung eines konkreten Projektes eingesetzt. Die Rendite ist stabil und über Jahre im Voraus kalkulierbar. In Deutschland sind mit der Anlage auch noch Steuerspareffekte verbunden und für all dies kann sich der Anleger – anders als bei Aktien-Investments – über viele Jahre hinweg getrost auf die faule Haut legen. Vorausgesetzt alles geht gut. Die Praxis hat leider oft genug das Gegenteil bewiesen. Werden Projekte falsch kalkuliert, Erlöse schön und künftige Kosten nieder gerechnet, löst sich die Rendite-Prognose schnell in Wohlgefallen auf. Dass auch erfahrene Anbieter schief liegen können, beweisen die Probleme bei drei Windparks der Bremer Energiekontor (siehe Kapitel 2.4.1.2).

Ein gefährlicher Stolperstein ist auch, dass sich viele Anleger zu wenig Zeit nehmen, die Angebotsprospekte sorgfältig zu studieren und lieber auf hohe Renditeversprechen dubioser Anbieter vertrauen. Erst wenn nach drei Jahren die Prospekthaftung ausläuft, wird manchem bewusst, dass er mit dem Kauf eines geschlossenen Fonds zum Unternehmer geworden ist – mit allen Chancen und Risiken.

2.3.1 Geschlossene Fonds

Ohne das Privatkapital vieler tausender Anleger hätte der Siegeszug der Windenergie in Deutschland nicht stattgefunden. Denn viele der weit über 12 200 Windräder (Stand: Mitte 2002) wurden über geschlossene Fonds finanziert. Damit folgte die Windenergie einer seit vielen Jahren bewährten Anlagestrategie: Viele private Investoren schließen sich zusammen, um ein Großprojekt zu finanzieren. Jeder, der eine festgelegte Summe in diesen Fonds einzahlt, wird so automatisch zum Miteigentümer. Gebräuchlichste Rechtsform dieser Teilhabergesellschaften ist die GmbH & Co. KG. Vorteil dieser Rechtsform: Die GmbH übernimmt die unbeschränkte Haftung bis zur Höhe des Grundkapitals, jeder Kommanditist – also jeder Fondskäufer – haftet nur mit seiner Einlage. Zu den weiteren Spezifika dieser und anderer Rechtsformen siehe Kapitel 7.3.

Geschlossene Fonds im Bereich grüner Geldanlagen werden vor allem zur Finanzierung von Energieanlagen (Windkraft, Photovoltaik, Wasserkraft usw.) und erst in Ansätzen auch für Immobilien aufgelegt. Charakteristisch für geschlossene Fonds sind:

- mittelgroße bis hohe Anlagesummen (2500 bis 50 000 Euro)
- lange Laufzeiten (10 bis 25 Jahre)
- stabile Renditen (zwischen 3 bis 10 Prozent vor Steuern)
- Steuerspareffekte durch hohe Anfangsverluste in den ersten Betriebsjahren (in Deutschland).

Checkliste geschlossene Fonds
✓ Welche Erfahrung hat der Fondsinitiator? Welche Projekte hat er bislang mit welchem Erfolg realisiert? ✓ Ist das Prospekt nach IDW S4 Standard aufgebaut und geprüft? ✓ Wird eine Rechtsform gewählt, die die Haftung des Kommanditisten auf die Einlage begrenzt? ✓ Welche Mitsprache- und Einflussmöglichkeiten haben die Kommanditisten? ✓ Sind Chancen und Risiken ausführlich dargestellt? ✓ Wird die Platzierung des Eigenkapitals garantiert? ✓ Liegt das Agio unter 5 Prozent? ✓ Liegen alle Genehmigungen vor und sind alle Verträge rechtskräftig geschlossen? ✓ Wurden zwei unabhängige Gutachten zur Ertragsprognose erstellt? ✓ Liegen die weichen Kosten (Gründung, Konzeption, Vertrieb, Zwischenfinanzierung) bei maximal 10 bis 15 Prozent?
Windenergie
✓ durchschnittliche Windgeschwindigkeit auf Nabenhöhe: möglichst nicht unter 6 m/sec ✓ spezifische Investitionskosten nicht über 0,72 Euro pro jährlich erzeugter Kilowattstunde Ertrag ✓ Ertragsgarantie des Herstellers; Bonität des Garantiegebers ✓ Betriebs- und Wartungskosten mit 15 bis 20 Prozent der Nettoerträge veranschlagt
Photovoltaik
✓ Leistungsgarantie auf Module und Wechselrichter ✓ Energieertrags-Garantie

Mit der Reform der deutschen Steuergesetzgebung wurden die Steuerspareffekte eingeschränkt (§ 2b Einkommensteuergesetz). Demzufolge dürfen Anbieter nicht mehr mit Spareffekten werben und der Steuereffekt darf nicht höher liegen als die Gesamtrentabilität der Anlage. Als Faustregel gilt: Die nach dem internen Zinsfuß berechnete Nachsteuerrendite, darf nicht doppelt so hoch ausfallen wie die Vorsteuerrendite.

Um einen geschlossenen Fonds zu zeichnen, genügt es oft ein kurzes Formular auszufüllen. Wer den Fonds wieder verkaufen will, hat es ungleich schwerer. Einige Anbieter schließen einen Verkauf vor Laufzeitende gänzlich aus. Doch selbst wenn der Verkauf möglich ist, heißt es noch lange nicht, dass sich ein Käufer findet. Es gibt keinen geregelten Markt für solche »Gebraucht«-Anlagen und demzufolge auch keine objektiven Kriterien zur Preisfestsetzung. Wer einen geschlossenen Fonds kauft, sollte also besser von vornherein die volle Laufzeit einkalkulieren.

2.3.2 Vor- und Nachteile von Windenergie- und Sonnenfonds

Deutsche Anleger hatten bis Ende 2001 rund 1,5 Milliarden Euro Eigenkapital in geschlossenen Windparkfonds angelegt. Dabei wurde der Löwenanteil von 1,3 Mrd. Euro, nach Berechnungen des Fondsexperten Stefan Loipfinger, in den vergangenen fünf Jahren investiert. Einen regelrechten Boom hat das Erneuerbare Energien-Gesetz ausgelöst. Allein im Jahr 2001 wurden 400 Millionen Euro Eigenkapital für geschlossene Windenergiefonds platziert. Windenergiefonds haben damit einen Anteil von knapp 4,5 Prozent am gesamten Eigenkapital geschlossener Fonds erreicht. Im Jahr zuvor waren es noch 3 Prozent. Auch wenn sie bei weitem nicht die Marktstärke anderer Fondsmodelle erreichen (wie Medien-, Schiffs- oder Immobilienfonds), Windenergiefonds verzeichnen das stärkste Wachstum, und dies in einem – auf Grund beschnittener Steuerabschreibungen – rückläufigen Markt. Fondsexperten rechnen in den kommenden Jahren mit einem stetigen Wachstum, auch bei Sonnenfonds.

Das Erneuerbare Energien-Gesetz garantiert den Betreibern konstante Erlöse über 20 Jahre, eine wichtige Voraussetzung für die Rentabilität der Anlagen. Um diese wirtschaftlich zu betreiben, spielen aber noch viele andere Faktoren eine Rolle (siehe Check-Liste). Seit Ende 2001 gibt es erste unabhängige Studien und Broschüren, die sich mit diesen Faktoren auseinandersetzen. Der Bundesverband Windenergie (BWE) hat die Broschüre herausgegeben »Mit einer grünen Anlage, schwarze Zahlen schreiben« und die Fondsspezialisten der Edmund Pelikan Kompetenz haben Studien zum Markt der Photovoltaik- und Windkraftbeteiligungen erarbeitet.

Kontaktadressen:

- Bundesverband Windenergie, Herrenteichstraße 1, 49074 Osnabrück Tel. 0541/350-600, Fax 0541/350-6030, bwe-info@wind-energie.de, www.wind-energie.de
- Edmund Pelikan Kompetenz, Altstadt 72, 84028 Landshut, Tel. 0871/9538-9280, www.edmund-pelikan-kompetenz.de
- Viele Infos zu Wind- und Sonnenfonds gibt es auch unter: www.greenvalue.de

Windenergiefonds

Bei Windenergiefonds sind Anleger gut beraten, auf erfahrene Anbieter zu setzen. Grüne Finanzdienstleister oder Banken unterziehen die angebotenen Fonds in der Regel vorab einer eigenen Prüfung. Zum Teil werden – wie bei der Umweltfinanz – auch eigene Ratings erarbeitet (www.umweltfonds-vergleiche.de). Dies befreit aber nicht davon, jeden Prospekt genau unter die Lupe zu nehmen. Angesichts knapper werdender Standorte kommen in Deutschland immer mehr Binnenstandorte ins Angebot. Dort sind die Winderträge bei weitem nicht so gut wie an der Küste. »Häufig wird zudem unterschätzt, dass die Erträge im dreißigjährigen Durchschnitt um bis zu 15 Prozent schwanken können«, sagt Dr. Norbert Allnoch vom Internationalen Wirtschaftsforum Regenerative Energien. Windschwache Jahre können zu optimistisch gerechnete Ertragsprognosen aufdecken. Die Probleme in mehreren Windparks der Bremer Energiekontor sind ein Beleg dafür.

Windenergie: In deutschen Landen ragen deutlich mehr als 12 000 Windräder in den Himmel. Privatanleger haben schon 1,5 Milliarden Euro Eigenkapital in die Finanzierung der umweltfreundlichen Kraftwerke gesteckt. (Foto: Umweltkontor)

Als weitere Knackpunkte bei Windenergiefonds gelten die spezifischen Investitionskosten für die Anlagen, die Höhe der weichen Kosten und ausreichende Rückstellungen für Betrieb und Wartung. Stimmt die Kalkulation, können sich die Anleger über eine Vorsteuerrendite von 6 bis 8 Prozent freuen. Bei mehr ist Vorsicht geboten.

Sonnenfonds

Photovoltaik-Anlagen weisen ähnliche Risiken auf, sind aber hinsichtlich der Renditeerwartung unattraktiver. Hier liegt die Vorsteuerrendite nach Berechnungen der Edmund Pelikan Kompetenz nur bei ca. 5 bis 6 Prozent. Grund sind die extrem hohen Investitionskosten für die Anlage. Zudem spielt die optimale Auswahl der Technik eine wichtige Rolle für die Sicherung der Energieerträge. Betriebs- und Wartungskosten sind dagegen nicht so risikobehaftet wie bei Windenergieanlagen.

Inzwischen gibt es erste Angebote, die eine bestimmte Energieausbeute garantieren. Wird dieser Wert unterschritten, bezahlt eine Versicherung oder ein Risiko-Kapitalgeber einen Ausgleich. Wird der Wert deutlich überschritten, muss aber auch der Mehrerlös prozentual abgeführt werden.

Neue Angebote mit unterschiedlichem Risiko

In den Genuss der garantierten Einspeisevergütung kommen auch andere erneuerbare Energien. Zur Anlagefinanzierung dienen gleichfalls geschlossene Fonds. So hat beispielsweise das Emissionshaus Schroeder & Co. 2002 den ersten Beteiligungsfonds für eine Biogas-Anlage aufgelegt. Verschiedene Windparkprojektierer errichten ebenfalls Biomasse-Anlagen, die sie über Fonds vermarkten wollen. Doch größere Biogas- und Biomasse-Anlagen sind technisch sehr anspruchsvoll – und so mit entsprechenden Risiken behaftet. Da bislang noch wenig Erfahrungen vorliegen, sind solche Investments nur für risikobereite Pioniere geeignet.

Da die Windenergiestandorte in Deutschland begrenzt sind, verstärken die Projektierer ihre Aktivitäten im Ausland. Die dort errichteten Parks sollen aber ebenso über geschlossene Fonds an deutsche Anleger verkauft werden. Im Jahr 2002 kamen die ersten *Auslandswindfonds* auf den Markt. Die stark eingeschränkten Steuereffekte sollen dabei durch eine deutlich höhere Rendite (12 Prozent und mehr) ausgeglichen werden. Möglich wird dies, weil die Parks eine bessere Lage und damit eine deutlich höhere Energieausbeute haben als deutsche Binnenland-Projekte. Zudem wird, nicht zuletzt dank der europäischen Richtlinie zur Förderung erneuerbarer Energien, in vielen Ländern auch eine bestimmte Mindestvergütung für Windstrom gezahlt. Bei Projekten außerhalb der Europäischen Union sollten Anleger allerdings äußerst vorsichtig sein. Als erste Gesellschaft hat die Bremer *Energiekontor* den Windpark Zarax in Griechenland auf den Markt gebracht. Die Vorteile dieses Projekts dürften einmalig bleiben: Der Projektierer hat den Park in Vorleistung errichtet; er war bei Prospektausgabe schon ein Jahr in Betrieb.

Auch für *Offshore-Projekte*, die geplanten Windparks auf offener See, können erste Fonds gezeichnet werden. Anders als bei allen Projekten an Land, handelt es sich hierbei um astreines Risikokapital mit hohem Verlustrisiko (siehe auch 2.5). *Umweltkontor* hat im November 2001 mit Blue Sea den ersten Venture-Capital-Fonds dieser Art aufgelegt. Das eingeworbene Kapital soll die Projektentwicklung (Planung bis zur Genehmigungsreife) mehrerer

Kontaktadressen Fondsanbieter Wind- und Sonnenenergie	
Windfondsanbieter Deutschland	
Name	**Anschrift**
AN Windenergie GmbH	Cuxhavener Str. 10a / Speicher 16, D-28217 Bremen, Tel. 0421/ 69458-0, info@anwind.de, www.anwind.de
Aufwind GmbH	Friedrichstrasse 81, D-88045 Friedrichshafen, Tel. 07541/374040, www.aufwind.de
Aufwind Schmack GmbH Neue Energien	Schwandorfer Straße 12, D-93059 Regensburg, Tel: 0941/83023-14, www.aufwind.com (neuer Name der Aufwind Windenergie GmbH, die sich im Mai 2002 nach dem Einstieg der Schmack Biogas AG umbenannt hat und nun auch Biogasanlagen-Beteiligungen – Pionierprojekt in Meßdorf – anbietet).
Boreas Energie GmbH	Moritzburger Weg 67, D-01109 Dresden, Tel. 0351/8850-70, www.boreas.de
BVT Unternehmensgruppe	Leopoldstr. 7, D-80802 München, Tel. 089/38165-0, www.bvt.de
Das Grüne Emissionshaus GmbH	Goethestraße 4, D-79100 Freiburg, Tel. 0761/29656-0, www.das-gruene-emissionshaus.de
DEE Deutsche Erneuerbare Energien GmbH	Königsallee 106, D-40215 Düsseldorf, Tel. 0211/9946-0, www.dee-gmbh.de
Deutsche Structured Finance GmbH	Westendstraße 24, D-60325 Frankfurt, Tel. 069/971497-0, www.dsf-fra.com
Dezentrale Energie Agentur GmbH	Rolandsmauer 13-15, D-49074 Osnabrück, Tel. 0541/20275-90, www.dezentrale-energie.de
EBV Management GmbH & Co. KG	Staulinie 14-17, D-26121 Oldenburg, Tel. 0441/92540-0, www.ebv-gruppe.de (neben Windkraft auch im Bereich Wasserkraft, PV und Biomasse tätig)
EECH European Energy Consult Holding AG	GES Global Energy Systems GmbH, Pöseldorfer Weg 36, D-20149 Hamburg, Tel. 040/4450669-0, www.eech.de
Energiegesellschaft Nord Ost mbH	Lagerstraße 2 a, D-18230 Diedrichshagen, Tel. 038292/8266-14, www.eno-wind.de
Energiekontor AG	Mary-Somerville-Straße 5, D-28359 Bremen, Tel. 0421/3304-0, www.energiekontor.de
Energiequelle GmbH	Gesellschaft zur Nutzung und Förderung regenerativer Energien, Hauptstr. 44, D-15806 Kallinchen, Tel. 033/769871-0, www.energiequelle-gmbh.de

Windfondsanbieter Deutschland	
Name	**Anschrift**
Enertrag AG	Dorfstraße 7, D-17309 Nechlin. Tel. 039854/6459300, www.enertrag.de
Enova Energiesysteme GmbH & Co. KG	Steinhausstraße 112, D-26831 Bunderhee, Tel. 04953/9290-0, www.enova.de
DEG Deutsche Investitions- und Entwicklungsgesellschaft mbH	Belvederestraße 40, D-50933 Köln, Tel. 0221/49860, www.deginvest.de
Future Energy AG	Waldemarstraße 38, D-10999 Berlin, Te. 030/616576-60, www.fe-ag.com
Germania Windpark GmbH & Co. KG	Holsterfeld 5, D-48499 Salzbergen, Tel. 05971/8608-0, (keine Homepage)
GHF Gesellschaft für Handel und Finanz mbH	Postfach 1465, D-26764 Leer, Tel. 0491/9292-10, www.ghf.de
GLS Windkraftfonds	GLS Gemeinschaftsbank eG, Oskar-Hoffmann-Straße 25, D-44789 Bochum, Tel. 0234/5797-0, www.gemeinschaftsbank.de
IfE Ingenieurbüro für Energieplanung	Rosenstraße 41, D-26122 Oldenburg, Tel. 0441/92561-0, www.ife-ol.de
König & Cie. GmbH & Co. KG	Valentinskamp 18, D-20354 Hamburg, Tel. 040/369757-0, www.emissionshaus.com
K&S Unternehmensgruppe	Dorfstr. 4, D-93188 Dettenhofen, Tel. 09409/861518, www.kus-consulting.de
Nevag	Rheinstraße 7, D-41836 Hückelhoven, Tel. 02433/97048-0, www.nevag.de
OSB Offshore-Bürger-Windpark Butendiek GmbH & Co. KG	Osterhusumer Straße 56, D-25813 Husum, Tel. 04841/669522, www.butendiek.de (Die erste Tranche des Beteiligungsangebots an einem geplanten Offshore-Windpark wurde von über 8 000 Anleger(inne)n gezeichnet und Ende 2001 geschlossen).
Ostwind-Gruppe	Dänzergasse 8, D-93047 Regensburg, Tel. 0941/555-16, www.ostwind.de
Perpetu-Projekt	Planungsgesellschaft für nachhaltige Energiesysteme mbH & Perpetu Solar Management GmbH, Garde du Corpes Str. 1, D-34117 Kassel, Tel. 0561/7394602, www.perpetu.de
Plambeck Neue Energien AG	Peter-Henlein-Straße 2-4, D-27472 Cuxhaven, Tel. 04721/718-453, www.plambeck.de

Windfondsanbieter Deutschland	
Name	**Anschrift**
Planungsbüro für Windenergie	Dipl.-Phys. Rosemarie Rübsamen, Brödermannsallee 11, D-25469 Halstenbek, Tel. 04101/404058, (keine Homepage)
Projekt Ökovest GmbH	Planungsgemeinschaft Energie und Umwelt Projekt GmbH, Alexanderstrasse 416c, D-26127 Oldenburg, Tel. 0441/96170-0, www.planungsgemeinschaft.de, (Windenergie On- und Offshore, z.B. Venture Capital Fonds Sandbank 24)
Prokon Unternehmensgruppe	Kirchhoffstrasse 3, D-25524 Itzehoe, Tel. 04821/6855-300, www.prokon-energiesysteme.de (Die rund 50 Mitarbeiter sind zusammen mit Prokon selbst mit über 8 Mio. Euro an eigenen Projekten beteiligt.)
Provento Regenerative Energiesysteme AG	August-Thyssen-Straße 23-25, D-56070 Koblenz, Tel. 0261/9635-0, www.provento.de
Reconcept Beteiligungs-GmbH	& Energy-Consult Projektgesellschaft mbH, Otto-Hahn-Straße 12-16, D-25813 Husum, Tel. 04841/8944-622 bzw. -410, www.reconcept.de
Repower Systems AG	Flughafenstraße 54, D-22335 Hamburg, Tel. 040/539307-0, www.repower.de
Saxovent GbR	Wulffstr. 15, D-12165 Berlin, Tel. 030/81499195, www.windkraft.de
Sowiwas	Sonne Wind und Wasser GmbH, Am Horn 8, D-38667 Bad Harzburg, Tel. 05322/80621, (keine Homepage)
Tandem	Ökologische Projektentwicklungs GmbH, Gertrudenstr. 27, D-28203 Bremen, Tel. 0421/704411
UDI	Umweltdirektinvest-Beratungs GmbH, Rothenburger Straße 5, D-90443 Nürnberg, Tel. 0911/929055-0, www.udi-nbg.de
Umweltkontor Renewable Energy AG	Brüsseler Allee 23, D-41812 Erkelenz, Tel. 02431/9452-0, www.umweltkontor.com
Uma AG	Umwelt Management AG, Alter Weg 23, D-27478 Cuxhaven, Tel. 01805/676665, www.umwelt-management.de
UWW Windstrom Wedel GmbH & Co KG	Gaußstraße 17, D-22765 Hamburg, Tel. 040/3906613, www.uww-hh.de
Versiwind-Fonds 2001/2002	Versiko AG, Fichtenstraße 42, D-40233 Düsseldorf, Tel. 0211/497675-0, www.versiko.de
Weag Future Energies AG	Dhrontalstraße, Luymühle, D-54347 Neumagen-Dhron, Tel. 06507/93897-50, www.weag-ag.de

Windfondsanbieter Deutschland/Österreich	
Name	**Anschrift**
Wind 7 AG	Marienthaler Str. 17, D-24340 Eckernförde, Tel. 04351/4775-10, www.wind7.de
Windenergiebüro Kromer & Wulff	Coppistr. 28, D-04157 Leipzig, Tel. 0341/4797550, www.windenergiebuero.de, www.windfonds.de (auch Wasser- und Sonnenergiefonds)
Windfang eG	c/o Stefanie Usbeck, Wienstraße 1, D-26122 Oldenburg, Tel. 0441/502042, www.windfang.net (Windpark-Genossinnenschaft für Frauen)
Windfang GmbH	Windkraftanlagen-Betreibergemeinschaft, Ahornstr. 12, D-01097 Dresden, Tel. 0351/4963928, www.windfang-sachsen.de
Windpark Saar GmbH & Co. KG	Postfach 10 40 15, D-66654 Merzig, Tel. 06861/78805, www.windpark-saar.de
Windsolar AG	Schepp Allee 47, D-64295 Darmstadt, Tel. 06151/36685-0, www.windsolar.de (auch Wasser- und Sonnenenergifonds)
Windwärts Energie GmbH	Plaza de Rosalia 1, D-30449 Hannover, Tel. 0511/123573-0, www.windwaerts.de
Windwelt AG	Kurt-Schumacher-Str. 12–14, D-53113 Bonn, Tel. 0228/559200, www.windwelt.de
Winkra Energie GmbH	Leisewitzstr. 37 b, D-30175 Hannover, Tel. 0511/28832-0, www.winkra.de
WKN Windkraft Nord AG	Otto Hahn Str. 12-16, D-25813 Husum, Tel. 04841/8944-232, www.wkn-ag.de (Partner: Reconcept Beteiligungs-GmbH, Energy-Consult Projekt-GmbH)
WPD AG	Schwachhauser Heerstr. 35, D-28211 Bremen, Tel. 0421/1686610, www.wpd.de (auch Wasser- und Biomassefonds)
Zopf GmbH Umweltgerechte Energieprojekte	Lindenstraße 24, D-16866 Vehlow, Tel. 033976/50451, www.zopf-gmbh.de (Geschäftsführung von Betreibergesellschaften)
Österreich	
Alpen Adria Energy AG	Kötschach 66, A-9640 Kötschach Mauthen, Tel. 04715/221, www.aae.at
Donauwind	Erneuerbare Energiegewinnung und Beteiligungs GmbH & Co KG, Freudenauer Hafenstr. 8-10, A-1020 Wien, Tel. 01/368 02 72, www.donauwind.at

Windfondsanbieter Österreich/Solare Beteiligungsmöglichkeiten	
Name	**Anschrift**
Oekostrom AG	für Energieerzeugung und –handel, Mariahilferstraße 89, A-1060 Wien, Tel. 01/9610561-0, www.oekostrom.at
Ökoenergie Windkraft Wolkersdorf Ges. mbH & Co KG	Mariengasse 4, Obersdorf. A-2120 Wolkersdorf/Weinviertel, Tel. 02245/82075, www.oekoenergie.com (Beteiligungsmöglichkeit nur als stille Gesellschafter und Öko-Darlehensgeber)
WEB Windenergie AG	Schwarzenberg 12, A-3834 Pfaffenschlag, Tel. 02848/6336, www.windkraft.at
Weinviertler Energie GmbH & Co KEG	Ferdinand Hanuschgasse 22, A-2000 Stockerau, Tel. 02266/66817, www.weinviertler-energie.at (treuhändische Kommanditbeteiligung ab 1 000 Euro)
Solare Beteiligungsmöglichkeiten	
Solar 300	Apomed Solarenergie Verwaltungs GmbH, Weender Landstraße 23, D-37073 Göttingen, (Vermittlung über EBV/Carpe Solem GmbH, Tel. 0441/92540-0, www.ebv-gruppe.de)
Aquasolar AG	Wasserentsalzung & Umwelttechnologie, Oberreit 2, D-83620 Feldkirchen, Tel. 08063/80967-3, www.aquasolar.com
Conergy AG	Anckelmannsplatz 1, D-20537 Hamburg, Tel. 040/237102-0, www.conergy.de
DGS-Sonnenenergie-Anteil	Energo GmbH Solar- und Energieagentur, Energo GmbH, Postfach 100550, D-75105 Pforzheim, Tel. 07231/568774, www.sonnenenergieanteil.de
One World One Energy AG	Sasbacher Str. 7, D-79111 Freiburg, Tel. 0761/488-1300, www.oneworldag.com
NTI AG für erneuerbare Energien	Im Gaisgraben 17, D-79219 Staufen, Tel. 07633/9534-0, www.nti-ag.com
Phönix Sonnenstrom AG	Hirschbergstraße 8, D-85254 Sulzemoos, Tel. 08135-938-000, www.sonnenstromag.de
Phönix Sonnenwärme AG	Am Treptower Park 28-30, D-12435 Berlin, Tel. 030/530007-0, www.sonnenwaerme-ag.de
Solar Millennium AG	Neumühle 24-26, D-91056 Erlangen, Tel. 09131/7507521, www.solarmillennium.de
Stephan Schröder Energieanlagen GmbH	Solarkraftwerk Relzow, Marienstraße 31, D-10117 Berlin, Tel. 030/275956-40, www.stephan-schroeder.de
voltwerk AG	Nobelstraße 15, D-70569 Stuttgart, Tel. 0711/686893-0, www.voltwerk.de

Parks im In- und Ausland finanzieren. Wird nur ein Projekt realisiert, erhalten Anleger auch nur 25 Prozent der eingezahlten Einlage zurück.

Wann und ob Anleger der *Solar Millenium AG* von ihrer Investition profitieren, ist ebenfalls noch offen. Die Erlanger Firma hat zwei geschlossene Fonds platziert, mit denen der Bau solarthermischer Großkraftwerke finanziert werden soll. Anleger wurden in der Vergangenheit durch sehr hohe Renditeversprechungen gelockt. Inzwischen ist das Unternehmen etwas ruhiger geworden. Im März erhielt man die Zusage für weitere Forschungsgelder zur Technologieentwicklung. 2003 hoffen die Erlanger mit dem Bau des ersten Projektes in Jordanien beginnen zu können.

Wesentlich weniger riskant erscheint da der *Dachfonds* des Emissionshauses *European Energy Consult Holding (EECH)*, mehrheitlich in Besitz des Windparkplaners P&T Technology. Die Hamburger investieren mit dem »German Fund of Funds« – auch dies eine Premiere – in bis zu zehn Windparkprojekte. Sicherheit hat ihren Preis: Dem Vorteil einer besseren Risikostreuung steht der Nachteil gegenüber, dass man mit einem einzelnen guten Projekt höhere Renditen erzielen könnte. Bei diesem und ähnlich konstruierten Produkten anderer Anbieter stellt sich zudem die Frage ob so nicht auch einzelne Windparks unters Volk gebracht werden sollen, die als Einzelprojekt unverkäuflich wären, da sie hart an oder sogar unter der Wirtschaftlichkeitsgrenze liegen. Zweiter Nachteil für Anleger: Schon bei einem Windpark ist es schwierig, Ertragsgutachten, Betriebskosten-Ansätze und technische Qualität der Anlagen kritisch zu prüfen. Wie sollen Anleger das Risiko abschätzen, wenn gleich mehrere Parks mit unterschiedlicher Anlagentechnologie im Portfolio stecken?

Abzuwarten bleibt auch, wie sich andere Fonds-Produkte der EECH durchsetzen, bei denen Windparkbeteiligungen mit festverzinslichen Geldanlagen kombiniert werden. Von der Frage, wo und wie diese Gelder angelegt werden, einmal abgesehen: Der Reiz eines geschlossenen Fonds liegt auch darin begründet, dass der Käufer unmittelbar zum »grünen« Unternehmer wird.

Alternative: offene Fonds

Als Alternative zur Investition in ein Projekt bieten sich auch *Betreibergesellschaften* an, die in Form eines offenen Fonds in mehrere Projekte investieren. Börsennotierte Unternehmen wie *Windwelt* oder *S.A.G Solarstrom* haben zudem den Vorteil, dass die Anteile jederzeit verkauft werden können. Aber auch den Nachteil, dass der Wert der Unternehmensanteile stark von der allgemeinen Aktienmarktentwicklung abhängt (siehe Kapitel 2.4.1). Eine neues Konzept verfolgt die im Mai 2002 gegründete *One World One Energy*

AG. Die von mehreren Partnern (SAG Solarstrom, Power Light Corporation, Remarco Merger AG) getragene Aktiengesellschaft will weltweit regenerative Kraftwerke finanzieren. Dabei sollen sehr rentable Anlagen nach dem »Tandem«-Prinzip den Bau weniger rentabler Projekte mittragen. Ehrgeiziges Ziel ist eine Mindestrendite von 8 Prozent und ein Solaranteil von mindestens 50 Prozent. Damit verbunden ist der hohe Anspruch, Anlagen in der dritten Welt über solche in der ersten Welt zu finanzieren – und umgekehrt. Es bleibt abzuwarten, ob die neue Gesellschaft eine aufwändige weltweite Projektrecherche und -finanzierung mit Nutzen für die Anleger umsetzen kann.

2.3.3 Immobilien

Immobilien gelten traditionell als vergleichsweise sichere Geldanlage. Das eigene Haus, die eigene Wohnung ist für viele ohnehin die größte Investition, die sie je in ihrem Leben tätigen. Auch wenn das Eigenheim als Altersabsicherung an Bedeutung gewinnt – in aller Regel spielen Renditeüberlegungen bei selbstgenutzten Immobilien nur eine untergeordnete Rolle. Ganz anders ist dies bei anderen Formen des Immobilien-Investments. Neben der klassischen Form des Direktbesitzes (Eigentumswohnung, Bürogebäude etc.) können Anleger auf dem konventionellen Markt zwischen geschlossenen und offenen Immobilienfonds sowie börsennotierten Immobilien-Aktien wählen.

Obwohl der Markt für geschlossene Immobilienfonds seit vielen Jahren etabliert ist, sind die Angebote nach wie vor nur wenig transparent, und es gibt kaum standardisierte Bewertungskriterien. Das birgt nicht wenige Risiken für Anleger: Fehler in der Kostenkalkulation, hohe Nebenkosten, zu optimistische Mieterwartungen oder längerfristige Leerstände können die vermeintlich sichere Investition zum Fass ohne Boden machen. Da geschlossene Immobilienfonds – wie alle anderen Produkte dieser Art – keiner gesetzlichen Kontrolle unterliegen, gilt auch hier: Jedes Prospekt genau studieren.

Geschlossene Immobilienfonds weisen zwei Besonderheiten auf:

- Einnahmen gelten als Einkünfte aus Vermietung und Verpachtung und müssen demgemäß versteuert werden.
- Immobilienkäufe unterliegen in Deutschland einer 10-jährigen Spekulationsfrist. Wer vorher mit Gewinn veräußert, muss zahlen.

Anders als bei Wind- und Sonnenfonds gibt es im Bereich »grüner« Immobilien nur sehr wenige Angebote. Erst in den 90er-Jahren kamen die ersten auf den Markt: Die Ökobank hat beispielsweise 1997 einen geschlossenen

Immobilien: Bislang kamen nur wenige geschlossene Immobilienfonds aus dem »grünen« Bereich auf den Markt. Die Nürnberger Umweltbank, die reichlich Erfahrung bei der Kreditvergabe für ökologische Bauvorhaben gesammelt hat, bringt 2002 einen ersten geschlossenen Immobilienfonds auf den Markt. Im Bild: Der mit Krediten der Umweltbank sanierte Altbau Emilienstraße 3, in Nürnberg. (Foto: Umweltbank)

Fonds zur Finanzierung des Ökokaufhauses Rommelmühle bei Stuttgart aufgelegt, der sich allerdings nur sehr schleppend verkaufte.

Kleine Initiativen wie die Wohnungs- und Siedlungsgenossenschaft Ökodorf eG in Poppau oder die auch von der Ökobank geförderte Wogeno in München bestehen schon länger als große Öko-Immobilienfonds in Form einer Kommanditgesellschaft.

Einzelne Fonds gibt es auch im Bereich Kliniken oder Häusern mit sozial oder ökologisch interessanten Zwecken. Unter den börsennotierten Immobiliengesellschaften in den USA, den so genannten Reits (Real Estate Investment Trusts), gibt es einige, die sich auf den Bereich Health Care-Einrichtungen spezialisiert haben. Ein als Aktiengesellschaft gestartetes deutsches Unternehmen im Gesundheitsimmobiliensektor, die Stiller Berg AG, hat ihre Planung mangels Aktiennachfrage aber wieder einstellen müssen. Auch die vor Jahren geplante Errichtung eines Öko-Studentenwohnheims in Marburg ist gescheitert, nachdem die Öko-Wohnbau GmbH nicht genügend Mittel einsammeln konnte und die Erstinvestoren damit ihr Geld abschreiben mussten.

2.3.3.1 Drei Angebotsbeispiele

Stadt Werk Berlin KG

Im Jahr 2000 hat Fabian Tacke, ein ehemaliger Hausbesetzer, der sich zum Immobilienmanager und Stadterneuerungsexperten entwickelt hat, diesen ökologischen Immobilienfonds ins Leben gerufen. Der Fonds ist noch relativ klein und bestand bis Mitte 2002 nur aus einem Sanierungsprojekt in Berlin-Lichtenberg, wobei die Umweltbank über 60 Prozent des Kaufpreises von über 0,5 Millionen Euro als Darlehen gewährt hat. Als Bau(neben)kosten wurden rund 1,7 Millionen Euro veranschlagt.

Über die Stadt Werk Berlin KG können sich Privatanleger am Erwerb von Berliner Mietshäusern beteiligen, die dann ökologisch saniert werden. Dabei wird auf einen »einvernehmlichen Umgang mit den Mietern«, baubiologische Aspekte und vor allem auf Energieeinsparung Wert gelegt. Die Substanz- und Ertragsperspektiven für den Investor ergeben sich einerseits aus dem Besitz von als relativ sicher geltenden Wohn- und Gewerbeimmobilien, die je nach Lage auch im Wert steigen können, den daraus resultierenden Mieteinnahmen (als Ausschüttung sind 4 bis 5 Prozent geplant) und steuerlichen Verlustzuweisungen in den Anfangsjahren, die jedoch in ihrer Größenordnung (jeweils 5 bis 15 Prozent) nicht mit Windparkmodellen mithalten können. Dafür ist die Kapitalbindung (5 Jahre ab Gründung) nicht so lang. Das konservativ kalkulierte Projekt hat nicht nur einen sehr innovativen Charakter, sondern ist auch relativ kostengünstig. Fabian Tacke hat als Komplementär eine unbeschränkte persönliche Haftung übernommen, bekommt dafür aber nur eine bescheidene Entschädigung. Während der Sanierungsphase wohnen die Mieter in Ersatzwohnungen, wobei der Bezirk für 12 Monate einen Mietausfall-Zuschuss zahlt, sodass daraus keine Verluste entstehen.

Während für das erste Projekt nur einige hunderttausend Euro benötigt wurden, plant Jungunternehmer Tacke in den nächsten Jahren bereits ein Volumen von bis zu 5 Millionen Euro einzusammeln. So wird im Herbst 2002 die Umweltbank ihren ersten geschlossenen Immobilienfonds (Beteiligung ab 5000 Euro) im Rahmen dieses Projekts auflegen.

Kontaktadresse:

- Stadt Werk Berlin KG, Eberswalder Str. 30, D-10437 Berlin, Tel. 030/44359418

Women's Prosperity Fund No.1

Ein ähnliches Projekt, allerdings in Form einer GmbH & Co. KG, wurde 2001 in Bonn realisiert. Die *Dr. Mechthild Upgang Women Business Park GmbH & Co KG*, wie der offizielle Name der nach der Gründerin und (Frauen-) Finanzdienstleisterin benannten Immobilienfirma lautet, bietet seit Ende 2001 Beteiligungen in Form von Kommanditanteilen an. Der Business-Park für Unternehmerinnen in Bonn (Kaiserstraße) entstand durch Umbau eines früheren (Militär-)Bischofssitzes. Zwar erfolgte die Renovierung aus Kostengründen nicht reinrassig ökologisch, aber mit umweltfreundlichen Materialien wie Holzfenstern und einer wärmegedämmten Putzfassade, die die alte asbesthaltige Fassade ersetzt. Die Immobilie selbst macht nur rund 60 Prozent des auf rund 4,5 Millionen Euro geplanten Fonds aus, der Rest wird in ökologisch ausgerichtete Fonds und Rentenpapiere gesteckt. Die Verwaltung der flüssigen Mittel hat man der renommierten Schweizer Privatbank Sarasin anvertraut, wobei das Wertpapiervermögen in drei Tranchen eingeteilt ist: Der erste Teil (Einkommensteil für die Jahre 1 bis 6) besteht aus Geldmarktanlagen und Renten (ohne Währungsrisiko, in Euro) mit einer Renditeerwartung von jährlich 3,5 Prozent. Der zweite Teil (Einkommensteil für die Jahre 7 bis 12) wird in den gemischten Fonds Oekosar (Renditeerwartung 5 % p.a.) investiert, und der dritte Kapitalwachstums-Teil (Anlagehorizont 12 Jahre und mehr) fließt in den reinen Aktienfonds Valuesar, von dem man sich im Schnitt eine Rendite von 7 Prozent verspricht. Nach 12 der insgesamt 19 Jahre Anlagedauer ist vorgesehen, die (Valuesar-)Kursgewinne zu realisieren und das Geld aus der dritten Tranche in die erste umzuschichten. Die Renditeprognosen sind dabei – quasi als Sicherheitsabschlag – niedriger angesetzt als die bisher erzielten Renditen der beiden Sarasin-Fonds.

Bis Mai 2002 konnte rund ein Drittel der Anteile platziert werden, bevor mit der Ökorenta ein zusätzlicher Vertriebspartner hinzu kam. Von der G.U.B., einer Rating-Agentur für geschlossene Fonds, erhielt der Women's Prosperity Fund No. 1 die Note + (einfach positiv).

Kontaktadresse:

- Dr. Mechthild Upgang Women Business Park GmbH & Co KG, Kaiserstr. 139–141, D-53113 Bonn, Tel. 0228/91524-0, www.upgang.de

Freiburger Solarfonds

Im *1. Freiburger Solarfonds* sollen 15 Reihenhäuser nach dem Plusenergiehaus-Modell des Solararchitekten Rolf Disch finanziert werden. Das mehrfach ausgezeichnete Hauskonzept kombiniert energiesparendes Bauen mit ökologischen Baumaterialien und erneuerbaren Energien. Das Süddach wird vollständig von einer Solaranlage eingenommen. Die Häuser sind Teil der Solarsiedlung am Schlierberg. Bis Jahresende 2002 sollen dort insgesamt 50 Häuser entstehen, 15 davon über den geschlossenen Fonds finanziert. Hierfür sollen 7 Millionen Euro eingeworben werden, zu Anteilen von mindestens 25 000 Euro.

So überzeugend das Hauskonzept ist, der Fonds hat einige Nachteile: Das Projekt wird komplett über Eigenkapital finanziert. Die Rendite nach Steuern soll trotzdem nur bei rund 5,5 Prozent liegen – deutlich weniger als bei Windfonds. Kommen längerfristige Mietausfälle oder Mietrückgänge hinzu, kann die Rendite auch auf 2,9 Prozent sinken. Dieses Szenario ist nicht allzu unwahrscheinlich: Mit 8,70 Euro pro Quadratmeter Wohnfläche wurde eine relativ hohe Durchschnittsmiete angesetzt. Zumal ohnehin fraglich ist, ob sich potente Mieter nicht eher überlegen, ein solches Haus gleich selbst zu bauen als es (teuer) zu mieten.

Kontaktadresse:

- Öko-Finanz Schönau, Talstraße 10, 79677 Schönau, Tel. 0761/459-4433, www.solarfondsfreiburg.de

2.3.3.2 Sonderform: Genossenschaften

Obwohl die Rechtsform Genossenschaft, die bei der Gründung der ersten Raiffeisen- oder Volksbanken vor über 100 Jahren üblich war, auch heute noch für manche Zwecke sinnvoll ist (z. B. als Einkaufsgenossenschaft oder Zusammenschluss von Partnern mit den gleichen Interessen), kommt sie zunehmend aus der Mode. Vor allem Aktiengesellschaften haben ihr den Rang abgelaufen, weil die Anteile viel schneller auszugeben bzw. handelbar sind.

So gibt es auch im ethisch-ökologischen Anlagesektor in Deutschland relativ wenige Genossenschaften. Ausnahmen sind die GLS Gemeinschaftsbank, die Hamburger Trion Geldberatungsgenossenschaft, die Oekogeno eG, die sich nach der Krise des Ökobankgeschäfts eine neue Aufgabe als Finanzdienstleister und Berater gesucht hat, sowie einige Wohnbaugenossenschaften. Begünstigt durch eine Neuregelung der so genannten Eigenheimzulage erlebten in Deutschland Wohnbaugenossenschaften ab 1996 einen Boom, für deren Anteile Anleger mit Kindern sehr attraktive staatliche Förderungen erhalten.

Hiervon profitierte auch die 1996 gegründete ökologisch ausgerichtete *Baugenossenschaft Neue Wege eG*. Zweck der Genossenschaft war die zivile Umnutzung der Prinz-Karl-Kaserne in Augsburg. Neue Wege – das galt nicht nur im Hinblick auf ökologische Bauweise, sondern auch bei den niedrigen »weichen« Kosten, z. B. durch eine kostenlose Untermiete in den Büroräumlichkeiten eines ehrenamtlichen Vorstands und nur 1 % Vertriebsprovision für die Genossenschaftsanteile.

Die Förderrichtlinien der gesetzlichen Regelung erzwangen allerdings eine bestimmte Form der Kapitalverwendung: Fast zwei Drittel des Geldes werden nicht direkt für Wohnbauzwecke eingesetzt, sondern als verzinsliche Kapitalanlage zwecks späterer Auszahlung der reinen »Investoren« angespart. So wird nach 8 Jahren, wenn die ersten Anleger kündigen können, ungefähr wieder die Anfangssumme erreicht. Folge: Nicht einmal ein Drittel der Gelder wird tatsächlich in das Projekt investiert. Inzwischen wurde zwar die Eigenheimzulage geändert und damit auch die staatliche Förderung für Anleger verschlechtert, die das Wohneigentum nicht selbst nutzen. Nach einem Gerichtsurteil können aber junge Genossenschaften, die nach dem 1.1.1995 gegründet worden, doch noch in den Genuss der Fördergelder kommen.

Ein weiteres Projekt, die 1997 eingetragene *Genossenschaft Aller Wohnen*, besitzt Wohnräume im Ökozentrum in Verden an der Aller und einen 8 km entfernten ehemaligen Bauernhof. Neben Genossenschaftsanteilen werden auch Privatdarlehen eingeworben, um eine günstigere Zinsquote zu erzielen. Daneben stellt die Deutsche Ausgleichsbank einen Förderkredit. Trotz viel Eigenarbeit und teilweise zinsloser Privatkredite bleibt das Engagement nicht risikolos. Wie bei allen anderen Immobilien-Investments ist man natürlich darauf angewiesen, dass die Bewohner bzw. Betriebe auch ihre Mieten zahlen, damit die Tilgungen und die Zinsbelastung gedeckt werden können.

Typisches Beispiel für eine Wohngenossenschaft ist die *Wogeno München eG*. Mitglied wird man mit der Zeichnung eines Geschäftsanteils (1500 Euro), ab dem zweiten Anteil hat man auch den Anspruch auf einen Anteil am Gewinn (bis zu 4 %). Bewohner müssen mindestens einen Anteil haben bzw. zahlen, wenn sie mehrere Anteile kaufen, eine entsprechend geringere Miete. Über die GLS Gemeinschaftsbank eG, die frühere Ökobank eG und die Raiffeisenbank München eG (allesamt auch selbst Genossenschaften) wurden Wogeno-Sparbriefe aufgelegt, über die auch Nichtmitglieder diese Form des genossenschaftlichen Wohnbaus unterstützen konnten, denn die Wogeno erhielt aus diesen Mitteln für ihre Projekte relativ günstige Hypothardarlehen.

Auch die Wohnungs- und Siedlungsgenossenschaft *Ökodorf eG* verbindet genossenschaftliches Immobilieneigentum mit individuellen Wohnrechten. Nach rund acht Jahren Vorbereitungszeit entstand 1997 in der Nähe von Poppau das Ökodorf Sieben Linden. Nach Schaffung der Infrastruktur (u. a.

Zuwege sowie eine Pflanzenkläranlage und ein Teich) wurden ein Regionalzentrum, ein Gästehaus und ein Freilichttheater erbaut. Ende 2000 entstanden schließlich auch die ersten Wohnhäuser, teilweise in Strohballen-Bauweise. Auf dem 22 Hektar großen Areal leben nun rund 50 Menschen, bis in 20 Jahren sollen es 300 werden. Die Ökodorf eG hat schon zweimal den »Tat-Orte«-Preis »für die Entwicklung und Realisierung einer sozialökologischen Modellsiedlung im ländlichen Raum« erhalten. Zeichner weiterer Anteile und auch Darlehensgeber sind willkommen.

Kontaktadressen:
- Wogeno München eG, Aberlestraße 16, D-81371 München, Tel. 089/72117-05, www.wogeno.de
- Wohnungs- und Siedlungsgenossenschaft Ökodorf e.G., c/o Freundeskreis Ökodorf e. V., Sieben Linden 1, D-38486 Poppau, Tel. 039000/51235, www.oekodorf7linden.de

2.4 Wenig Sicherheit, hohe Renditen: Aktien

Miteigentümer sein, ein Mitspracherecht haben und seine Anteile dennoch jederzeit verkaufen zu können: Aktionäre haben den unmittelbarsten und freiesten Zugriff auf »grüne« Unternehmen. Eine Einschränkung hat die unmittelbare Wirkungsweise von Aktien allerdings: Unternehmen geben Aktien aus, um sich Kapital zu beschaffen. Die Gelder fließen beispielsweise in den Aufbau neuer Technologien und Geschäftsfelder oder den Erwerb anderer Unternehmen. Unmittelbar fließt das Geld zwischen Aktionär und Unternehmen aber nur bei Ausgabe neuer Aktien. Der spätere Handel an der Börse erfolgt zwischen Teilhabern. Von einem steigenden Aktienkurs hat ein Unternehmen – rein monetär – also nichts. Dennoch legt jeder Börsenteilnehmer gleichermaßen Wert auf eine »faire« Bewertung und einen regen Handel. Spiegeln sie doch nicht nur die Anerkennung von Unternehmenswert, Strategie und Marktposition. Eine Aktie, die sich gut entwickelt und »gefragt« ist, wird die Miteigentümer – also die Aktionäre – eher bei der Stange halten, die Ausgabe weiterer Aktien erleichtern, Kurskapriolen verhindern und das Unternehmen so nicht zum Spielball möglicher Übernahmen machen.

Nicht nur für Unternehmen, auch für Anleger hat die Aktien-Anlage viele Vorteile:

- Sie haben die freie Wahl, in welche Unternehmen und in welchem Umfang sie investieren.

- Mit dem Wertpapiererwerb werden sie Miteigentümer einer Aktiengesellschaft (AG). Ihr Anteil bemisst sich nach dem Nennwert der erworbenen Aktie im Verhältnis zum gesamten Grundkapital der Gesellschaft (dies gilt auch für Stückaktien ohne Nennwert).
- Auf den jährlich stattfindenden Hauptversammlungen haben Aktionäre ein Rede-, Frage- und Stimmrecht. Eine einzige Aktie genügt, um Vorstand und Aufsichtsrat kritische Fragen stellen zu können (siehe Kapitel 2.4.6).
- Schreibt das Unternehmen Gewinn, bekommen die Aktionäre – in Form der Dividende – ein Stück davon ab.
- Das investierte Vermögen kann – je nach Bedarf – wieder abgezogen werden.
- Die Gewinnaussichten sind deutlich höher, als bei allen anderen Anlageformen.

Die Nachteile für Anleger lassen sich mit einem einzigen Satz zusammenfassen: Aktienkurse zeigen nicht nur nach oben, sondern auch nach unten. Leider kann niemand zuverlässig vorhersagen, wann welcher Fall eintritt.

2.4.1 Börsennotierte Aktien

Die sich im Aktienkurs niederschlagende Bewertung eines Unternehmens hängt von vielen Faktoren ab. Fundamentale Daten wie Geschäftsmodell, Umsatz, Marktposition und Gewinne spielen eine wichtige, aber oftmals nicht die entscheidende Rolle. Börse ist ein Spiel auf Zukunft. Deshalb können Prognosen, die Aussicht auf künftige Erfolge und die allgemeine Marktstimmung die Kursentwicklung viel stärker beeinflussen.

Als Anfang 2000 die vorige Auflage dieses Jahrbuchs erschien, erlebten die Aktienmärkte gerade das Abschlussfeuerwerk einer beispiellosen Boom-Phase. Internet-Euphorie und weltweites Konjunkturhoch ließen insbesondere die Kurse von Technologie-Unternehmen in ungeahnte Höhen fliegen. So konnten beispielsweise die Windparkprojektierer Energiekontor oder Umweltkontor ihre Aktienkurse bis Ende 2000 um bis zu 300 Prozent steigern. Mehr als 18 Monate danach ist von diesem Zauber wenig übriggeblieben. Die Internet-Wirtschaft erwies sich als noch nicht tragfähig, die Konjunktur rutschte in ein Tief, der Terroranschlag vom 11. September 2001 schockierte die Welt.

Die Folgen dieser Entwicklung – Krisenstimmung und niedrigere Unternehmensgewinne – haben weltweit die Aktienkurse purzeln lassen. Auch »grü-

Checkliste Börsennotierte Aktien: Was muss ich bei der Aktien-Anlage beachten?

- ✓ Nur einen Teil des Geldvermögens in Aktien investieren. Ob dieser Anteil bei 10, 30 oder 50 Prozent liegt, hängt von der persönlichen Risikobereitschaft ab.
- ✓ Setzen Sie sich ein klares Limit, wie viel Sie investieren möchten und nehmen Sie keinen Kredit auf, um Aktien zu kaufen. Überlegen Sie sich vor dem Aktienkauf, wo Ihre Verlustgrenze liegt.
- ✓ Streuen Sie das Risiko möglichst breit. Das heißt: Aktien aus unterschiedlichen Branchen und eher mittelgroße bis große als kleine Unternehmen.
- ✓ Beobachten Sie vor dem Kauf einer Aktie, wie liquide der Wert ist: Wie hoch ist die frei handelbare Aktienstückzahl? Wie stark wird der Wert gehandelt?
- ✓ Bei einigen Werten kann der Kauf an der Heimatbörse (im Ausland) sinnvoller sein. Falls der Wert dort wesentlich liquider ist als im eigenen Land und damit auch Aussicht auf höhere Gewinne bietet – auf die Handelsgebühren achten.
- ✓ Sichern Sie sich über Stopp-Loss gegen mögliche Verluste ab. Als Faustregel gelten Werte, die um zehn bis zwanzig Prozent unter dem Kaufkurs liegen.
- ✓ Nicht nur bei Verlust verkaufen: Scheuen Sie sich nicht, Gewinne zu realisieren.
- ✓ Informieren Sie sich regelmäßig über die Unternehmen in Ihrem Portfolio, um auf gute (oder schlechte) Nachrichten reagieren zu können.
- ✓ Viele Experten gehen davon aus, dass Unternehmen, die unter nachhaltigen Gesichtspunkten wirtschaften, mittel- bis langfristig erfolgreicher sind als konventionell arbeitende. Das heißt: Sie werden stabilere Gewinne erzielen und eine bessere Kursentwicklung haben. Wer hiervon profitieren will, sollte deshalb sein Geld in »grüne« Aktien ebenfalls mittel- bis langfristig anlegen. Konkret: für mindestens drei bis fünf Jahre.

Weitere Informationen: siehe Kapitel 7.1

ne« Aktien waren davon nicht ausgenommen. So litten beispielsweise die Projektierer Energiekontor und Umweltkontor nicht nur unter eigenen Unzulänglichkeiten, sondern auch unter der Schwäche ihres Marktsegments Neuer Markt: Im Frühjahr 2002 notierten beide unter dem Ausgabekurs. Das heißt, die Aktien waren billiger als zum Zeitpunkt des Börsengangs im Frühjahr 2000.

Erfahrene Anleger, die ihr Depot mit mehreren Vorsichtsmaßnahmen abgesichert hatten (siehe Check-Liste), dürften mit einem blauen Auge davon gekommen sein. Hohe Verluste haben dagegen oftmals die Börsen-Anfänger und besonders idealistisch motivierte Anleger davongetragen.

Doch die harte Korrektur hat auch Vorteile: Sie lässt deutlicher hervortreten, welche Unternehmen wirklich über ein nachhaltig tragfähiges Geschäftsmodell verfügen und die notwendige Management-Kompetenz, um dieses umzusetzen.

2.4.1.1 Rückblick: Tops, Flops und Durststrecken

Die Zahl »grüner« Aktien hat in den vergangenen zwei Jahren stark zugenommen. Ihr Charakter hat sich dabei nicht wesentlich geändert: Reine »grüne« Aktien sind in der Regel Unternehmen aus den Bereichen Umwelttechnologie, Energie, Wasser, Ernährung, Kosmetik, Bildung, Gesundheit und Finanzdienstleistung. Häufig haben sie beim Börsengang ein paar Dutzend Mitarbeiter und müssen in den ersten Jahren ein massives Wachstum bewältigen. Eine riesige Herausforderung für das Management – der nicht alle Unternehmenslenker gewachsen sind.

Insolvenzen sind bei börsennotierten Aktien (noch) die Ausnahme. Zu den wenigen Pleiten zählt beispielsweise das Ende April 2002 verkündete Aus für die Sero Entsorgung AG. Angesichts der angespannten Börsenlage sind aber auch Erfolgsgeschichten rar geworden. Eines dieser positiven Beispiele ist der Düsseldorfer Wasseraufbereitungsspezialist Wedeco. Das Unternehmen hatte im Jahr 2000 mit einem Kursplus von 375 Prozent die beste Performance im deutschen Marktsegment M-Dax und zählte auch im Krisenjahr 2001 zu den sieben gewinnträchtigsten Unternehmen im Dax 100.

Eine der wenigen Aktien, die sich gegen den allgemeinen Abwärtstrend entwickeln konnte, ist der amerikanische Bio-Lebensmittelhersteller Horizon Organic. Gute Zahlen und Übernahmefantasien sorgten bis zum Juni 2002 für ein Kursplus von nahezu 170 Prozent binnen Jahresfrist.

Nahezu spiegelbildlich verlief die Entwicklung bei Unit Energy und der B.A.U.M AG. Vor dem Börsengang waren beide Unternehmen sehr erfolgreich: Sie zählten über Jahre zu den Hoffnungsträgern im außerbörslichen Handel, viele tausend Anleger setzten ihr Kapital ein. Doch kaum an der Börse, ging es steil bergab: Bei beiden führten Managementfehler und ein unausgereiftes Geschäftsmodell in die Krise. Mitte 2002 notierten beide Aktien als Pennystocks. Das heißt: Ihr Aktienkurs lag unter einem Euro.

Nicht mehr auf der Sonnenseite der Börse stehen auch zwei bisherige Erfolgskandidaten: Tomra Systems und The Body Shop. Strategische Fehlentscheidungen, Misserfolge bei der Unternehmensexpansion und mangelhaftes Management sind zwei Ursachen dafür, warum beide Werte von ihren alten Höchstständen weit entfernt sind.

Unit Energy

Als die Öffnung der europäischen Strommärkte beschlossen wurde, glaubte nicht nur Unit Energy, dass mit Stromhandel ein gutes Geschäft zu machen ist. Die Bad Homburger setzten zudem auf umweltbewusste Kunden, die bereit sind, für Strom aus sauberen Quellen ein paar Cent mehr zu zahlen. Dass in Deutschland hierfür ein Markt existiert, hatten zahlreiche Umfragen belegt. Doch es kam anders: Die Deutschen erwiesen sich als Wechselmuffel. Nicht zuletzt deshalb, weil sich die etablierten Stromkonzerne mit zahlreichen Tricks gegen die Konkurrenten zur Wehr setzen. Für viele Verbrau-

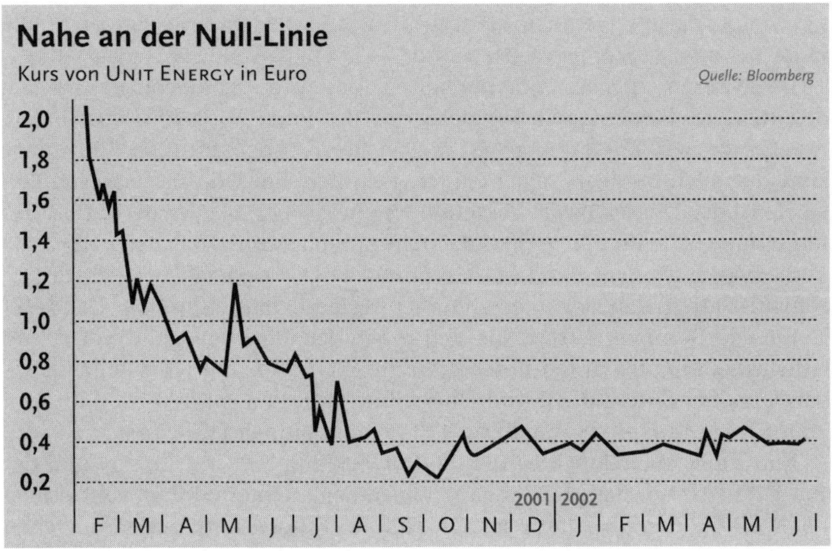

WKN: 776 010
Börsen-Segment: Freiverkehr
Börsengang: 9.2.2001 (reines Listing, ohne Kapitalerhöhung)
Startkurs: 2,10 Euro
Höchstkurs: 2,10 Euro
Umsatz 2000: 4,3 Mio. Mark
Gewinn/Verlust 2000: –20,8 Mio. Mark
Umsatz 2002e: –
Gewinn/Verlust 2002e: –
Internet: www.unit-energy.com
Die Zahlen für 2001 lagen bei Redaktionsschluss noch nicht vor.

cher blieb deshalb der Eindruck haften: Wer seinen Stromanbieter wechseln will, hat nur Scherereien.

Zweiter Faktor für das Scheitern des Geschäftsmodells: Die Umfrageergebnisse spiegelten weder die tatsächliche Bereitschaft der Kunden zu wechseln noch für umweltfreundlichen Strom mehr zu bezahlen wider. Preisaufschläge bis zu zwanzig Prozent werden von einer größeren Gruppe akzeptiert, alles was darüber hinausgeht nur noch von Idealisten. Selbst die Umweltschutzorganisation Greenpeace konnte in ihrer Stammklientel nur eine Minderheit zum Stromwechsel bewegen. Schwacher Trost: Auch die mit Millionenaufwand beworbenen Angebote von Billigstromanbietern waren nicht erfolgreich.

Unit Energy wollte nicht nur in Deutschland, sondern auch in europäischen Nachbarländern von der Öffnung der Strommärkte profitieren. Doch der Erfolg blieb aus: Im Jahr 1999 stand ein Verlust von 25,4 Mio. Mark in der Bilanz. Die defizitären Auslandstöchter wurden verkauft, das Stromhandelsgeschäft in Deutschland übernahm das staatlich niederländische Energieunternehmen Nuon.

Auch in ihrem zweiten Geschäftsfeld, Bau und Betrieb von Energieanlagen, sind die Bad Homburger kläglich gescheitert. In Europa, auf dem Balkan und in Georgien wurden primär Wasserkraftanlagen gekauft. In Italien wurde der Bau eines Wasserkraftwerks begonnen, in Portugal entstand ein Windpark. Doch für Planung und Betrieb von Wasserkraftanlagen fehlte das nötige Know-how. Bei den Anlagen in Osteuropa gab es nicht nur Probleme mit der Einspeisevergütung. Als Fass ohne Boden entpuppte sich das ehrgeizige Neubauprojekt Ancinale in Italien: Allein hier haben die Bad Homburger im Jahr 2000 mehr als 6 Millionen Euro verloren.

Im Frühjahr 2001 waren strategische und finanzielle Defizite nicht mehr zu verschleiern. Binnen weniger Monate wechselte zweimal der Vorstand. Auf der Hauptversammlung 2001 legte der frisch gekürte Vorstand Walter Felix Beyer offen, dass von den 46,1 Mio. Euro, die das Unternehmen in neun vorbörslichen Kapitalerhöhungen eingeworben hat, gut zwei Drittel verbraucht sind. Fast das gesamte verbliebene Kapital steckt im Neubauprojekt Ancinale.

Seitdem zweigt Beyer jeden Cent ab, um das Wasserkraftwerk fertigzustellen. Ende April 2002 kam die frohe Botschaft, dass die italienische Regierung die beantragten Zuschüsse in Höhe von 5,1 Mio. Euro freigegeben hat. Angesichts der Turbulenzen bei Unit Energy waren die Gelder eingefroren worden. Trotz dieses Erfolgs: Die übrigen Projekte von Unit Energy laufen durchwachsen. Der Windpark in Portugal fährt Verluste ein, ein Neubauprojekt ist abgeblasen worden. Auch bei den Wasserkraftwerken sind – schon naturgemäß – starke Ertragsschwankungen zu verzeichnen.

Auf der Hauptversammlung 2001 kündigte Beyer an, kleine Windparks in Deutschland zu entwickeln und – auf Grund der prekären Finanzlage – nach einem strategischen Investor Ausschau zu halten. Ob es angesichts des harten Kampfes um Standorte auf dem deutschen Windenergiemarkt sinnvoll ist, in dieses Geschäft einzusteigen, erscheint äußerst zweifelhaft. Bislang konnte das Unternehmen kein Projekt realisieren und auch die Suche nach einem Investor blieb erfolglos. Ob das Unternehmen noch eine Chance hat, hängt davon ab, wie gut das Wasserkraftwerk Ancinale verkauft werden kann (Verkauf geplant für 2003). Doch selbst dann: Kapitaldecke und Personalbestand sind zu dünn, um im Geschäftsfeld erneuerbare Energien eine Rolle zu spielen. Auf den Märkten in Portugal, Spanien, Frankreich und Polen, wo Unit Energy künftig punkten will, sind wesentlich kompetentere und kapitalkräftigere Player aktiv. Und ob das Unternehmen noch einmal so viele gutgläubige Anleger findet, die ihr Kapital bereitstellen, ist kaum anzunehmen.

B.A.U.M AG

Von einem Unternehmen, das mit Bilderbüchern Geld verdient, erwartet man einen ebensolchen Börsenstart. Doch die im Dezember 2001 angebotene Kapitalerhöhung der B.A.U.M AG stand unter einem schlechten Stern. Das Unternehmen konnte nur rund 10 Prozent der Aktien platzieren. Statt der erwarteten 9,5 Mio. Euro Erlöse, flossen magere 0,9 Mio. Euro an B.A.U.M. Das reichte gerade aus, um die Kosten für den Börsengang (rund 0,7 Mio. Euro) zu decken.

Der Ausgabepreis für die neuen Anteilsscheine war mit 3,15 Euro festgesetzt worden. Doch schon am Tag der Erstnotiz stürzte der Kurs ins Bodenlose. Eine größere Stückzahl Aktien wurde unlimitiert zum Kauf gestellt, der Startkurs lag bei 0,50 Euro. Zwischenzeitlich erholte sich die Aktie, aber seit Mitte März 2002 ging es wieder bergab.

Für das Debakel gab es externe wie interne Ursachen. Zu den externen zählte der extrem ungünstige Starttermin. Monatelang hatte sich angesichts trüber Konjunkturaussichten und Börsentief kein Unternehmen aufs Parkett gewagt. Doch Ulrich Kypke, Vorstandsvorsitzender von B.A.U.M, schien das nicht zu bekümmern. Er wagte den Start, obwohl er weder eine namhafte Konsortialbank gewinnen noch die gewünschte Aktienzahl platzieren konnte. Alle anderen Unternehmen in ähnlicher Lage hatten ihren Börsengang kurzfristig abgeblasen. Wer sich anders verhält, von dem kann man zwei Dinge vermuten: Entweder wird jeder Cent dringend gebraucht oder die Unternehmensführung hat das Börsengeschäft nicht verstanden. Beides lässt keine guten Rückschlüsse zu.

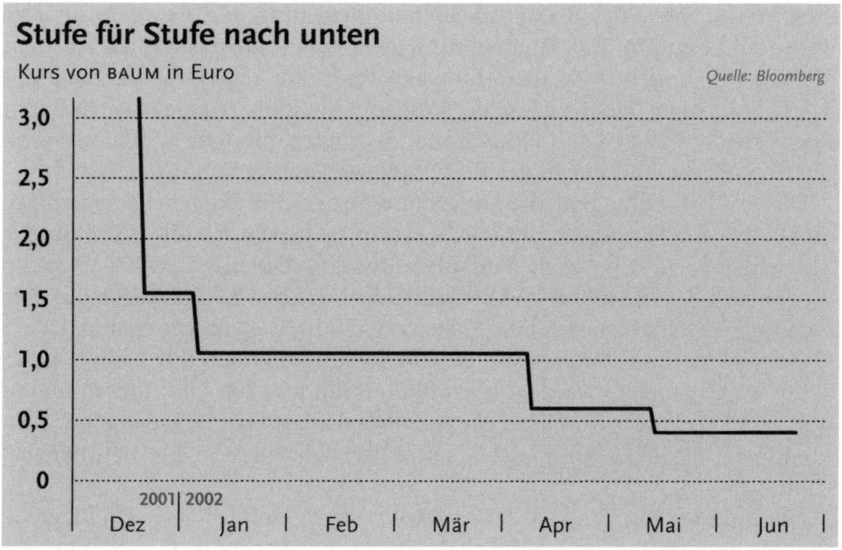

WKN: 508 310
Börsen-Segment: Geregelter Markt
Börsengang: 20.12.2001
Ausgabepreis: 3,15 Euro
Höchstkurs: 1,57 Euro
Gesamtleistung 2001: 10,5 Mio. Euro
Gewinn/Verlust 2001: *lag bei Redaktionsschluss noch nicht vor*
Umsatz 2002e/Ebit 2002e: *Die überarbeiteten Planzahlen (nach Verkauf der Janosch-Rechte) lagen bei Redaktionsschluss noch nicht vor.*
Internet: www.baum-ag.de

Die B.A.U.M AG ist ein über Jahre gewachsenes heterogenes Gebilde: Ihre Ursprünge hat sie in der Umweltberatung. Daraus entwickelte sich der Consulting-Zweig des Unternehmens, der Nachhaltigkeitsstrategien für Unternehmen, Kommunen und staatliche Organisationen erarbeitet sowie standardisierte Beratungsprogramme anbietet. An zahlreichen Kampagnen, beispielsweise »Solar – Na klar« oder Ökoprofit, hat B.A.U.M maßgeblich mitgewirkt. Ökologisch-ethisch mustergültig, aber leider wenig rentabel.

Einträglicher versprach da das Geschäft mit der Exklusiv-Vermarktung aller Kunstwerke Janoschs zu werden. Für 41 Mio. Euro erwarb das Unternehmen alle Rechte an bestehenden und künftigen Werken, alle vorhandenen

Kunstwerke sowie das Recht auf Weiterentwicklung und Bearbeitung aller Werke und Figuren. Zur Finanzierung des Deals sollte das Kapital aus dem Börsengang eingesetzt werden. Eine alte Tradition: »Die Gesellschaften der B.A.U.M-Gruppe haben sich in der Vergangenheit überwiegend nicht durch eigen erwirtschaftete Cash-Flows, sondern durch zahlreiche Kapitalerhöhungen finanziert«, heißt es in der IPO-Studie der Equity Venture Research.

Dieser Plan schlug fehl, das Unternehmen geriet in finanzielle Schieflage. Im März wurde ein Abschreibungsbedarf in Höhe von 7,7 Mio. Euro für das Geschäftsjahr 2001 bekannt. Vorläufige Rettung: Die B.A.U.M AG übertrug alle Janosch-Rechte inklusive Verbindlichkeiten über 9,7 Mio. Euro auf ihre Tochtergesellschaft Janosch Film & Medien AG. Im Gegenzug erhielt B.A.U.M 19,2 der 24 Mio. Aktien der Gesellschaft. Sieben Millionen Stück mussten an Dritte weitergegeben werden, ein weiterer Teil (ca. 200 000 Aktien) wurde zum Stückpreis von 1,64 Euro im außerbörslichen Handel angeboten. Weitere Einschnitte sind Personalabbau und Verkauf weiterer Unternehmensbestandteile.

Die Zukunft von B.A.U.M ist ungewiss: die Kassen fast leer, das Eigenkapital arg angegriffen, das mittelfristig Erfolg versprechende Geschäft bei der Tochtergesellschaft. Daran wird die Muttergesellschaft zwar mitverdienen, aber der gehörten Mitte 2002 nur noch 16 Prozent an der Janosch Film & Medien AG. Und obwohl im eigenen Geschäft kaum noch Wachstumsphantasie steckt, verspricht Vorstand Kypke, dass ab 2003 alle Tochtergesellschaften profitabel arbeiten sollen. Das ist schon fast wie im Märchen.

Tomra Systems

Ein Supermarktleiter war genervt von den vielen leeren Flaschen und suchte nach einer Lösung. Die lieferte ihm das 1972 von einem Bruderpaar gegründete Unternehmen: eigens für die Leergut-Rücknahme entwickelte Automaten. Aus den einfachen Geräten der Anfangsphase hat die norwegische Tomra Systems längst ein umfassendes Sortiment von Maschinen für den Laden um die Ecke bis zum Mega-Supermarkt entwickelt. Tomra liefert nicht nur die Maschinen, sondern auch die zugehörige Software zur Leergut-Verwaltung, richtet komplette Rücknahme-Stellen ein, wartet die Anlagen und betreibt eigene Recycling-Betriebe. Durch organisches Wachstum und zahlreiche Übernahmen hat Tomra seinen weltweiten Marktanteil auf über 90 Prozent ausgeweitet – eine Monopolstellung in einem wachsenden Markt. Über 40 000 Geräte in 39 Ländern hat das Unternehmen weltweit installiert.

In seiner 30-jährigen Unternehmensgeschichte hat der unangefochtene Weltmarktführer Höhen und Tiefen erlebt. Auf eine lang anhaltende Phase

Flaschenspezialisten geht die Puste aus.

Kurs von TOMRA SYSTEMS in Norwegischen Kronen

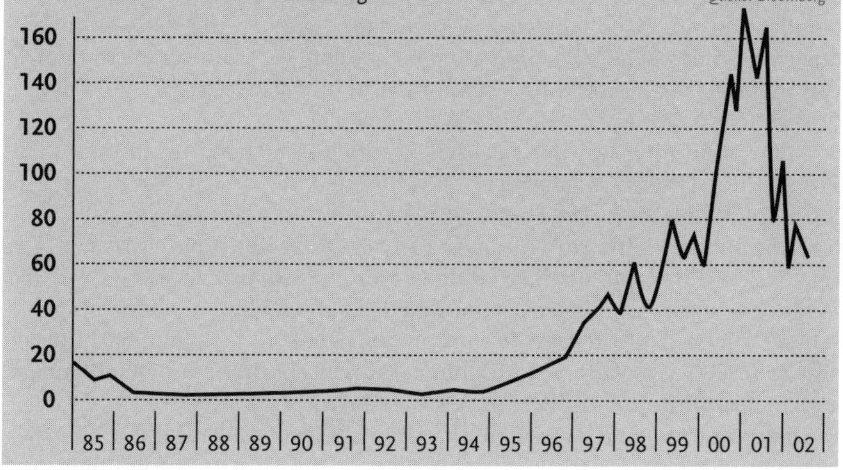

ISIN: NO 0005668905
WKN: 872 535
Börsen-Segment: OBX Stock Index
Börsengang: Januar 1985
Höchstkurs (6.11.00): 199,25 norw. Kronen
Umsatz 2001: 2,92 Mrd. norw. Kronen
Gewinn 2001: 16 Mio. norw. Kronen
Umsatz 2002e: k.A.
Gewinn 2002e: k.A.
Internet: www.tomra.no

des Wachstums folgte zweimal ein herber Rückschlag. 1986 brachen die Erlöse ein, infolge riesiger Verluste in den USA: Tomra stand kurz vor dem Bankrott, konnte sich aber in den Folgejahren wieder erholen und erlebte in den 90er-Jahren eine lückenlose Erfolgsgeschichte. Umsatz und Gewinne stiegen zweistellig. Zwischen 1990 bis 1999 konnte der Umsatz verzehnfacht, die Vorsteuergewinne sogar verzwanzigfacht werden. In den fünf erfolgreichsten Jahren (1995 bis 1999) stieg der Umsatz jährlich um durchschnittlich 46 Prozent.

Ähnlich rasant entwickelte sich auch der Aktienkurs: Im Jahr 2000 hatte Tomra um fast 6000 Prozent zugelegt. Dann begann die zweite Krise des Unternehmens. Tomra war immer in den Märkten erfolgreich, wo aufgrund umweltpolitischer Entscheidungen, Pflichtpfand-Systeme eingeführt wurden. Deshalb hatte man auch in Deutschland einige Millionen investiert, um auf die für 2002 geplante Einführung des Pflichtpfandes für Einwegbehälter vorbereitet zu sein. Doch langwierige Rechtsstreitigkeiten mit der Getränkeindustrie und das Scheitern einer entsprechenden Verordnung im Bundesrat verhinderten die Umsetzung. Tomra musste im Geschäftsjahr 2001 Investitionen über 45 Millionen Kronen abschreiben.

Noch schlimmer war der Rückschlag im US-Geschäft, das immerhin 50 Prozent des Umsatzes ausmacht. 48 Millionen Dollar hat Tomra allein in Kalifornien investiert. Die Hälfte wurde zum Erwerb von vier Recyling-Zentren, die andere Hälfte zum Aufbau eines Recycling-Konzepts eingesetzt. Der Einstieg in die Materialaufbereitung erwies sich ebenso als Fehler, wie der Versuch in anderen Bundesstaaten Konzepte zu etablieren, ohne den politischen Druck entsprechender Verordnungen. Die Folge: Im Jahr 2001 musste Tomra im US-Geschäft 345 Millionen Kronen abschreiben. Der Bilanzgewinn schrumpfte auf ein Fünftel des Vorjahreswertes.

In der Konsequenz hat sich Tomra in den USA aus allen Märkten zurückgezogen, die kein Pfandsystem vorschreiben. Nach Umstrukturierungen und Teilschließungen soll in Kalifornien der Break-even im 2. Quartal 2002 geschafft werden. In Deutschland hofft man auf die nun zum 1.1.2003 beschlossene Einführung des Pflichtpfandes, wird hierfür aber noch weitere Investitionen vornehmen müssen.

Zwischenzeitliche Erfolgsmeldungen – wie die Einführung eines Pflichtpfandsystems für Dosen in Dänemark – konnten der Aktie keinen Auftrieb geben. Zu groß war die Unsicherheit, wie das Unternehmen die Rückschläge in seinen beiden wichtigsten Märkten (USA und Deutschland) verkraftet. Zumal am Jahresanfang 2002 noch bekannt wurde, dass die Staatsanwaltschaft gegen den Vorstandsvorsitzenden Erik Thorsen und weitere Top-Manager wegen Insiderhandels ermittelt. Ein schwerer Schlag für ein Unternehmen, das bislang ein tadelloses Image hatte. Nach dem Beinahe-Bankrott 1986 brauchte die Aktie fast zehn Jahre, um sich zu erholen. Wie lange es diesmal dauern wird, hängt stark davon ab, ob das Unternehmen im Jahr 2002 wirklich die Wende schaffen kann.

The Body Shop

Jahrelang galt die britische Naturkosmetik-Kette als eine Erfolgsgeschichte wie aus dem Märchenbuch. Gegründet wurde das Unternehmen im Jahr 1976 durch Anita Roddick. Die Weltenbummlerin und rührige Umweltaktivistin hatte auf ihren Reisen zu zahlreichen indigenen Völkern Kenntnisse über

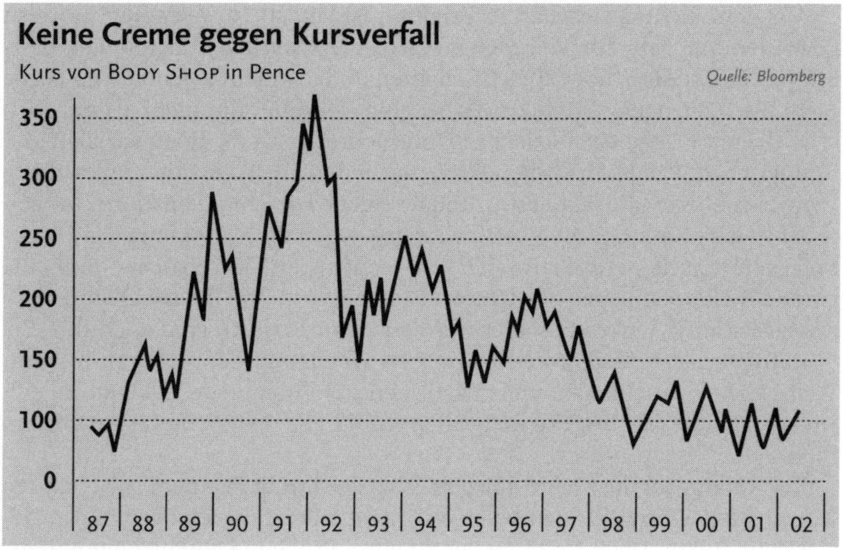

ISIN: GB 0001083137
WKN: 870 803
Börsen-Segment: FTSE Small Cap Index
Börsengang: 1984
Höchstkurs (21.2.1992): 370 Pence
Umsatz 2001/2002: 379,6 Mio. Pfund
Gewinn 2001: 5,4 Mio. Pfund
Umsatz 2002/2003e: k.A.
Gewinn 200272003e: k.A.
Internet: www.the-body-shop.com

natürliche Grundstoffe gesammelt. Sie machte sich diese zu Nutze und kreierte mit Unterstützung eines Kräuterspezialisten selbstgemachte Kosmetika. Gut 25 handgemixte Produkte standen im ersten »Body Shop« im vornehmen britischen Seebad Brighton zum Verkauf. Das Geld für die Eröffnung des ersten Shops (4000 Pfund) hatte sich Roddick von einem Bekannten geliehen. Eine Investition, die sich für den Kreditgeber Ian McGlinn gelohnt hat. Als die Spezialisten für Haut und Haare 1984 an die Londoner Börse gingen, hatte sich sein Startkapital auf 4 Millionen Pfund vervielfacht. McGlinn hält bis heute – neben dem Ehepaar Roddick (ca. 24 %) – das größte Aktienpaket an dem Unternehmen (ca. 23 %).

Aus dem kleinen Geschäft in Brighton ist längst ein weltweiter Konzern geworden, der Jahr für Jahr weiter wächst. Inzwischen verkauft The Body Shop in 50 Ländern, über 2000 Geschäften und in einem eigenen Web-Portal mehr als 1000 eigene Produkte. Dabei ging es immer um mehr als nur wirtschaftlichen Erfolg: Grundziel des Unternehmens ist es, einen sozialen und ökologischen Wandel zu fördern. Firmengründerin Anita Roddick unterstützte Umweltschutzorganisationen, gründete eigene Forschungsinstitute, initiierte zahlreiche Kampagnen – beispielsweise gegen die Verfolgung des Ogoni-Volkes in Nigeria – engagierte sich vehement gegen Tierversuche – bis heute eines der Hauptanliegen des Unternehmens – und für eine nachhaltige Produktgestaltung. Unbestreitbares Verdienst von Roddick sind auch ihre Bemühungen, nach ökologischen Kriterien arbeitende Kooperativen in Dritt-Welt-Ländern aufzubauen und zusammen mit ihnen neue Produkte zu entwickeln. Heute arbeitet The Body Shop mit 42 Herstellern dieser Art zusammen.

Bis Anfang der 90er-Jahre spiegelte sich der Erfolg in einem beispiellosen Kursanstieg. Grund für den Hype war nicht zuletzt der Einstieg in das US-Geschäft (1989). Doch als Mitte der 90-Jahre Probleme auftauchten und die Geschäfte in den USA für Verluste sorgten, ging es auch an der Börse bergab.

Die Krise ist – trotz zwischenzeitlicher Erfolge – bis heute nicht ganz überwunden. The Body Shop war zwar Vorreiter im Bereich Naturkosmetik, ist inzwischen aber längst nicht mehr alleiniger Anbieter. Dass vergleichbare Produkte in fast jedem Supermarkt erhältlich sind, hat nicht nur den Geschäften geschadet, sondern dem Unternehmen – das bei Börsenanalysten so beliebte – »Alleinstellungsmerkmal« genommen. Die Börsenprofis hatten das Engagement von Anita Roddick ohnehin meist missbilligend betrachtet. Beim Blick in den Geschäftsbericht konnten sich aber auch unvoreingenommene Betrachter fragen, ob sie den Jahresrückblick einer Umweltschutzorganisation oder einer börsennotierten Gesellschaft vor sich hatten.

Als sich die Probleme im US-Geschäft zuspitzten gab Roddick 1998 die Unternehmensführung ab. In den Folgejahren gelang zwar im US-Geschäft die Rückkehr zur Profitabilität, dennoch bleiben die Margen im Unternehmen insgesamt unter Druck. Zudem war es nicht gelungen, ein effektives System aufzubauen, um die weltweiten Aktivitäten zu managen. Mehrfach musste The Body Shop eine Gewinnwarnung aussprechen.

Die Lösung aller Probleme sollte der Einstieg eines Investors bringen. Doch im Frühjahr 2002 waren mehrere Versuche, das Vorzeige-Unternehmen an teilweise recht zweifelhafte Interessenten zu verkaufen, gescheitert. Nun beschloss man, das Unternehmen aus eigener Kraft zu sanieren. Ein tiefgreifender Einschnitt: Vorstand Patrick Gournay und weitere führende Mitarbeiter nahmen den Hut, Anita Roddick zog sich ganz aus dem operativen Geschäft zurück. An der Spitze von The Body Shop stehen seit Februar 2002 Peter Saunders (CEO) und Andrian Bellamy (COO und Executive Chairman). Beide haben erfolgreich das US-Geschäft saniert und wollen nun mit ihrer Strategie – weniger neue Geschäfte, Verkauf fördern, Fixkosten reduzieren, Vertriebsstruktur neu organisieren – den Gesamtkonzern auf Vordermann bringen. Das ist auch dringend nötig: Im Geschäftsjahr 2001/2002 erwirtschaftete The Body Shop trotz eines Plus von 124 neuen Geschäften nur einen um 1 Prozent gestiegenen Umsatz (379,6 Mio. Pfund), aber einen um gut 40 Prozent gesunkenen Gewinn (5,4 Mio. Pfund). Der tief gesunkene Aktienkurs wird sich erst wieder nachhaltig erholen, wenn das neue Management Erfolge präsentieren kann.

Firmengründerin Anita Roddick ist derweil auf neuen Pfaden unterwegs. Der *Spiegel* (19/2002) berichtet, dass Tochter Sam Roddick in London eine erste Sex-Boutique der Luxusklasse eröffnet hat – auch mit Kapital von der Mama. Bleibt abzuwarten, welche Form von »body shops« in den kommenden Jahren erfolgreicher sein wird.

Wedeco

Wasser ist das wichtigste Lebensmittel. Es ist zwar reichlich vorhanden, 70 Prozent der Erdoberfläche besteht aus Wasser, aber nur ein kleiner Teil – rund ein Prozent – kann als Trinkwasser verwendet werden. Da der Rohstoff Wasser nicht vermehrbar ist, kann sauberes Trinkwasser für die wachsende Weltbevölkerung nur über Aufbereitungsverfahren gewonnen werden. Diese Tatsachen sind die Grundlagen des Erfolgs von Wedeco.

Das Düsseldorfer Unternehmen ist Weltmarktführer für Systeme zur umweltfreundlichen Wasseraufbereitung mit UV-Licht und Ozon. Das Unternehmen plant, entwickelt und produziert Anlagenkomponenten. Je mehr Anlagen weltweit installiert sind, desto stärker steigt auch das Geschäft mit Ersatzteilen. UV-Lampen müssen beispielsweise gut alle zwei Jahre ausgetauscht werden. Grundlage für künftiges Wachstum ist aber primär der weltweit steigende Bedarf nach Wasseraufbereitung und der wachsende Anteil umweltschonender Verfahren. Die derzeit noch dominierende Chlor-Technologie wird ihre Vormachtstellung einbüßen.

In den vergangenen zwei Jahren eilte das Unternehmen von Erfolg zu Erfolg: Auf dem stark fragmentierten Markt wurden neun Unternehmen übernommen, die Weltmarktführerschaft für zwei Technologien erobert (UV-Licht und Ozon), der technische Vorsprung zur Konkurrenz ausgebaut und die Gewinne deutlich stärker gesteigert als die Umsätze. Möglich war dies nicht nur

WKN: 514 180
Börsen-Segment: M-Dax
Börsengang: Oktober 1999
Ausgabepreis: 7,80 Euro
Höchstkurs (13.6.00): 45,1 Euro
Umsatz 2001: 81,3 Mio. Euro
Gewinn 2001: 6,1 Mio. Euro
Umsatz 2002e: 140 Mio. Euro
Gewinn 2002e: 8,4 Mio. Euro
Internet: www.wedeco.de

dank guter Managementleistungen und guter Technologie, sondern auch weil das Unternehmen nahezu konkurrenzlos agierte. Inzwischen hat sich der einzige Konkurrent auf dem Weltmarkt – Trojan Technologies – wieder berappelt. Die Kanadier machten jahrelang Verluste, haben aber dank harten Sanierungskurses den Umschwung geschafft und Wedeco auf dem wichtigen US-Markt einige Aufträge weggeschnappt. Mitte Mai 2002 verkündeten sie gar die Übernahme eines kleinen deutschen UV-Geräteherstellers. Die dominierende Stellung Wedecos in Europa ist dadurch aber nicht tangiert.

Spannender dürfte die Auseinandersetzung um den asiatischen Markt werden. In Korea hat Wedeco ein gutes Standbein aufgebaut. Mehrere hundert, meist kleine Projekte sind in der Pipeline. Am bedeutendsten wird aber der chinesische Markt. Experten rechnen damit, dass China in den kommenden Jahren einen zweistelligen Milliardenbetrag in Wasseraufbereitung investieren wird. Trojan verkündete Mitte Mai 2002 die ersten vier Aufträge. Wedeco konnte schon Ende 2001 den ersten Erfolg vermelden. Für »grüne« Anleger sicher nicht ganz unproblematisch: Die Düsseldorfer bauen eine Pilotanlage zur Wasseraufbereitung am Drei-Schluchten-Damm. Rings um das umstrittene Großprojekt werden dutzende von Abwasserkläranlagen errichtet. Wedeco will hiervon profitieren.

Mittelfristig wichtiger wird der US-Markt sein. Wedeco-Vorstand Werner Klink geht davon aus, dass dort in den kommenden Jahren 16 Milliarden Dollar in den Aufbau so genannter Multi-Barrier-Systeme gesteckt werden. Diese Anlagen kombinieren mehrere Verfahren der Wasseraufbereitung, um verschiedene Schadstoffe in einem Prozess zu beseitigen. Über zwei wichtige Elemente der Kette verfügt Wedeco: Desinfektion mittels UV-Licht und Oxidation mittels Ozon. Das dritte Element – die Filtration – deckt Wedeco noch nicht ab. »Wenn sich eine günstige Gelegenheit bietet«, sagt Klink, »käme der Kauf eines Herstellers in Frage«. Ansonsten will er – wie bisher – mit den großen Filter-Herstellern kooperieren. »Die zählen schließlich zu unseren wichtigsten Kunden,« argumentiert Klink. Und es wäre unklug in Wettbewerb mit großen Wasseraufbereitern wie US-Filter – zur französischen Vivendi Environnement – oder Thames Water – zum Energiekonzern RWE gehörend – zu treten.

Wedeco investiert deshalb lieber in die Optimierung der eigenen Technologie (UV, Ozon) und die chemikalienfrei Beseitigung weiterer Schadstoffe – hier insbesondere Endokrine. Das heißt: Hormone, die aus der Nahrungskette ausgeschieden, zunehmend vor allem Küstengewässer belasten.

Sein Geld wird Wedeco dennoch nicht mehr ganz so leicht verdienen. Die wachsende Konkurrenz auf dem Weltmarkt drückt auf die Margen. Zusammen mit höheren Forschungsaufwendungen haben sie für einen – gegenüber der ursprünglichen Planung – reduzierten Gewinn in 2001 und revidierten Prognosen für die Folgejahre geführt. Die Börse reagierte im April 2002 mit einem Kursrutsch. Trotz dieses – auch durch ungeschickte Kommunikationspolitik verursachten – Einbruchs: Wedeco ist eine Erfolgsgeschichte unter den grünen Aktien. Rückschläge muss jedes Wachstumsunternehmen verkraften.

Horizon Organic

Glückliche Kühe sorgen für glückliche Aktionäre – so lautet das Erfolgsgeheimnis von Horizon Organic Holdings. Weltweit ist die Bio-Lebensmittelbranche stark im Kommen – nicht zuletzt dank immer neuer Skandale in der konventionellen Landwirtschaft. Während im deutschsprachigen Raum bislang kein einziges Unternehmen an der Börse notiert ist und im außerbörslichen Segment fast nur Pleiten zu beklagen sind (von Bergquell bis Ökoland), gibt es in den USA gleich mehrere erfolgreiche Unternehmen. Die beiden Supermarktketten Whole Foods Market und Wild Oats Market sind mittlerweile landesweit vertreten. In den Regalen beider Einzelhändler stehen die Produkte von Horizon Organic.

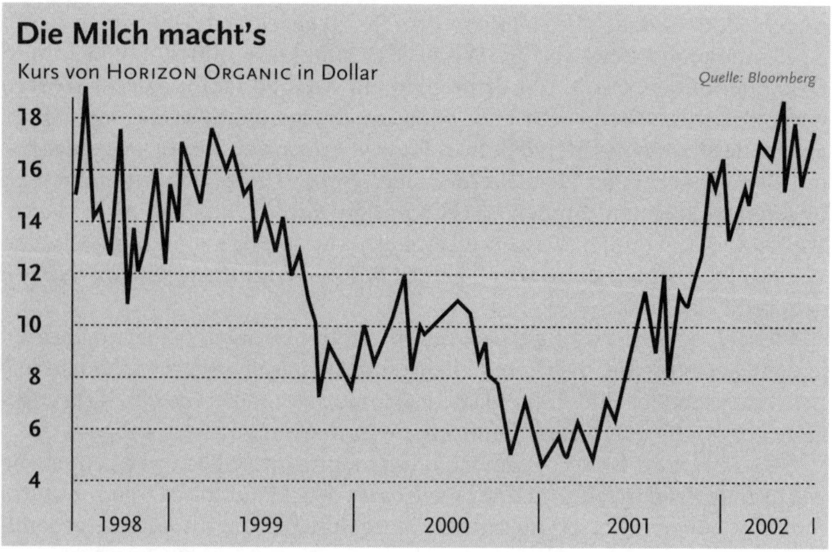

ISIN: US 44043T1034
Börsen-Segment: Nasdaq
Börsengang: Juli 1998
Startkurs: 11 Dollar
Höchstkurs: 18,70 Dollar
Umsatz 2001: 158,87 Mio. Dollar
Gewinn 2001: 1,74 Mio. Dollar
Umsatz 2002e: 187 Mio. Dollar
Gewinn 2002e: 3,5 Mio. Dollar
Internet: www.horizonorganic.com

Horizon Organic: In immer mehr Supermarktregalen finden Kunden Milchpackungen mit der fliegenden Kuh – dem Markenzeichen von Horizon Organic. Der Bio-Milchlieferant aus Colorado hat in den Vereinigten Staaten einen Marktanteil von 70 Prozent. (Foto: Horizon Organic)

Der 1991 gegründete Lebensmittelhersteller brachte ein Jahr später sein erstes Produkt auf den Markt: einen Bio-Joghurt. Heute produziert und vertreibt Horizon Organic 132 verschiedene Milchprodukte und Fruchtsäfte – und ist der größte Bio-Lebensmittelhersteller der USA. Im Heimatmarkt sind die Produkte in über 15 000 Geschäften erhältlich, allein in mehr als der Hälfte aller konventionellen Supermärkte und – seit Ende 2001 – sogar in den Coffee-Shops von Starbucks.

In den USA hat Horizon eine starke Marktposition: Das Unternehmen liefert 70 Prozent der insgesamt im US-Markt verkauften Bio-Milch. Die Milch stammt von über 200 Vertrags-Molkereien und zwei eigenen Milchfarmen, die 1997 erworben wurden.

Mit dem Erlös aus dem Börsengang (1998) erwarb Horizon Organic Milchfarmen und einen kleinen Hersteller in Großbritannien. Damit schien der schnelle Einstieg in Europa greifbar nahe. Doch es kam anders. Ähnlich wie andere US-Unternehmen, tat sich Horizon Organic schwer mit den harten

Gepflogenheiten im europäischen Lebensmitteleinzelhandel. Zudem fehlte ein potenter Partner für den Vertrieb. Diese Probleme scheinen inzwischen gelöst. Mit Dairy Crest, Großbritanniens größtem Molkerei-Betrieb, wurde Ende 2001 eine Vertriebspartnerschaft vereinbart. Die neuen Produkte stehen nun in den Regalen der beiden Supermarktketten Tesco und Sainsbury. 2002 soll weiter in den Marktaufbau investiert werden.

Abgerückt ist Horizon inzwischen auch von den Plänen, die eigenen Produktionsanlagen auszubauen. Nachdem beide Milchfarmen in den USA jahrelang gerade kostendeckend arbeiteten oder sogar leichte Verluste erwirtschafteten, hat sich das Management zum Verkauf entschlossen. Der Schwerpunkt soll künftig auf der Entwicklung neuer qualitativ hochwertiger und kostengünstiger Produkte liegen. Dafür will Horizon seine bestehenden Partnerschaften stärken und ausbauen.

Gründe für den Börsenerfolg der Jahre 2001/2002 waren nicht nur die guten Geschäfte: Horizon konnte 2001 den Umsatz um 25 Prozent steigern, den Gewinn pro Aktie sogar mehr als verdreifachen. Die Kursentwicklung wurde auch von Übernahmegerüchten durch Großaktionär Suiza angetrieben. Hinzu kam eine Outperformance im Lebensmittel-Bereich. Viele Werte entwickelten sich nach dem Terroranschlag vom 11. September extrem gut.

Trotz des rasanten Kursanstiegs: Im Frühjahr 2002 hat die Aktie das Niveau erreicht, das sie schon kurz nach dem Börsengang erklommen hatte. In den Folgejahren war es nämlich – aufgrund von Verlusten – stetig bergab gegangen. Inzwischen steht das Unternehmen aber auf einer deutlich besseren Basis als zum Zeitpunkt des Börsengangs und hat damit gute Chancen vom weiteren Wachstum des Bio-Lebensmittelmarktes zu profitieren. Die Organic Trade Association schätzt, dass der US-Markt für Bio-Produkte im Jahr 2005 auf 20 Mrd. Dollar anwächst – doppelt so viel wie im Jahr 2001. Die britische Soil Association rechnet für ihren Heimatmarkt gar mit jährlichen Wachstumsraten von 40 Prozent. Gelingt es Horizon Organic seinen Marktanteil gegenüber anderen Hersteller und den großen Playern, die den Bio-Markt immer mehr für sich entdecken, zu halten, kann das Unternehmen aus Colorado auch künftig für glückliche Aktionäre sorgen.

2.4.1.2 Ausblick: Gewinne mit neuer Energie?

Zu den erfolgreichsten Börsengängen der vergangenen zwei Jahre gehörten zahlreiche Unternehmen aus dem Bereich erneuerbare Energien. Für diesen Erfolg gibt es mehrere Gründe. Zum Schutz der Erdatmosphäre müssen Alternativen für eine Energieversorgung jenseits der fossilen Brennstoffe gefunden werden. Die Vorräte sind begrenzt und die Abhängigkeit von wenigen, politisch instabilen Förderländern steigt.

Gas gilt in Europa wie den USA als Energie der Zukunft. Der flüchtige Stoff ist umweltfreundlicher als die konventionelle Konkurrenz und kann vielfältig genutzt werden. Neue Technologien – wie die gleichzeitige Produktion von Strom und Wärme – steigern den Wirkungsgrad, das heißt die tatsächliche Ausnutzung des Energiepotenzials. Die österreichische *Jenbacher AG* (WKN 070 535), einer der 20 NAI-Werte, verkauft seit vielen Jahren kleine Gaskraftwerke – mit wachsendem Erfolg.

Gas kann künftig auch Wasserstoff zum Brennstoffzellen-Betrieb produzieren. Große Energieversorger und die Automobilindustrie arbeiten mit Nachdruck an solchen Lösungen. Brennstoffzellen werden schätzungsweise erst ab 2010 in die Massenproduktion gehen. Bis dahin könnten auch die erneuerbaren Energien eine größere Rolle im Energiemix spielen.

Vor allem in Europa gibt es einen breiten politischen Konsens, dass erneuerbare Energien ausgebaut werden müssen. Die am 27.9.2001 in Kraft getretene europäische Förderrichtlinie für erneuerbare Energien legt für jedes Mitgliedsland verbindliche Zielquoten fest. Deutschland hatte sich schon zuvor das Ziel gesetzt, den Anteil erneuerbarer Energien an der Stromerzeugung von 6 Prozent im Jahr 1998 bis zum Jahr 2010 zu verdoppeln. Um den Ausbau zu fördern, einen wirtschaftlichen Anlagenbetrieb zu gewährleisten und einer zukunftsfähigen Wirtschaftsbranche zum Durchbruch zu verhelfen, trat zum 1.4.2000 das Erneuerbare Energien-Gesetz in Kraft. Es schreibt verbindliche Vergütungssätze für jede erzeugte Kilowattstunde Strom vor. Das Gesetz hat einen regelrechten Boom ausgelöst und wurde inzwischen in einigen europäischen Ländern kopiert.

Der Erfolg erneuerbarer Energien wird sich fortsetzen. Neben kleinen, innovativen Unternehmen sind längst die Großen im Spiel. Öl-Giganten wie BP und Shell oder der Energieversorger RWE gehören zu den führenden Photovoltaik-Unternehmen. Der Mischkonzern General Electric, weltweit Spitze in der Energieanlagentechnik, hat den Windturbinenhersteller Enron Wind übernommen. Fritz Vahrenholt, Vorstandsvorsitzender des Hamburger Windenergieanlagenherstellers Repower, fühlt sich hiervon aber keinesfalls bedroht. »Ich sehe das positiv«, sagt Vahrenholt. Die Branche werde dadurch professioneller und: »Das hat auch Rückwirkungen auf die Politik.«

Denn mittelfristig werden erneuerbare Energien noch von Förderregelungen abhängig bleiben. Politische Kurswechsel – wie im vergangenen Jahr in Dänemark – können zu Rückschlägen führen. Ein weiteres Risiko sind Technik-Ausfälle. Der einstige dänische Weltmarktführer NEG Micon wäre daran beinahe zu Grunde gegangen. Für kleinere Hersteller mit geringer Kapitaldecke, wie die deutsche Frisia, wurde dies zum Verhängnis. Von den Folgen betroffen waren auch zahlreiche Windparks und ihre Kommanditisten.

2.4.1.3 Windenergie

Windenergie wird nach Einschätzung vieler Experten in absehbarer Zeit die Wirtschaftlichkeitsgrenze erreichen. An ausgewählten Standorten kommen die Anlagen heute schon ohne Förderung aus – heißt es selbst im Abschlussbericht des letztjährigen Weltenergiekongresses der großen Energieversorger.

In den vergangenen fünf Jahren ist der Weltmarkt jährlich um durchschnittlich fast 40 Prozent gewachsen. Die meisten Anlagen wurden in Europa und hier vor allem in Deutschland aufgestellt. Von den knapp 25 000 Megawatt Windenergieleistung, die Ende 2001 weltweit installiert waren, steht ein Drittel in Deutschland.

Für die Jahre 2002 bis 2006 geht die dänische BTM Consult von durchschnittlichen Wachstumsraten um gut 16 Prozent aus. Weltweit wären 2006 dann knapp 55 000 Megawatt installiert, davon gut 20 000 MW allein in Deutschland. Es könnten auch noch mehr werden, denn die Berechnungen des dänischen Ingenieurbüros gelten als konservativ.

Drei Trends werden die Entwicklung der kommenden Jahre bestimmen:

- Für Wachstum sorgen nahezu ausschließlich Onshore-Anlagen an Küstenstandorten oder im Binnenland. Führende Region weltweit ist und bleibt Europa – mit über 70 Prozent der installierten Leistung. Neue Förderprogamme in Frankreich und Italien, ehrgeizige Ziele in Großbritannien und der weitere Ausbau in Deutschland und Spanien sorgen für Auftrieb. Darüber hinaus spielen die USA und Australien eine wichtige Rolle. Asien wird schon allein aufgrund des enormen Energiebedarfs ein aufstrebender Markt.
- Repowering – der Ersatz alter Anlagen durch leistungsfähigere neue – wird frühestens 2004/2005 nennenswerte Erträge liefern. Naturgemäß zuerst in den Ländern, wo die ältesten Anlagen stehen (z. B. Dänemark und Deutschland).
- Offshore-Anlagen – für Windenergieparks auf offener See (außerhalb der 12-Meilen-Zone) – werden ebenso frühestens 2004/2005 auf den Markt kommen.

Der bisherige Erfolg der Windenergie zeigt sich nicht zuletzt daran, dass inzwischen zehn europäische Unternehmen der Branche börsennotiert sind: fünf Hersteller, vier Projektierer und eine Betreibergesellschaft (*Windwelt*).

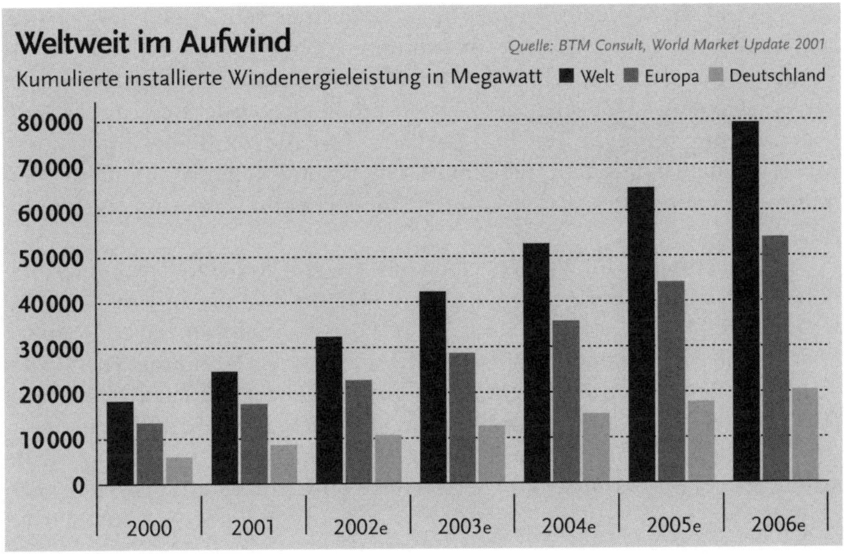

Einige weitere Kandidaten liegen in Lauerstellung, beispielsweise der Getriebehersteller *Winergy*, der deutsche Projektierer *Abo Wind* und die Betreibergesellschaft *Wind 7* – die beiden letztgenannten sind seit einiger Zeit im außerbörslichen Handel (siehe Kapitel 2.5.1).

Windturbinenhersteller

Der Markt für Windenergieanlagen wird schon seit einigen Jahren von einem guten Dutzend Hersteller dominiert. Anders als bei den Windparkplanern sind die Hersteller viel stärker international im Geschäft. Das liegt nicht zuletzt daran, dass sich führende Unternehmen wie die Dänen Vestas und NEG Micon frühzeitig jenseits der engen Grenzen des Heimatmarktes umsehen mussten.

Das von BTM Consult erstellte Ranking der zehn größten Hersteller enthält regelmäßig dieselben Namen, wenn auch in wechselnder Reihenfolge. Für neue Unternehmen wird es zusehends schwierig in die Weltspitze vorzustoßen. Erfordert dieses Geschäft doch – anders als die Windparkplanung – hohes technisches Know-how und intensiven Kapitaleinsatz.

Dennoch kam es auf dem scheinbar abgezirkelten Markt bis zur Jahresmitte 2002 zu einschneidenden Veränderungen: Der viertgrößte Hersteller

Enron Wind, die Wind-Tochter des bankrotten amerikanischen Energiehändlers, wurde von *General Electric* übernommen. *Vestas* trennte sich von seiner Beteiligung an der spanischen *Gamesa*. *Repower*, ein aus fünf Mittelständlern hervorgegangenes Unternehmen, startete erfolgreich an der Börse und schaffte den Sprung unter die Top Ten. *DeWind*, ebenfalls mit Börsenambitionen, wurde von dem englischen Industrieunternehmen *FKI* (börsennotiert) übernommen, einem der weltweit größten Hersteller von Gasturbinengeneratoren.

Bei Investments in Windenergiewerte stehen Hersteller grundsätzlich höher in der Gunst der Analysten als Projektierer. Gründe sind die hohe Internationalität des Geschäfts und – durch den vermehrten Einstieg großer Player – die zunehmende Professionalisierung in der Fertigung. Das Risiko von Technik-Ausfällen wird hierbei häufig ausgeblendet. Die letzte große Krise (1999 bei NEG Micon) liegt wohl zu lange zurück. Dabei stecken gerade in der Offshore-Technik enorme Risiken. Die Entwicklung verschlingt heute schon Millionen-Beträge und viele technische Grundsatzfragen sind noch nicht gelöst.

Vestas

Seit Jahren ist der dänische Hersteller die unumstrittene Nummer 1 auf dem Weltmarkt. Eine voll integrierte Produktion und über zwanzig Jahre Erfahrung in der Serienfertigung garantieren hohe Gewinnmargen. Mit einem Auslandsanteil weit über 90 Prozent sind die Dänen auf allen Weltmärkten vertreten – häufig als Pionier und einziger Player.

Das starke Umsatzwachstum (+ 48 Prozent) im Jahr 2001 ging vor allem auf zwei Märkte zurück: Deutschland und USA. Allein auf dem US-Markt

ISIN: DK 0010268606
WKN: 913 769
Umsatz 2001: 1,28 Mrd. Euro
Gewinn 2001: 333,7 Mio. Euro
Umsatz 2002e: 1,61 Mrd. Euro
Gewinn 2002e: k.A.
Internet: www.vestas.com

verkauften die Dänen fast 40 Prozent ihrer Anlagen. Als die Steuerbegünstigungen für Windenergieanlagen Ende 2001 nicht verlängert wurden, litt der Aktienkurs beträchtlich, die Gewinnprognosen mussten nach unten korrigiert werden. Anfang März 2002 wurde die Vergünstigungen dann überraschend doch noch um weitere zwei Jahre verlängert. Gab etwa der Einstieg von General Electric den Ausschlag?

Vestas hat in der Folge die Prognosen für 2002 und 2003 deutlich angehoben. Und konnte Großaufträge aus den USA und Australien vermelden.

Die exzellente Stellung des Unternehmens schlägt sich auch in einer durchgängig höheren Bewertung nieder.

NEG Micon

Der einstige Weltmarktführer hat sich inzwischen von der Krise des Jahres 1999 erholt. Damals mussten zahlreiche Anlagen nach Getriebeschäden mit Millionenaufwand nachgerüstet werden. Überlebt hat NEG Micon nur durch das Vertrauen der Aktionäre.

Nach dem erwarteten Umsatz- und Gewinneinbruch im Jahr 2000, konnte das Unternehmen 2001 wieder zulegen. Die Gewinnmargen (Ziel 2002: 6 bis 8 %) werden mittelfristig dennoch nicht an die des landeseigenen Konkurrenten Vestas (ca. 10 %) heranreichen. 2003 will NEG Micon wieder einen Weltmarktanteil von 15 Prozent erreichen. 2001 lag das Unternehmen mit 12,8 Prozent gleichauf mit Enron Wind.

Entscheidend wird sein, ob es NEG Micon gelingt, sich auf den Auslandsmärkten zu behaupten. Im April 2002 kam die erste positive Nachricht: ein Großauftrag aus Australien.

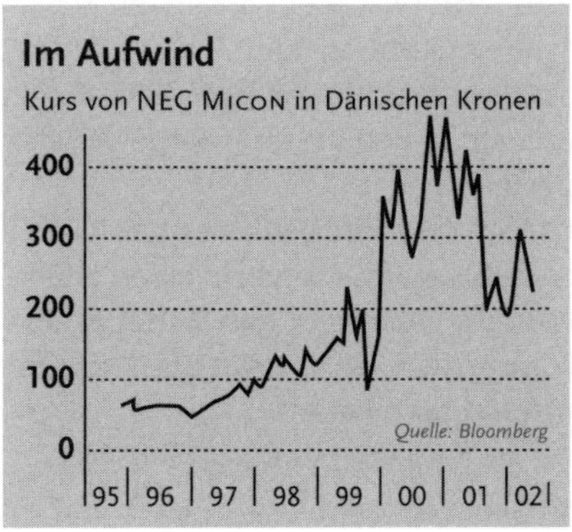

ISIN: DK 00110253681
WKN: 879 922
Umsatz 2001: 5,32 Mrd. dän. Kronen
Gewinn 2001: 203 Mio. dän. Kronen
Umsatz 2002e: 6 Mrd. dän. Kronen
Gewinn 2002e: k.A.
Internet: www.neg-micon.com

Gamesa

Die Spanier befinden sich ebenfalls im Umbruch. Anders als die vier börsennotierten Konkurrenten erzielt Gamesa nur rund die Hälfte seiner Erlöse mit Windenergie. Die andere Hälfte wird im Geschäftsfeld Luftfahrttechnologie erwirtschaftet. Gamesa war 2001 größter Lieferant für Windenergieturbinen (Marktanteil: 75 Prozent) und größter Windparkplaner in Spanien. Aufgrund der Stagnation im spanischen Markt ist der Umsatz im Windenergieturbinensegment 2001 nur um 3 Prozent gewachsen. Der Aktienkurs litt zudem an den Folgen des 11. September für Luftfahrttechnologie-Unternehmen.

ISIN: ES 0143416016
Umsatz 2001: 1,02 Mrd. Euro
Gewinn 2001: 61 Mio. Euro
Umsatz 2002e: k.A.
Gewinn 2002e: k.A.
Internet: www.gamesa.es

Bis Ende 2001 war Gamesa Eolica, die Turbinensparte des Unternehmens, durch eine 40-Prozent-Beteiligung von Vestas auf den Heimatmarkt beschränkt. Nach wachsenden Spannungen mit dem Großaktionär trennten sich die Wege: Vestas bescherte der Sondererlös einen einmaligen Gewinnsprung, Gamesa kann nun aus eigener Kraft weiterwachsen. Als ersten Schritt aus der technologischen Abhängigkeit, schloss Gamesa einen Lizenz-Vertrag mit Repower. Doch die Lizenzvereinbarung wurde schon im Juni 2002 wieder aufgelöst. Gamesa will künftig eigene Anlagen bauen und mit Repower stärker in der Technologieentwicklung kooperieren.

Wichtig für den künftigen Erfolg in Spanien und darüber hinaus sind auch die Verbindungen zu den großen spanischen Energieversorgern. Denn anders als in Deutschland beherrschen in Spanien die Versorger das Windparkplanungsgeschäft. Zusammen mit Union Fenosa, dem drittgrößten spanischen Versorger, will Gamesa 14 Windparks in Australien bauen.

Nordex

Im April 2001 startete der erste deutsche Windenergiehersteller erfolgreich am Neuen Markt. Leider flossen die vielen Millionen des Emissionserlöses nicht an das Unternehmen, sondern an den Altaktionär Balcke-Dürr. Deshalb muss Nordex sein weiteres Wachstum aus eigener Kraft finanzieren und hat so die niedrigste Gewinnmarge der Branche (2000/2001: 3,78 %). Im Geschäftsjahr 2001/2002 soll sie auf 4,9 Prozent steigen – trotz der Investitionen in eine eigene Rotorblattfertigung.

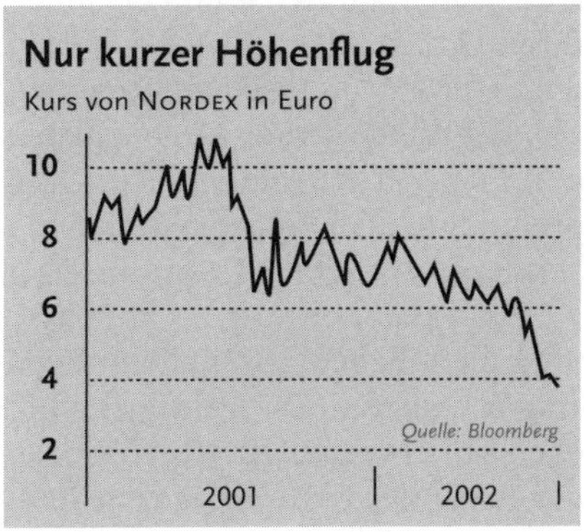

Abb. 19: Nordex
WKN: 587 357
Umsatz 2000/2001: 346,5 Mio. Euro
Gewinn 2000/2001: 7,5 Mio. Euro
Umsatz 2001/2002e: 447 Mio. Euro
Gewinn 2001/2002e: 13,8 Mio. Euro
Internet: www.nordex-online.com

Im internationalen Vergleich liegt Nordex ungefährdet auf Platz 7, musste 2001 aber Marktanteile abgeben. Die Exportquote lag mit knapp 40 Prozent deutlich höher als bei dem größten deutschen Konkurrenten Enercon. Bislang ist Nordex allerdings überwiegend in Europa aktiv, der US-Markt soll 2003 in Angriff genommen werd

Entscheidend für die Zukunft ist, ob es Nordex gelingt, mit den selbst entwickelten Großanlagen, Marktanteile zu gewinnen. Die von der Tochter Südwind erfolgreich verkaufte Megawatt-Anlage S77 ist ein Lizenzprodukt von Repower. Im ersten Halbjahr des Geschäftsjahres 2001/2002 steuerte diese Anlage knapp 40 Prozent zum Umsatz bei.

Die unausgereifte 2,5-Megawattanlage N80 wurde lange Zeit kaum verkauft. Doch Anfang 2002 kamen erste Großaufträge und die modifizierte Anlage (N90) für Schwachwindstandorte könnte zusätzlichen Auftrieb geben.

Repower

Der erfolgreiche Börsengang von Repower am 26.3.2002 wirkte wie ein Befreiungsschlag. Denn monatelang zuvor hatte sich kein anderes Unternehmen an den Markt gewagt. Maßgeblich für den Erfolg war nicht nur die positive Bewertung der Branche, sondern auch das technologische Know-how des Unternehmens und sein herausragendes Führungsteam. Mit der MD 70/77 hat Repower eine der meist verkauften Megawatt-Anlagen im Angebot. Und mit dem Vorstandsvorsitzenden Fritz Vahrenholt, ehemals Hamburger Umweltsenator und Chef der Deutschen Shell AG, eine Persönlichkeit mit besten Kontakten in Politik und Industrie an der Spitze.

Repower ist aus dem Zusammenschluss von fünf mittelständischen Unternehmen entstanden. Die Hamburger bauen Windenergieanlagen, planen Windparks und bieten Serviceleistungen im Betrieb an. Anders als die Konkurrenz setzen sie nicht auf die Eigenproduktion aller Anlagenkomponenten, sondern auf Zulieferung. Das beschert Repower höhere Gewinnmargen (2001: 12,5 %) als Marktführer Vestas.

Diese Traumquoten werden sich künftig nicht halten lassen, denn Repower muss kräftig in die Weiterentwicklung investieren. Der gelungene Börsengang hat dem Unternehmen die nötigen Mittel verschafft. Nun bleibt abzuwarten, ob die im Mai 2002 installierte neue 2-Megawatt-Anlage ein ähnlicher Verkaufsschlager wird, wie das Vorgängermodell.

Nachholbedarf hat Repower, derzeit weltweit auf Platz 10, vor allem im Ausland. Dort müssen die Hamburger ein Kontaktnetz aufbauen und den großen Konkurrenten Marktanteile abnehmen.

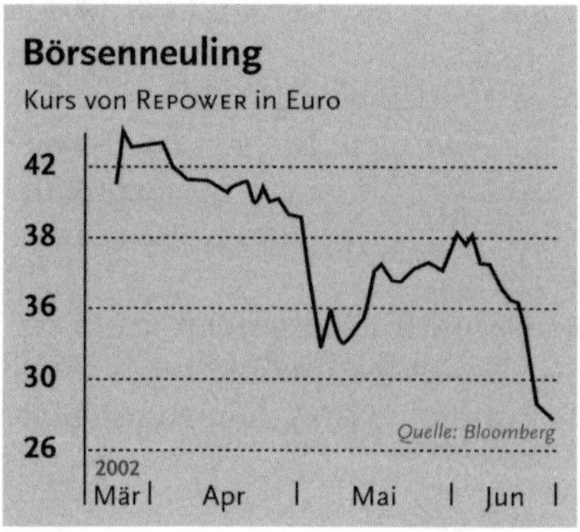

WKN: 617 703
Umsatz 2001: 146,7 Mio. Euro
Gewinn 2001: 9,0 Mio. Euro
Umsatz 2002e: 229 Mio. Euro
Gewinn 2002e: 14,5 Mio. Euro
Internet: www.repower.de

Repower: Der jüngste deutsche Börsenkandidat baut eine der erfolgreichsten Megawattanlagen. Bislang stehen die gigantischen Mühlen aber fast ausschließlich in Deutschland. (Foto: Repower)

Windparkprojektierer

Nach dem durch Börseneuphorie und Öl-Preis-Hype ausgelösten Boom des Jahres 2000 ging es für die Werte der vier deutschen Windparkprojektierer im Folgejahr stetig bergab. Die Entwicklung des Auslandsgeschäfts erwies sich weitaus langwieriger als gedacht, der Einstieg in neue Technologien (wie Biomasse) bereitete Schwierigkeiten, durch eine Veränderung der Zuständigkeiten bei den deutschen Genehmigungsbehörden kam es zu Projektverzögerungen und bestehende Parks bereiteten Probleme, da in Einzelfällen die prognostizierten Erträge deutlich unterschritten wurden. Dass vor allem die von den Analysten favorisierten Unternehmen Umweltkontor und Energiekontor Probleme bekamen, belastete das Vertrauen erheblich.

Die kommenden zwei Jahre werden deshalb entscheidend für die Planungsbüros. Sie werden zeigen müssen, dass ihnen die Auslandsexpansion gelingt und ihre Projekte die gesetzten Energieziele tatsächlich erreichen. Schließlich verdienen alle vier Unternehmen erheblich am Verkauf der Windparks über Fonds-Modelle und – was künftig immer wichtiger wird – an Betriebsführung und Service.

Eine offene Frage ist auch, wie lange die von allen Projektieren geplanten Offshore-Projekte allein bewältigt werden können. Offshore-Parks sind Multi-Millionen-Investitionen, die ohne Beteiligung kapitalkräftiger Energieunternehmen nicht zu bewerkstelligen sind. In Großbritannien wird die Richtung deutlich: Die Stromunternehmen Powergen und Innogy sind maßgeblich an der Projektplanung beteiligt. Beide Unternehmen gehören zu den deutschen Stromriesen *Eon* und *RWE*. Eon plant überdies auch eigene Projekte in der Nordsee.

Energiekontor

Das Planungsbüro aus Bremen unterscheidet sich in mehrfacher Hinsicht von seinen Konkurrenten. Energiekontor setzt ausschließlich auf Windenergie und bearbeitet primär selbst entwickelte Projekte. Das beschert dem Unternehmen die höchsten Gewinnmargen der Branche (2000: 13,5 %) und ein weniger dynamisches Wachstum.

Energiekontor ist Vorreiter im Auslandsgeschäft und konnte im vergangenen Jahr ein Projekt in Griechenland fertig stellen und in Portugal mit dem Bau beginnen. 2002 sollen weitere Parks – beispielsweise in Großbritannien – folgen. Im Zukunftsgeschäft setzt Energiekontor stark auf Offshore. Vier Projekte befinden sich im Planungsstadium, weitere in der Vorbereitung.

Im Geschäftsjahr 2001 hat Energiekontor – durch Verschiebung von zwei Projekten – das Umsatzziel verfehlt und einen Margenrückgang erlitten (2001: 8,9 %). Mittelfristig hat sich Energiekontor ein jährliches Umsatzwachstum von 30 bis 40 Prozent vorgenommen, die Marge soll schon 2002 wieder zweistellig werden.

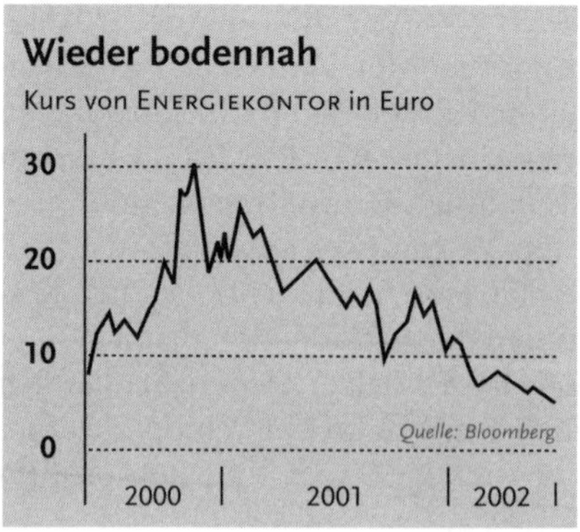

WKN: 531 350
Umsatz 2001: 101,3 Mio. Euro
Gewinn 2001: 6,1 Mio. Euro
Umsatz 2002e: 135 Mio. Euro
Gewinn 2002e: 8,1 Mio. Euro
Internet: www.energiekontor.de

In die Schlagzeilen gerieten die Bremer im Dezember 2001, als Probleme in drei Windparks bekannt wurden. In allen drei Projekten wurden die prognostizierten Erträge deutlich unterschritten. Die tatsächlich erzielte Rendite hatte sich dadurch halbiert. Die Kommanditisten von zwei Windparks (Debstedt und Sievern) nahmen ein Rückkaufangebot an, die Eigner des dritten Parks (Nordleda) entschieden sich dagegen, weil ihnen der Abfindungspreis zu niedrig erschien. Während die finanziellen Folgen für Energiekontor nach eigener Einschätzung »gering« sind, haben die Anleger in jedem Fall das Nachsehen. Sie konnten entweder das Rückkaufangebot der Bremer akzeptieren oder müssen sich mit vermutlich auch künftig mageren Erträgen abfinden.

Plambeck Neue Energien

Der schon im Dezember 1998 am Neuen Markt gestartete Windparkprojektierer hat eine bewegte Geschichte. Plambeck hatte anfangs wenig Knowhow im Windenergiegeschäft und wollte groß in den Stromhandel einsteigen. Ende 2000 folgte die Kehrtwende, die defizitäre Stromhandelssparte wurde an Privatinvestoren verkauft und mit Norderland ein großes Projektierungsbüro übernommen. Das sicherte den Cuxhavenern eine stattliche Projektpipeline im Inland. Nach dem Vorbild anderer Planer wurde zudem der Einstieg in Solartechnik und Biomasse vorangetrieben.

Die ehemals kritisch beäugte Plambeck gilt inzwischen als der solideste Kandidat unter den vier Projektierern. Mit seiner Maxime: »Es zwingt uns niemand, auf ungesichertes Terrain zu gehen«, ist Vorstandschef Wolfgang von Geldern bislang gut gefahren. Im Inland hat von Geldern noch reichlich Potenzial, im Ausland lässt er sich Zeit und will in ausgewählten Märkten

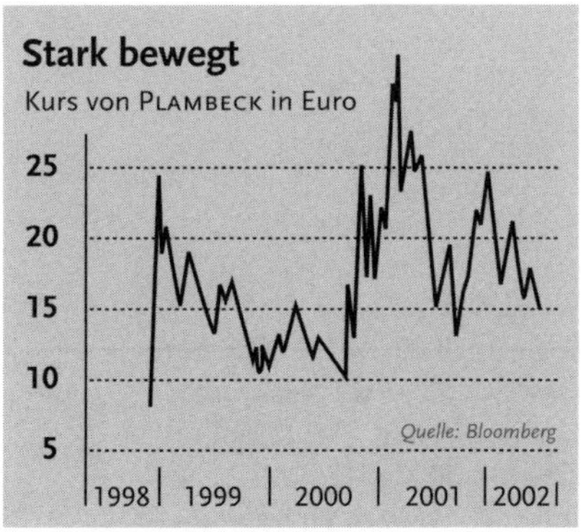

WKN: 691 032
Umsatz 2001: 188,3 Mio. Euro
Gewinn 2001: 11,1 Mio. Euro
Umsatz 2002e: 270 Mio. Euro
Gewinn 2002e: 14,6 Mio. Euro
Internet: www.plambeck.de

(Frankreich und Italien) frühestens 2003 erste Projekte umsetzen. Das erste Biomasse-Projekt in Thüringen soll Ende 2002 fertig werden, ein weiteres befindet sich in Arbeit. Gut im Rennen ist Plambeck auch mit seinen Offshore-Plänen. Das Projekt Borkum Riffgrund liegt innerhalb eines der bereits ausgewiesenen Eignungsgebiete.

Nicht so gut kam bei Anlegern an, dass Plambeck im Herbst 2001 die wenige Monate zuvor neu ausgegebenen Aktien über die Börse zurückkaufte. Nach Auskunft von Vorstandschef von Geldern wurden sie für die Projektakquise eingesetzt.

Der deutschen Bundestagswahl im September 2002 sieht CDU-Mann von Geldern gelassen entgegen. Auch im Falle eines Regierungswechsels sieht er keine Gefahr für die erneuerbaren Energien. Die Branche habe zehntausende Arbeitsplätze geschaffen und allein die Pachtverträge für Windenergieparks bescherten dem ländlichen Raum jährlich 250 Mio. Euro Einnahmen. Mögliche Einschnitte sieht er, wie andere Branchenvertreter auch, bei einer schnelleren Degression der Vergütungssätze.

P&T Technology

Einen bemerkenswerten Wandel hat auch die Hamburger P&T vollzogen. Beim Börsengang im November 2000 setzten die Projektierer noch voll auf die Hochrisikomärkte Türkei und Philippinen. Inzwischen haben sie die Projekt-Pipelines für beide Länder zusammengestrichen und ihren Fokus auf sichere Märkte in Europa gerichtet. Insbesondere in Italien sind die Hamburger gut im Rennen. Mit der Beteiligung an dem britischen Fondsanbieter Matrix Asset Management hat P&T auch einen Vermarktungsweg für die Auslandsprojekte gefunden. Matrix investiert ausschließlich in regenerative

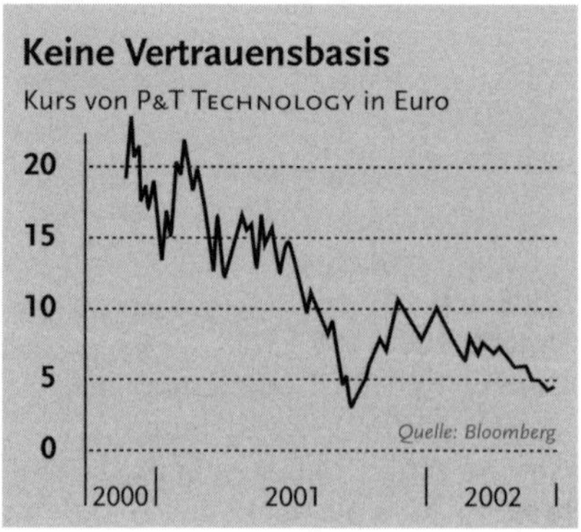

WKN: 685 280
Umsatz 2001: 191,5 Mio. Euro
Gewinn 2001: 6,7 Mio. Euro
Umsatz 2002e: 400 Mio. Euro
Gewinn 2002e: 12,4 Mio. Euro
Internet: www.pt-technology.de

Energieprojekte und verkauft die Fondsanteile unter anderem an kirchliche Investoren.

Im Jahr 2001 überraschte P&T mit dem höchsten Umsatz und den ersten beiden Auslandsprojekten. In der Bilanz stehen mit über 70 Prozent allerdings unfertige Windparkprojekte. Und aufgrund des hohen Anteils gekaufter Projekte wird die Gewinnmarge auch künftig niedrig ausfallen.

Ob die Hamburger das Ziel einer erneuten Umsatzverdopplung 2002 bewältigen können, ist fraglich. P&T hat weniger Personal als die Konkurrenten und die haben ihre Prognosen durchweg auf jährliche Wachstumsraten um 30 bis 50 Prozent nach unten korrigiert.

Umweltkontor

Mit viel Schwung war Umweltkontor gleich in mehreren Feldern der erneuerbaren Energien gestartet: Windenergie, Solarenergie und Biomasse wurden vorangetrieben. Doch der vom Erfolg des Boomjahres 2000 verwöhnte Pionier musste 2001 einige Rückschläge verkraften. Im Sommer sorgten die Vorstände Heinrich Lohmann und Leo Noethlichs für Wirbel, als bekannt wurde, dass sie die Mehrheitsanteile an der Holding-Gesellschaft Nevag für eine Kommanditgesellschaft in ihrem Privatbesitz von Umweltkontor erworben haben. Damit wurde zwar letztlich Schaden vom Unternehmen abgewandt: Die Nevag-Tochter Frisia musste kurze Zeit nach dem Verkauf Insolvenz anmelden. Dennoch sorgte die Parallelität privater und offizieller Geschäfte für Unmut.

Als Folge musste Umweltkontor einen Venture-Capital-Fonds mangels Interesse vom Markt nehmen. Ein gemeinsam mit Nevag geplantes Biomasse-Projekt entpuppte sich zudem als technologisch nicht ausgereift. Mit mo-

WKN: 760 810
Umsatz 2001: 164,2 Mio. Euro
Gewinn 2001: 5,6 Mio. Euro
Umsatz 2002e: 220 Mio. Euro
Gewinn 2002e: 7,9 Mio. Euro
Internet: www.umweltkontor.com

Stürmischer Wind: Alle vier börsennotierten Windparkprojektierer planen Windparks auf offener See. Voruntersuchungen sind nur per Schiff möglich. Zur Recherche für die notwendigen Umweltgutachten am Ostsee-Standort Adlergrund hat Umweltkontor das polnische Forschungsschiff Oceania gechartert. (Foto: Umweltkontor)

difizierter Technologie soll es doch noch realisiert werden. Als unrentabel erwies sich auch die Planung kleinerer Solaranlagen. Beide Bereiche – Biomasse und Solar – will Umweltkontor nun mit neuer Strategie weiter betreiben.

Im Inlandswindgeschäft hat Umweltkontor seine Position durch die Mehrheitsbeteiligung an mdp gestärkt. Im Auslandswindgeschäft gibt es Verzögerungen. Vorstand Heinrich Lohmann berichtet, dass die Marktüberhitzung in einigen Ländern zu überzogenen Preisforderungen geführt hat. Dennoch könnte das erste Großprojekt in Spanien, an dem Umweltkontor beteiligt ist, 2002 in Betrieb gehen. Vor Spaniens Küste wird voraussichtlich auch das erste Offshore-Projekt umgesetzt.

Führend ist Umweltkontor nach wie vor in der Vermarktung von Windparks, auch wenn die Erkelenzer 2001 den ersten Platz im Ranking der größten Anbieter geschlossener Windparkfonds an WPD abgeben mussten. Dass sie trotz des deutlich höheren Platzierungsvolumens bei Fondsprodukten beim

Gesamtumsatz nur auf Platz 3 gelandet sind, liegt an der weniger aggressiven Bilanzierungsphilosophie. Anders als Plambeck und P&T Technology, die einen hohen Anteil unfertiger Windparks in der Bilanz 2001 aktiviert haben, werden bei Umweltkontor nur fertig gestellte Projekte umsatzwirksam.

2.4.1.4 Sonnenenergie

Die potenziell nutzbare Energie der Sonneneinstrahlung übersteigt alle anderen erneuerbaren Energieträger um ein Vielfaches. Während die Nutzung von Sonnenenergie zur Wärmeerzeugung teilweise schon die Wirtschaftlichkeitsgrenze erreicht hat, ist die Verstromung von Sonnenenergie – die so genannte Photovoltaik – noch weit davon entfernt. Dennoch bescheinigen ihr Experten, die Energiequelle der Zukunft zu sein.

Angesichts der hohen Kosten hängt das Branchenwachstum stark von staatlichen Fördermaßnahmen ab und konzentriert sich dementsprechend noch auf wenige Märkte. Japan, weltweit führende Nation auf Herstellerseite, forciert den Ausbau mit einem 70 000-Dächer-Programm, Deutschland startete unter der rot-grünen Bundesregierung das 100 000-Dächer-Programm, in den USA gibt es ebenfalls einzelne Förderprogramme. Auch andere europäische Länder – beispielsweise Spanien – bieten günstige Rahmenbedingungen.

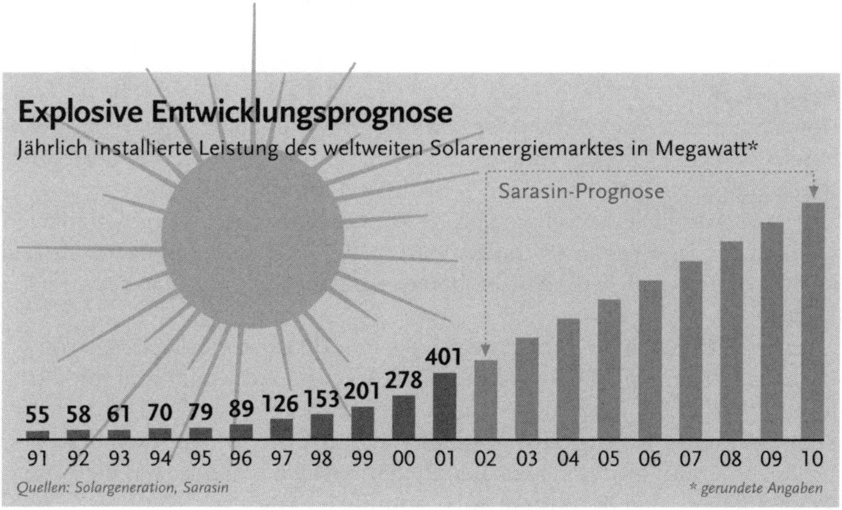

Ein zunehmend wichtige Rolle werden die sonnenreichen Länder des Südens spielen. Denkbar sind Großanlagen in nordafrikanischen Ländern, die ihren Strom nach Europa liefern. Aber auch in den Heimatmärkten finden einfache Kleinanlagen zunehmend Absatz. Gute klimatische Voraussetzungen und eine mangelhafte Energieinfrastruktur fördern dezentrale Techniken wie die Solarenergie.

Der Herstellermarkt (Wafer, Zellen, Module) wird – anders als bei der Windenergie – stark von großen Konzernen geprägt, für die Solarenergie nur ein Geschäftsbereich unter vielen ist – allerdings ein viel versprechender. Sonst würden Energiekonzerne wie BP, Shell oder RWE kaum dreistellige Millionenbeträge in den Kapazitätsausbau stecken.

Die Studie des Bankhauses Sarasin geht davon aus, dass der Weltmarkt bis 2010 durchschnittlich um jährlich 17,5 Prozent wachsen wird, bis 2005 sogar deutlich über 20 Prozent. Zum Vergleich: Von 1990 bis 1996 lagen die jährlichen Wachstumsraten nur bei rund 10 Prozent. Erst Ende der 90er-Jahre startete der Markt richtig durch.

Nach anfänglich phänomenaler Kursentwicklung, zeigten die Aktienkurse fast aller Solarenergieunternehmen seit Mitte 2001 steil nach unten. Einzig Astropower konnte sich – nach Korrektur der Kursübertreibungen vom Herbst 2000 – vergleichsweise stabil halten. Ein Grund für diese schlechte Entwicklung: Viele Unternehmen haben mit Anlaufschwierigkeiten und Verlusten zu kämpfen. Das ist nicht verwundertlich, wenn man berücksichtigt, dass die Entwicklung des Solarmarktes nach Einschätzung von Experten der des Windenergiemarktes rund zehn Jahre hinterherhinkt.

Astropower

Der US-amerikanische Hersteller ist der größte unabhängige, reine Solarhersteller. Das 1983 gegründete Unternehmen verfügt über alle Stufen der Produktionskette: Wafer, Zellen, Module und Komplettanlagen.

Astropower hat eine weltweit breite Kundenbasis. Seine Komplettanlagen verkauft das Unternehmen in den USA auch direkt an die Endverbraucher, in Kooperation mit Fertighausanbietern und der Einzelhandelskette Home Depot.

Ende 2001 verfügte Astropower über eine Produktionskapazität von 65 Megawatt, bis Ende 2002 soll sie auf 115 Megawatt ausgebaut und mittelfristig um jährlich 50 Prozent gesteigert werden. Europa war 2001 mit 53 Prozent wichtigster Absatzmarkt, gefolgt von den USA (28 %). Nach der kompletten Übernahme des spanischen Zellenherstellers Atersa sind die Amerikaner auf dem alten Kontinent auch unmittelbar präsent.

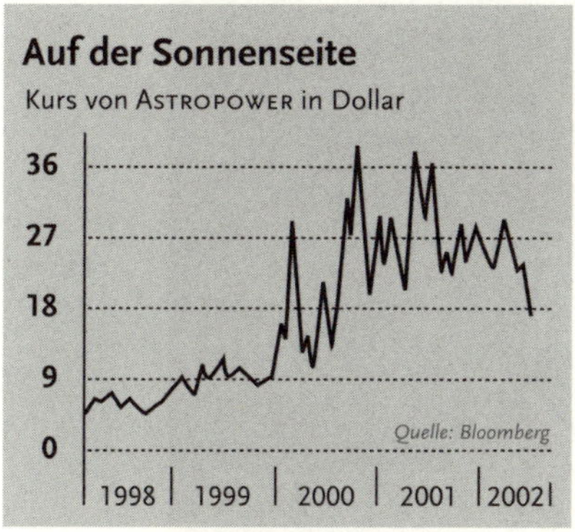

ISIN: US 04644A1016
WKN: 912 953
Umsatz 2001: 69,5 Mio. Dollar
Gewinn 2001: 3,5 Mio. Dollar
Umsatz 2002e: k.A.
Gewinn 2002e: k.A.

In den vergangenen fünf Jahren ist der Umsatz des Unternehmens jährlich um rund 50 Prozent gestiegen. Auch an der Börse zeigt Astropower einen langfristigen Aufwärtstrend. Gelingt der geplante Kapazitätsausbau dürfte das Unternehmen auch künftig davon profitieren. Einziger schwarzer Fleck: Die Gewinne sind 2001 einmalig kräftig zurückgegangen. Astropower musste 3,5 Mio. Dollar Strafe zahlen, weil im Rahmen der Pilotproduktion von 1991 bis 1996 überhöhte Rechnungen an den Staat gestellt wurden.

Solarworld

Frank Asbeck, Chef der Bonner Solarworld, bastelt eifrig am Ausbau seines Sonnenreiches. Seinem Ziel, die deutsche Antwort auf Astropower zu sein, ist der umtriebige Unternehmenslenker ein gutes Stück näher gekommen.

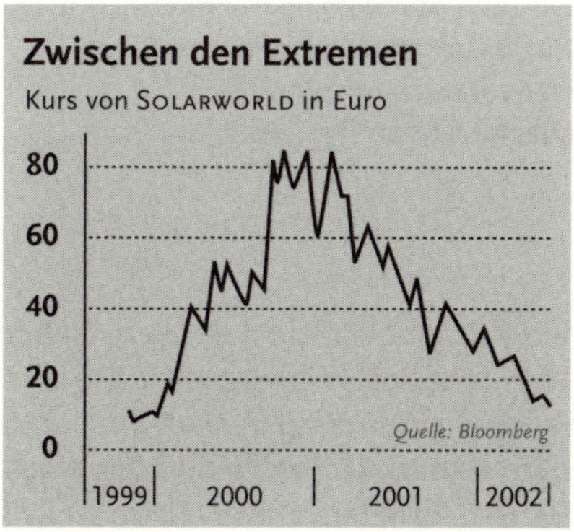

WKN: 510 840
Umsatz 2001: 82,1 Mio. Euro
Gewinn 2001: 8,6 Mio. Euro
Umsatz 2002e: k.A.
Gewinn 2002e: k.A.
Internet: www.solarworld.de

Energie aus Sand und Sonne: Die beiden unabhängigen Photovoltaik-Hersteller Solarworld und Astropower planen den Einstieg in die Silizium-Produktion, dem auch noch mittelfristig dominierenden Ausgangsmaterial für Solarzellen. (Foto: Solarworld)

Rund 260 Mio. Euro will er bis 2004 in den Kapazitätsausbau stecken. Neben einer Aufstockung der Waferproduktion am Standort Freiberg auf 220 Megawatt, entstehen in der traditionsreichen sächsischen Bergbaustadt eine neue Zell- und eine neue Modulfabrik (geplante Kapazität jeweils 60 Megawatt). Die bestehende Modulproduktion bei GPV in Schweden, inzwischen 100 Prozent in Besitz von Solarworld, soll zum Jahresende 2002 auf 20 Megawatt verdoppelt werden.

Wie andere Hersteller auch, steht Solarworld vor dem Problem, das Rohmaterial Silizium nur zu hohen Preisen und in Abhängigkeit von den Wünschen der Halbleiterbranche einkaufen zu können. Als ersten Schritt zu einer eigenen Silizium-Produktion wird deshalb am Standort Freiberg eine Anlage zur Aufbereitung von Siliziumabfällen errichtet. Im zweiten Schritt plant Solarworld in einem Joint-Venture mit dem Chemie-Konzern Degussa den Bau einer eigenen Silizium-Fabrikation. Bis 2005 soll eine Pilotanlage in Antwerpen entstehen. Konkurrent Astropower hat schon Anfang 2000 mit dem Silizium-Hersteller Elkem eine vergleichbare Kooperation beschlossen und Mitte 2002 erste Erfolge in der Materialforschung vermeldet. Bis Ende 2003 oder Anfang 2004 soll die Produktionsreife erreicht werden. Auch das ebenfalls am Standort Freiberg sitzende Chemie-Unternehmen Wacker ist in der Entwicklung schon weiter fortgeschritten als Solarworld. Ob der Einstieg in die Materialproduktion, der hohe Entwicklungskosten erfordert, sinnvoll ist, wird unter Experten kontrovers diskutiert. Unstrittig ist allerdings die Tatsache, dass der Materialengpass bei Silizium für den wachsenden Solarmarkt zum Nadelöhr werden könnte.

Trotz zinsgünstiger Kredite und staatlicher Zuschüsse wird Deutschlands Sonnenkönig Asbeck seine ehrgeizigen Ausbaupläne nicht ohne weitere Kapitalerhöhungen realisieren können. Bislang konnte sein Unternehmen stets gute Zahlen vorweisen: Im Jahr 2001 stieg der Umsatz um 60 Prozent, der Gewinn verfünffachte sich sogar. Dies war allerdings primär den außerordentlichen Erlösen aus dem Börsengang der Tochter Windwelt zu verdanken. 2002 will Solarworld Umsatz und Gewinn um 25 Prozent steigern.

Allen guten Vorgaben zum Trotz hat sich die Aktie seit Mitte 2001 gegenteilig entwickelt. Während sie im Jahr 2000 mit einem Gewinn von 550 Prozent zu den absoluten Top-Performern zählte, sank sie zwischenzeitlich sogar unter den Erstausgabepreis. Ursache hierfür sind aber nicht nur hausgemachte Probleme wie die Tatsache, dass Solarworld im Freiverkehr notiert, keinen Finanzvorstand hat und die Bilanz transparenter ausfallen könnte. Noch 2002 soll die Aktie an den geregelten Markt wechseln und ab Oktober nimmt ein Finanzchef die Arbeit auf. Vor allem die schlechten Nachrichten von anderen deutschen Solarunternehmen haben einen langen Schatten auf den Kurs geworfen.

Sunways, Solon, SAG Solarstrom und Solarfabrik

Der kleine Zellenhersteller *Sunways* (WKN 733 220) war im Februar 2001 hoffnungsvoll am Neuen Markt gestartet (Ausgabepreis: 7 Euro). Doch im August 2001 ging es steil bergab. Die beiden wichtigsten Kunden, die über 90 Prozent der Produktion abnehmen wollten, sprangen ab. Nun produzierte das Unternehmen auf Halde. Eine schizophrene Lage, da zu diesem Zeitpunkt Solarzellen weltweit Mangelware waren. Durch Gewinnung neuer Kunden und den Ausbau des Wechselrichtergeschäfts konnten die Ausfälle zwar teilweise kompensiert werden, Umsatz und Ergebnis blieben aber deutlich hinter den Erwartungen. Schwerer wiegt, dass inzwischen andere, wesentlich kapitalkräftigere Unternehmen ihre Kapazitäten ausbauen. Auch wenn Sunways seine Kundenbasis inzwischen wesentlich erweitert hat, stellt sich die Frage welche Rolle das Unternehmen im Wettkampf der Großen künftig spielen kann. Wichtiges Zwischenziel: Im Jahr 2002 soll die Gewinnschwelle erreicht werden.

Mit dem Modulhersteller *Solon* (724 630), dem ersten börsennotierten deutschen Solarunternehmen, hat Sunways zwei Dinge gemein: Solon war Kunde von Sunways und beide haben die Gewinnziele verfehlt. Ex-Großkunde Solon war zudem nicht ganz unschuldig daran, dass Sunways so in die Bredouille geriet. Und mit dem Anstreben der Gewinnschwelle haben die Berliner auch so ihre Erfahrung. Eigentlich sollte sie 2002 erreicht werden. Die Aktionäre kennen das: Sie werden Jahr für Jahr vertröstet und bekommen doch nur ein Minus serviert. Im Herbst 2001 stand die Firma am Rande der Pleite: Eine Kapitalerhöhung war nicht durchzubringen, es musste ein Kredit aufgenommen werden. Auf einer außerordentlichen Hauptversammlung gab das Management zu: Über 50 Prozent des Eigenkapitals sind verloren. Nun wird es auch 2002 wieder einen leichten Verlust geben. Im April 2002 schmiss zudem der erst ein Jahr zuvor als Sanierer ins Haus geholte Finanzvorstand das Handtuch. Auch wenn Solon seine Position durch Umzug und Ausbau der Produktionskapazitäten operativ gestärkt hat. Das Unternehmen muss erst einmal beweisen, dass es auch profitabel arbeiten kann.

Auch *SAG Solarstrom* (WKN 702 100) hat die Gewinnschwelle noch nicht erreicht, peilt sie aber für das Geschäftsjahr 2002/2003 an. Die Freiburger investierten ihr Kapital anfänglich ausschließlich in eigene Solaranlagen, waren also eine Art börsennotierte Beteiligungsgesellschaft (Stichwort: offener Fonds). Seit einiger Zeit orientiert sich das Unternehmen stärker in die Bereiche Vertrieb und Dienstleistungen rund um Solaranlagen. Gebremst wurde das Engagement durch die – aufgrund eines Formfehlers – fehlgeschlagene Kapitalerhöhung. Obwohl sie mit einiger Verspätung dann doch noch platziert wurde, hat sich der Kurs hiervon nicht erholt. Zudem fehlt SAG die Wachstumsgeschichte, die die Anlagenhersteller vorweisen können.

Mitte 2002 wagte sich trotz miserabler Stimmung ein viertes deutsches Unternehmen an die Börse. Die Freiburger *Solarfabrik* (WKN 661 471), ein reiner Modul-Hersteller, zählt zu den Pionieren in Deutschland, seine Qualitätsprodukte haben einen hervorragenden Ruf. Im Jahr 2001 produzierten die Freiburger 6,4 Megawatt und waren damit größter Modulproduzent in Deutschland. Wermutstropfen: Selbst in den Boomjahren 2000 und 2001 erwirtschaftete die Solarfabrik keine Gewinne. Mitte 2002 war zudem schon ein deutlicher Preisdruck auf dem Modulmarkt zu spüren. Davon profitieren in erster Linie Vertriebsunternehmen wie die *SES 21*. Doch die Bayern mussten den geplanten Börsengang Anfang Juli 2002 aufgrund zu schwacher Nachfrage wieder absagen.

2.4.1.5 Biomasse und Brennstoffzelle

Biomasse ist eigentlich ein alter Hut. Schon die Steinzeitmenschen haben aus einem Holzfeuer Energie gewonnen. Und in vielen Ländern ist Viehdung heute noch der wichtigste Brennstoff. Einziger Unterschied: Es gibt wesentlich effektivere Methoden Bio-Rohstoffe zur Energiegewinnung zu nutzen. Im deutschsprachigen Raum sind zahlreiche Anlagen in Betrieb und viele weitere im Bau – vom Holzhackschnitzel-Kraftwerk bis zur Biogas-Anlage. Auslöser des Booms ist (wieder einmal) das Erneuerbare Energien-Gesetz. Die Wachstumsraten für die Branche schätzen Experten in den kommenden Jahren ähnlich hoch ein wie bei den anderen erneuerbaren Energien – zwischen 15 bis 20 Prozent.

Angesichts der Komplexität der Technologien sind allerdings Zweifel angebracht, denn *die* Biomasse gibt es nicht. So unterschiedlich wie die natürlichen Ausgangsstoffe – Holz, Gase, feste und flüssige organische Abfälle – so verschieden sind die Technologien. Zudem sind die Stoffe nicht an jedem Ort in beliebiger Menge verfügbar. Die derzeit in Deutschland favorisierten Biomasse-Kraftwerke auf Holz-Basis sind schon allein durch das Volumen des Altholz-Markts stark limitiert. Gebaut werden solche Anlagen derzeit von den drei Windparkprojektierern *Plambeck, P&T Technology* und *Umweltkontor*. Noch mehr Projekte in der Realisierung hat der deutsche Versorger *MVV Energie*. Das aus Mannheim stammende Unternehmen investiert erheblich in den Bereich erneuerbare Energien; der Börsengang ist geplant.

Noch weit von der Marktreife entfernt ist dagegen die *Brennstoffzelle*. Die Technologie ist schon vor vielen Jahrzehnten entdeckt worden. Bis heute sind die Kraftblöcke allerdings nicht zu akzeptablen Kosten produzierbar. Seitdem die Automobilindustrie und große Energiekonzerne Millionenbeträge in die Forschung stecken, ist aber Bewegung in die Entwicklung gekommen. Das Engagement hat seinen Grund: Die Unternehmen suchen nach alternativen Antriebsquellen und nach neuen Kraftwerkstechnologien. Vorteil der Brennstoffzelle: Sie wird mit Wasserstoff angetrieben und produziert keine klimaschädlichen Gase. Der große Unterschied zu den erneuerbaren Energien: Der Wasserstoff kann aus jedem Energieträger erzeugt werden – idealerweise aus Wind- oder Solarstrom, möglicherweise aber auch aus Kernenergie.

Farmatic Biotech Energy

Seit April 2001 notiert der Bioenergie-Spezialist, als einziges Unternehmen dieser Branche, am Neuen Markt. Das 1963 gegründete Unternehmen hat seine Wurzeln in der Abwassertechnologie. Auch heute macht dieser Bereich noch einen Teil des Umsatzes aus. Auf Grundlage dieser Erfahrungen hat Farmatic ein Konzept für Biokraftwerke entwickelt, in denen organische Reststoffe (z. B. Küchenabfälle) aufbereitet und die daraus entstehenden Gase zur Energieerzeugung genutzt werden. Bis 2005 will Farmatic 50 solcher Anlagen in Europa bauen und weitere 50 Standorte sichern. Ein ehrgeiziges Ziel: Zum Börsengang hatte Farmatic nicht einmal eine Handvoll Anlagen gebaut und 2001 gab es erste Projektverzögerungen.

Große Hoffnungen setzt Farmatic auf die Entwicklung von »green gas«. Bis Anfang 2003 soll ein serienreifes Produkt entwickelt werden. Ziel: Verkauf von Biogas an Tankstellen. Aufgrund steuerlicher Befreiungen soll der Ersatztreibstoff 50 Prozent billiger sein als Benzin. Zur Vermarktung hat Farmatic unter anderem einen Exklusivvertrag mit der Ruhrkohle-Tocher Carbotech abgeschlossen.

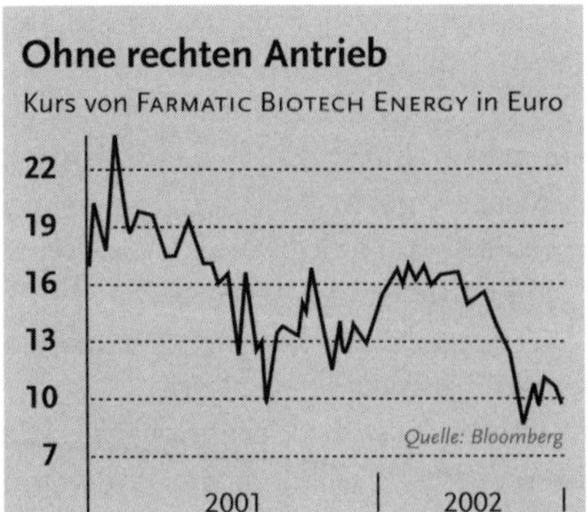

WKN: 605 192
Umsatz 2001: 35,1 Mio. Euro
Gewinn 2001: 1,8 Mio. Euro
Umsatz 2002e: 55 Mio. Euro
Gewinn 2002e: 2,7 Mio. Euro
Internet: www.farmatic.com

Natürliche Energie: Das Kraftwerk im brandenburgischen Alteno verwandelt jährlich rund 86 000 Tonnen Biomasse in Energie. (Foto: Farmatic Biotech Energy)

Im Jahr 2001 hat Farmatic den Umsatz fast verdoppelt, die Gewinne sogar vervierfacht. Doch 2002 und 2003 werden die entscheidenden Jahre: Dann wird sich zeigen, ob das Unternehmen das Wachstumstempo durchhält, den mit steigender Projektzahl steigenden Vorfinanzierungsbedarf bewältigen kann – und sein Biogas-Konzept Erfolg hat. Mit »green gas« wagt sich die kleine Farmatic in die Domäne der großen Öl- und Energiekonzerne. Ohne die Konzerne wird der Zwerg nichts ausrichten können. Und sobald diese merken, dass mit Biogas ein gutes Geschäft zu machen ist, könnten sie selbst in den Markt einsteigen – wie schon bei Solar- und Windenergie.

Ballard Power

Weltweit führendes Unternehmen für Brennstoffzellen-Technologie ist die kanadische Ballard Power. Mehrere Anwendungsfelder werden parallel entwickelt: Die stationäre Brennstoffzelle zur Stromerzeugung und die mobile zum Fahrzeugantrieb. In allen Bereichen arbeitet Ballard mit großen Konzernen zusammen. Mit dem Energieanlagenbauer Alstom im Bereich stationäre Brennstoffzelle, mit den Autobauern Ford, Daimler Chrysler, Honda und anderen im Bereich mobiler Anwendungen.

Die Tatsache, dass Ford und Daimler Chrysler knapp 45 Prozent der Aktien halten, ist für einige Anleger ein Grund, die Aktie nicht zu kaufen. Die Dominanz der beiden Großaktionäre hat sich im vergangenen Jahr noch erhöht. Beide Autobauer konzentrieren ihre Entwicklungsaktivitäten im Bereich Brennstoffzelle bei Ballard. Anfang Juni 2002 wurde der erste erfolgreiche Langstreckentest eines mit Brennstoffzellen betriebenen PkW abgeschlossen.

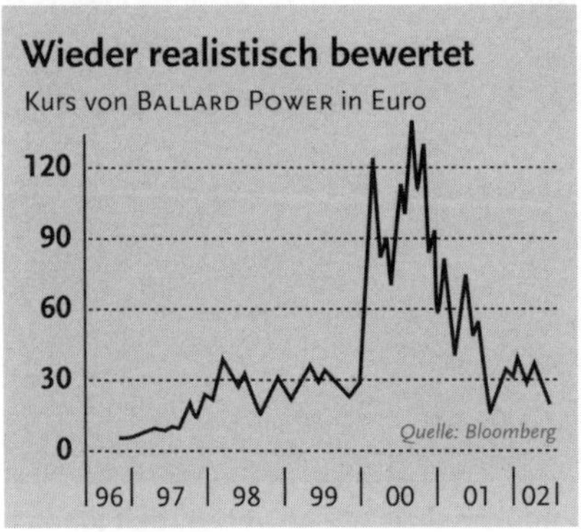

WKN: 510 840
Umsatz 2001: 36,2 Mio. Dollar
Verlust 2001: –96,2 Mio. Dollar
Umsatz 2002e: 82 Mio. Dollar
Verlust 2002e: –120 bis 140 Mio. Dollar

Im Jahr 2002 will Ballard den Umsatz durch Produktverkäufe kräftig steigern, aber die hohen Entwicklungskosten und der Start einer Massenproduktion erst um 2007/2008 werden dem Unternehmen noch einige Jahre dicke rote Zahlen bescheren. Erst ab 2010 rechnet Ballard mit einem ausgeglichenen Betriebsergebnis. Anleger müssen also einen langen Atem haben. Doch dann könnten sie von ihrer Geduld enorm profitieren.

Anmerkung: Die Angaben zu Umsatz- und Gewinnprognosen sind teilweise Analystenschätzungen. Als Wertpapierkennnummer ist immer zuerst der liquideste Börsenplatz für die jeweilige Aktie angegeben.

2.4.2 Aktien- und gemischte Investmentfonds

Ein Investmentfonds gleicht einem Paket aus vielen verschiedenen Aktien und anderen Wertpapieren, an dem sich Anleger schon mit kleinen Summen beteiligen können. Durch die Streuung auf zahlreiche Werte verschiedener Branchen und Ländern wird das Risiko schwankender Aktienkurse reduziert. Weltweit gibt es mittlerweile weit über 250 verschiedene Investmentfonds, die nach ethisch-ökologischen Kriterien geführt werden.

Ethik- und Umweltfonds sind für die Anleger teilweise profitabler als konventionelle Investmentfonds. Eine Ursache dafür mag sein, dass die Anleger längerfristig denken und ihrem Fonds auch in schwierigen Zeiten treu bleiben. Den Börsen-Crash im Oktober 1987 haben beispielsweise die amerikanischen Umweltfonds überdurchschnittlich gut überstanden, weil die Anleger »drinnen« geblieben sind. Viele andere Fonds mussten wegen hoher Rückkäufe ihre Wertpapiere zu den sehr niedrigen Kursen nach dem Crash verkaufen, worunter natürlich die Gesamtrendite stark gelitten hat.

Auch Brancheneffekte spielen eine Rolle: Von Anfang 1985 bis Anfang 1990 stieg der amerikanische Index für Umwelttechnologieaktien um über 480 Prozent, während der Gesamtmarkt nur 110 Prozent zulegte. In den 90er-Jahren lag die Entwicklung bei Umwelttechnologie-Titeln dann aber wieder unter dem Gesamtmarkt.

Während ethisch-ökologische Investmentfonds im anglo-amerikanischen Raum seit Jahrzehnten verbreitet sind, gibt es vergleichbare Produkte in anderen Ländern erst seit gut zehn Jahren. In Deutschland scheiterte die Einführung entsprechender Fonds bislang an der Genehmigungsbehörde, die der Auffassung ist, der Begriff »Ethik« sei fehl am Platz, da dadurch alle anderen Investmentfonds oder einzelne Aktien als »nicht-ethisch« diskriminiert würden. Viele Fondsanbieter wichen deshalb nach Luxemburg aus.

Die ersten ethisch-ökologischen Fonds im deutschsprachigen Raum stammten aus dem Bereich Umwelttechnologie. In einer zweiten Phase gingen einzelne Fonds – wie der Ökovision – von einem umfassenderen Ansatz ethischer, ökologischer und sozialer Kriterien aus. Etwa ab 1994 tauchten vermehrt die Schlagworte »Öko-Effizienz«, »Best in Class« und »Sustainability/Nachhaltigkeit« in der Fondslandschaft auf. Im Jahr 2000, dem Boomjahr der erneuerbare Energie-Aktien, kamen schließlich zahlreiche Branchenfonds (Wasser, erneuerbare Energien) auf den Markt. Inzwischen gibt es fast für jeden Geschmack ein passendes Fondskonzept, und die Gelder, die in diese Fonds fließen, haben stark zugenommen. Nach Schätzungen des Imug-Instituts waren in Deutschland 2001 rund 2,41 Milliarden Euro in ethischen Publikumsfonds angelegt (siehe Kapitel 1.1).

In den USA, dem »Mutterland« des ethischen Investments, waren nach Schätzung des »Social Investment Forum« im Jahr 2001 über 2,3 Billionen Dollar nach ethischen Kriterien angelegt. Aber nur ein Bruchteil davon steckt in für alle Anleger zugänglichen Investmentfonds. Der Löwenanteil wird in Eigenregie oder mittels professioneller Depotverwaltung angelegt – oftmals nur mit wenigen Ausschlusskriterien.

2.4.2.1 Anlagekonzepte und Kriterienkataloge

Die meisten Ethik- und Umweltfonds haben mehr oder weniger ausformulierte Auswahlkriterien in den Statuten verankert. Zwei Beispiele sollen das verdeutlichen.

Beispiel 1: Ethical Investment Fund
Die ersten ethischen Investmentprodukte definierten sich über Ausschlusskriterien. Einer der ältesten britischen »ethicals« fasst seine Kriterien für den Ausschluss von Firmen kurz und bündig in 10 Verbote:

1. Rüstung: Bomben, Gewehre, Panzer, Kampfflugzeuge, Marschflugkörper, Sprengköpfe, Munition und Atomwaffen.
2. Südafrika: Jedes Unternehmen mit Zweigstellen oder Tochterunternehmen in Südafrika (Dieses Kriterium wurde nach der Ablösung des Apartheidregimes gestrichen).
3. Atomkraft: jegliche Produktion von atomaren Brennstoffen in den letzten fünf Jahren, Zulieferbetriebe für die Nuklearindustrie.
4. Parteispenden: Unternehmen, die politisch motivierte Spenden von mehr als 10 000 Pfund jährlich geben.
5. Tierversuche: eigene Tierversuche bzw. Herstellung oder Handel mit Kosmetika oder Arzneien, die an Tieren getestet worden sind.
6. Werbung: Verstoß gegen die Vorschriften innerhalb der letzten zwei Jahre.
7. Glücksspiel: Umsatzanteil aus Kasinos, Wettbüros oder Glücksspielautomaten höher als 10 Prozent.
8. Alkohol: Umsatzanteil aus Brauerei, Brennerei oder Verkauf von alkoholischen Getränken höher als 10 Prozent.
9. Tabak: Umsatzanteil aus Anbau, Verarbeitung oder Verkauf von Tabakprodukten höher als 10 Prozent.
10. Banken: Da allgemein nicht kontrollierbar ist, wem und zu welchen Zwecken Banken Geld verleihen, sind alle Banken ausgeschlossen.

Beispiel 2: Calvert Social Investment Fund

In einer zweiten Phase spielten (ergänzende) Positivkriterien eine zunehmend wichtige Rolle. Der amerikanische Calvert Social Investment Fund hat seine Auswahlkriterien schon Anfang 1990 vor allem in Bezug auf Umweltaspekte ausgeweitet bzw. verschärft:

- Umwelt: Entwicklung neuer umweltfreundlicher Produkte, innovative Programme zur Emissionskontrolle, Abfallreduzierung an der Quelle, Nutzung von Technologien zur Energieeinsparung, Notfallprogramme bei Katastrophenfällen, Aufzeichnungen in Richtung »Ökobilanz«
- Produkte: Steigerung der Lebensqualität, Qualitätskontrolle und Zufriedenheit der Kunden, sofortige Reaktion bei Sicherheitsmängeln, wahrheitsgetreue Werbung und Kennzeichnung
- Arbeitsplatz: Aufgeschlossenheit für Mitarbeiterbeteiligung, Förderung von Frauen und Minderheiten, gerechte Entlohnung, gutes Management-Betriebsrats-Verhältnis, Vergünstigungen für Familienmitglieder
- Rüstung: nicht unter den Top 100 der Rüstungsbetriebe, Rüstungsanteil am Umsatz unter 10 Prozent, keine Produktion von Atomwaffenkomponenten
- Internationales: Anwendung obiger Kriterien auch im Ausland, keine direkten oder indirekten Südafrikageschäfte.

Die Daten, die für die Bewertung der Unternehmen nach diesen Kriterien gebraucht werden, stammen aus sehr unterschiedlichen Quellen, z. B. aus amtlichen Statistiken, Büchern, Zeitungsmeldungen, aber auch Rundbriefen von politischen Bewegungen und Bürgerinitiativen. Die U.S. Trust Company of Boston, die schon seit den 70er-Jahren auf Erfahrung in der Prüfung sozialer Kriterien verweisen kann, ist für das »social screening« bei den Calvert-SIF-Portfolios verantwortlich.

Die letzte Entscheidung über einen Ankauf einer bestimmten Aktie liegt jedoch bei den Fondsmanagern. Aber damit bei den Auswahlkriterien die ethischen und ökologischen Aspekte nicht zu kurz kommen, wacht ein Experten-Beirat über die Einhaltung der Kriterien bzw. entwickelt diese weiter. In diesen Beirat wurden u. a. ein schwarzer Bürgerrechtsexperte, der Leiter der Umweltschutzorganisation Sierra Club, die Direktorin des Instituts für Abrüstungsforschung, der Atomenergiekritiker und Solarenergieexperte Amory Lovins, sowie Timothy Smith, der Chef des Interfaith Center on Corporate Responsibility, aufgenommen.

Rendite mit Gottes Hilfe

Aber nicht nur Umweltkriterien stehen bei ethisch-ökologischen Fonds im Mittelpunkt, manchmal spielt auch die Religion eine wichtige Rolle. Der Rendite muss das keineswegs schaden. So kann sich die Performance der so genannten islamischen Aktienfonds durchaus sehen lassen. Der lukrativste Fonds, der *Dar Islamic Fund World Euqities* der Schweizer Bank Pictet hat den MSCI-Weltindex geschlagen. Auch der Dow-Jones-Islamic-Market-Index, der keine Aktien enthält, die mit Alkohol, Drogen, Waffen, Spielkasinos oder Schweinefleisch zu tun haben, hat im Zeitraum von Anfang 1998 bis Mitte 1999 mit +43,9 % den Dow Jones (+39,1 %) überflügelt. Nach den Gesetzen der Scharia (z. B. keine Banken und Versicherungen und keine Hersteller von Alkohol oder Schweinefleisch) richten sich auch der *Islamic Fund Global* der UBS und der *Al-Sukoor-Fonds* der Commerzbank.

2.4.2.2 Fonds im deutschsprachigen Raum

Ethisch-ökologische Investmentfonds kamen im deutschsprachigen Raum erst im Laufe der 90er-Jahre auf den Markt. Einige hatten das Pech, dass die Startphase in eine Zeit stark fallender Aktienkurse fiel (Stichwort: Golfkrieg) bzw. gerade die erste Ernüchterung bei Umwelttechnologien einsetzte. Eine ähnliche Entwicklung gab es nach dem Boom-Jahr 2000. Die viel zu schnell gestiegenen Kurse fielen 2001 und 2002 wieder auf ein realistisches Niveau zurück. Die Aktien schnitten aber trotzdem oftmals besser als der Gesamtmarkt ab. Nach überdurchschnittlich hohen Wertzuwächsen von 32 % bzw. 11 % in den Jahren 1999 und 2000 lagen die deutschsprachigen Investmentfonds im Jahr 2001 im Schnitt mit über 16 % im Minus. Das 1. Quartal 2002 erbrachte im Schnitt 0,0 %, wobei die Spannbreite von –7,8 % (SAM Sustainability Pionier Fund) bis +9,8 % (Green Effects) reichte.

Das nunmehr schon fast 60 Produkte umfassende deutschsprachige Fonds-Portfolio hat sehr unterschiedliche Entstehungsgeschichten. Wie ein solcher Fonds in der Realität gemanagt wird, hängt von vielen Faktoren ab – nicht zuletzt von Zeit und Geld. Manchmal fehlt bei den Fondsgesellschaften eine eigene, tiefer gehende Begutachtung der tatsächlichen Umweltsch(m)utzaktivitäten, dem Geschäftsgebaren oder der Mitarbeiterführung der für den Fonds auszuwählenden Unternehmen. Oft werden nur Geschäftsberichte, Bilanzen und finanzielle Kennzahlen in Betracht gezogen. Bei einigen Fonds gibt es kaum direkte Kontakte mit der Firmenleitung bzw. dem jeweiligen Umweltbeauftragten, geschweige denn mit Bürgerinitiativen vor Ort.

Auch externe Beiräte sind – anders als im angloamerikanischen Raum – bei deutschsprachigen Fonds noch die Ausnahme. Den größten Beirat dieser Art – mit 15 Experten aus Wissenschafts- und Sozial- und Umweltorganisationskreisen – kann der *Ökovision* vorweisen, der seit 1996 auf dem Markt ist.

Konventionelle Banken und Anlagegesellschaften haben zuweilen schmerzlich erfahren müssen, dass man einen Fonds nach ethisch-ökologischen Kriterien nicht nebenbei managen kann. Er erfordert wesentlich mehr Aufwand in Bezug auf Research (Aktienanalyse, Forschung) und Marktbeobachtung. Und er steht im Blickfeld einer überdurchschnittlich kritischen Anlegergruppe. Bei manchen Fonds, insbesondere solchen, die nur zu dem Zweck gegründet worden sind, neue Kundenschichten oder Marktanteile zu erobern, bemerkt man kaum ein ökologisches Engagement. Denn nicht überall, wo »Öko« draufsteht, ist auch »Öko« drin. Der *Sun Life Ecological Portfolio* (jetzt: Axa World Fund II Global Equities) hatte beispielsweise mehrere Jahre eine italienische Aktiengesellschaft im Depot, die im Bereich der Autokomponentenherstellung und Rüstung/Raumfahrt tätig war.

In den vergangenen Jahren kamen verstärkt so genannte Sustainability-/Nachhaltigkeitsfonds auf den Markt. Nicht zuletzt dadurch haben – neben den ökologischen – soziale Kriterien wie Mitarbeiterführung, Verhalten gegenüber Geschäftspartnern deutlich an Gewicht gewonnen. Der Erfolg des Segments – im Frühjahr 2002 kamen beinahe wöchentlich neue Produkte auf den Markt – gilt nicht für alle Anbieter: Mangels Volumen wurden auch schon einige Fonds wieder eingestellt: Hypo Umweltfonds (L, 1990–1996), Öko Trust (A, 1992–95), Raiffeisen Umweltfonds (A, 1989–1997), Z-Umweltfonds (A, 1989–1996), Fürst Fugger Privatbank Sustainability Fonds (L, 1999–2001). Letzt genannter wurde Ende Oktober 2001 mit dem *SAM Sustainability Index Fund* zusammengelegt. Laut Mitteilung der Fondsgesellschaft sollte auch der volumenmäßig sehr klein gebliebene und nur eine schwache Performance erzielende *H&A Lux DAC New Technology* noch 2002 »eine Änderung der Anlagepolitik und des Namens« erfahren. Der vom Kulmbacher Aktien-Guru Bernd Förtsch beratene Fonds investierte – nach ökologisch-sozialen und ökonomischen Kriterien – vor allem in Unternehmen aus den Bereichen Technologie, Energie und Ressourceneffizienz.

Wer sich für einen der im Folgenden vorgestellten Fonds interessiert: Vor einem Investment sollte man zumindest einen Rechenschaftsbericht gesehen haben, um bei einzelnen Öko-Titeln mancher Fonds nicht unliebsame Überraschungen zu erleben.

Activest Eco Tech

Fast zeitgleich – und ohne voneinander zu wissen – haben zwei Teams der Hypo Vereinsbank in München 1990 ihre Ideen zu einem Umweltfonds realisiert: Die eine Gruppe, angetan von den enormen Wachstumsraten der Umwelttechnologiebranche, wollte einen entsprechenden Spezialitäten-Fonds kreieren, der von dieser Entwicklung profitieren sollte. So wurde der Fonds seinerzeit unter dem Namen Hypo Eco Tech konzipiert. Die andere Gruppe, rund um den Theologen, Rabbiner und späteren Greenpeace-Kurzzeit-Chef Dr. Homolka, nahm sich die Wünsche einiger Großkunden aus dem kirchlichen Raum zu Herzen, die ein Anlageinstrument ethisch-ökologischer Art suchten. Heraus kam der Hypo Umweltfonds, der kurz nach dem Eco Tech über eine Luxemburger Tochter der Hypo Vereinsbank auf den Markt kam, nach einigen Jahren jedoch mangels Volumen wieder eingestellt worden ist. Der Hypo Umweltfonds hatte keine so enge umwelttechnologische Ausrichtung und enthielt auch soziale Kriterien, die beim Eco Tech keine Rolle spielen. Aufgrund der verschiedenen Anlageprinzipien, die man schwerlich hätte kombinieren können, entschied sich die Hypo Vereinsbank, doch beide Fonds auf dem Markt zu belassen.

Der Activest Eco Tech investiert laut Prospekt als »Aktienfonds mit Werten ökologisch-innovativer Unternehmen« vor allem in folgende Bereiche: Luftverunreinigungskontrolle, geothermische Energie, Recycling und Abfallverbrennung, Wasserklärung und –aufbereitung, Biotechnik.

Kontaktadresse:

- Hypo Vereinsbank, Arabellastr. 12, D-81925 München, www.activest.de

Auxvita Portfolio

Das Umwelt- und Sozialresearch dieses gemischten Nachhaltigkeitsfonds erfolgt bei Sarasin in Basel. Zu den Aktien im Portfolio zähl(t)en u. a. ING Groep, Schweizer Rück, SAP AG oder der Sarasin Kyoto Energy Basket. Im Anleihebereich sind neben dem bekannten Eisenbahnfinanzierungstitel Eurofima oder Deutsche Bahn auch diverse Staatsanleihen enthalten (Deutschland, Finnland oder Schweden).

Ausgeschlossen werden u. a. die Branchen Atomenergie, Rüstung, Tabak, Chlorchemie sowie Autohersteller und Fluglinien. Grüne Gentechnik (Landwirtschaft) ist ebenso tabu, nicht aber deren medizinische Anwendungen.

Kontaktadresse:

- Auxilia AG, Dachauer Str. 50, D-80335 München

CS EF (Lux) Global Sustainability

Beim früher Credit Suisse Oeko-Protec bzw. Credit Suisse Fund (Lux) Eco Efficiency genannten Fonds von Credit Suisse gibt es nicht nur die Wahlmöglichkeit zwischen zwei Währungen (Euro/SFr), sondern auch je zwei Varianten: eine mit jährlicher Ausschüttung (A) und eine thesaurierende (B). Die Anleger können gebührenfrei von einer in die andere Variante wechseln. Die Bank hat sich 1997 dazu entschlossen, die Anlagephilosophie vom Schwerpunkt eher nachsorgender Umwelttechnologie in Richtung Öko-Effizienz/Sustainability zu ändern, wobei die Zürcher Sustainable Asset Management AG (siehe Abschnitt 2.4.3) ausgewählt worden ist, ein entsprechendes Screening zu leisten. Später kam noch hinzu, dass keine Unternehmen aufgenommen werden, die mehr als 5 Prozent des Umsatzes im Rüstungsbereich haben.

Kontaktadresse:

- CS (Lux) Eco Efficiency, Uetlibergstr. 231, CH-8070 Zürich, www.creditsuisse.ch

DLI-Global Quality

Die 1998 gegründete Delta Lloyd Investment Managers GmbH mit Sitz in Wiesbaden hat Anfang Juni 2002 mit ihrem elften Fonds, dem DLI-Global Quality, den ersten aktiv gemanagten Nachhaltigkeitsfonds nach deutschem Recht aufgelegt. Er investiert in »Blue Chips, die eine nachhaltig wirtschaftlich positive Entwicklung mit ökologischer, sozialer und ethischer Verantwortung verbinden«. Der in einer Pressemitteilung angeführte Beweis, dass »ein effizienter Umgang mit Ressourcen verbunden mit einem konsequenten Risikomanagement langfristig wirtschaftliche Vorteile bietet«, hinkt allerdings ein wenig, denn der dazu zitierte Dow Jones Sustainability Group Index (DJSGI), der »seit 1995 den Dax um 17 Prozentpunkte und den weltweiten Aktienindex MSCI World sogar um 26 Prozentpunkte geschlagen« hätte, existiert erst seit 1999.

Das Research für die Aktienauswahl erfolgt bei der im Bereich ethisch-ökologisches Investment sehr erfahrenen Londoner Morley Fund Management Ltd. Beide gehören zur Finanzdienstleistungsgruppe CGNU. Der thesaurierende Fonds weist allerdings mit einem Ausgabeaufschlag von 6 % (Erstausgabepreis war 53 Euro) und einer jährlichen Managementgebühr von 1,4 % zuzüglich einer erfolgsabhängigen Vergütung von »25 Prozent der Outperformance zum Vergleichsindex« eine der höchsten Gebührenbelastungen auf.

Kontaktadresse:

- Delta Lloyd Investment Managers GmbH, Wittelsbacherstraße 1, D-55189 Wiesbaden, www.deltalloyd.de

Ethik-Stock

heißt der im Juni 2002 auf dem österreichischen Markt lancierte Fonds der Erste-Sparinvest KAG. Die Aktienauswahl basiert auf dem 2001 in Schweden entwickelten Humanix Global Index, der aus 200 internationalen »ethisch akzeptablen« Aktien besteht und bei dem z. B. Alkohol- und Tabakproduzenten, Rüstungs- und Atomenergieproduzenten und Glücksspielbetreiber ausgeschlossen sind. Das Index-Entwicklungsunternehmen Humanix wird u. a. von der schwedischen Kirche, karitativen Organisationen und dem WWF getragen. Im Startportfolio sind US-Titel mit rund 68 Prozent übergewichtet, europäische mit 23 Prozent untergewichtet. Branchenschwerpunkte liegen auf Telekommunikations-, Medien- sowie Softwaretiteln. Unter den Top 10 finden sich z. B. General Electric, Microsoft, Intel, Vodafone, Novartis und Cisco.

Kontaktadresse:

- Erste-Sparinvest KAG, Habsburgergasse 1, A-1010 Wien, www.sparinvest.at

Focus GT Umwelttechnologiefonds

Dieser Fonds der »alten Schule« mit Umwelttechnologie- bzw. Energieschwerpunkt, weist als einer der wenigen Umweltfonds quantifizierbare Kriterien auf: Die in den Fonds aufzunehmenden Unternehmen müssen »überwiegend Umsatzerlöse oder Gewinne ausweisen, die zu mehr als 50 Prozent aus der Tätigkeit im Umweltschutz« stammen. Außerdem kommen auch noch Energieeinsparung, gesunde Ernährung und Naturkosmetik in Frage. Ende 1999 hat das Management des Fonds gewechselt und genau zum richtigen Zeitpunkt auch den Anlageschwerpunkt massiv geändert: weg von US-Entsorgungsaktien hin zu europäischen Titeln aus dem Bereich erneuerbare Energien. Mit über 95 Prozent Plus im Jahr 2000 – bedingt u. a. durch hohe Zuteilungen bei Börsengängen wie denen von Energiekontor oder Umweltkontor – konnte der Fonds die Konkurrenz meilenweit hinter sich lassen. Und das vorher stark geschrumpfte Volumen stieg noch schneller, weil die gute Performance viele neue Kunden angezogen hat.

Kontaktadresse:

- Invesco, Bleichstr. 60–62, D-60313 Frankfurt, www.invescoeurope.com

Gamax Funds Junior, Gamax Funds Senior

Diese beiden internationalen Fonds »Jugendbezug« bzw. »Seniorenbezug« haben nichts mit ökologischen Anlagekriterien zu tun, schließen jedoch über Negativkriterien wie Rüstung und Tabak den Kauf bestimmter Werte aus, die sozusagen kontraproduktiv wären. Der »Junior« investiert z. B. in Unternehmen wie Coca Cola, McDonalds, Nintendo oder Walt Disney, deren Produkte bei Kindern und Jugendlichen beliebt sind. Auch Swatch und Apple Computer gehören dazu. Der »Senior« investiert bevorzugt in »seniorenbezogene« Unternehmen aus den Bereichen Biotechnologie, Freizeit, Konsum oder Altersvorsorge.

Kontaktadresse:

- Gamax Finanzdienste Vermittlungs-GmbH, Mühlheimer Str. 79, D-51375 Leverkusen, www.gamax.com

Green Effects

Seit Anfang Mai 2001, pünktlich zum vierten Geburtstag des Natur-Aktien-Index, ist dieser im Jahr 2000 in Irland zugelassene Umweltfonds auch in Deutschland zum Vertrieb zugelassen. Er enthält nur Aktien aus dem 20 Ti-

Jenbacher: Der Hersteller von Gasmotoren und Blockheizkraftwerken gehört zu den 20 Werten des Natur-Aktien-Index. Das Unternehmen kann auf eine 800jährige Geschichte zurückweisen. Motoren werden allerdings erst seit Mitte des 20. Jahrhunderts gebaut. Von der guten Kursperformance der Jenbacher-Aktie hat auch der Green Effects profitiert.
(Foto: Jenbacher)

tel umfassenden Natur-Aktien-Index (siehe Kapitel 2.4.3). Mit einer jährlichen Managementgebühr von unter 1 % – der Ausgabeaufschlag ist mit 4 % durchschnittlich – ist er günstiger als viele andere Umweltaktienfonds.

Wegen der strengen ethisch-ökologischen Auswahlkriterien für den Index zählt der Fonds – bis dato der einzige, der auf dem NAI beruht – zu den strengsten bzw. »grünsten« Fonds. Der Index-Ausschuss greift bei seinen Entscheidungen u. a. auf das Research des Imug-Instituts in Hannover zurück. Die Performance des Fonds ist allerdings nicht identisch mit der des NAI, da keine 1:1-Index-Abbildung erfolgt, sodass die Gewichtungen der einzelnen Aktien nicht übereinstimmen. Außerdem bleiben im Index Dividenden unberücksichtigt, die dem Fonds jedoch zufließen.

Kontaktadresse:

- Securvita GmbH, Große Elbstr. 39, D-22767 Hamburg, www.greeneffects.de

Hypo Global Value

Der im Juli 2002 aus einem konventionellen internationalen Aktienfonds der Hypo Vorarlberg hervorgegangene Fonds wird seither von Andreas Knörzer (Bank Sarasin) nach Nachhaltigkeitgesichtspunkten gemanagt.

Kontaktadresse:

- Hypo KAG, Vorarlberger Hypobank, Hypo-Passage 1, A-6900 Bregenz, www.hypovbg.at

KCD-Union Aktien Nachhaltig DJS-Index

Der von der Union Investment aufgelegte Fonds basiert auf dem Dow Jones Sustainability Index schließt aber Alkohol, Tabak und Glückspiel aus und legt einige zusätzliche Negativkriterien fest (Umsatzobergrenzen) wie z. B. Rüstung und Atomkraft. Im Beirat der Fonds sind auch Vertreter von Kirchenbanken, die den Fonds initiiert haben. Das Kürzel KCD steht für Kirche, Caritas und Diakonie. Zeitgleich zum Aktienfonds wurde auch ein Rentenfonds aufgelegt (siehe Kapitel 2.2.3).

Kontaktadresse:

- Union Investment, Wiesenhüttenstr. 10, D-60329 Frankfurt, www.union-investment.de bzw. Bank für Kirche und Diakonie eG, Am Burgacker 37, D-47051 Duisburg, www.bkdbank.de

KD Fonds Öko-Invest

Verwaltungsgesellschaft des KD Fonds Öko-Invest ist die im April 1991 gegründete EKK Invest (Luxembourg) S.A., eine Tochter der Evangelischen Kreditgenossenschaft eG in Kassel. Der seit August 1991 angebotene Fonds versteht sich nicht nur als Umwelttechnologiefonds, sondern zieht auch die Umweltfreundlichkeit der Produkte in Betracht oder fördert z. B. »naturnahe Verfahren im Gesundheits- und Ernährungswesen«. Das Fondsmanagement besteht aus mehreren Personen der Frankfurter DG Capital Management GmbH.

Kontaktadresse:

- DG Capital Management GmbH, Am Platz der Republik, D-60325 Frankfurt, www.dgbank.de

Klassik Öko Trends

Der von der österreichischen Salzburg-München Wertpapierfonds KAG im Jahr 2001 lancierte Fonds wählt nach dem Best in Class-Prinzip die Aktien jener Firmen, aus, »die ökologische und finanzielle Spitzenleistungen erbringen und in der Gesellschaft soziale Verantwortung übernehmen«. Prinzipiell sind alle Branchen zugelassen – außer Atomkraft-, Tabak- und Rüstungsindustrie. Das Management erfolgt – wie beim UBS (Lux) Eco Performance Portfolio – bei der Schweizer UBS Asset Management.

Kontaktadresse:

- Salzburg-München Wertpapierfonds Kapitalanlage GmbH, Schwarzstraße 15, 5020 Salzburg, www.klassikfonds.at

Liga-Pax-Balance-Union-Fonds

Bei dem im Mai 2000 von der Union Investment aufgelegten Mischfonds (bis zu 70 Prozent sind Aktien), »welcher in seiner Ausrichtung sozialen und ökologischen Gesichtspunkten folgt«, stehen Unternehmen »im Vordergrund, die verantwortungsvoll, unter Schonung natürlicher Ressourcen, modernste Technologien nutzen und durch Wachstum sowie eine starke Marktstellung überzeugen«. Der Anlageausschuss besteht aus den vier Kirchen-Vorständen bzw. Bankern der Liga Bank eG (Regensburg) und der Pax Bank eG (Köln). Mit einem Ausgabeaufschlag von 0 % ist er zwar besonders kundenfreundlich, aber manche für das Portfolio ausgewählten Wertpapiere – mit bei anderen Fonds eher verpönten Titeln wie Siemens oder US-Staatsanleihen – dürften potenzielle Interessenten eher abschrecken.

Kontaktadresse: siehe oben

Mi-Fonds Eco

Der Mitte 1999 aufgelegte, von Julius Baer gemanagte Fonds investiert schwerpunktmäßig in Schweizer Anleihen (über 40 Prozent) und Geldmarktpapiere (zusammen rund 50 Prozent) sowie internationale Aktien (ca. 40 Prozent) und Anleihen (ca. 10 Prozent). Es gibt sowohl ökologische als auch soziale Kriterien und eine Kooperation mit dem Verkehrsclub Schweiz, der – ähnlich wie der WWF beim Swissca Green Invest – einen Teil der Gebühren vereinnahmen kann.

Kontaktadresse:

- Migrosbank, Seidengasse 12, CH-8023 Zürich, www.migrosbank.ch

Oekosar

Der im Februar 1994 von der Schweizer Privatbank Sarasin lancierte Fonds kann ein aufwändiges ökologisches Bewertungskonzept vorweisen, das in Zusammenarbeit mit der Ellipson AG entwickelt worden ist. Der Oekosar will in rund 20 Branchen die jeweiligen ökologischen Branchenleader ausmachen, in der Annahme, dass diese auf längere Sicht auch zu den ökonomisch erfolgreichen Unternehmen gehören werden. Mittels so genannter Eco-Valuationen werden geeignete Unternehmen hinsichtlich ihres Beitrags zu einer nachhaltigen Wirtschaftsweise untersucht. Der Oekosar zählt mit einem Volumen von über 200 Millionen Euro zu den größten deutschsprachigen Umweltfonds.

Verantwortlicher Fondsmanager ist seit dem Start Andreas Knörzer, bei Sarasin gleichzeitig Leiter des 1999 als eigene Abteilung errichteten Öko-Research-Teams: Er hat sich durch einige Fach-Publikationen (z. B. Unsere Umwelt: Eine Investition wert, 1990) und zahlreiche Vorträge auf dem Gebiet des Öko-Investments einen Namen gemacht hat. Er initiierte das schon 1991 lancierte Öko-Portefeuille für Sarasin-Kunden und gilt weltweit als einer der erfahrensten Öko-Analysten. Knörzer hat als einer der ersten den Begriff »Öko-Effizienz« in die Finanzszene eingebracht. Er managt inzwischen auch den seit Juli 2002 mit geänderter Anlagephilosophie auftretenden Hypo Global Value der Hypo Vorarlberg.

Kontaktadresse:

- Bank Sarasin & Cie, Postfach, CH-4002 Basel, www.sarasin.de

Ökovision

Der 1996 nach fast 6 Jahren Vorbereitungszeit von der Ökobank lancierte Fonds hat einen Beirat von rund 15 Expert(inn)en und Repräsentant(inn)en von sozial und ökologisch orientierten Organisationen und Unternehmen, der die ausgewählten Aktien vor Aufnahme in das Anlageuniversum prüft. Das Fondsmanagement von der Bank Sarasin (Andreas Knörzer) beurteilt zudem die ökonomischen Aussichten und wählt dann Umfang und Zeitpunkt des Einstiegs in die ausgewählten Aktien aus.

Der Fonds war der erste mit sehr strengen und ausführlichen ethisch-sozialen und ökologischen Anlagekriterien. Neben den üblichen Negativkriterien wie Rüstung, Atomkraft oder Suchtmittel etc. wurden u. a. auch Fragen zur Gleichberechtigung von Frauen im Unternehmen gestellt (Entlohnung, Arbeitszeitflexibilität, Aufstiegschancen). Auch Kapitalverflechtungen zu anderen Unternehmen können eine Rolle spielen. Einzelne Aktien wurden schon wegen der übrigen Aktionäre aus dem Fonds geworfen – beispielsweise die kanadische Brennstoffzellen-Aktie Ballard Power nach dem Einstieg des 25 %-Aktionärs Daimler Chrysler, der wegen seiner Rüstungsproduktion die Kriterien verletzt hätte. Damit hat man beim Ökovision allerdings aber auch auf einige Renditeprozente verzichtet, denn der Aktienkurs hat sich in den Jahren 1996 bis 2000 mehr als verzehnfacht, bevor er wieder stark zurückgefallen ist.

Nach der Beinahe-Pleite der Ökobank wurde im Zuge der Sanierungsbemühungen die florierende Luxemburger Fondsgesellschaft – 2001 wurde mehr als 0,5 Millionen Euro Gewinn erzielt – für rund 2,5 Millionen Euro an die Mitinitiatorin des Ökovision, die Düsseldorfer Versiko AG, verkauft. Deren Tochter Ökorenta war aber auch schon zuvor für den Vertrieb zuständig.

Kontaktadresse:

- Ökorenta AG, Düsseldorfer Str. 38, D-40721 Hilden, www.oekovision.de

Pictet Global Sector Fund Water

Die Genfer Fondsgesellschaft Pictet hat nach Biotech, Telekom und Freizeit Anfang 2000 einen weiteren Spezialfonds auf den Markt gebracht, der sich auf das Zukunftsthema Wasser konzentriert (Wasserversorgung, Wasseraufbereitung). Die Hauptarbeit leisteten am Anfang die Analysten um den Londoner Dr. David Owen, der vorher bei Ecofin u. a. für den Ökovision zuständig war. Vor allem aufgrund großer institutioneller Kunden der Schweizer

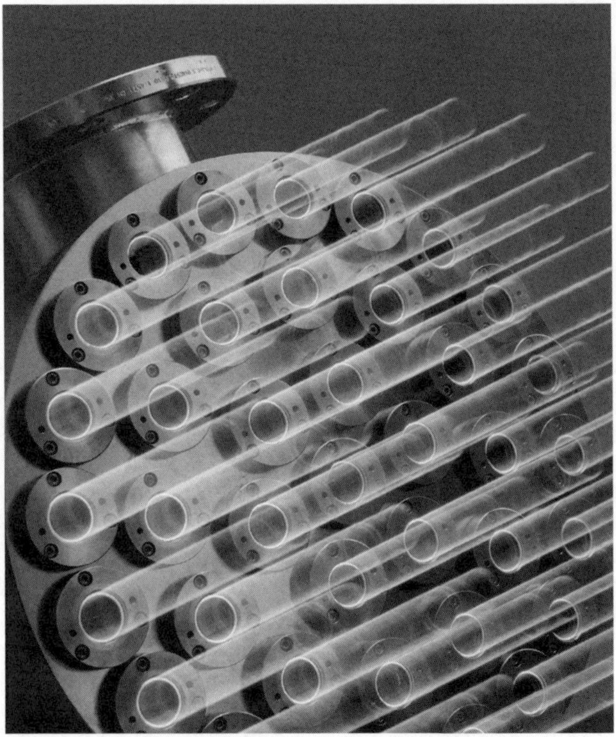

Klares Wasser: Wasserversorger und Unternehmen, die Technologien zur Wasseraufbereitung anbieten (wie die abgebildeten UV-Strahler von Wedeco), sind beliebte Öko-Aktien. Einzelne Fonds – wie der Pictet Global Sector Fund Water – sind ganz auf solche Titel spezialisiert. (Foto: Wedeco)

Privatbank Pictet erreichte der Fonds sehr schnell ein dreistelliges Millionenvolumen.

Kontaktadresse:

- Pictet Fund Management SA, C.P. 5130, CH-1211 Genève, www.pictet.com

Pictet Sustainable Equities Switzerland

Beim 1999 erfolgten Start setzte das Management u. a. auf die Nachhaltigkeitsratings der Analysten der VTZ Delphi International in London, einer

100 %-Tochter der damals noch existenten Schweizer VTZ. Von den 100 großen Schweizer Titeln, die zum Anlageuniversum zählen, fallen jedoch nur zwei Firmen von vornherein weg, weil sie das Negativkriterium von mehr als 5 % Rüstungsumsatzanteil erfüllen. Mit nur 0,9 % jährlicher Managementgebühr und 1 % Ausgabeaufschlag ist der Fonds vor allem auch für institutionelle Anleger konzipiert worden.

Kontaktadresse: siehe oben

Prime Value Mix, Prime Value Aktien Europa

Der Prime Value Mix ist einer der wenigen Fonds mit einem unabhängigen Beirat. Im Zentrum stehen ethische Auswahlkriterien. Der Fonds verfolgt statt des Shareholder-Value-Ansatzes, der primär Wertsteigerung für die Aktionäre im Sinn hat, einen Stakeholder-Ansatz, bei dem die Interessen verschiedener Anspruchsgruppen ausbalanciert werden (Mitarbeiter, Kunden, Aktionäre, Lieferanten, Anrainer, Behörden, Medien, Umwelt). Im Bereich Umwelt geht es u. a. um Technologiefolgen-Abschätzung, Risikomanagement, Nachhaltigkeit der Produkte, Prozesse und Investitionen, Umweltmanagement, Erhaltung der Lebensgrundlagen und Artenvielfalt.

Bei Anleihen von zweckorientierten nationalen oder internationalen Institutionen (wie z. B. Europarat, Europäische Investitionsbank oder der holländischen Waterschapsbank) ist das Tätigkeitsfeld in der Regel leichter zu durchleuchten als bei multinationalen Konzernen. Der Pime Value Mix misst daher festverzinslichen Anlagen als Instrument für ethisch oder ökologisch verantwortbares Handeln eine hohe Bedeutung bei (siehe Kapitel 2.2.3).

Der Portfoliomanager des Prime Value, die Zürcher Dr. Höller Vermögensverwaltung und Anlageberatung AG, kann bei der Titelselektion auf die Fachkompetenz eines 1997 eingerichteten Ethik-Komitees zurückgreifen, dem u. a. der Sozialethiker Prof. Dr. Hans Ruh, der Chemiker und Gründer des Hamburger Umweltforschungsinstituts Prof. Dr. Michael Braungart und der Historiker und Vorstand der Umweltakademie München Dr. Christoph Schwingenstein angehören.

Die Wertpapiere werden durch einen »Ethikfilter« geschickt, deren Negativkriterien Unternehmen und Emittenten ausschließen, die Menschenrechte missachten, militärische Güter, Nukleartechnologie oder physisch oder psychisch gefährliche Produkte, Dienstleistungen und Technologien herstellen, einsetzen oder vertreiben. Bei der Titelauswahl gibt es die Kategorien »ethisch vertretbar« (Mindeststandards sind erfüllt), »ethisch positiv« (das Unternehmen fördert aktiv humane, soziale und kulturelle Werte bzw. trägt zur Erhaltung und Verbesserung der natürlichen Umwelt bei) und »ethisch hochwertig«. Letztere Einstufung wird eher selten erreicht, bei den Anleihen z. B. nur vom Emittenten Kommunalkredit Austria, bei den Aktien waren es u. a. Mayr-Melnhof Karton, Phonak oder die finnische Nokia.

2001 hat der Prime Value Mix zwei Geschwister bekommen: den reinen Aktienfonds Prime Value Aktien Europa (Managementgebühr 1,4 % p.a.) und den Rentenfonds Prime Value Bond Paneuropa (Managementgebühr 0,6 % p.a.).

Kontaktadresse:

- Dr. Höller Vermögensverwaltung und Anlageberatung AG, Talstr. 58, CH-8039 Zürich, www.hoeller.ch

Raiffeisen Ethik-Aktienfonds

Laut § 15 des Prospekts investiert der im Mai 2002 aufgelegte Fonds »überwiegend in in- und ausländische Aktien, insbesondere von Unternehmen, die nach ökologischen und sozialen Kriterien ausgewählt werden und bei denen ein nachhaltiger Unternehmenserfolg erwartet wird«. An der Erstellung der Kriterien war der bekannte Innsbrucker Sozialethiker und Jesuitenpater Herwig Büchele beteiligt. Außerdem gibt es einen Ethik-Beirat, dem kirchliche und NGO-Vertreter angehören. Der Fonds orientiert sich an Empfehlungen der Unesco und der Internationalen Arbeitsorganisation ILO. Er nimmt keine Aktien von Unternehmen auf, »deren Geschäftsfelder im Bereich Rüstung, Alkohol, Tabak, Glücksspiel, Pornografie, Atomenergie oder Abtreibung angesiedelt sind«.

Kontaktadresse:

- Schweizer Verband der Raiffeisenbanken, Postfach, CH-9001 St. Gallen, www.raiffeisen.ch

Raiffeisen Futura Global Stock, Raiffeisen Futura Swiss Stock

Im 2001 in der Schweiz aufgelegten Raiffeisen Futura Global Stock sind internationale Aktien zu finden, die vom Schweizer Ethik-Research-Institut Inrate nach ökologischen und ethischen Kriterien positiv bewertet und durch Vontobel Asset Management AG für gut befunden worden sind. Ausgeschlossen sind u. a. Unternehmen im Bereich Atomenergie, Rüstung, Tabak, Alkohol und Glücksspiel. Entsprechend dem Global Stock-Aktienfonds gibt es auch eine Swiss Stock- und zwei Bond-Varianten (siehe Kapitel 2.2.3).

Kontaktadresse: siehe oben

S Ethik Aktien

Fast zeitgleich mit Raiffeisen (Österreich) hat auch die Sparkasse Oberösterreich im Mai 2002 – neben dem Ethik Bond (siehe Kapitel 2.2.3) – einen Ethik-Aktienfonds auf den Markt gebracht. Berater ist die Münchner Rating-Agentur Oekom Research. Darüber hinaus gibt es einen unabhängigen Beirat aus Vertretern von Kirche und Wirtschaft.

Kontaktadresse:

- Sparkasse Oberösterreich KAG, Promenade 11–13, A-4020 Linz, www.kag.at

SAM Sustainability Index Fund, SAM Sustainability Pioneer Fund, SAM Sustainable Water Fund

Neben den lizenzierten Sustainability-Fonds (zum Konzept siehe 2.4.3) fremder Anbieter wie z. B. dem *Oppenheim Dow Jones Global Sustainability*, dem *Gerling Select 21* oder dem österreichischen *Kepler Sustainability* gibt es bis dato auch drei eigene Investmentfonds, die die 1995 in Zürich gegründete SAM Sustainable Asset Management AG selbst bzw. zusammen mit Julius Bär aufgelegt hat. Im SAM Sustainable Water Fund finden sich rund 30 Wasser-Titel

Whole Foods Market: Die weltweit größte Einzelhandelskette für Bio-Lebensmittel verkauft nicht nur leckere Muffins, sondern expandiert seit Jahren mit Erfolg. Über 130 Geschäfte hat Whole Foods Market in den USA. Im Mai 2002 wurde die erste Filiale in Kanada eröffnet. (Foto: Whole Foods Market)

wie z. B. Suez, Severn Trent, BWT, Cuno und Waters Corp., aber auch Nahrungsmittelhersteller wie Unilever oder die Naturkostsupermarktkette Whole Foods Market. Die jährlichen Gebühren sind mit 1,9 % allerdings relativ hoch. Während der Sustainability Index Fonds (WKN 926 178) nur große Titel aus dem gleichnamigen Index aufweist, sind im Sustainability Pioneer (WKN 926 177) auch kleinere Titel wie z. B. Green Mountain Coffee vertreten.

Kontaktadressen:
- SAM Sustainable Asset Management, Zollikerstraße 60, CH-8702 Zürich, www.sam-group.com

Sarasin New Energy Fund

Der Ende 2000 aufgelegte Fonds investiert u. a. in erneuerbare-Energie-Unternehmen (Solar-, Wasser- und Windkraft, Biomasse, Geothermie und Brennstoffzellentechnologie). Zur ohnehin relativ teuren Managementgebühr von 1,75 % p.a. wird leider noch eine ansonsten unübliche erfolgsabhängige Gebühr verrechnet. Nach einem ähnlichen Muster sind auch die etwas später lancierten Fonds *MST New Energy Fund* (MST steht für die Mercury Selected Trust-Tochter von Merrill Lynch), *Spängler New Energy Trust* (hier werden zusätzlich die Branchen Speichertechnologien, Leistungselektroniksysteme sowie Erdgas- und Facility-Management berücksichtigt), *BB New Energy Invest* (Bankgesellschaft Berlin) und *Lacuna Eco Tech New Energy* (ebenfalls mit erfolgsabhängiger Managementgebühr zugunsten von SAM Zürich) gestrickt.

Kontaktadresse:
- Bank Sarasin (siehe oben)

SEB Invest Öko Lux

Dieser Fonds wurde 1992 auf Initiative von Kirchenbanken – DGM in Münster und LKG in Dresden – gegründet und über eine Tochter der deutschen BfG-Bank aufgelegt (später von der schwedischen SEB-Gruppe übernommen). Der SEB Invest Öko Lux hat als bisher einziger deutschsprachiger Umweltfonds auch definitiv ethische Kriterien in den Veranlagungsbestimmungen verankert: »In den Wertpapieranlagen finden diejenigen Unternehmen keine Berücksichtigung, deren Geschäftstätigkeit dem Bereich der Rüstungsproduktion zuzuordnen ist. Des Weiteren werden keine Wertpapieranlagen in Unternehmen getätigt, die ihren Sitz in Spannungs- und Krisengebieten haben.«

Für das Fondsportfolio sucht man nach Wertpapieren aus folgenden Branchen mit »positiven Umweltbeiträgen«: Wiederaufbereitung, Recycling; alternative Energiequellen (Sonne, Wind, Wasser); schienengebundener Verkehr; Papiererzeugung aus Altpapier; Anlagenbau zur Reinhaltung von Luft und Wasser und Umweltberatung.

Kontaktadressen:

- SEB Invest, Postfach 2053, L-1020 Luxembourg, www.seb-invest.de

Storebrand Principle Global

Der von der norwegischen Versicherung betriebene Fonds hat drei Varianten für institutionelle und Privatanleger. Er stützt sich ähnlich wie der Oekosar und andere Fonds auf das Öko-Effizienz-Konzept und wählt innerhalb verschiedener Branchen die jeweils besten Titel aus. Bei der Chemiebranche stellte sich z. B. die deutsche Bayer als führender Titel heraus, andere Chemiekonzerne verbrauchten beispielsweise wesentlich mehr Wasser und Energie pro Produktionseinheit. Die kritischen Bayer-Aktionäre dürfte das verwundern. Sie kämpfen seit über 25 Jahren gegen die weltweiten Umweltsünden des Konzerns (siehe Kapitel 2.4.6).

In den 2001 aufgelegten Rentenfonds Storebrand Principle European Bond Fund (Startkapital ca. 30 Mio. Euro) will Storebrand Euro-Anleihen europäischer Schuldner (Staaten, aber auch Organisationen und Unternehmen) aufnehmen, die vorher eine Art ökologisch-soziales Rating durchlaufen müssen.

Kontaktadresse:

- Storebrand ASA, Filipstad Brygge 1, Postboks 1380, Vika, N-0114 Oslo, www.storebrand.no

Axa World Fund II Global Equities (ehemals Sun Life Ecological Portfolio)

Bei diesem Fonds sollen die in Frage kommenden Firmen zumindest 25 Prozent ihres Umsatzes im »Umweltbereich« haben. Trotz der frühen Gründung zählt der Fonds zu jenen mit dem geringsten Volumen. Der Sun Life musste bis dato viel Kritik von Seiten der Presse einstecken, da sich zuweilen sogar Rüstungsaktien im Portfolio befanden. Nach der Übernahme von Sun Life durch Axa wurde die Anlagestrategie geändert: So soll der Fonds – statt in kleinere und mittelgroße Unternehmen – verstärkt in große Konzerne investieren. Mitte 2002 enthielt er z. B. die Werte Aventis, BMW und Unilever.

Kontaktadresse:

- Axa Fonds Trust GmbH, Axa Investment Managers Deutschland GmbH, Stiftstraße 30, D-60313 Frankfurt, www.axa-im.de

Swissca Green Invest, Swissca Green Invest Balanced, Swissca Green Invest Equity

Der 1998 lancierte Fonds wurde von der Swissca Holding AG in Zusammenarbeit mit dem Schweizer WWF konzipiert. Swissca, Fondsgesellschaft der Kantonalbanken, ist die drittgrößte Fondsgesellschaft in der Schweiz mit einem Volumen von über 30 Mrd. Franken in rund 60 Fonds. Beide Partner haben den Anspruch, dass ihr Fonds »auch in Zukunft zu den fortschrittlichsten Umweltanlagefonds gehört«. Ein Grund für die Partnerschaft der international tätigen Umweltorganisation mit der Bankenwelt ist die damit verbundene »Chance, auch über den Finanzmarkt Einfluss auf das Umweltverhalten von Großunternehmen zu nehmen«. Der WWF, der für die Überlassung des Panda-Logos eine jährliche Vergütung von der Fondsgesellschaft erhält, ist auch im Swissca-Umweltbeirat vertreten. Es werden eine Reihe von negativen Auswahlkriterien für das Fondsportfolio angewandt: Ausgeschlossen werden z. B. bestimmte Gentechnik-Bereiche, Atomkraftwerkshersteller und -betreiber, Tabak- und PVC-Produzenten, Automobil- und Flugzeughersteller, Fluggesellschaften, Händler und Förderer fossiler Energieträger bzw. Unternehmen, die Technologien oder Nutzungsmethoden ohne langfristige Zukunftsfähigkeit einsetzen. Dabei werden sämtliche Tochterfirmen eines Unternehmens berücksichtigt, nicht aber Kunden und Lieferanten. Im Bereich der Positivkriterien geht es u. a. um die Qualität der Umweltpolitik, um Umweltmanagement und Büroökologie. Schließlich erfolgen in einem 3. und 4. Schritt ein Sozialcheck – z. B. Überprüfung von Menschenrechtsverletzungen – und die Finanzanalyse. Von Seiten des ZKB Umweltresearch ist die langjährig erfahrene Umweltaktienanalystin Sabine Doebeli für den Swissca Green Invest zuständig. Zum Anlageuniversum zählen u. a. Titel wie Allianz, IBM und Schweizer Rück, was die Ausrichtung auf Großunternehmen verdeutlicht. Ende 2001 wurde die Fonds-Familie erweitert durch die Euro-Variante Swissca Green Invest Equity und den gemischten Fonds Swissca Green Invest Balanced, der in Schweizer Franken nur zu 50 Prozent in Aktien investiert (40 Prozent Anleihen, 10 Prozent Geldmarkt).

Kontaktadresse:

- Zürcher Kantonalbank, IFEU, Postfach, CH-8010 Zürich, www.greeninvest.ch

TFI Eco Global Fund

Der von der österreichischen Amis AG im Herbst 2001 aufgelegte Luxemburger Teilfonds TFI Eco Global Fund setzt Schwerpunkte in den Branchen erneuerbare Energien, erneuerbare Ressourcen und Bio-Lebensmittel. Der externe Beirat besteht aus drei Frauen – der Soziologieprofessorin Dr. Marina Fischer-Kowalski, der Umweltauditspezialistin Dr. Christine Jasch und der »grünen« Unternehmerin Monika Langthaler – und zwei Männern – Max Deml, Öko-Invest, und Klaus Werner, der u. a. durch sein Buch »Schwarzbuch Markenfirmen« bekannt geworden ist.

Mit einer laufend im Internet aktualisierten und jederzeit abrufbaren kompletten Portfolioaufstellung bietet der TFI Eco Global ein Höchstmaß an Transparenz.

Kontaktadresse:

- TFI Eco Global, Amis AG, Favoritenstr. 16 / DG, A-1040 Wien, www.tf-inst.com

UBS (Lux) Eco Performance Portfolio – World Equities

Der von der Schweizer Großbank Mitte 1997 lancierte Fonds investiert in Unternehmen, »die durch ökologische Leistung ihr ökonomisches Potential nachhaltig verbessern«. Das Fonds-Management wählt dabei sowohl die so genannten »Öko-Leader«, das sind Blue Chips mit relativ guter Öko-Effizienzentwicklung innerhalb einer Branche, aber auch »Öko-Innovatoren« aus – jüngere, kleinere Unternehmen mit ökologisch interessanten Produkten. Die geographische Aufteilung orientiert sich am MSCI-Weltindex.

Das Portfoliomanagement wird durch die UBS Environmental Performance-Analyse (verantwortlich: Inge Schumacher, Gianreto Gambioni) sowie den externen Berater Ökomedia Basel unterstützt. Ökomedia, die über eine der besten Umweltdatenbanken verfügt und einen Internetdienst herausgibt, kümmert sich u. a. um Informationsbeschaffung, Bewertungsmethoden, EDV und Öffentlichkeitsarbeit für die neuen Ökoprodukte. Daneben gibt es auch einen wissenschaftlichen Expertenrat, der aus Prof. Ruth Kaufmann-Hayoz (Uni Bern), Amory B. Lovins und Prof. Ernst Ulrich von Weizsäcker (Wuppertal Institut) besteht. Mit nur 1 % Ausgabeaufschlag ist der Fonds zudem äußerst attraktiv für (Erst-)Einsteiger.

Kontaktadresse:

- UBS, Postfach, CH-4002 Basel, www.ubs.ch

UBS (Lux) Equity Fund – Future Energy

Dieser Fonds investiert vor allem in Klein- und Mittelunternehmen, die in den wachstumsstarken Geschäftsfeldern erneuerbare Energien, effiziente

Energieproduktion, Energieeinsparung, Energiespeicherung und den dazugehörigen Komponenten, Regelsysteme bzw. Dienstleistungen wie z. B. Contracting aktiv sind.

Umwelt Stock

Die Erste-Sparinvest (Wien) hat Mitte 2001 den Umwelt-Stock (Schwerpunkt Umwelttechnologie) auf den Markt gebracht, der schwerpunktmäßig in Umwelttechnologietitel, u. a. in der Abfallentsorgungsbranche, investiert.

Kontaktadresse:

- Erste-Sparinvest KAG, Habsburgergasse 1, A-1010 Wien, www.sparinvest.at

Aus Platzgründen konnten leider nicht alle auf dem Markt befindlichen Fonds beschrieben werden, einige – wie der *Luxemburger Greenvest Nature Elements* – waren bei Redaktionsschluss erst in Planung. Nicht näher eingegangen wurde auch auf verschiedene Spezialfonds für institutionelle Anleger.

Obwohl der Markt wächst und damit auch der Informationsgrad zu Grundprinzipien ethisch-ökologischen Investments, sind Etikettenschwindel nicht auszuschließen. Der im September 2001 aufgelegte *Postbank Dynamik Vision* ist ein solches Beispiel. Der Fonds beruft sich in seiner Anlagepolitik zwar auf den Dow Jones Sustainability-Index, das Portfolio bestand im ersten Quartal 2002 jedoch neben einer sehr hohen Cash-Position (40 Prozent) zu 35 Prozent aus Rohstoff-Aktien, darunter ausgerechnet drei Goldminen mit 7,0 % bis 8,7 % als größte Einzelpositionen. Dass Goldminen in der Regel sehr hohe Umweltschäden verursachen, scheint dem Fondsmanagement nicht bekannt zu sein. Im Prospekt werden dem Anleger »breite Risikostreuung«, »erstklassige Unternehmen« und »Top-Titel« aus dem Dow Jones Sustainability Index versprochen. Doch es gehört schon einige Fantasie dazu, einen Fonds, der zu 75 Prozent aus Bargeld und Rohstoffaktien besteht, noch als nachhaltig einzustufen.

Wertentwicklung ethisch-ökologischer Fonds im deutschsprachigen Raum						
Sitz	Fonds	Entwicklung 1. Hj. 2002 in %	Entwicklung 2001 in %	Volumen in Mio. Euro	Jahr der Auflage	Ausgabe-aufschlag
L	**SEB Invest Öko Rent***	**–7,3**	**+6,6**	**50**	**1989**	**3,0%**
L	CS EF (Lux) Global Sustainability	–20,0	–16,7	121	1990	2,0%
D	Focus GT Umwelttechnologiefonds	–24,4	–28,1	76	1990	4,5%
L	Activest Lux Eco Tech	–22,0	–17,5	47	1990	5,0%
L	KD Fonds Öko–Invest	–24,5	–33,4	29	1991	5,0%
L	SEB Invest Öko Lux	–27,8	–32,0	48	1992	4,5%
L	Axa World Fund II Global Ethical Equities	–11,3	–23,4	5	1992	6,5%
L	Sarasin Oekosar*	–8,7	–9,0	219	1994	5,0%
A	Prime Value Mix*	–4,7	–3,0	42	1995	5,0%
L	Ökovision	–11,6	–12,5	92	1996	5,0%
L	Storebrand Principle Global (A)	–18,5	–20,0	62	1996	5,0%
L	Storebrand Principle Global (B)	–18,7	–20,4	"	1996	5,0%
L	Storebrand Principle Global (C)	–18,8	–20,7	"	1996	5,0%
L	Gamax Funds Junior	–18,2	–14,6	48	1997	var.
L	UBS (Lux) EF Eco Performance	–19,7	–17,1	322	1997	2,0%
L	Swissca Green Invest	–18,3	–15,9	156	1998	2,0%
L	Sarasin Valuesar Equity	–14,8	–18,0	83	1999	5,0%
L	JB Mi–Fonds Eco (A&B)*	–8,8	–0,1	41	1999	1,0%
L	Pictet Sustainable Equities – Switzerland	–8,7	–21,2	11	1999	1,0%
L	SAM Sustainability Index Fund	–18,8	–12,5	52	1999	5,0%
L	SAM Sustainability Pionier Fund	–31,9	–22,6	19	1999	5,0%
L	Oppenheim Topic DJ Sustainability World Index	–20,0	–13,5	15	2000	5,0%
L	Pictet Global Sector Fund Water	–13,9	–5,0	459	2000	5,0%
L	Gamax Funds Senior	–21,2	–12,9	10	2000	var.
D	Liga-Pax–Balance–Union*	–14,0	–9,3	69	2000	0,0%
IR	Green Effects	–6,8	–9,1	35	2000	4,0%
D	Fairway One–Universal–Fonds	–22,7	–34,4	2	2000	5,0%
D	Gerling Select 21	–22,7	–19,8	9	2000	4,5%

Sitz	Fonds	Entwicklung 1. Hj. 2002 in %	Entwicklung 2001 in %	Volumen in Mio. Euro	Jahr der Auflage	Ausgabeaufschlag
L	DAB Adviser Meridio Green Balance	–19,4	–0,1	8	2000	4,0%
L	Pioneer Global Environmental & Ethical	–13,9	–14,3	18	2000	5,0%
A	Kepler Sustainability	–20,4	–15,0	11	2000	4,0%
L	Sarasin New Energy Fund	k. A.	–26,2	9	2000	5,0%
D	Sarasin Fair Invest Universal	–5,9	(neu)	16	2001	5,0%
D	KCD–Union Aktien Nachhaltig DJS–Index	–20,0	(neu)	87	2001	0,0%
D	KCD–Union Renten Plus Nachhaltig DJS–Index	+1,6	(neu)	112	2001	0,0%
L	Storebrand Principle Eur. Bond	+1,8	(neu)	32	2001	%
L	UniSector: NatureTech	–11,5	(neu)	26	2001	4,0%
L	MST New Energy Fund	k. A.	(neu)	18	2001	5,0%
A	Klassik Öko Trends	–20,0	(neu)	5	2001	5,0%
A	Prime Value Aktien Europa	–20,9	(neu)	1	2001	5,0%
A	Prime Value Bond Paneuropa*	+0,9	(neu)	1	2001	3,0%
A	Umwelt Stock (ERSTE)	–12,5	(neu)	7	2001	5,0%
L	UBS (Lux) EF Future Energy	–28,5	(neu)	17	2001	5,0%
A	Spängler New Energy Trust	–36,6	(neu)	9	2001	5,0%
L	TFI Eco Global Fund	–19,7	(neu)	1	2001	5,0%
L	SAM Sustainable Water Fund	–12,6	(neu)	?	2001	5,0%
–	BB New Energy Invest	–23,9	(neu)	1	2001	5,0%
L	Lacuna Eco Tech New Energy	–37,5	(neu)	1	2001	5,3%
A	Superior 3	–1,0	(geänd.)	66	2001	4,0%
L	ABN Amro Socially Responsible E quity Fund	–26,2	(neu)	6	2001	5,3%
L	Swissca Green Invest Balanced	(neu)			2001	0,0%
A	S Ethik Aktien	(neu)			2002	5,0%
A	S Ethik Bond	(neu)			2002	4,0%
A	Raiffeisen–Ethik–Aktien–Fonds	(neu)			2002	5,0%
IR	Mellon European Ethical Index Tracker	(neu)		11	2002	5,0%

Sitz	Fonds	Entwicklung 1. Hj. 2002 in %	Entwicklung 2001 in %	Volumen in Mio. Euro	Jahr der Auflage	Ausgabe-aufschlag
D	DVG Stiftungsfonds	(neu)			2002	3,0%
D	DLI–Global Quality	(neu)			2002	6,0%
D	DWS Sustainability Leaders	(neu)			2002	6,0%
A	Ethik Stock	(neu)			2002	4,0%
A	Hypo Global Value	(geänd.)			2002	3,5%
A	Kepler Ethik Fonds	(neu)			2002	4,0%
	Summe bzw. Durchschnitt	*–16,5*	*–16,2*	*2576*		*4,0%*

Quelle: Standard & Poor's Fund Services – www.SundP.de; Basis: Rück zu Rück in Euro inkl. Wiederveranlagung von Ausschüttungen.
Anmerkungen: Die Fonds sind in chronologischer Reihenfolge des Gründungsmonats aufgeführt.
*Die Performancedaten von Oekosar, Prime Value Mix, JB Mi–Fonds Eco, Liga–Pax–Balance–Union, Superior 3 und SEB Invest Öko Rent, Storebrand Principle Eur. Bond, Prime Value Bond Paneuropa sowie S Ethik Bond sind nicht mit der von reinen Aktienfonds vergleichbar, da es sich hierbei um gemischte Fonds bzw. reine Rentenfonds handelt.

2.4.2.3 Fonds in Europa, USA und weltweit

Europa

Nach den USA bietet Großbritannien mit über 50 verschiedenen Fonds – und zahlreichen davon abgeleiteten Anlageinstrumenten – die breiteste Auswahl. Das Gesamtvolumen der britischen Ethik- und Umweltfonds ist größer als im deutschsprachigen Raum. Nach einem Plus von durchschnittlich über 46 % im Jahr 1999, +4,6 % im Jahr 2000 und einem Minus von 12,4 % in 2001 lagen die britischen Ethik- und Umweltfonds im 1. Quartal 2002 wieder (mit +0,2 %) knapp im Plus. Einige britische Fondsgesellschaften wie z. B. Henderson verstärken ihren Vertrieb in Festlandeuropa. Mit Ausnahme der auf den neuen FTSE4Good-Index aufbauenden Investmentfonds und einer neuen, noch sehr kleinen Sustainability-Fondsfamilie von Norwich gibt es aber wenig neue Fonds im Vergleich zum Stand im Jahr 2000. In der vorigen Auflage von »Grünes Geld« wurden die verschiedenen Fonds ausführlich beschrieben; deshalb an dieser Stelle nur eine Übersicht über die Performance ausgewählter britischer Fonds.

Weitere Länder, in denen teilweise schon seit über zehn Jahren Umwelt- und Ethikfonds auf dem Markt sind, sind Frankreich, Belgien (Details siehe

Wertentwicklung ethisch-ökologischer Fonds aus Großbritannien			
Fonds	1.Q 2002	2001	Volumen in Mio. Euro
Abbey Ethical	+1,2	–4,9	74
Allchurches Amity A	+5,9	–6,4	61
CIS Environ	–0,5	–17,5	201
Eagle Star Environmental Opp. 1	+2,7	–9,5	10
Eagle Star Environmental Opp. 2	+3,0	–8,8	5
Friends Provident Conscience	+1,5	–11,7	16
Friends Provident Stewardship	+1,5	–11,8	891
Friends Provident Stew. Income	+4,9	+1,7	122
Friends Provident Stew. Intl.	+1,0	–16,0	83
FTSE4Good UK Fund		(neu)	
Halifax Life Ethical	+0,6	–15,8	54
Henderson Ethical A	–0,1	–14,8	108
Henderson Ethical I Inc.	–0,1	–14,6	"
Henderson Ethical X	0,0	–15,2	"
Jupiter Ecology	+4,5	–21,5	227
Norwich Sust. Future Absolute Growth	–4,1	(neu)	0
Norwich Sust. Future Corporate Bond	–2,1	(neu)	0
Norwich Sust. Future European Growth	+0,7	(neu)	0
Norwich Sust. Future Global Growth	–3,3	(neu)	0
Norwich Sust. Future Managed	–1,2	(neu)	0
Norwich Sust. Future UK Growth	–2,2	(neu)	0
NPI Global Care Growth	–0,2	–19,7	267
NPI Global Care Income	–2,9	–8,0	182
Scottish Equitable Ethical Pens.	+0,2	–11,2	129
Scottish Equitable Soc. Resp.	+1,3	–13,3	5
Scottish Widows Environmental	–3,2	–17,9	295
Sovereign Ethical	–4,1	–11,5	63
Durchschnitt bzw. Summe	**+0,2**	**–12,4**	**2 793**

Quelle: Standard & Poor's Fund Services – www.SundP.de; Basis: Rück zu Rück in Euro inkl. Wiederveranlagung von Ausschüttungen.

jeweils voriges Jahrbuch »Grünes Geld«) und die Niederlande. Auch in Italien, Spanien und den skandinavischen Ländern gibt es inzwischen meist mehr als ein halbes Dutzend Umwelt-/Ethikfonds.

Die durchschnittliche Performance der Fonds lag in *Frankreich* nach rund +16,7 % im Jahr 1999, +4,4 % im Jahr 2000 und –6,6 % im Jahr 2001 im 1. Quartal 2002 bei rund +0,8. Die *im niederländischen* Umwelt- und Ethikfonds fielen nach einer Performance von rund +17 % im Jahr 1999, +5 % im Jahr 2000 und –6 % im Jahr 2001 im 1. Quartal 2002 durchschnittlich um 0,8 %.

Wertentwicklung ethisch-ökologischer Fonds in Frankreich

Fonds	1.Q 2002	2001	Volumen in Mio. Euro
Actions Èthique C	+4,0	–23,3	14
Actions Èthique D	+3,9	–23,3	6
Actions Sud	+12,3	+5,6	7
Biosphère	–1,8	–15,3	51
CIC Ecocic	–1,3	–14,3	22
Ecureuil Techologies	–7,3	–22,9	16
Epargne Solidaire	+0,2	+3,0	8
Eurco Solidarite	–0,4	+4,8	30
Faim et Dèveloppement Horizon 2003	+0,1	+5,8	10
Faim et Dèveloppement Equilibre	+1,0	–3,5	14
Faim et Dèveloppement Tresorerie	+0,7	+3,5	23
Insertion Emplois	+2,8	–12,0	68
Nord–Sud Dèveloppement C	+0,2	+5,1	86
Nord–Sud Dèveloppement D	+0,2	+5,1	112
Nouvelle Stratégie 50	+2,9	–11,9	29
Placements Sciences de la Vie	–4,9	–11,9	13
Plural Ethique	+0,5	–6,4	25
Durchschnitt bzw. Summe	+0,8	–6,6	534

Quelle: Standard & Poor's Fund Services – www.SundP.de; Basis: Rück zu Rück in Euro inkl. Wiederveranlagung von Ausschüttungen
Anmerkung: Da einige der gelisteten Fonds als Solidaritäts– und Arbeitsplatzfonds konzipiert sind, kann die Wertentwicklung nicht mit den üblicherweise auf Gewinnmaximierung ausgerichteten internationalen Aktienfonds verglichen werden.

Wertentwicklung ethisch-ökologischer Fonds in den Niederlanden			
Fonds	1.Q 2002	2001	Volumen in Mio. Euro
ABN AMRO Durzame Wereld Fonds	–3,4		58
ABN AMRO Groen Fonds	–9,2	+10,4	457
ASN Aandelenfonds	–1,2	–15,9	316
ASN Groenprojectenfonds	–0,6	+0,7	109
Falcon Milieu Aandelen Fonds	–1,4	–24,1	
Holland Groen Rentefonds	–0,5	–0,2	11
ING Bank Durzaam Rendement Fonds	+0,8		61
Meerwarde Depot (Delta Lloyd)	+0,4	+2,9	34
OHRA Milieutechnologie Fonds	+1,6	–38,8	23
OHRA New Energy Fonds	–0,9		33
Postbank Duurzaam Aandelenfonds	+1,5		10
Robeco Duurzaam Aandelenfonds	+0,8		147
SNS Duurzaam Aandelenfonds	+1,4	–17,9	27
SNS Spaarbewust Fonds	–1,8	–3,5	
Triodos Meerwaarde Mixfonds	–0,3	+3,2	34
Triodos Meerwaarde Obligatiefonds	+0,5		25
VNA ABF Het Andere Beleggingsfonds		–6,4	
Durchschnitt	–0,8	–6,0	1345

Quelle: Standard & Poor's Fund Services – www.SundP.de; Basis: Rück zu Rück in Euro inkl. Wiederveranlagung von Ausschüttungen

USA

Im Ursprungsland der Ethikfonds ist nicht nur das Volumen immer noch am größten, auch die Breite verschiedener Entstehungsgeschichten, Anlageinstrumente und Kriterienkombinationen ist beeindruckend.

Im Schnitt haben die in der Tabelle aufgeführten rund 50 US-amerikanischen Ethik- und Umweltfonds nach +0,2 % im Jahr 2000 (jeweils auf Dollarbasis) und –8,2 % im Jahr 2001 im 1. Quartal 2002 mit einem leichten Plus von 0,2 % abgeschnitten, was genau der Entwicklung des Aktien-Index Standard & Poor's 500 entspricht. Die beiden besten Fonds – der Ariel Appreciation mit +8,6 % und der Ariel Fund mit +7,6 % – konnten in den ersten drei

Monaten des Jahres 2002 auch ihr Volumen kräftig steigern, um jeweils rund 39 Prozent auf 980 Mio. bzw. 749 Mio. Dollar. Das Gesamtvolumen der Fonds ist dagegen nur leicht auf knapp über 22 Mrd. Dollar gestiegen.

Domini Social Equity: Der auf dem Domini Social Index beruhende Fonds wählt aus den 500 Titeln des Standard & Poor's Index jene Unternehmen aus, die bestimmten ethischen (Negativ-)Kriterien genügen. Philip Morris ist z. B. wegen des Tabakgeschäfts ausgeschlossen. In den vergangenen Jahren hat der Domini Social Equity den S&P-500-Index meist leicht geschlagen.

Der Domini Social Index Fonds ist ein Vorreiter, wenn es darum geht, mittels Stimmrechtsnutzung bei Hauptversammlungen von Aktiengesellschaften Einflussmöglichkeiten auszuüben und dabei das ethische Investment mit »shareholder activism« zu verbinden. Denn man will nicht nur ethisch zweifelhafte Titel meiden, sondern sucht eine aktivere Strategie, die die Unternehmen im Sinne der Anlageziele vorwärtsbringen soll. Der Domini Social Equity dokumentiert als weltweit erster Ethik-Fonds sein Abstimmungsverhalten bei allen 400 Aktien des Portfolios im Internet (www.domini.com). Das schafft nicht nur Transparenz für die Anteilsinhaber, sondern auch für andere, die mit ihrem eigenen Stimmverhalten ähnliche Ziele verfolgen.

Pioneer-Fonds-Gruppe: Die schon 1928 gegründete und durch ein weitverzweigtes Vertriebssystem weltweit bekannte Gruppe ist ein Grenzfall: Es werden zwar seit 1928 keine »Sündenaktien« (Sin Stocks) aufgenommen – also z. B. Alkohol-, Tabak-, Pornographie- und Glücksspielunternehmen –, aber diese puritanische Geschäftspolitik ist nirgends formell festgelegt. In manchen Publikationen werden die Pioneer-Fonds als ethische Investmentfonds eingeordnet. Kritische Geister würden hier wohl Einspruch einlegen, denn das Pioneer-Portfolio enthält beispielsweise auch Öl-Titel wie Exxon oder den kanadischen Rüstungsproduzenten Bombardier sowie in einigen Fonds auch US-Staatsanleihen für mehrere hundert Millionen Dollar.

Religiöse Fonds: Es gibt in den USA inzwischen schon fast 20 religiös orientierte Investmentfonds, die zusammen rund 500 Mio. Dollar Volumen umfassen. Allein der für Katholiken konzipierte Aquinas Equity Growth Fund und der MMA Praxis Core Stock Fund für Mennoniten sind 200 Mio. Dollar schwer. Die Negativ-Kriterien werden dabei – neben den üblichen ›Sin-Stock‹-Ausschlüssen – noch um Themen wie Abtreibung erweitert. Der für Mennoniten konzipierte Fonds (MMA Praxis) lehnt zudem jegliche Verbindung zu Rüstungsunternehmen und daher auch die Anlage in US-Staatsanleihen ab.

Während sich andere »socially responsible« US-Fonds ausdrücklich gegen die Diskriminierung von Homosexuellen wenden, vertritt mancher religiöse Fonds eine andere Auffassung. So hat beispielsweise die Walt-Disney-Aktie keine Chance in den *Timothy Fund* aufgenommen zu werden, weil dieses Unternehmen auch die Krankenversicherungsbeiträge für die (nicht-ehelichen) Partner homosexueller Mitarbeiter zahlt.

Weitere Infos unter:

- Amana Growth Fund www.saturna.com
- American Trust Allegiance Fund www.amertrust.com
- Aquinas Equity Growth Fund www.aquinasfunds.com
- Catholic Values Investment Trust www.catholicinvestment.com
- Lutheran Brotherhood Opportunity Growth www.lutheranbrotherhood.com
- MMA Praxis Growth Fund www.mma-online.org
- The Noah Fund www.noahfund.com
- Shepherd Values Growth Fund www.shepherdvalues.com
- Timothy Plan Small-Cap Value Fund www.timothyplan.com

Wertentwicklung ethisch-ökologischer Fonds in den USA

Fonds	1.Q 2002	2001	Volumen in Mio. Dollar
Aquinas Equity Growth	–0,6	–16,1	58
Ariel Appreciation	+8,6	+16,2	980
Ariel Fund	+7,6	+14,2	749
Calvert SIF Bond (A)	–0,4	+13,4	106
Calvert SIF Equity (A)	+1,8	+0,7	324
Calvert SIF Balanced (A)	–1,6	–5,4	546
Calvert World Int. Equity (A)	+0,7	–23,8	149
Capstone SERV Bond	–0,5	+7,9	71
Capstone SERV Int.	+1,0	–22,3	58
Capstone SERV LC Eq.	0,0	–11,9	168
Capstone SERV SC Eq.	+6,7	+4,6	82
Citizens Core Growth Index (Inst.)	–1,6	–17,7	102

Fonds	1.Q 2002	2001	Volumen in Mio. Dollar
Citizens Core Growth Index (Retail)	–1,7	–18,2	388
Citizens Emerging Growth	+3,4	–33,0	216
Citizens Global Equities	–2,5	–29,0	160
Citizens Income	–1,7	+4,4	73
Citizens Value	–8,2	+13,4	24
Delaware Social Awareness (A)	–0,2	–10,6	25
Delaware Social Awareness (B)	–1,2	–11,2	29
Delaware Social Awareness (C)	–1,1	–11,2	8
Domini Institutional Social Equity	+0,1	–12,2	369
Domini Social Equity	0,0	–12,8	1.164
Dreyfus Premier Third Century	–2,5	–23,7	759
Fidelity Select Envir. Services	–3,7	–8,3	12
Friends Ivory European Social Aw.	–4,3	–26,1	16
Friends Ivory Social Awareness	–2,4	–20,6	19
GMO Tobacco–Free Core (III/IV)	+0,6	–8,8	381
Green Century Balanced	–6,3	–13,6	51
Green Century Equity	–0,1	–13,3	33
MMA Praxis Core Stock	+1,6	–8,5	137
Neuberger Socially Responsible Fund	+1,3	–2,6	82
New Alternatives	+1,3	–12,4	46
Parnassus Equity Income	+2,0	+10,0	118
Parnassus Fund	–2,4	+7,8	388
Pax World Balanced Fund	+0,7	–9,1	1158
Pax World Growth	–1,1	–23,0	26
Pioneer Bond (A)	+0,9	+7,5	134
Pioneer Fund	+3,4	–11,0	6107
Pioneer Mid–Cap Value (A)	+6,1	+5,6	1003
Pioneer Mid–Cap Value (B)	+5,9	+4,7	356
Pioneer Mid–Cap	–1,1	–11,4	619

Fonds	1.Q 2002	2001	Volumen in Mio. Dollar
Pioneer Value (A)	+1,0	–3,1	4102
Smith Barney Soc. Awareness (A)	–1,3	–10,9	303
Smith Barney Soc. Awareness (B)	–1,5	–11,6	133
Vanguard Calvert Social Index	–1,7	–14,1	100
Walden BBT Domestic Social Index	–0,1	–11,8	29
Walden BBT Internat. Social Index	+0,5	–21,3	53
Walden Social Equity Fund	+3,6	–4,3	24
Women's Equity Fund	+2,7	–3,2	12
Durchschnitt bzw. Summe	+0,2	–8,2	22050
Durchschnitt US–Aktienfonds	+0,4	–10,9	
Dow Jones Industrial reinv.	+4,3	–5,4	
Standard & Poor's 500–Index	+0,2	–11,9	

Quelle: Lipper Analytical Services, Zusammenstellung: Fifega Wien
Basis: Performance incl. Wiederveranlagung von Ausschüttungen auf Dollar–Basis

Weltweit

Kanada ist nach den USA und Großbritannien das Land mit der längsten Tradition im ethischen Investment. Inzwischen gibt es hier auch schon über 20 nach verschiedenen Kriterien anlegende ethisch-ökologische Investmentfonds. Die Anregungen dazu kamen vor allem von aktiven Verbänden kirchlicher und grüner kritischer Aktionärsinitiativen, die auf den Hauptversammlungen mit Forderungen nach mehr sozialer Gerechtigkeit und Umweltschutz auftraten.

Nach einigen Jahren Stagnation brachten Firmen wie The Good Bankers Co. in den Jahren 1999/2000 frischen Schwung in die Landschaft der *japanischen Umweltfonds*. Neue Fonds wie der Yasuda Green Open (UBS/Sumitomo Bank), der Dai-ichi Eco und der nicht technologie-, sondern ökologieorientierte Eco-Fund der Nikko Asset Management Co. sind entstanden und haben in kurzer Zeit vor allem von privaten Anlegern mehr Gelder eingesammelt als alle Umweltfonds in den Jahren zuvor.

Auch in *Australien* hat sich die Ethik- und Umweltfondsszene in den vergangenen Jahren – nicht zuletzt durch die Kooperation mit europäischen

Banken bzw. Fondsgesellschaften stark vergrößert. Sogar ein eigenes Monatsmagazin zum ethischen Investmentthema wurde gegründet.

2.4.2.4 Dachfonds

Ein Dachfonds investiert nicht in einzelne Aktien oder Anleihen, sondern in andere Investmentfonds. Dachfondsanteile können deshalb wie Einzelfonds täglich gekauft und verkauft werden. Auch im Ökobereich sind in den vergangenen Jahren mehrere Dachfonds auf den Markt gekommen. Durch die Streuung auf mehrere Produkte haben Dachfonds zwar ein geringeres Risiko als beispielsweise ein enger Branchenfonds, dafür aber auch ein paar Nachteile: Ein Dachfonds kann nur so strenge Kriterien haben wie der am wenigsten »grüne« darin enthaltene Einzelfonds. Zudem sind die Gebühren meist deutlich höher, da auch beim Dachfonds Ausgabeaufschlag und jährliche Managementgebühren anfallen.
Im deutschsprachigen Raum gibt es bislang vier Dachfonds-Pioniere.

3 Banken Global Öko-Mix
Der im Oktober 2001 von der österreichischen 3-Banken-Generali-Investment GmbH gestartete Dachfonds investiert in sechs Umweltfonds. Am höchsten gewichtet sind der Pictet Water Fund (25 %), der Invesco Focus Umwelttechnologie und der Umwelt Stock (jeweils 20 %). Das verbleibende Volumen (35 %) steckt in drei »New Energy«-Fonds. Hinter »3 Banken« stecken die untereinander verbundenen Regionalbanken BKS, BTV und Oberbank.

Kontaktadresse:
- 3 Banken-Generali Investment-GmbH, Tuchlauben 14, A-1010 Wien, www.3bg.at

Fair Invest Balanced
Der im Mai 2002 als *1. Ethischer Abfertigungs- und Pensionsrückstellungsfonds* lancierte Dachfonds wird von der Invesco und der Info AG betreut. Als Publikumsfonds ist er nach österreichischem Recht (§ 25 Pensionskassengesetz) so konstruiert, dass er für Pensions- und Abfertigungsrückstellungen geeignet ist. Er darf nur in solche Fonds investieren, die in Österreich zugelassen sind, wobei Rentenfonds mit mindestens 51 Prozent, Aktienfonds mit

höchstens 49 Prozent gewichtet sind. Initiator und Info-AG-Vorstand Eric Rubas legt Wert darauf, dass in allen Aktien-Subfonds das Kriterium »keine Rüstung« eingehalten wird. Damit schließt er manche der so genannten Sustainability-Fonds aus, die dies nicht berücksichtigen. Solange noch keine Investments in nicht-österreichische Fonds möglich sind (Gesetzesänderung im Frühjahr 2003), muss man sich im Renten-Bereich allerdings – in Ermangelung ausreichender Angebote – mit konventionellen Rentenfonds ohne ethisches Screening behelfen.

Kontaktadresse:

- Info Investmentzertifikate Vermittlungs AG, Rotenlöwegasse 15, A-1090 Wien, www.fair-invest.at

Öko Star Best Equity Fund

Der von der oberösterreichischen Hypo-Bank lancierte Dachfonds ist kein reiner Aktienfonds, sondern kann einen Anteil von bis zu 20 Prozent in Renten haben. Trotzdem dient der FTSE4Good-Aktienindex als Benchmark. Anfangs war der Sarasin Valuesar mit 28 Prozent am höchsten gewichtet, daneben sind diverse Umwelt-/Ethikfonds von Credit Suisse, UBS, Kepler KAG und der Prime Value Mix zu finden, dessen Management (Dr. Höller Vermögensverwaltung) auch beim Dachfonds mitwirkt.

Kontaktadresse:

- Kepler KAG, Raiffeisenplatz 1, A-4021 Linz, www.starfonds.at

Zürich Invest Öko + Health, Zürich Invest Öko + Times

Die beiden in Zusammenarbeit mit der Ökorenta (www.oekorenta.de) von der Zürich Invest Ende 2000 lancierten und aktiv gemanagten Dachfonds investieren jeweils zur Hälfte in Öko- bzw. Energie-Aktienfonds (Ökovision, SEB Ökolux, KD Öko-Invest oder Activest Eco Tech) und zur anderen Hälfte in die Bereiche Gesundheit, Pharma, Medizintechnik, Wellness (Health WKN 515231) bzw. bei der Variante »Times« (WKN 515 232) in Telekommunikation, Internet und Medien. Das Volumen dieser beiden Fonds ist jedoch mit insgesamt unter 6 Millionen Euro (Mitte 2002) weit hinter den Erwartungen der Initiatorin Versiko zurückgeblieben – man rechnete mit ca. 50 Millionen Euro. Dazu hat wohl auch die bisher stark negative Wertentwicklung beigetragen: der Öko + Health hat über 20 Prozent, der Öko + Times über 30 Prozent pro Jahr verloren. Vielleicht erscheint es manchen Anlegern auch etwas schizophren, wenn bei der Kombination von »Öko« – wo manche Gentechnikunternehmen ausgeschlossen sind – und »Health« – wo Gentechnik teilweise die Grundlage bildet – innerhalb eines Fonds Titel ausgeschlossen werden, die sich an anderer Stelle wiederfinden.

Kontaktadresse:

- Ökorenta AG, Düsseldorfer Str. 38, D-40721 Hilden, www.oekorenta.de

2.4.3 Ethisch-ökologische Aktienindizes

Aktien-Indizes enthalten nach bestimmten Kriterien ausgewählte Werte (z. B. Börsenplatz, Branche oder Unternehmensgröße). Sie sind ein wichtiges Hilfsmittel, um wirtschaftliche Entwicklung und Kursperformance einzelner Marktsegmente messen zu können. Parallel zur Entwicklung des »grünen« Aktienmarktes kamen im Lauf der 90er-Jahre eine Reihe von Indizes auf den Markt, die nur Aktien beinhalten, die nach ethisch-ökologischen Kriterien ausgewählt worden sind.

2.4.3.1 Natur-Aktien-Index (NAI)

Der erste ethisch-ökologische Aktien-Index im deutschsprachigen Raum wurde von der Redaktion des Monatsmagazins Natur & Kosmos, München, und dem Öko-Invest-Verlag, Wien, konzipiert. Zum Stichtag 1.4.1997 startete der 20 Werte umfassende Index mit einem Ausgangswert von 1000 Punkten. Anders als der Pollution-Control-Index des bekannten amerikanischen Index-Anbieters Standard & Poor's, der nur eine Handvoll US-Aktien aus der Umwelttechnologie- und Entsorgungsbranche umfasst, verfolgt der NAI einen breiteren Ansatz. Er soll Gradmesser für die ökonomische Komponente ökologischer Bestrebungen sein. Ein ökonomisches Kriterium für die Zusammensetzung des NAI besteht darin, dass mindestens drei Viertel der Werte langjährig etablierte Firmen mit einem Jahresumsatz von mehr als 50 Millionen Euro sein müssen. Außerdem werden nur solche Unternehmen ausgewählt, die als »langfristig ertragreich« eingeschätzt werden.

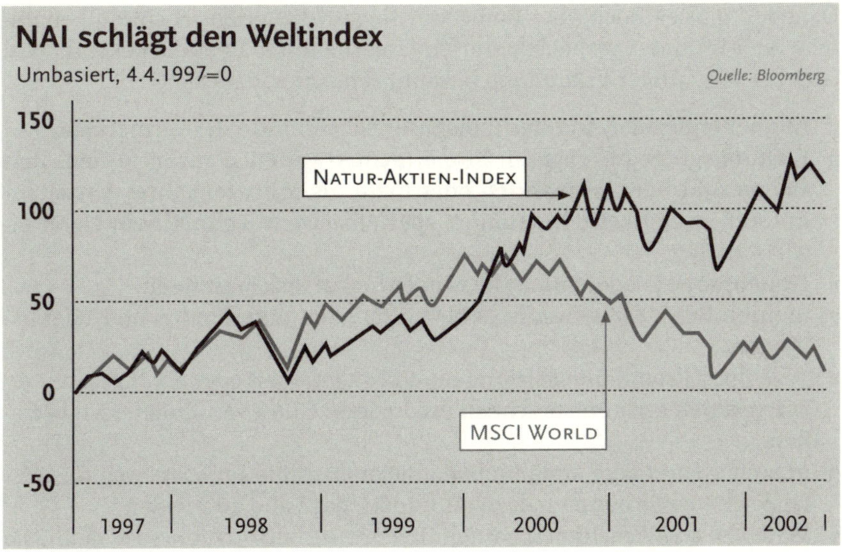

Auswahlkriterien und Gewichtung

Der NAI lehnt sich an die Standards der internationalen Börsen-»Gewichtsverteilung« an. Demzufolge haben US-Aktien derzeit einen Anteil von 40 Prozent, die restlichen 60 Prozent verteilen sich auf die Länder Dänemark, Deutschland, Frankreich, Großbritannien, Japan, Niederlande, Norwegen und Österreich (mit jeweils ein bis zwei Werten). Alle Unternehmen müssen bestimmten ökologischen und ethischen Kriterien genügen.

Von den folgenden *Positiv-Kriterien* müssen mindestens zwei erfüllt werden:

Das Unternehmen:

1. bietet Produkte oder Dienstleistungen an, die einen wesentlichen Beitrag zur ökologisch und sozial nachhaltigen Lösung zentraler Menschheitsprobleme leisten,
2. ist Branchen-Vorreiter im Hinblick auf die Produktgestaltung,
3. ist Branchen-Vorreiter im Hinblick auf die technische Gestaltung des Produktions- und Absatzprozesses,
4. ist Branchen-Vorreiter im Hinblick auf die soziale Gestaltung des Produktions- und Absatzprozesses.

Daneben gibt es noch eine Reihe von Negativ-Kriterien. Nicht aufgenommen oder im Index verbleiben dürfen Unternehmen, über die bekannt wird oder bei sorgfältiger Erkundung bekannt sein kann, dass sie:

- Atomenergie oder Atomtechnologie erzeugen und/oder vermarkten,
- Rüstungsgüter im engeren Sinne (Schusswaffen, Panzer, Minen) herstellen und/oder vermarkten oder mehr als 5 Prozent ihres Umsatzes mit auf militärische Nutzungen spezialisiertem technischem Gerät erwirtschaften,
- Frauen, soziale oder ethnische Minderheiten diskriminieren,
- in ihren Betrieben gewerkschaftliche Tätigkeit unterbinden und/oder behindern,
- Teile ihrer Produktionsleistung durch Kinderarbeit oder Zwangsarbeit erwirtschaften oder entsprechend produzierte Güter von Zulieferern beziehen,
- in einem Land tätig sind, in dem eine anerkannte Protestbewegung ausländische Unternehmen dazu auffordert, das Land zu meiden,
- Versuche an Wirbeltieren vornehmen oder unterstützen, es sei denn, sie sind durch rechtliche Bestimmungen zwingend vorgeschrieben (Umweltschutz, Chemikalienprüfung, Medizin),
- gentechnisch veränderte Pflanzen, Tier- oder Bakterienarten freisetzen, entsprechende Agrarprodukte oder Hilfsstoffe für die Lebensmittelproduktion verarbeiten, herstellen oder mit ihnen handeln,
- ausgesprochen umwelt- oder gesundheitsschädigende Produkte erzeugen oder Produktionsweisen verwenden oder deren Erzeugung besonders fördern wie z. B. Pestizide, fossile Kraft- und Brennstoffe, FCKW,
- in ihrem Kerngeschäft (> 25 % des Umsatzes) für ausgesprochen umwelt- und/oder gesundheitsschädliches Verhalten werben,
- nicht bereit sind, wesentliche umwelt- und gesundheitsbezogene Kennzahlen der Öffentlichkeit transparent zu machen (Energieeinsatz, Wasserverbrauch, Abfallerzeugung, Emissionen, schadstoffbedingte Unfälle und Erkrankungen, jeweils pro Umsatz oder Produktmenge),
- wiederholt oder andauernd gegen geltende rechtliche Bestimmungen verstoßen.

Ebenfalls nicht aufgenommen werden dürfen Werte, die an den vorgenannten Unternehmen eine Kapitalbeteiligung besitzen oder auf deren Geschäftsführung strukturell einen maßgeblichen Einfluss ausüben (z. B. durch Kapitalbeteiligungen, Kapitalmehrheiten, Sperrminoritäten, Vorstandsbeteiligungen oder Aufsichtratsmehrheiten). Dies gilt insbesondere bei Mutterunternehmen, die im Kerngeschäft Rüstungsgüter herstellen.

Die Titel-Gewichtung ist anders als bei den meisten Indizes nicht von der Marktkapitalisierung oder dem reinen Nominalwert abhängig. Jede Aktie wird zum Jahresanfang mit jeweils 5 Prozent gleich stark gewichtet. Beim NAI werden auch keine Dividendenzahlungen berücksichtigt, während beispielsweise die Entwicklung des Deutschen Aktienindezes (Dax) auf dem Gesamtertrag mit sofortiger Wiederanlage der Dividenden beruht.

Wie bei den großen Leit-Indizes Dax oder Dow Jones gibt es auch im NAI ständig Änderungen bei der Zusammensetzung. Aktien werden beispielsweise herausgenommen, wenn die betreffenden Unternehmen durch Übernahmen, Fusionen oder Verkäufe von ganzen Geschäftsbereichen nicht mehr das repräsentieren, was Grundlage für die Index-Aufnahme war. Fällt ein Titel heraus, wird er so ersetzt, dass sich hierdurch keine Übergewichtung bestimmter Branchen oder Länder ergibt. Wegen Übernahme sind beispielsweise die australische Wasserfilteraktie Memtec (1998) und die US-Solar-Aktie Golden Genesis (1999) aus dem NAI ausgeschieden.

Aufgrund ihrer ökonomischen Erfolgsaussichten wurden nicht nur »Highflyer«-Aktien wie Horizon Organic (Kursplus 2001: +270 %) oder Tomra (1993 – 2000: +6000 %) aufgenommen, sondern auch Unternehmen, die bislang noch keine Gewinne schreiben (z. B. Transmeta). Entscheidend ist, dass die Unternehmen als langfristig ertragreich eingeschätzt werden.

Überwachung

Für die Einhaltung der NAI-Kriterien sorgt ein umfangreiches Prüfungs- und Bewertungsverfahren, das im Zuge der Entwicklung international anerkannter Standards weiterentwickelt wird. Ein Monitoring-System gewährleistet zudem, dass mögliche Verstöße gegen die Kriterien umgehend diskutiert und der Beschluss zum Ersatz eines bestimmten Unternehmens getroffen werden kann.

Das Investmentresearch des Imug-Instituts, Hannover, (siehe 6.2) überprüft die NAI-Titel bzw. deren Ersatzkandidaten laufend auf die Einhaltung der ethischen und ökologischen Kriterien und berichtet dem rund viermal jährlich tagenden NAI-Beirat. Mitglieder dieses Beirats sind (Stand Mitte 2002) Antje Schneeweiß, Caroline Zuñiga (beide Südwind-Institut), Dr. Christoph Bals (Germanwatch e. V.), Dr. Rolf Buschmann (Institut Katalyse), Max Deml (Öko-Invest-Verlag), Dr. Horst Hamm (Redakteur Natur & Kosmos und Sprecher des NAI-Beirats) sowie Thomas Orbach (Wuppertal-Institut). Der Beirat trifft im Konsens, zumindest aber mit einfacher Mehrheit seiner Mitglieder, alle anstehenden Entscheidungen über den Ersatz von NAI-Titeln bzw. die

Aufnahme neuer Titel. In den Jahren 2000 und 2001 sind folgende Unternehmen ausgeschieden:

PL	Bank Ochrony Srodowiska	Umweltbank
USA	Ben & Jerry's Homemade	Eis & Joghurt
D	Kunert (Stammaktien)	Bekleidung
USA	Real Goods Trading	Naturwarenhandel
USA	Sunrise Medical	Rollstühle
USA	Whole Foods Market	Naturkosteinzelhandel

Die Hälfte dieser sechs Aktien (Ben & Jerry's Homemade, Real Goods Trading, Sunrise Medical) schied aus, weil die Unternehmen aufgrund von Übernahmen nicht mehr börsennotiert sind, die andere Hälfte wegen zu geringer Börsenumsätze (Bank Ochrony Srodowiska, Kunert) bzw. einer inhaltlich begründeten Entscheidung des Index-Ausschusses: Bei der amerikanischen Handelskette Whole Foods Market erfolgte der Ausschluss beispielsweise aufgrund eines von US-Gewerkschaftsseite erhobenen Vorwurfs der Behinderung gewerkschaftlicher Arbeit.

Die 20 NAI-Titel

Land	Unternehmen	Branche	Internet
USA	Astropower	Solarzellen	www.astropower.com
GB	Body Shop	Kosmetik	www.bodyshop.com
F	Boiron	Homöopathie	www.boiron.fr
D	Condomi	Kondome	www.condomi.de
USA	Fannie Mae	Hypotheken	www.fanniemae.com
USA	Gaiam	Internet-Handel	www.gaiam.com
NL	Grontmij	Consulting	www.grontmij.com
USA	Herman Miller	Möbel	www.hermanmiller.com
USA	Horizon Organic	Bio-Milch	www.horizonorganic.com
USA	Interface	Bodenbeläge	www.interface.com
A	Jenbacher	Energiesysteme	www.jenbacher.com
A	Mayr-Melnhof Karton	Verpackung/Recycling	www.mayr-melnhof.co.at
DK	NEG Micon	Windturbinen	www.negmicon.dk
GB	Severn Trent	Wasserversorgung	www.severn-trent.com

Land	Unternehmen	Branche	Internet
J	Shimano	Fahrräder	www.shimano.com
USA	Timberland	Schuhe/Kleidung	www.timberland.com
N	Tomra Systems	Flaschenrücknahmegeräte	www.tomra.no
USA	Transmeta	Mikroprozessoren	www.transmeta.com
NL	Triodos Groenfonds	Umweltfinanzierung	www.triodos.com
D	Wedeco	Wasseraufbereitung	www.wedeco.de
Stand: Mitte 2002			

Wertentwicklung und laufende Information

Während der NAI in den ersten drei Jahren (1997–1999) weitgehend parallel zum konventionellen MSCI-Welt-Index verlief, konnte er sich den vergangenen Jahren (2000–2002) deutlich besser entwickeln (siehe Chart). Die These der Initiatoren, dass der NAI nicht schlechter als der Welt-Leit-Index abschneiden würde, hat sich bis dato mehr als bestätigt: In fünf Jahren (1.4.1997–1.4.2002) stieg der NAI von 1000 auf rund 2000 Punkte – das ist rund fünf Mal mehr als der MSCI-Welt-Index (plus 20 Prozent im selben Zeitraum).

Die Wertenwicklung des NAI wird in Natur & Kosmos (monatlich) und Öko-Invest (14-täglich) regelmäßig kommentiert. Über das Agentur-System Bloomberg wird er zudem alle fünf Minuten aktualisiert und kann weltweit über rund 150 000 Terminals abgerufen werden. Im Jahr 2001 kam der erste, ausschließlich am NAI orientierte Investmentfonds auf den Markt (siehe 2.4.2).

2.4.3.2 Dow-Jones-Sustainability Group Indizes

Im September 1999 startete die SAM Sustainability Group, Zürich, zusammen mit dem großen amerikanischen Index-Anbieter Dow Jones die Dow-Jones-Sustainability Group-Index-Familie (DJSI). Der Ansatz unterscheidet sich wesentlich vom NAI. Es werden keine Ausschlusskriterien definiert, sondern nach dem so genannten Best in Class-Ansatz die jeweils führenden Unternehmen eines Branchensegments herausgefiltert. Dazu werden aus den rund 2000 größten börsennotierten Unternehmen der Welt mittels Fragebogenauswertung und anderen Resesarch-Maßnahmen jene ausgewählt, die im Vergleich mit ihren Branchenkonkurrenten die meisten Pluspunkte auf

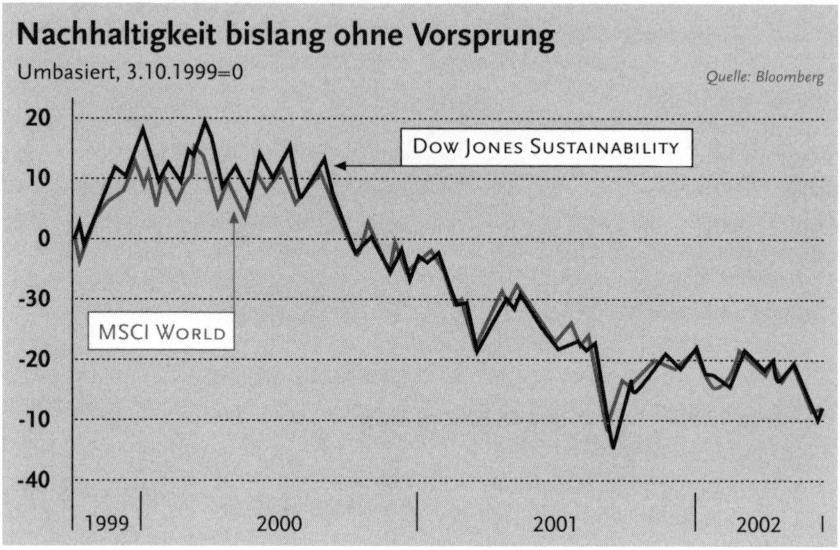

einer Nachhaltigkeits-Skala erzielen. Ökologische, soziale und finanzielle Aspekte werden jeweils mit rund einem Drittel gewichtet. Im Ergebnis werden die Unternehmen in so genannte Sustainability-Pioniere und Sustainability-Leader eingeteilt.

Anfangs enthielt der DJSI gut 220 Unternehmen, inzwischen wurde die Anzahl auf rund 320 erhöht. Rückgerechnet auf frühere Jahre hätte sich eine überdurchschnittliche Rendite dieser Nachhaltigkeits-Titel ergeben. Im ersten Jahr der tatsächlichen Existenz ergab sich aber eine leicht schwächere Performance (siehe Chart). Die retrospektive Berechnungsmethode ist allerdings ohnehin problematisch, weil sie zu höheren Ergebnissen tendiert, denn jene Unternehmen, die sich vielleicht vor Jahren für den DJSI qualifiziert hätten, aber nicht »überlebt« haben, gehen nicht in die Berechnung mit ein.

Die DJSI-Familie besteht aus einem weltweiten Index und den Teilindizes für die Kontinente Europa, Nordamerika und Asien/Pazifik. Daneben gibt es noch Sonderformen, die bestimmte Branchen wie z. B. die Tabakindustrie ausschließen. Rüstung hingegen kann in allen Index-Varianten vorkommen, sofern die betreffenden Unternehmen nicht mehr als 50 Prozent ihres Umsatz in diesem Geschäftsfeld erwirtschaften. Das stört manchen ethisch-öko-

Die wichtigsten Daten zu NAI und DJSI		
	Natur-Aktien-Index (NAI)	**Dow Jones Sustainability Index (DJSI)**
Start	April 1997	September 1999
Anzahl Titel	20	über 300
Anzahl Indizes	1	Familie mit mehreren Varianten
Grundgesamtheit	alle notierten Aktien	weltweit größte Aktien (rund 2 000)
Länderstreuung/ Benchmark	MSCI-Welt	Dow Jones Global bzw. regionale Indizes
Branchenstreuung	Positiv- und Negativkriterien	alle Branchen möglich
Auswahlverfahren	Index-Ausschuss	Computerprogramm, Index-Ausschuss
Entwickler	Öko-Invest (Wien)	SAM (Zürich)
Kalkulation	Bloomberg	Bloomberg u.a.
Lizenznehmer	1	ca. 40
Volumen »under management«	ca. 40 Mio. Euro	ca. 2,5 Mrd. Euro

logisch orientierten Privatanleger, ebenso wie die Tatsache, dass sich auch Unternehmen wie BMW oder Royal Dutch Shell im Index finden. Bei Institutionellen kommt diese Philosophie aber nicht schlecht an, was sich auch in der Vielzahl von Lizenznehmern ausdrückt: Innerhalb von drei Jahren haben rund 40 Banken, Fondsgesellschaften und Versicherungen (großteils in Europa) eine Lizenzvereinbarung geschlossen und entsprechende Produkte, vor allem Fonds und Zertifikate, auf den Markt gebracht. Als Lizenzgeber fungiert die Dow Jones Sustainability Group Indexes GmbH, die SAM und Dow Jones gehören. Ein wichtiger Grund für die Beliebtheit bei Fondsanbietern und größeren Investoren liegt darin, dass die Sustainability-Indizes überwiegend große Blue Chips enthalten. Diese Aktien-Schwergewichte stehen für höhere Sicherheit und bessere Liquidität – für viele institutionelle Investoren ein wichtiges Kriterium.

Da relativ viele Titel im Index ausgetauscht werden (jährlich mehrere Dutzend), ist dieser Index nicht so prägnant wie der NAI mit insgesamt nur 20 ausgewählten Aktien. Er ist auch entschieden nicht so »grün«, hat aber andererseits den durchaus erwünschten Nebeneffekt, dass auch bei manchen weniger »grünen« Unternehmen ein kleiner Wettbewerbsdruck entstanden

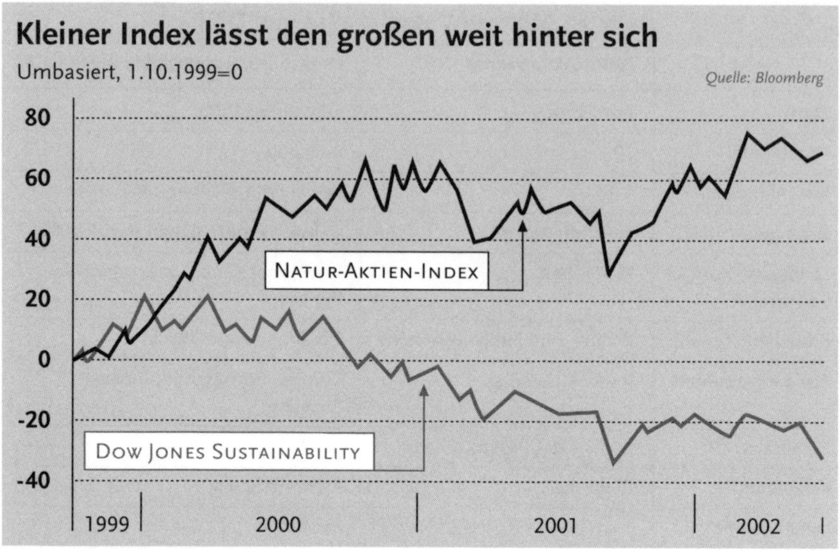

ist. Denn wer möchte schon gern als letzter in einer Umweltbewertung abschneiden oder zu jenen gehören, die die Beantwortung von Fragebögen verweigern.

Die SAM Sustainability Group betreut nicht nur das Nachhaltigkeits-Rating für die DJSI-Titelauswahl, sondern ist auch in der Vermögensverwaltung tätig und leitet die in Zürich börsennotierte Sustainable Performance Group (SPG), die ähnlich einem Fonds als Beteiligungsholding aufgebaut ist. Auch für diese Beteiligungsgesellschaft werden Unternehmen ausgewählt, die in ökonomischer, ökologischer und sozialer Hinsicht mehr als die Konkurrenz zu bieten haben und die dadurch – so die SAM-These – auch langfristig erfolgreicher sein sollten.

Ob man mit dem ersten Sustainability-Index-Zertifikat (WKN 825 017, 5 Jahre Laufzeit bis 2004), das die Hypo Vereinsbank im Herbst 1999 unmittelbar nach Index-Lancierung auf den Markt gebracht hat, tatsächlich Geld verdienen kann, muss sich erst zeigen: Mitte 2002 – knapp drei Jahre nach dem Start bzw. gut zwei Jahre vor Fälligkeit – notierte das Papier noch unter dem Erstausgabepreis (120,80 Euro).

2.4.3.3 FTSE4Good

Nach diesen beiden in Europa entwickelten Index-Konzepten kamen noch weitere wie z. B. der kaum bekannte NPI Social Index und Mitte 2001 der FTSE4Good in Großbritannien auf den Markt. Während der NPI Social Index Tracker-Fonds im Jahr 2001 bereits wieder geschlossen wurde – der Fonds war mit einem Wertverlust von 9,2 % im Jahr 2000 und nur rund 25 Mio. Euro Volumen unter den Erwartungen geblieben – sind die neuen Indexfonds auf den FTSE4Good erst im Kommen. Der bekannte Name des britischen Indexanbieters FTSE, hinter dem die Financial Times und die Londoner Börse stehen, tat hier ein Übriges. Und dies obwohl anfangs nur drei Branchen ausgeschlossen waren: Tabakproduzenten, Waffenproduzenten und Atomkraftwerksbesitzer oder -betreiber.

Insgesamt wurden bisher sieben Indizes in der FTSE4Good-Serie lanciert: FTSE4Good UK, FTSE4Good UK 50, FTSE4Good Europe, FTSE4Good Europe 50, FTSE4Good US, FTSE4Good US 100, FTSE4Good Global.

Im FTSE4Good Europe 50 sind beispielsweise neun deutsche Aktien enthalten. Im breiteren FTSE4Good Europe wurden von 39 nach Umweltschutz-, Menschenrechts- und Sozialstandards untersuchten deutschen Unternehmen 17 aufgenommen: Adidas-Salomon, Allianz, AMB Aachener & Münchner

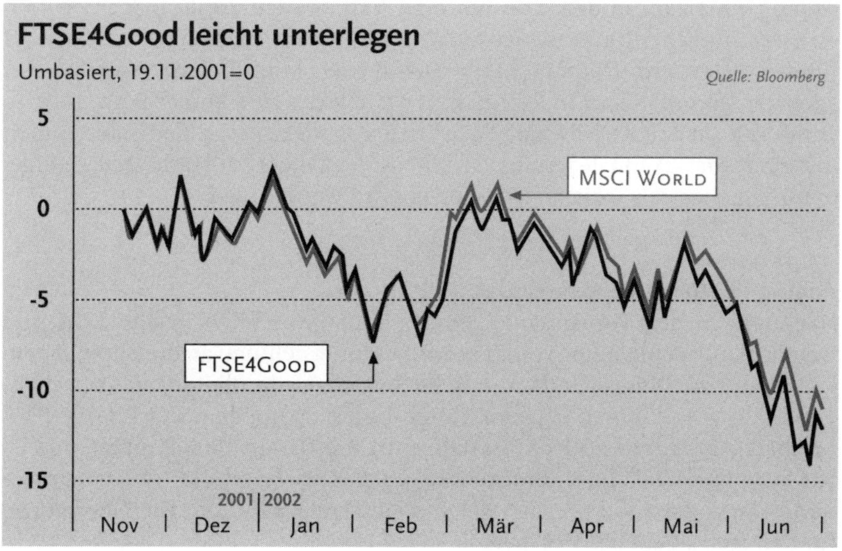

Beteiligung, BASF, Bayer, BMW, Deutsche Bahn, Deutsche Telekom, Gehe, Henkel, Hypo Vereinsbank, Karstadt Quelle, Lufthansa, Münchner Rück, SAP, Schering und Volkswagen. Im Frühjahr 2002 wurden die Kriterien erstmals überarbeitet. Unter den 82 neu aufgenommenen Unternehmen war nur ein weiteres deutsches: der Finanzdienstleister MLP.

Als der Dachverband der Kritischen Aktionäre in Deutschland die erste FTSE4Good-Liste mit deutscher Unternehmen sah, kritisierte er den Index in einer Pressemitteilung als eine »extreme Mogelpackung«. Die im Index angelegten Aufnahmekriterien beträfen im Wesentlichen »nur Selbstverpflichtungen und Selbstauskünfte von Unternehmen, statt von unabhängiger Seite überprüfte Leistungsdaten«, so Geschäftsführer Henry Mathews.

FTSE-Chef Mark Makepeace will mit der FTSE4Good-Indexserie die »Nachfrage weiter fördern und erstmals einen weltweit einheitlichen Standard für das ethische Investment« anbieten. Bei der Entwicklung des Kriterienkatalogs war u. a. auch das Londoner Institut Eiris (Ethical Investment Research Service, siehe Kapitel 6.2) mit eingebunden.

2.4.3.4 Weitere Indizes

In den USA sind der Domini Social Index und der Citizens Index die bekanntesten, rein nationalen ethischen Aktienindizies (zugehörige Fonds siehe 2.4.2). Anfang 2002 kam in den USA mit dem KLD Nasdaq Social Index noch ein weiterer, ähnlicher Index auf den Markt. Er wurde vom Aktienresearch-Institut Kinder, Lydenberg, Domini (KLD), nach dessen Mitgründerin Amy Domini auch der Domini Social Index benannt ist, und der New Yorker Börse Nasdaq entwickelt. In den KLD Nasdaq Social Index werden nur große Unternehmen mit einer Marktkapitalisierung von mindestens einer Milliarde Dollar aufgenommen, die nach sozialen Kriterien geprüft worden sind.

Photon Photovoltaik-Aktienindex (PPVX)

Nachdem in den vergangenen Jahren – hauptsächlich in den USA und Deutschland – eine Reihe von Photovoltaikunternehmen an die Börse gegangen sind, entschloss sich das deutsche Solarmagazin Photon, die Branchenentwicklung mit einem eigenen Aktien-Index abzubilden. Der Photon-Photovoltaik-Aktienindex (PPVX) startete am 1.8.2001 mit 1000 Punkten und ist auf Euro-Basis kalkuliert. Er umfasste zu diesem Zeitpunkt zehn börsennotierte sowie ein außerbörslich gehandeltes Unternehmen. Die Obergrenze für den Index liegt bei 30 Titeln.

Sonnige Werte: Die Photovoltaik-Branche ist zwar noch klein, aber weltweit stark im Wachsen. Auf deutschen Dächern – wie hier in Bonn – glitzern schon viele blaue Zellen. Die wichtigsten börsennotierten Werte sind im Photon Photovoltaik-Aktienindex enthalten. (Foto: Solarworld)

Aufgenommen werden Unternehmen, die über 50 Prozent des Vorjahresumsatzes mit Produkten oder Dienstleistungen gemacht haben, die direkt oder indirekt mit der Installation bzw. Nutzung von Photovoltaikanlagen zusammenhängen. Aufgenommen werden auch Firmen, die über 50 Prozent der Vorjahresinvestitionen oder -forschungsausgaben im Bereich Photovoltaik gemacht haben.

Über die Ausgestaltung des PPVX, die Aufnahme und den Ausschluss von Firmen entscheidet der Index-Beirat, nach Möglichkeit einstimmig. Dieser besteht derzeit aus vier Mitgliedern: Max Deml, Chefredakteur Öko-Invest, Anne Kreutzmann, Chefredakteurin Photon, Michael Schmela, Chefredakteur Photon International, Philippe Welter, Wirtschaftsredakteur Photon.

Der PPVX wurde in Kooperation der Solar Verlag GmbH und des Öko-Invest-Verlages erstellt. Er wird regelmäßig in den Zeitschriften Photon, Pho-

Ethisch-ökologische Aktien-Indizes im Internet	
www.oeko-invest.de, www.natur.de, www.greeneffects.de	Infos zum Natur-Aktien-Index (NAI) bzw. dem darauf aufbauenden Fonds GreenEffects
www.sustainability-indexes.com	Infos zu den SAM und Dow Jones lancierten Dow Jones Sustainability Indizes
www.ftse4good.com	Liste aller FTSE4Good-Indextitel und der Auswahlkriterien
www.citizensfunds.com	Citizens-Index aus 300 US-Aktien (200 aus dem S&P 500), mit Links zu den Unternehmen
www.domini.com	Domini Social-Index bestehend aus 400 US-Aktien (alle S&P 500)
www.photon.de, www.oeko-invest.de	Infos und Kommentare zum PPVX

ton International und Öko-Invest sowie den zugehörigen Internet-Seiten veröffentlicht. Der PPVX wird im Auftrag der Solar Verlag GmbH berechnet bzw. laufend aktualisiert.

Mitte 2002 wurde ein weiteres Unternehmen, die Freiburger Solarfabrik, in den PPVX aufgenommen.

In den ersten elf Monaten sank der PPVX von 1000 (Startwert am 1.8.2001) auf unter 500 Punkte. Er lag damit währungsbereinigt um rund 40 Prozentpunkte schlechter als der Amex-Ölindex, der aus einem guten Dutzend internationaler Ölaktien besteht und als Benchmark dient. Der Startzeitpunkt Mitte 2001 lag in einer Phase, in der viele Aktien dieser Branche noch im Sinkflug waren. Ein Jahr zuvor gab es einen regelrechten Boom, in dem Aktien wie Solarworld über 500 Prozent zulegen konnten. Langfristig, so die These von Photon, sollten die Solartitel aber den Öl-Index überholen.

Als Branchen-Index ist der PPVX natürlich viel volatiler als ein breit gestreuter Index, das heißt, er unterliegt im Schnitt wesentlich höheren Wertschwankungen als die Börsenindizes.

2.4.4 Zertifikate

Im Gegensatz zu den meisten Fonds bilden Zertifikate großteils nur auf eine bestimmte Laufzeit ein nach festgelegten Kriterien zusammengesetztes Portfolio ab. Rechtlich gesehen sind Zertifikate kein »Sondervermögen« wie Fonds, sondern Anleihen, für die es anstatt von Zinsen eine Partizipation an der Kursentwicklung des im Zertifikat enthaltenen Aktienkorbs gibt. Wie bei den Fonds kann man auch hier schon mit sehr kleinen Beträgen an einem breit gestreuten Portfolio teilhaben. Ein Nachteil im Vergleich zu Fonds ist die Abhängigkeit von der Bonität des Emittenten. Doch es gibt auch einige zusätzliche Vorteile:

- Die Transparenz ist höher. Man weiß jederzeit genau, welche Aktien mit welcher Gewichtung im Korb enthalten sind, während Fonds meist nur einmal im Jahr einen Rechenschaftsbericht und ein Stichtagsportfolio publizieren.
- Die Kosten (Ausgabeaufschläge, Gebühren) sind geringer, und es besteht eine steuerliche Bevorzugung. Kursgewinne sind nach Ablauf der Spekulationsfrist steuerfrei, ebenso alle während der Laufzeit angerechneten Dividenden.

Auf jeden Fall sollte man sich die Emissionsprospekte genau ansehen, denn nicht jedes »New Energy«-Zertifikat enthält ausschließlich Titel aus dem Sektor erneuerbare Energien. Im *New Energy Basket* von ABN Amro sind beispielsweise Royal Dutch Shell oder BP enthalten. Beide investieren zwar nennenswert in Solarenergie, ihr Geld verdienen sie aber fast gänzlich im Öl-Geschäft.

Verschiedene Zertifikate mit Schwerpunkt Brennstoffzellen oder erneuerbare Energien wurden leider oft zu sehr ungünstigen Boom-Phasen aufgelegt, nahe an den Kurshöhepunkten. Nicht wenige dieser Produkte stecken deshalb tief im Minus.

Neben einem Dutzend Themen-Zertifikate im Bereich Umweltschutz (Wasser, erneuerbare Energien, Brennstoffzellen) gibt es inzwischen auch ein halbes Dutzend breiter angelegter Umwelt-/Ethik- bzw. Nachhaltigkeits-Zertifikate. Vier davon basieren auf dem Dow Jones Sustainability Index, eines auf einem Ethik-Umwelt-Korb aus 24 Titeln und eines auf dem FTSE4Good Europe 50-Index.

Der Zertifikate-Experte Christian Röhl von der Zertifikatejournal AG nennt das Endlos-Zertifikat der UBS Warburg auf den FTSE4Good Europe 50-Index aber eine »Mogelpackung«, bei der mit Hilfe eines Ethik-Labels gewöhnliche Standardwerte verkauft würden und selbst die FTSE-Manager räumten ein, dass »nicht wirklich geprüft wird, ob die berücksichtigten Unternehmen ihre ethischen Leitlinien tatsächlich einhalten«. Zur ethischen Qualität der im FTSE4Good-Index enthaltenen Aktien von Bayer, Deutscher Bank oder Royal Dutch Shell kann man durchaus verschiedener Meinung sein. Auch darüber, inwieweit der Sustainability-Begriff von SAM noch als Etikett für Unterneh-

Übersicht ethisch-ökologische Zertifikate						
WKN	Emittent	Zertifikat	Laufzeit	Spread in %	Gebühr in %	Dividenden anrechnung
558 360	UBS Warburg	European Water Perles	04.06.03	1,25	–	nein
754 282	BNP Paribas	Wasser	01.09.03		–	nein
578 926	UBS Warburg	Future Energy	14.10.03		–	nein
575 722	Dresdner Bank	Alternative Energy	30.10.03	2,5	–	nein
935 193	UBS Warburg	Fuel Cell I	01.03.04		–	nein
769 637	BNP Paribas	Alternative Energien	28.05.04	1,0	–	nein
825 017	HypoVereinsbank	DJ Sustainability Index	16.09.04	1,5	–	nein
936 373	UBS Warburg	Fuel Cell II	04.10.04	2,5	–	nein
930 178	ABN Amro	New Energy	30.09.05	2,5		nein
696 256	WestLB Panmure	Brennstoffzellen Active	14.12.06	4,5	–	nein
696 259	WestLB Panmure	New Energy Active	31.01.07	1,0	1,0	nein
854 100	Merrill Lynch	DJ Top 50 Sustainability Europe	11.06.07	0,7	–	nein
696 260	WestLB Panmure	Wassertechnik Active	09.04.08	1,0	1,0	nein
809 531	GZ-Bank	EKK Global Ethic Zertifikat	19.04.10	2,0	0,0	nein
788 888	UBS Warburg	FTSE4Good Europe 50	open end	1,25	–	nein
583 586	BNP Paribas	Umwelt:Ethik24	open end	2,0	1,5	ja
696 425	WestLB Panmure	DJ Euro Stoxx Sustainability	open end	1,0	1,0	nein
583 586	BNP Paribas	wasser:werk16	open end	2,0	1,5	ja

men herhalten darf, die bis zu 50 Prozent des Umsatzes mit Rüstung erzielen. Doch manche Anbieter modifizieren den SAM-Ansatz ein wenig und schließen beispielsweise Rüstung ganz aus.

EEK Global Ethic

Für dieses im April 2000 von der GZ-Bank emittierte Zertifikat hat die Evangelische Kreditgenossenschaft Kassel (EKK) die Titel nach ökonomischen, ökologischen und gesellschaftlichen Kriterien aus dem Dow Jones Sustainability Index ausgewählt. Die Titelauswahl ist übrigens identisch mit dem ebenfalls von der GZ-Bank als *Global Trend Stars* vertriebenen konventionellen Zertifikat. Folgende Titel stecken im Basket: Allianz, BP, Bristol-Myers-Squibb, Deutsche Telekom, Walt Disney, Intel, Nortel, Procter & Gamble, Siemens, Sony, AOL, China Telecom, Credit Suisse, Fuji Photo, ABB, Unilever, SAP, ST Microelectronics, Dell, Glaxo Wellcome. Der Kurs des EEK Global Ethic hat sich im Jahr nach der Erstausgabe (Preis 100 Euro) auf unter 50 Euro mehr als halbiert und pendelte Mitte 2002 zwischen 55 und 60 Euro.

Merrill Lynch Top 50 Sustainability Europe

Dieses Zertifikat basiert auf den von der Sustainability Asset Management (SAM) aus dem rund 150 Aktien starken DJ Stoxx Sustainability Index ausgewählten 50 Titel. Die Branchengewichtung entspricht ungefähr dem DJ Stoxx 50 Index. Dabei werden alle 50 Titel anfänglich mit zwei Prozent gleich gewichtet.

WestLB Panmure Open End Dow Jones Euro Stoxx-Sustainability-Index

Beim diesem fast zur gleichen Zeit emittierten Zertifikat sind die Titel nach ihrer Marktkapitalisierung gewichtet. Die vier größten Positionen (Royal Dutch, Nokia, Siemens und Deutsche Bank) kamen beim Start im Mai 2002 zusammen auf rund 28 Prozent; mehr als die Hälfte der anderen Titel liegen zwischen 0,07 % und knapp 1 %.

Umwelt:Ethik 24 Endlos-Zertifikat

In Christian Röhls Zertifikatejournal (www.zertifikatejournal.de) wird als »Best Buy« im breit gestreuten Umweltbereich das Zertifikat der französischen Bankengruppe BNP Paribas empfohlen. Die Bank ist bei der Auswahl von Öko-Invest, Wien, beraten worden – und zwar im Rahmen folgender inhaltlicher Kriterien: regenerative Energien, Wasseraufbereitung/Wasserversor-

Ballard Power: Das führende Unternehmen im Bereich Brennstoffzellentechnologie erfüllt die strengen Auswahlkriterien des Umwelt:Ethik 24 Endlos-Zertifikats. Bis Ende 2002 liefert Ballard Power die Antriebe für das bislang größte Demonstrationsprogramm im öffentlichen Personennahverkehr. In zehn europäischen Städten werden dabei ab 2003 mit Brennstoffzellen ausgestattete Busse von Daimler Chrysler eingesetzt. (Foto: Ballard Power)

gung, Lebensmittel/Gesundheit, umweltfreundliche Mobilität, Kreislaufsysteme, grüne Dienstleistungen (z. B. Contracting- oder Finanzdienstleister).

Daneben gibt es noch zwei umfangreiche Listen von ökologischen und ethischen Ausschlusskriterien (von Atomkraft über Massentierhaltung bis Ausbeutung und Korruption/Manipulation). Die aus rund 100 Titeln ausgewählten 24 international gestreuten Aktien sind in drei Kategorien nach dem Free Float, dem Börsenwert des handelbaren Streubesitzes gewichtet. Sie werden halbjährlich überprüft und gegebenenfalls ausgetauscht. Neun der 24 Starttitel sind auch im Natur-Aktien-Index (NAI) enthalten.

Zum Start waren folgende Werte aus den ausgewählten Themenbereichen im Basket: Ballard Power (umweltfreundliche Mobilität), Canon (Kreislaufsysteme), Severn Trent (Wasser), Shimano (umweltfreundliche Mobilität), Tomra (Kreislaufsysteme), Vestas (regenerative Energien), Vivendi Environnement (Wasser), Whole Foods Market (Lebensmittel/Gesundheit), Astropower (regenerative Energien), Ionics (Wasser), NEG Micon (regenerative Energien), SGS S.G.d. Surveillance (grüne Dienstleistungen), Kurita Water Industries (Wasser), Transmeta (Kreislaufsysteme), Koninklijke Wessanen (Lebensmittel/Gesundheit), Energy Conversion Devices (regenerative Energien), Boiron (Lebensmittel/Gesundheit), Grontmij (grüne Dienstleistungen), Arkopharma (Lebensmittel/Gesundheit), Nordex (regenerative Energien), Techem (grüne Dienstleistungen), United Natural Foods (Lebensmittel/Gesundheit), Wedeco (Wasser), Wild Oats Markets (Lebensmittel).

2.4.5 Investmentklubs

Ein Investmentklub sammelt Einlagen seiner Mitglieder, mit denen dann Wertpapiere gekauft werden. Ähnlich wie bei Fonds kann man so schon mit kleinen Beträgen Anteile an einem breit gestreuten Wertpapierportfolio erwerben. Die Idee dazu wurde vor über 100 Jahren in den USA geboren. Im Weltverband der Investmentklubs sind derzeit Klubs aus 16 Ländern mit insgesamt fast 900 000 Mitgliedern vertreten. In Deutschland gibt es bereits über 5000 solcher Klubs, meist in der Rechtsform einer Gesellschaft bürgerlichen Rechts (GbR). Zur Sicherheit der Klubmitglieder wurden in Deutschland in den vergangenen Jahren die gesetzlichen Bestimmungen für die Geschäftsführung eines Klubs verschärft. Derzeit muss die Geschäftsführung entweder eine entsprechende Erlaubnis als Finanzdienstleister (Portfolioverwaltung lt. § 1 Abs. 1a bzw. § 32 Kreditwesengesetz) besitzen oder die Verwaltung erfolgt ehrenamtlich, wobei die Summe des verwalteten Vermögens rund 0,5 Millionen Euro nicht überschreiten darf und zugleich nicht mehr als zwei weitere Portfolios von derselben Geschäftsführung verwaltet werden.

Ein Hauptmotiv für den Beitritt zu einem Investmentklub liegt auf dem Lerneffekt für die Mitglieder, die dann mit eigenem Geld besser wirtschaften können sollten. Außerdem erhalten Investmentklubs häufig Gebührenermäßigungen wie Großanleger.

Der Investmentklub führt ein Wertpapierdepot mit zugehörigem Konto, auf das die Einlagen der Mitglieder eingezahlt werden können. Jedes Mitglied hat somit ein separates Guthaben in Höhe der eingezahlten Summen bzw. im späteren Verlauf einen entsprechenden Anteil am momentanen Wertpapierdepotwert. Viel hängt natürlich von der Höhe des bis dahin eingezahlten Spielkapitals ab: Je mehr, umso breiter kann man die Anlagen streuen und das Risiko von Kursverlusten begrenzen.

Den im Folgenden vorgestellten Investmentklubs mit ethisch-ökologischer Zielsetzung kann auch beitreten, wer nicht in der jeweiligen Stadt wohnt.

Einige dieser fondsähnlichen Gemeinschaftsdepots haben im Jahr 2000 die ohnehin gute Performance vieler professioneller Umwelt-Fondsmanager erheblich übertroffen.

Doch nicht alle haben Erfolg: Manche Klubs – wie der Murnauer Öko-Investmentklub – sind bislang kaum über eine Mitgliederzahl von 20 bis 30 hinausgekommen bzw. wurden wieder eingestellt.

Wer selbst einen Investmentklub gründen möchte, kann vom *Verband österreichischer Investmentklubs* eine Broschüre mit Mustersatzung und wertvollen Tipps anfordern oder von der *Deutschen Schutzvereinigung für Wertpapierbesitz,* die als Dachorganisation der deutschen Investmentklubs dient.

Kontaktadressen:

- Verband österreichischer Investmentclubs, Promenade 11–13, A-4041 Linz, Tel. 0732/2391-2571, www.investmentklubs.at
- Deutsche Schutzvereinigung für Wertpapierbesitz, Postfach 35 01 63, D-40443 Düsseldorf, Tel. 0211/669701/02, www.wertpapier.de

Öko-Investmentklub Austria e. V.

Zu den ältesten ökologisch orientierten Klubs im deutschsprachigen Raum zählt der Öko-Investmentklub Austria. Der Klub startete 1990 in Wien mit 18 Gründungsmitgliedern, wuchs schon innerhalb der ersten Monate auf rund 80 und pendelt seit dem Jahr 2000 um eine Mitgliederzahl von rund 200.

Das Volumen der Öko-Invest-Anlage-Gruppe 1 (ÖIAG 1) betrug Mitte 2002 rund 1,3 Millionen Euro. Die 1999 gegründete zweite Anlagegruppe (ÖIAG 2) hat erst 25 Mitglieder und rund 0,2 Millionen Euro Volumen. Ihr Schwergewicht liegt auf außerbörslichen und Nebenwerten. In beiden Gruppen gelten die gleichen strengen Auswahlkriterien positiver (z. B. sparsamer Einsatz von Ressourcen) und negativer Art (z. B. keine Rüstungs-, Atom- und Gentechnologie).

Der von einem ehrenamtlichen Vorstand geführte Verein hat den Vorteil, dass für Mitglieder – im Gegensatz zu Investmentfonds – keine weiteren Gebühren oder Kosten anfallen (dürfen), weder ein Ausgabeaufschlag noch eine jährliche Verwaltungsvergütung. Nur bei Anteilswertumschichtungen verrechnet die Bank, die nicht nur die Anteilswerte berechnet, sondern auch die Mitgliederbuchhaltung führt, pro Zahlungsvorgang eine Gebühr von 10 Euro für ihre Tätigkeit. Dividenden werden automatisch dem Klubkonto gutgeschrieben, Ausschüttungen an die Mitglieder gibt es nicht, sondern alle Erträge bzw. Kursgewinne werden (thesaurierend) dem Anteilswert zugerechnet.

Die Anleger entscheiden selbst, wo und wie ihr Geld investiert werden soll. Zu diesem Zweck findet einmal im Monat ein Klubabend statt, bei dem jedes Mitglied Vorschläge oder Einwände vorbringen kann. Der Vorstand hat ein Vetorecht und kann z. B. allzu riskante Beschlüsse zur nochmaligen Entscheidung an den Klubabend zurückverweisen, bei dem sich meist sechs bis zehn Mitglieder und ein oder zwei nicht stimmberechtigte Gäste einfinden.

Mit einem inzwischen gesplitteten Anteil von gut 500 Euro (ÖIAG 1) bzw. gut 1000 Euro (ÖIAG 2) kann man einsteigen. Die Mitgliedschaft im Klub ist kostenlos. Zusätzliche spätere Zahlungen sowie auch Rückzahlungen zum jeweiligen Anteilswert (Inventarwert) sind monatlich möglich. Da meist mehr als 90 Prozent der Gelder in Aktien investiert sind, durchlief der Anteilswert alle Höhen und Tiefen der internationalen Marktentwicklung: Im Öko-Boom-Jahr betrug die Rendite beim ÖIAG1-Anteil über 62 Prozent, im Jahr darauf war es ein Minus von rund 27 Prozent.

Eine Reihe von technischen Kriterien soll der Tendenz der Klubabende, auch schon kleinere Kursgewinne realisieren zu wollen, entgegenwirken und zu einem Ausstieg aus verlustreichen Positionen führen, bevor die betreffenden Aktien noch weiter sinken. Aus Gründen der Risikostreuung darf der Anteil einer Position nicht wesentlich über 10 Prozent des Klubvermögens betragen. So mussten in den Jahren 1993 bis 2000, als Tomra – neben RPS Group und Vestas eine der besten Langfristpositionen des Klubs – um insgesamt rund 6000 Prozent anstieg, immer wieder Teilpositionen verkauft werden. Als Tomra anschließend wieder sank, konnte man diese Position wieder aufstocken.

Der Öko-Investmentklub Austria ist bankenunabhängig und hat aus Gründen der Gebührenersparnis schon öfter die Bank gewechselt, bis er 2001 bei der OÖBV Privatbank AG die schließlich besten (Diskont-)Konditionen samt Mitgliederbuchhaltung vorfand.

Kontaktadresse:

- Öko-Invest, Ethisch-ökologischer Investmentklub Austria e. V., c/o Herrn Mag. Rainer Patzl, Königstetterstr. 48 – 56/5/3, A-3430 Tulln, Tel. 0043/699/10091179, www.geocities.com/oeiag

Murphy&Spitz Umwelt-Aktiendepot Welt, Murphy&Spitz Umwelt-Aktiendepot Deutschland, Murphy&Spitz Umwelt-Anleihedepot Deutschland

Traumrenditen von 112 Prozent (Welt) bzw. über 191 Prozent (Deutschland) konnten die Anleger bei den Aktiendepots im ersten vollen Geschäftsjahr 2000 erzielen. Neben dem allgemeinen Öko-Aktien-Boom profitierten die

Investmentklub: Die Mitglieder eines Investmentklubs entscheiden gemeinsam über ihre Geldanlage-Strategie. Hier tagt der Anlageausschuss eines der von Murphy&Spitz verwalteten Aktiendepots. (Foto: Murphy & Spitz)

Depots auch von der hohen Zuteilung und dem anschließenden Kursanstieg bei Werten wie Umweltkontor (fast 400 %). Im Jahr darauf gab es zwar wieder einen Abschwung, der sich aber mit weniger als 20 Prozent Minus in Grenzen hielt.

Gemanagt werden die Depots von der Bonner Murphy & Spitz Umwelt Consult, die u. a. auf Wunsch von Stiftungen und kirchlichen Einrichtungen zum Jahresanfang 2002 auch ein Anleihendepot lanciert hat. Zu den großteils ökologischen Anlagekriterien kamen 2002 noch weitere Ausschlusskriterien im Bereich Drogen, Prostitution und Tierversuche hinzu. Die formelle Betreuung liegt aus juristischen Gründen, um den gesetzlichen Anforderungen für ein weiteres Wachstum zu genügen, bei der Vermögensverwaltung (FIVV) des Münchner Wertpapier-Clubs.

Kontaktadresse:

- Murphy&Spitz Umwelt Consult, Römerstr. 173, D-53117 Bonn, Tel. 0228/9676400, www.murphyandspitz.de

Investment-Club Ökokick

Der Ende 2001 in München gegründete Investmentklub investiert u. a. in Aktien aus dem Bereich erneuerbare Energien, Gesundheit und Bioprodukte. Initiatoren und Geschäftsführer sind der gelernte Bankkaufmann Reinhard Böttger und Hans-Jürgen Kühn, die beide in den 80er-Jahren zu den Mitgründern der Ökobank gehörten. Motive für die Gründung von Ökokick waren u. a. der Wunsch nach einer »Neubelebung der politischen Urideen der Ökobank« und die »Notwendigkeit, in der sich stark ausweitenden ethisch-ökologischen Anlagewelt Orientierung und Halt zu finden«. Bei der Gründungsversammlung mit 13 Personen wurde ein Musterdepot vorgestellt (u. a. Umweltkontor, Plambeck, Vestas, Phönix Sonnenstrom, Timberland, Umweltbank und Versiko), dessen Titel nicht gegen eines der 17 Ausschlusskriterien verstoßen (z. B. Kinderarbeit, Militärgüterproduktion, Atomenergie oder vermeidbare Tierversuche).

Das reale Depot befindet sich langsam im Aufbau, auf der Homepage sind neben der Satzung und Philosophie des Klubs auch die Protokolle und Termine der Klubabende zu finden.

Einen Ausgabeaufschlag gibt es nicht, für die Geschäftsführung werden jedoch monatlich 0,1 % des Vermögens abgezogen.

Kontaktadresse:

- Reinhard Böttger und Dr. Hans-Jürgen Kühn (Ökokick) GbR, c/o Dr. Hans-Jürgen Kühn, Geyerstr.14, D-80469 München, Tel. 089/2012612, www.oekokick.de

Terra Futura

Der jüngste ökologisch orientierte Klub in Deutschland wurde im Sommer 2002 von Rolf Müller, einem ehemaligen Broker und Portfoliomanager bei Merrill Lynch bzw. dem Stuttgarter Aktienclub, als GbR ins Leben gerufen. Die Mindestanlagesumme beträgt 5000 Euro, die Managementgebühr 0,15 % monatlich. Eine Kündigung ist monatlich möglich, die jährliche Gesellschafterversammlung wählt die Gesellschaftsführung. Sobald 200 000 Euro zusammen sind, werden die ersten Titel gekauft – ausschließlich börsennotierte Aktien. Unter die ethisch-ökologischen Ausschlusskriterien fallen u. a. »Waffenhersteller, Atomenergie, Fast-Food, Chemiefirmen, Tabakwaren- und Alkoholproduzenten, Gentechnikfirmen, Hersteller von Flugzeugen und Airlines«. Investiert werden soll vor allem in Solarenergie, Wasserversorgung, Recycling, natürliche Lebensmittel, erneuerbare Energien, alternative Antriebstechniken und Abfallentsorgung.

Kontaktadresse:
- Terra Futura, c/o Rolf Müller, Einöde 48, D-87474 Buchenberg, Tel. 08378/932566

Öko-Korb

Der von der Linzer Partnerbank AG lancierte Öko-Korb ist ein Mischung aus Investmentfonds, Zertifikat, Investmentklubanteil und individueller Portfolioverwaltung. Im Korb sind 12 bis 16 ausgewählte internationale Aktien enthalten. Mitte 2002 waren dies: Adcon Telemetry, Astropower, Bristol Myers Squibb, Body Shop, BWT, EMC, Jenbacher, Mayr Melnhof, NEG Micon, ING Groep, Sony, Timberland, Shimano, Tomra, Transmeta und Whole Foods Market. Bei den Auswahlkriterien für die Aktien werden neben ökologischen Gesichtspunkten auch Fundamentaldaten (Verschuldungsgrad, Gewinnkontinuität, Cash-Flow), Analystenkommentare und eine gewisse Marktposition bzw. Börsenkapitalisierung berücksichtigt. Die Auswahl trifft die Bank, einen externen Beirat gibt es nicht. Mindestanlagesumme sind rund 5000 Euro, die direkt oder über einen Sparplan eingezahlt werden können. Für jeden der rund 600 Öko-Korb-Anleger wird ein persönliches Depot geführt, das heißt man besitzt auch alle Stimmrechte und kann bei den Öko-Korb-Unternehmen an Hauptversammlungen teilnehmen. Hinzu kommt ein karitativer Aspekt: Der Anleger profitiert nur von den – meist weitaus höheren – Kurssteigerungen der Aktien und überlässt die Dividenden dem Verein »Two Wings«, der damit ausgewählte Projekte, meist im Bereich Bildung/Frauen in armen Ländern unterstützt. Das Öko-Korb-Gesamtvolumen betrug Mitte 2002 rund 3 Millionen Euro.

Ethisches Investment Köln (EthIK)

Zum Schluss noch ein Blick auf den in Deutschland einst als Ethik-Klub-»Pionier« gefeierten Hans Berner, der jedoch seit Jahren negative Schlagzeilen macht und dessen Klub sich bald auflösen dürfte. Hans Berner, Vorstand der Ethischen Vermögensverwaltung AG in Köln, der die Klubdepots managt, hat in den vergangenen Jahren seinen Transparenzanspruch und seine Glaubwürdigkeit ziemlich verloren. Ausgelöst wurde die Berner-Affäre 1997 durch einen misstrauisch gewordenen Kassenprüfer (Matthias Talpa), der den Renditeangaben auf den Grund gehen wollte. Die jährlichen Renditen von angeblich durchschnittlich rund neun Prozent wiesen nämlich eine große Schwankungsbreite auf: Kaum einer der Anleger, die von 1991 bis 1996 dabei waren, konnte einen merklichen Vermögenszuwachs feststellen, die Rendite in diesen »mageren sechs Jahren« betrug nämlich weniger als 0,5 % per annum.

Die berechnete Gesamtrendite kam dadurch zustande, dass in den Anfangsjahren 1989 und 1990 – bei noch sehr bescheidenem Volumen – hohe Zuwächse von rund 50 bzw. 25 Prozent erzielt worden sein sollen. Das hat Berner auch vor Gericht nicht belegen können, weshalb seine Unterlassungsklage gegen den berichterstattenden Öko-Invest-Verlag in allen 11 Punkten abgewiesen wurde.

Aber die gefälschten Renditeangaben waren nur der Anfang. Im Zuge seiner Recherchen entdeckte der Kassenprüfer, obwohl ihm die Einsicht in die Bücher von Hans Berner verweigert wurde, auch noch so genannte »Kick-back«-Zahlungen vom Broker an die Hans Berner Vermögensverwaltung, die zumindest eine Summe von rund 1 Million DM ausgemacht haben und die Berner seinen Anlegern verheimlicht hatte. Presseartikel sowie Radio- und Fernsehbeiträge haben aber nicht nur den ehemaligen »Guru« Hans Berner als ungetreuen Verwalter entlarvt, sondern auch der gesamten »Szene« geschadet, für die Berner lange Zeit als einer der Pioniere des ethischen Investments in Deutschland gegolten hat.

Zumindest eine Konsequenz hat er aus den Auseinandersetzungen um seine gefälschten »Renditen seit Gründung«, die Kick-back-Zahlungen und der strafrechtlichen Verurteilung wegen Untreue gezogen: Er hat die im Klubdepot befindlichen Aktien dem Vernehmen nach verkauft und dafür Anteile an einem Fonds, dem Meridio Green Balance, erworben, bei dem er selbst nun als Berater fungiert.

2.4.6 Initiativen kritischer Aktionärinnen und Aktionäre

Jeder Aktionär ist Miteigentümer eines Unternehmens. Aktien sind deshalb nicht nur ein Instrument der Geldanlage, sondern auch der Mitbestimmung. Einmal im Jahr findet eine ordentliche Hauptversammlung statt, zu der alle Aktionäre eingeladen sind. In dieser Versammlung werden Beschlüsse gefasst, Funktionsträger gewählt und Dividendenausschüttungen festgelegt. Da bei einer Kapitalgesellschaft aber nicht die Anzahl der Köpfe, sondern die Summe des eingebrachten Geldes maßgeblich ist, kann man als Kleinaktionär kaum tatsächlich mitbestimmen. Abstimmungen erfolgen nach der Höhe des »anwesenden Kapitals«, das heißt im Verhältnis der Anzahl der Aktien, die die Teilnehmer besitzen. Dennoch: Jeder Aktionär kann sich zu Wort melden und Kritik an der Geschäftspolitik seines Unternehmens üben.

Um insbesondere bei Großunternehmen besser Gehör zu finden, schließen sich weltweit Aktienbesitzer einzelner Unternehmen zu Interessensgruppen zusammen. Im Zentrum solcher Initiativen kritischer Aktionärinnen und Aktionäre steht nicht die Forderung nach höheren Dividenden, sondern die Kritik an sozialem und ökologischem Fehlverhalten des Unternehmens. Die Zahl solcher Initiativen ist im deutschsprachigen Raum seit den 80er-Jahren stark angestiegen. Die Ursprünge dieser Bewegung liegen in den USA. Vor über 60 Jahren meldeten sich erstmals bei den New Yorker Gaswerken kritische Aktionäre zu Wort und forderten mehr Information ein. Einen Höhepunkt erreichten die »shareholder action groups« im Zuge der Bürgerrechts- und Anti-Vietnamkriegsbewegung in den USA. Auch heute sind noch weit mehr als hundert kritische Aktionärsgruppen aktiv. Wer sich näher dafür interessiert, kann von Fifega Wien oder direkt beim Washingtoner Forschungsinstitut IRRC ausführliche Unterlagen anfordern.

Rechte und Einflussmöglichkeiten

Ein zentraler Tagesordnungspunkt auf jeder Hauptversammlung ist der Bericht des Vorstands zum abgelaufenen Geschäftsjahr. Im Anschluss daran können sich die Aktionäre zu Wort melden und Fragen stellen, z. B. im Hinblick auf Umweltschutzaspekte und -investitionen, Zukunftsaussichten und ähnliches. Der Vorstand muss wahrheitsgetreu antworten und kann die Antwort nur verweigern, wenn es sich um Geschäftsgeheimnisse handelt. Am häufigsten kommt es vor, dass Fragen zum abgelaufenen Geschäftsjahr gestellt werden – beispielsweise in Bezug auf Umweltschutzmaßnahmen.

Neben dem Teilnahme- und Fragerecht kann jeder Aktionär – im Vorfeld der Hauptversammlung – (Gegen-)Anträge einreichen und an den Abstimmungen mitwirken. Bei der notwendigen Entlastung von Vorstand und Aufsichtsrat sowie den Wahlen zum Aufsichtsrat, für den auch eigene Kandidaten vorgeschlagen werden können, zählt jede Stimme. Wer mit der Geschäftsführung bestimmter Manager nicht einverstanden ist, kann deren Nichtentlastung beantragen.

Wie wird man kritischer Aktionär?

Um mitreden zu können, genügt der simple Kauf bestimmter Aktien über die Bank. Dann muss nur noch die Stimmkarte bzw. Einladung zur Hauptversammlung organisiert werden. Gruppen kritischer Aktionäre können häufig auch Eintrittskarten – und damit Rederecht – zur Verfügung stellen.

Aus Platzgründen wird hier nur der deutschsprachige Raum behandelt, obwohl es z. B. in den USA bei weit mehr Unternehmen kritische Aktionärsgruppen gibt. Allein das Interfaith Center on Corporate Responsibility in New

York koordiniert die Anträge vorwiegend kirchlicher institutioneller Investoren bei mehr als 100 Hauptversammlungen pro Jahr. Dabei stehen meist soziale, aber ebenso ökologische Themen im Mittelpunkt. Auch in Großbritannien, Frankreich, Kanada, Italien und Japan sind schon seit vielen Jahren kritische Aktionärsgruppen aktiv.

In Deutschland werden die Aktionen seit 1986 vom *Dachverband der Kritischen Aktionärinnen und Aktionäre* koordiniert. Wer zum Hauptversammlungstermin keine Zeit hat, kann seine Stimmrechte dem Dachverband übertragen. Er vermittelt auch Kontakte bzw. Stimmvollmachten zu ökologisch motivierten Aktion(är)sgruppen u. a. bei folgenden Aktiengesellschaften:

Addidas Salomon, Allianz, BASF, Bayer, Bewag, Commerzbank, Daimler Chrysler, Deutsche Bank, Deutsche Lufthansa, Deutsche Post, Deutsche Telekom, Dresdner Bank, Energie Baden-Württemberg, Eon, Fraport, HEW, Hypo Vereinsbank, I.G Farben i.A., Karstadt Quelle, KWS, Schering, Siemens, Thyssen Krupp, RWE.

Kontaktadresse:

- Dachverband der Kritischen Aktionärinnen und Aktionäre, Schlackstr. 16, D-50737 Köln, Tel. 0221/5995647, dachverband@kritischeaktionaere.de, www.kritischeaktionaere.de

Die folgenden Beispiele sollen Anliegen und Arbeitsweise der mehr oder weniger lose organisierten Gruppen verdeutlichen.

Adidas Salomon, Karstadt Quelle

Die europaweite Kampagne für saubere Kleidung (Clean Clothes) setzt sich seit einigen Jahren für faire Arbeitsbedingungen in der weltweiten Textilproduktion ein. Große Sportartikelhersteller oder Einzelhändler wie Adidas Salomon und Karstadt Quelle lassen ihre Produkte insbesondere in Dritt-Welt-Ländern unter teilweise unmenschlichen Bedingungen herstellen. Auf den Hauptversammlungen 2001 und 2002 wurden beide Unternehmen deshalb vom Dachverband der Kritischen Aktionäre gerügt. Bemängelt wurde, dass beide Unternehmen keine unabhängige Kontrollinstanz einsetzen, die überprüft, ob die firmeneigenen Sozial-Standards in der Produktions-Realität auch wirklich eingehalten werden.

Kontaktadresse:

- Dachverband siehe oben, www.cleanclothes.org

Bayer: Konzern verklagt Kritiker

Eine der seit Jahren aktivsten kritischen Aktionärsgruppen ist die Coordination gegen *Bayer-Gefahren.* Im Zentrum der Arbeit stehen nicht nur die weltweiten Umweltsünden des Konzerns: Gentechnik, Zwangsarbeiterentschädigung, Tierversuche, Opferschutz (Stichwort: Lipobay) und Menschenrechtsverletzungen werden ebenso aufgegriffen. Ein Beispiel ist die seit Anfang 2001 angeprangerte Verstrickung einer Bayer-Tochter in den Rohstoffhandel im Kongo. Dort werden wertvolle Rohstoffe für die Elektronik- und Telekommunikationsindustrie gefördert. Die Erlöse wandern allerdings großteils in die Taschen von Rebellengruppen, die damit ihren blutigen Bürgerkrieg finanzieren.

1987 endeten die Auseinandersetzungen zwischen Konzern und kritischen Aktionären vor Gericht. Die Coordination und deren Sprecher, Axel Köhler-Schnura, persönlich wurden geklagt, bestimmte Behauptungen zu widerrufen bzw. zu unterlassen. Ausgerechnet ein Abschnitt zu »Gefahren für die Demokratie« wurde vom Konzern beanstandet, nicht jedoch die im selben Flugblatt angeführten Aussagen zur Verseuchung der Umwelt, Gefährdung menschlicher Gesundheit oder Gefahren für den Frieden. Die kritischen Aktionäre haben den Fall über alle Instanzen geführt und letztlich musste Bayer beim Bundesverfassungsgericht eine Niederlage einstecken. Eine erneute gerichtliche Auseinandersetzung endete im Jahr 2001 zugunsten des Bayer-Konzerns. Die Coordination musste daraufhin eine bereits angemeldete Internet-Domain vom Netz nehmen. Gerichtliche Auseinandersetzungen dieser Art sind jedoch selten, allein schon aufgrund der knappen Finanzlage der Aktionärsgruppen.

Wer sich näher kritisch mit der Bayer befassen will: Die Bücher »Widerspruch zu Protokoll«, »Bayer macht Kasse« und die informative Zeitschrift »Stichwort Bayer« können über die Coordination bezogen werden. Die Coordination vertritt Stimmrechte aus Hunderten Depots und konnte mit der Vollmacht eines Erben, des als kritischen Aktionärs bekannten Herrn Nold, schon eigene Tagesordnungspunkte durchsetzen, z. B. zur Ökologisierung der Satzung der Bayer.

Kontaktadresse:

- Coordination gegen Bayer-Gefahren (CBG), Postfach 15 04 18, 40081 Düsseldorf, Tel. 0211/333911, cbgnetwork@aol.com, www.cbgnetwork.org

DaimlerChrysler

Ebenfalls seit vielen Jahren im Zentrum kritischer Aktionäre steht der Autobauer und Rüstungskonzern DaimlerChrysler. Atomwaffen- und Minen-Produktion, Lieferung von Rüstungsgütern in Staaten, die für Menschenrechts-

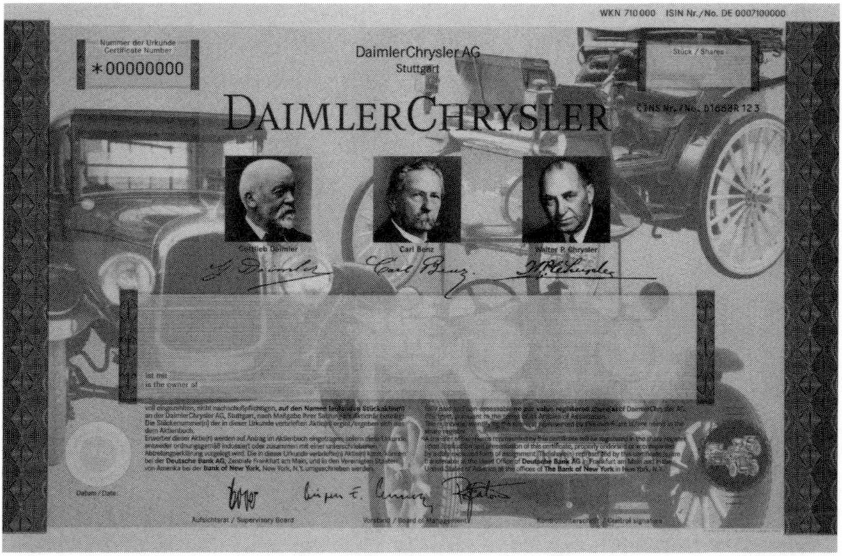

Papier mit der Lizenz zum Reden: Selbst wer nur eine Aktie besitzt – hier eine Aktie von DaimlerChrylser – darf auf Hauptversammlungen das Wort ergreifen und dem Vorstand unliebsame Fragen stellen. (Foto: DaimlerChrysler)

verletzungen bekannt sind, aber auch Entlassungen werden angeprangert. Bei der Entwicklung von umweltfreundlichen Fahrzeug-Antrieben fordern die kritischen Aktionäre mehr Engagement der Unternehmensführung. Ihre Kritik an der Unternehmenspolitik fassen die Aktionäre im jährlich erscheinenden »Alternativen Geschäftsbericht« zusammen.

Kontaktadresse:

- Dachverband Kritischer AktionärInnen DaimlerChrysler (KADC), c/o Ohne Rüstung leben, Arndtstraße 31, 70197 Stuttgart, Tel. 0711/608396, paul.russmann@kritischeaktionaere.de

Kritische Aktionäre in Österreich

In Österreich traten seit 1980 kritische Aktionäre u. a. bei folgenden Unternehmen auf: *Austrian Airlines, Bank Austria, EVN, Lenzing, OMV, Verbundgesellschaft, Vorarlberger Kraftwerke (VKW).*

In Österreich gibt es auch die der Anzahl nach weltgrößte Initiative kritischer Aktionäre (über 1000), und zwar beim Energieversorgungsunternehmen *Verbundgesellschaft*, das 1989 privatisiert wurde. Die erste »öffentliche« Hauptversammlung im Jahr 1989 dauerte nicht wie sonst üblich zwei oder drei Stunden, sondern rund 14 Stunden bis Mitternacht. Und anders als sonst üblich fanden sich die kritischen nicht in einer verschwindenden Minderheit, sondern machten rund die Hälfte aller anwesenden Aktionäre aus. Die Mitglieder von Vorstand und Aufsichtsrat mussten sich somit stellenweise wie in einem Hexenkessel vorkommen. In den vergangenen Jahren ist es still um die grünen Verbundaktionäre geworden, denn viele Forderungen von damals sind inzwischen erfüllt: Das alte Management, zuweilen auch nur »Betonierer« genannt, hat längst abgedankt. Seit Jahren publiziert der Verbund einen ausgezeichneten jährlichen Umweltbericht, nimmt das Thema Umwelt sehr ernst und bietet seinen zu weit über 90 Prozent aus Wasserkraft gewonnenen Strom im Ausland als Ökostrom an.

Kontaktadressen:

- Grüne Verbundaktionäre, c/o Grüner Klub, Rathaus, A-1080 Wien
- Kritische EVN-Aktionäre, c/o Grüner Klub, Parlament, A-1017 Wien
- Kritische OMV-Aktionäre, c/o Grüner Klub, Parlament, A-1017 Wien

Kritische Aktionäre in der Schweiz

In der Schweiz wurde Anfang 2000 ein eigener Dachverband gegründet: *Actares AktionärInnen für nachhaltiges Wirtschaften*. In den Jahren zuvor waren von einzelnen Aktionärsgruppen nur einige wenige Unternehmen stärker unter die Lupe genommen worden waren. Hierzu zählten beispielsweise der Waffenkonzern *Oerlikon-Bührle*, die Bankgesellschaften *UBS* und *Credit Suisse* sowie der Nahrungsmittelhersteller *Nestlé*. Bei *Nestlé* verfolgte seit Ende der 80er-Jahre die Organisation Canes (Convention d'actionnaires Nestlé) kritisch die Geschäfte des Schweizer Weltkonzerns. Themen wie Babynahrung oder Umweltschutz wären ohne Canes sicher weniger behandelt worden. Canes ist im neuen Dachverband aufgegangen, in Deutschland wird die kritische Arbeit zum Thema Babynahrung von einer eigenen Gruppe weitergeführt (www.babynahrung.org).

Die aus den Vorgängerorganisationen *Canes* und dem *Verein kritischer AktionärInnen* der UBS hervorgegangene *Actares* hat ihre Aktivitäten inzwischen auf folgende Unternehmen ausgeweitet: *Bobst, Clariant, Credit Suisse, Givaudan, Helvetia Patria, Schindler, Serono, Swiss Re, UBS, Vögele, Zellweger Luwa.*

Actares fordert beispielsweise eigene Umwelt- und Sozialberichte der Unternehmen ein und beteiligt sich aktiv an der Corporate Governance-Diskussion in der Schweiz. Ein regelmäßiges Info-Letter (als Download im Internet) fasst alle aktuellen Aktivitäten zusammen.

Kontaktadresse:
- Actares, AktionärInnen für nachhaltiges Wirtschaften, Neustadtstrasse 34, CH-6003 Luzern, Tel. 0041/41/360-2978, info@actares.ch, www.actares.ch

Europäisches Netzwerk

In *Frankreich*, wo seit 1988 u. a. bei Rüstungs- und Öl-Unternehmen wie Total Fina-Elf kritische Aktionäre aktiv sind, werden die Aktivitäten von *Agir ici pour un monde solidaire* koordiniert.

Auf europäischer Ebene haben sich Dachverbände Kritischer Aktionärsgruppen aus mehreren Ländern zu einem Netzwerk zusammengeschlossen. Erstes Projekt der konzertierten Aktion ist eine Kampagne zur Chancengleichheit von Frauen und Männern im Jahr 2002.

Kontaktadressen:
- Agir ici pour un monde solidaire, 104 rue Oberkampf, F-75011 Paris, Tel. 0033/1/569824, agirici@agirici.org, www.agirici.org.
- Ethical Shareholders Net, www.ethicalshareholders.net

2.5 Risikokapital: Totalverlust nicht ausgeschlossen

Damit »grüne« Ideen Realität werden können, braucht es nicht nur Ideengeber, sondern auch in einem sehr frühen Stadium schon Geldgeber. Viele Unternehmen werben so außerhalb des regulierten Börsenmarktes Kapital ein (außerbörsliche Aktien) oder sie verkaufen Beteiligungen an Investorengemeinschaften (Beteiligungsgesellschaften). Alle Anleger, die sich auf diesem so genannten »grauen Kapitalmarkt« bewegen, gehen hohe Risiken ein. Die Angebote unterliegen – anders als an der Börse – kaum einer gesetzlichen Kontrolle. Wer hier sein Kapital in die Waagschale wirft, setzt es bewusst aufs Spiel. Nicht umsonst wird die Pionier-Finanzierung neuer Projekte oder Unternehmen als Wagniskapital oder Venture Capital bezeichnet.

Doch viele Neugründungen scheitern schon in den ersten zwei bis vier Jahren. Warum also sein Geld aus dem Fenster werfen? Im Chinesischen bedeutet das Wort Risiko zugleich Chance. Die Gewinnaussichten für die

Pionier-Investoren im Venture-Capital-Bereich sind demzufolge ebenfalls sehr hoch. Insbesondere dann wenn die Geschäftsidee am Markt gut ankommt oder man gar eine »zweite Microsoft« entdeckt hat.

In der Vergangenheit haben viele Anleger ihr Kapital auch aus tiefer Überzeugung für die Sache bereitgestellt. Häufig war ihnen dabei nicht bewusst, welches Risiko sie eingehen. Nicht wenige haben fast ihr gesamtes Barvermögen in diese Anlagen gesteckt – im Hinblick auf eine nachhaltig Gewinn bringende Geldanlage ein großer Fehler. Wagniskapital sollte immer nur einen kleinen Teil des investierten Vermögens ausmachen.

Angesichts zahlreicher Pleiten ist eine gewisse Ernüchterung eingetreten. Die Verluste haben großteils die hoch motivierten Anleger der ersten Stunde getroffen. Sie werden künftig vorsichtiger agieren. Durch den Erfolg des ethisch-ökologischen Investments an der Börse angelockt, kommen seit geraumer Zeit aber auch verstärkt neue Akteure in diesen Markt: Erfahrene Privatanleger, die bislang »konventionell« in Venture Capital investiert haben, und institutionelle Investoren, die attraktive und Erfolg versprechende Beteiligungen suchen.

2.5.1 Außerbörsliche Aktien

Von den weit über 5000 Aktiengesellschaften in Deutschland ist nur rund ein Fünftel börsennotiert. Die meisten anderen sind zu 100 Prozent im Besitz einer Familie oder eines Unternehmens. Solche Aktien ohne Streubesitz werden kaum weiterverkauft. Es gibt allerdings fast 400 Unternehmen, deren Aktien über einen nicht börslichen Handelsplatz ge- und verkauft werden, zum Teil allerdings nur mit wenigen Stücken pro Jahr. Unter diesen außerbörslichen Aktien sind wiederum einige Dutzend unter ökologischen oder sozialen Kriterien interessant. Einige davon wie z. B. die Umweltbank, Unit Energy oder B.A.U.M. (siehe Kapitel 2.4.1) sind inzwischen an der Börse notiert. Und haben damit die eigentliche Funktion des außerbörslichen Handelsplatzes als Vorstufe für den späteren Börsengang bestätigt. Andere Unternehmen gehen vorher in Konkurs, wieder andere – wie Rapunzel – werden jahrelang nur in diesem Segment gehandelt, weil die Hauptaktionäre und/oder die Unternehmensleitung gar nicht an einem Börsengang mit den damit verbundenen Kosten und Publizitätsvorschriften interessiert sind. Für Aktionäre ein eher zweifelhaftes Unterfangen: Sie tragen nach wie vor ein hohes Risiko, bekommen nur spärliche Informationen von den Unternehmen und haben wenig Aussichten auf Kursgewinne. Die sind an den regulierten Börsenplätzen nämlich ungleich höher.

Der außerbörsliche Handel ist in verschiedenen Formen denkbar und üblich:

- über etablierte (externe) Händler
- über das Unternehmen selbst, das Kauf- und Verkaufswünsche vermittelt
- über Depotgemeinschaften, deren Mitglieder untereinander handeln
- über private Angebote in Internetboards
- über Kapitalerhöhungen, d. h. Erstausgabe von »jungen« Aktien.

Nur im letzteren Fall fließt auch Geld in die Firmenkasse, ansonsten handelt es sich – wie beim Handel an der Börse – nur um einen Wechsel der Eigentümer. Im Unterschied zu den meisten börsennotierten Titeln ist das im außerbörslichen Handel umgesetzte Volumen sehr gering, manche Titel treffen wochen- oder monatelang weder auf Angebot noch Nachfrage. Dieses Illiquiditäts-Risiko muss beim Engagement in solchen Titeln einkalkuliert werden. Denn was nutzt es, wenn die drohende Schieflage eines Unternehmens zwar erkannt, aber die Aktie nicht mehr rechtzeitig verkaufen werden kann, bevor Insolvenz angemeldet wird und die Aktien gänzlich wertlos sind.

Unabhängige Informationen über außerbörsliche Öko-Aktien sind leider dünn gesät. Neben dem Börsenbrief Öko-Invest, der ein »außerbörsliches Musterdepot« führt und alle zwei Wochen in einer entsprechenden Rubrik darüber berichtet, gibt es fallweise Artikel im Magazin Öko-Test und im deutschen oder Schweizer Nebenwerte-Journal, das z. B. die Entwicklungen bei mehr als 100 Berg- und Lokalbahnen behandelt.

Kaufen und Verkaufen: eine Händlerübersicht

Anders als in den verschiedenen Börsensegmenten werden außerbörsliche Titel vor der Handelsaufnahme kaum überprüft. Früher gab es eine Art »Listing«-Gebühr, die die Unternehmen den Händlern einmalig oder jährlich zahlen mussten. Heute genügen meist 200 bis 300 Aktionäre, damit eine Aktie in die Händlerliste aufgenommen wird. Die Händler verdienen – neben geringen Fixgebühren von z. B. 10 bis 20 Euro pro Umsatz – an der Differenz zwischen An- und Verkaufskursen, auch Spread genannt. Diese Geld- (Ankauf) und Brief (Verkaufs)-Kurse liegen meist 10 Prozent auseinander. Wenn relativ viel Umsatz vorhanden ist, kann sich diese Spanne auf 5 Prozent verringern, nur selten sinken sie darunter.

Die Auswahl unter den vom Bundesaufsichtsamt zugelassenen Händlern in Deutschland ist seit Anfang 2001 geschrumpft. Die *Future Securities GmbH* (Frankfurt), die angeblich rund 8000 Kunden hatte, musste wegen Insolvenz schließen, ebenso die *BAV GmbH* (München) mit rund 1000 Kunden. 2002 kam dann noch das Aus für die selbst börsennotierte Ahag (Dortmund). Trotz seiner stattlichen Kundenanzahl (22 000) war das Unternehmen zahlungsunfähig, u. a. weil hohe Verluste aus den Beteiligungen angefallen waren.

Übrig bleiben nur zwei Händler außerbörslicher Öko-Aktien sowie die *Depot VG*, die für fast 30 Titel einen kostengünstigen Handel (1 % Gebühren) zwischen ihren über 200 Mitgliedern organisiert. Für einen Monatsbeitrag von einigen Euro erhalten die Depot VG-Mitglieder auch einen Rundbrief mit neuesten Infos zu den von ihnen gehaltenen Aktien zugeschickt.

Der dienstälteste deutsche Händler im außerbörslichen Bereich ist die *Valora*, von deren knapp 200 gelisteten Titel rund 20 Prozent einigermaßen flüssig gehandelt werden. Valora hat mehr als 5000 aktive Kunden und führt fallweise auch Erstplatzierungen von jungen Aktien durch.

Die Funktion einer Beteiligungsgesellschaft und eines Händlers in einem erfüllt die *Hermerlin-Gruppe* (siehe 2.5.2). Es gibt keinen Spread wie bei der Valora und die Gebühren betragen (neben einigen Euro Fixgebühr) nur 1 Prozent des Kurswerts. Aber weil Hermerlin in der Regel keine eigenen Handelsbestände hält, sondern nur vermittelnd zwischen einigen hundert Kunden tätig ist, sind die Umsätze oftmals gering.

Im Jahr 2002 kamen – für eine Handvoll Titel – zwei neue Handelsmöglichkeiten hinzu: über die *Umweltfinanz* (Berlin), die alle Kauf- und Verkaufsaufträge im Internet offenlegt bzw. die *Youmex* (Frankfurt), bei der man nur nach Registrierung Zugang zu den Kursinformationen erhält. Die Umsätze sind in beiden Fällen aber noch sehr gering.

Auf jeden Fall empfiehlt es sich, vor einem Kauf mehrere Händler nach dem Preis zu befragen, da oft Unterschiede von 10 Prozent oder mehr auftreten können. Kaufen sollte man jedenfalls beim (inklusive Gebühren) billigsten Händler, verkaufen kann man später auch dort, wo gerade der beste Preis geboten wird.

Kontaktadressen:

- Depot VG, Blumhoferstr. 4, D-97980 Bad Mergentheim, Tel: 07931/47689, www.depotvg.de
- Valora Effekten Handels AG, Postfach 912, D-76263 Ettlingen, Tel: 07243/90001, www.valora.de
- Hermerlin Öko-Beteiligungs AG, Untere Hauptstr. 44. D-91799 Langenaltheim, Tel: 09145/496, www.hermerlin.de
- www.umweltaktienboerse.de, Umweltfinanz AG, Berliner Str. 36. D-10715 Berlin. Tel. 030/889207-0
- www.youmex.de, Youmex AG, Repräsentanz Frankfurt, Wiesenau 51, D-60323 Frankfurt, Tel. 069/79539800

Parade-Aktie: Rapunzel Naturkost AG

Die vor mehr als 20 Jahren gegründete Allgäuer Naturkostfirma ist mit inzwischen über 130 Mitarbeitern nicht nur Großhändler von rund 300 verschiedenen Artikeln, sondern hat sich schon frühzeitig eigene Produktionsstätten auch im Ausland gesichert. Rapunzel ist mit meist jährlich mindestens 10 Prozent steigenden Umsätzen seit Beginn des Handels vor rund 10 Jahren eine der wenigen verbliebenen Öko-»Parade-Aktien«. Insbesondere im Bereich Bio-Lebensmittel gibt es bislang keine anderes deutsches Unternehmen mit einer ähnlich soliden Geschäftsentwicklung.

Aber 1994 wurde es den Aktionären doch ein wenig mulmig: Der Kurs sank plötzlich auf die Hälfte, als eine Veruntreuung seitens des langjährigen Finanzprokuristen aufgedeckt wurde, die der AG einen Millionenverlust einbrachte. Für das diesem Mann entgegengebrachte Vertrauen und die Nichtbeachtung des Vieraugenprinzips mussten Vorstand und Aufsichtsrat herbe Kritik einstecken. Der Aktienkurs sank von 240 DM auf 120 DM, hat sich aber in den Folgejahren wieder auf über 300 DM erholt, nachdem ein Großteil des Geldes zurückgeholt werden konnte und das Geschäft mit großen Umsatz- und Gewinnzuwächsen weiterlief. Nach einer Umstellung auf nennwertlose Stückaktien und einem Split von 26:1 (für eine alte 50-Mark-Aktie bekam man 26 neue 1-Euro-Aktien) wird die Aktie nun bei über 8 Euro gehandelt; dies entspricht über 400 DM nach altem Kurs.

In den Jahren 2000 und 2001 profitierte Rapunzel vom Boom bei Bio-Lebensmitteln. Im Jahr 2000 erzielte das Unternehmen einen Umsatz von rund 64 Millionen Euro (+26 %) und einen Gewinn von rund 850 000 Euro bzw. 0,36 Euro pro Aktie, was einer Umsatzrendite von 1,3 Prozent bzw. einem Kurs-Gewinn-Verhältnis (KGV) von über 22 entspricht. Das ist nicht gerade berauschend, aber nach langen Jahren mit Umsatzrenditen unter 1 Prozent und KGVs von 40 bis 80 doch deutlich besser. Wenn die von Öko-Test publizierte Gewinnschätzung für 2002 (0,79 Euro pro Aktie) eintrifft, läge das KGV bei unverändertem Kurs nur mehr bei gut 10.

Einziger Wermutstropfen dieses Investments: Rapunzel zeigt keinerlei Ambitionen, an die Börse zu gehen, und hält auf der Website nur äußerst spärliche Informationen für die Anleger bereit.

Kontaktadresse:

- Rapunzel Naturkost AG, Haldergasse 9, D-87764 Legau, Tel. 08330/910-0, www.rapunzel.de

In den Startlöchern: Abo Wind AG und Wind 7 AG

Ganz anders die beiden Windenergie-Unternehmen Abo Wind und Wind 7. Nach außerbörslichen Kapitalerhöhungen wollen beide Unternehmen (möglichst) noch 2002 an die Börse.

Kerngeschäft von *Abo Wind* ist die schlüsselfertige Errichtung von Windparks sowie die technische und kaufmännische Betreuung bestehender Anlagen. Das Geschäftsmodell der Wiesbadener gleicht damit dem der börsennotierten Unternehmen aus diesem Bereich (siehe Kapitel 2.4.1.2). Auch wenn sie bei Umsatz und Gewinn noch nicht an die vier großen Konkurrenten heranreichen: Sie sind nicht nur in Deutschland aktiv, sondern seit Anfang Jahr 2001 in Spanien und haben im Frühjahr 2002 auch in Frankreich Fuß gefasst. Vier französische Standorte sind vertraglich gesichert, die ersten Projekte sollen 2003/2004 fertig werden – die vier börsennotierten Unternehmen werden nicht schneller sein. Außerdem plant Abo Wind mit einem ersten Projekt den Einstieg in die Biomasse. Die Strategie des Vorstands – solide Geschäftsentwicklung, realistische Wachstumsprognosen – hat sich bislang ausgezahlt. Beim geplanten Börsenlisting, das je nach Börsen-Großwetterlage in absehbarer Zeit über die Bühne gehen soll, dürften davon auch die Aktionäre profitieren. Denn nach den Rückschlägen bei einigen Projektierern halten die Börsianer verstärkt nach soliden Kandidaten Ausschau.

Mit *Wind 7* könnten die Anleger eine Alternative zur bislang einzigen börsennotierten Betreibergesellschaft *Windwelt* bekommen. Bislang findet die Windwelt-Aktie kaum Beachtung, der Kurs ist – nach der erfolgreichen Emission – stark gefallen. Das Unternehmen schreibt zwar schwarze Zahlen, hat aber die Wachstumsplanung deutlich verfehlt. Das ursprünglich für Ende 2001 angepeilte Ziel (50 MW installierte Leistung) wird nun erst Ende 2002 erreicht. Wenn *Wind 7* seine Planungen realisieren kann, dürfte die Betreibergesellschaft schon zum Jahresende 2002 an Windwelt vorbeiziehen. Im Mai 2002 hatte sie mit rund 30 Megawatt eine fast gleich hohe Leistung am Netz. Zudem hat der agile Vorstandschef Dirk Jesaitis viele gute Kontakte im In- und Ausland aufgebaut. Bis Ende 2003 sind Projekte im Unfang von 126,4 Megawatt geplant. Da die fünfte Kapitalerhöhung im Frühjahr 2002 allerdings flopte, dürfte der Ausbau einen Dämpfer bekommen haben. Umso mehr muss Wind 7 versuchen über den Börsengang wieder Kapital in die Kasse zu bekommen.

Kontaktadressen:

- Abo Wind AG, Hirtenstr. 26, D-65193 Wiesbaden, Tel. 0611/267650, www.abo-wind.de
- Wind 7 AG, Marienthaler Str. 17, D-24340 Eckernförde, Tel. 04351/4775-10, www.wind7.de

Außerbörsliche Aktien mit nennenswertem Handel oder chancenreichem Geschäftsmodell	
BVT AG	Leopoldstr. 7, D-80802 München, Tel. 089/38165-0, www.bvt.de
Espen AG	Im Rosengarten 1, D-61118 Bad Vilbel, el. 06101/9833-0, www.espen.de
Gumpp AG	Hauptstraße 65, D-86637 Binswangen, Tel. 08272/998515, www.gumpp.de
Kramer AG	Röpsener Str. 40, D-07552 Gera, Tel. 0365/4200111, www.kramer-ag.de
KWA Contracting AG	Flößerstr. 60, D-74321 Bietigheim-Bissingen, Tel. 07142/936370, www.kwa-ag.de
Obstland Dürrweitzschen AG	Hauptstr. 48, D-04668 Thümmlitzwalde OT Dürrweitzschen, Tel. 034386/950, www.obstland.de
One World-One Energy AG	Sasbacher Str. 7, D-79111 Freiburg, Tel. 0761/488-1300, www.oneworldag.com
Phönix Sonnenstrom AG	Hirschbergstraße 8, D-85254 Sulzemoos, Tel. 08135-938-000, www.sonnenstromag.de
Phönix Sonnenwärme AG	Am Treptower Park 28 – 30, D-12435 Berlin, Tel. 030/530007-0, www.sonnenwaerme-ag.de
Solarpraxis AG	Torstraße 177, D-10115 Berlin, Tel. 030/726296-300, www.solarpraxis.de
WISY AG Haustechniksysteme & Filtertechnik	Oberdorfstr. 26, D-63699 Kefenrod-Hitzkirchen, Tel. 06054/9121-0, www.wisy.de
WKV Wasserkraft Volk AG	Am Stollen 13, D-79261 Gutach, Tel. 07685/9106-0, www.wkv-ag.com

Flops und Pleiten: BkMU Bank AG und Mr. Evergreen

Die Euphorie, die das außerbörsliche Segment bei Öko-Investoren vor Jahren geweckt hat, hat inzwischen bei manchen Anlegern einem Katzenjammer Platz gemacht, wie folgende Beispiele zeigen.

Die 1994 als *Bank für kleine und mittlere Unternehmen* gegründete BkmU AG wurde Anfang Mai 2002 von der Aufsichtsbehörde wegen Überschuldung geschlossen. Der Wertberichtigungsbedarf im Kreditbereich übertraf das Eigenkapital erheblich. Die wirtschaftliche Lage der Bank war schon seit längerer Zeit nicht mehr allzu rosig. Von der Schließung sind nicht nur die Aktionäre, sondern auch Festgeld- und andere Einlagen sowie einige Kreditkunden stark betroffen. Hierzu zählen beispielsweise die Umweltbank (siehe Kapitel 2.1.3) und die *Reag Regenerative Energien AG*, bei der die BkmU

Hoch riskante außerbörsliche Werte	
81^{fünf} AG	Postfach 1390, D-29447 Dannenberg, Tel. 05861/9892-3, www.81fuenf.de
Air Car AG	Gwinnerstr. 42, D-60388 Frankfurt, Tel. 069/838344-44, www.air-car.de
Aquasolar AG	Oberreit 2, D-83620 Feldkirchen, Tel. 08063/80967-3, www.aquasolar.com
Atmed AG	Liebigstr. 2, D-83435 Bad Reichenhall, Tel. 01805/286332, www.tcs.co.at/atmed
Citycom AG	Industriestr. 5 – 9, D-97239 Aub, Tel. 09335/97170, www.cityel.com
Econ-Air Aerosol- und Chemierecyclingtechnologie AG	Rehwinkel 30, D-32457 Porta Westfalica, Tel. 05731/86686-0, www.econ-air.de
Elbe Oel Prignitz (EOP) AG	Meyenburger Tor 73, D-16928 Pritzwalk, Tel. 03395/302281, www. elbeoel.com
Elsbett AG	Weissenburger Str. 15, D-91177 Thalmässing, Tel. 09173/77940, www.elsbett.com
Hempage AG	Industriestraße 9, D-91325 Adelsdorf, Tel. 09195/9476-0, www.hempage.de
Inergetic AG	Eckdrift 97, D–19061 Schwerin. Tel. 03 85/61718-0, www.inergetic.de
Karphosit Lehmbaustoffe AG	Hallesche Str. 78, D-06408 Peißen, Tel. 03471/3018-0, www.karphosit.de
Janosch Film & Medien AG	Falckensteinstr. 49, D-10997 Berlin, Tel. 030/617992-18, www.janosch-medien.de
Naturheilkunde Tagesklinik mit Schmerzambulanz AG	Uferstr.1, D-35037 Marburg, Tel. 06421/68430
Naturstrom AG	Mindener Str. 12, D-40227 Düsseldorf, Tel. 0211/77900-0, www.natrustrom.de
Nevag Neue Energie Verbund AG	Rheinstr. 7, D-41836 Hückelhoven, Tel. 02433/97048-0, www.nevag.de
Nevest New Energy AG	Schloßstr. 10, D-35510 Butzbach, Tel. 06033/7470-55, www.nevest.de
NTI AG für erneuerbare Energien	Im Gaisgraben 17, D-79219 Staufen, Tel. 07633/9534, www.nti-ag.com
PSP Papierschaum Priehs AG	Desmastr. 3 – 5, D-28832 Achim, Tel. 04202/8068, www.psp-ag.de
Reag Regenerative Energien AG	Merseburger Str. 3, D-10823 Berlin, Tel. 030/78991-137, reag-energie.de

Sanotec AG	Hofener Weg 35, D-71686 Remseck, Tel. 07146/99080, www.sanotec.de
Solar Millennium AG	Neumühle 24 - 26, D-91056 Erlangen Tel. 09131/7507521, www.solarmillennium.de
Stoffkontor Kranz AG	Dannenberger Str. 27, D-29439 Lüchow, Tel. 05841/97980-0, www.stoffkontor-ag.de
Thermo Shield Europa AG	Wackenbergstr. 78 - 82, D-13156 Berlin, Tel. 030/ 47600950, www.thermo-shield.de
Treuhanf AG	Am Treptower Park 30, D-12435 Berlin, Tel. 030/53699153, www.treuhanf.de
Wind Star AG	Egelseestraße 7, D-86157 Augsburg, Tel. 0821/22911-83, www.windstar.de

zugleich auch Initiator und großer Einzelaktionär war bzw. ist. Der Reag-Vorstand geht in einer Stellungnahme vom 22. Mai 2002 trotzdem davon aus, »dass durch die zügige Aufnahme neuer Partner der »financial close« hergestellt und mit dem Bau begonnen wird«. Die Fremdfinanzierung des geplanten Biomasse-Kraftwerks in Barby (Sachsen-Anhalt) sei von einer »großen deutschen Industriebank positiv beurteilt« worden und das »kombinierte Bundes- und Landesbürgschaftsverfahren eingeleitet«. Angesichts der geringen Eigenkapitalausstattung der Reag sollte man in dieser Situation wohl eher an einen Verkauf der Aktien denken – so sich noch ein Käufer findet.

Auch die 1996 in Calden bei Kassel mit 120 000 DM Stammkapital gegründete *Mr. Evergreen* musste schon drei Jahre nach dem Start Insolvenz anmelden, nachdem es Liquiditätsprobleme gab und die Aktionäre eine geplante Kapitalerhöhung nicht mehr mitmachen wollten. Dabei begann alles sehr hoffnungsvoll: Die neue Marke Mr. Evergreen konnte auf das in der Schweiz bereits seit 20 Jahren am Markt befindliche Produkt Biplantol zurückgreifen. Die Lizenz für das homöopathische Pflanzenpflegemittel kam vom Erfinder Konrad Würthle aus Konstanz. Langfristiges Ziel des Unternehmens war es, konventionelle Düngemittel, Herbizide, Fungizide und Pestizide durch schadstoffreie Produkte aus eigener Erzeugung zu ersetzen. Doch trotz des Aufbaus guter Kontakte u. a. zum Bund Deutscher Gartenfreunde e. V., dem BUND, einer Baumarktkette und einem Versandhändler wuchsen die Umsätze nicht schnell genug. Die weitere Expansion konnte nicht mehr finanziert werden. Nachdem ein möglicher Großauftrag aus dem Ausland im Geschäftsbericht schon als Umsatz verbucht worden war, obwohl es weder eine Anzahlung noch sonstige werthaltige Sicherheiten gab, hatten viele Aktionäre das Vertrauen in den Vorstand verlo-

Außerbörsliche Aktien aus Österreich	
Alpen Adria Energy AG	Kötschach 66, A-9640 Kötschach Mauthen, Tel. 04715/221, www.aae.at
Eine Welt Handel AG	Brauhausgasse 1a, A-8700 Leoben, Göss, Tel. 03842/83468, www.einewelthandel.com
Oekostrom AG für Energieerzeugung und –handel	Mariahilferstraße 89, A-1060 Wien, Tel. 01/96105610, www.oekostrom.at
WEB Windenergie AG	Schwarzenberg 12, A-3834 Pfaffenschlag, Tel. 02848/6336, www.windkraft.at
1) In Österreich gibt es keinen unabhängigen außerbörslichen Handel. Manchmal liegt nicht einmal ein kapitalmarktgeprüfter Emissionsprospekt vor, so dass die Aktien nicht öffentlich beworben werden dürfen.	

ren. Aktienzeichnungen aus der Kapitalerhöhung wurden storniert, das Minimum zur Durchführung damit nicht erreicht. Die Aktien wurden nach dem Insolvenzantrag wertlos. Wer jedoch rechtzeitig ausgestiegen ist, indem er seine Aktien über einen der Händler verkauft hat, konnte auf ein Jahr rund 100 Prozent Kursgewinn erzielen. 100 Prozent Plus und 100 Prozent Minus lagen hier also nur wenige Monate auseinander. Die Produkte werden übrigens weiter vertrieben, nur die (ehemaligen) Mr. Evergreen-Investoren haben nichts mehr davon.

BkmU und Mr. Evergreen sind keine Einzelfälle, inzwischen gibt es mehr als ein Dutzend Insolvenzen im Bereich außerbörslicher Unternehmen, die mit ethisch-ökologischen Argumenten Anleger geworben haben. Hier eine alphabetische Liste von Unternehmen, bei denen meist das gesamte Geld – insgesamt mehrere hundert Millionen Euro – verloren ging:

Bergquell Naturhöfe AG (Bio-Lebensmittel), Call A Bike Mobilitätssysteme AG (Fahrradverleih; Geschäft 2001 von der Bahntochter DB-Rent übernommen), Clean Concept Gruppe, Futag Umwelttechnik AG (Recycling), Geo Bank AG, Hanseatische AG (Kraftwerke), Intensys Solar AG, Isofloc Ökologische Bautechnik GmbH, Medipolan AG (Bandagen gegen Schmerzen), Oekoland AG (Naturkostdiskontläden), Umho Umweltholding AG (Augsburg), United Nature Beteiligungs AG (Versandhandel), Wabag (Betrugsfälle bei mehreren Töchtern), Waschbär Umweltprodukt Versand GmbH (stille Gesellschafter betroffen).

Auch bei der *Cargolifter* AG, die im Juni 2002 Insolvenz anmelden musste, ist ein großer Teil der über 70 000 Aktionäre vorbörslich in die Aktie eingestiegen, die nach dem Börsengang zum Ausgabekurs von rund 15 Euro relativ schnell zum Penny-stock wurde.

Vorsicht: Hohes Risiko

Engagements bei handelbaren Venture-Capital-Aktien sind schon mit Vorsicht zu genießen. Umso mehr gilt dies für die in der Tabelle »Hoch riskante außerbörsliche Werte« aufgeführten Unternehmen, für die es keinen oder kaum nennenswerten Handel gibt (siehe Seite 170). Diese Unternehmen sind zudem stark hinter den ursprünglichen Umsatz- und Ertragsprognosen zurückgeblieben, haben zum Teil erhebliche Liquiditätsprobleme und ihr Geschäftsmodell hat nur wenig Chancen auf Erfolg.

2.5.2 Beteiligungsgesellschaften

Beteiligungsgesellschaften stecken das Geld ihrer Anleger meist direkt in die Finanzierung junger Unternehmen. Anleger können die Wirkungsweise ihres Kapitals also unmittelbar nachvollziehen. Weil viele dieser Pionier-Unternehmen aber in den ersten drei bis vier Jahren ihres Bestehens scheitern, versuchen Beteiligungsgesellschaften das Risiko des Einzelinvestments zu streuen. Sie gehen beispielsweise 10 bis 20 Beteiligungen ein, von denen dann durchaus 30 Prozent ausfallen dürfen, wenn die anderen halbwegs gut laufen und damit die Verluste mehr als ausgleichen können. Auch im ethisch-ökologischen Investment sind in den vergangenen zehn Jahren einige solcher Beteiligungsgesellschaften entstanden, die ihrerseits – meist über die Ausgabe von Aktien – wieder Geld von risikobereiten Investoren einsammeln.

Hermerlin Öko-Beteiligungs-AG

Die Hermerlin Ethic & Innovation Öko-Beteiligungs-AG wurde im März 1997 mit Sitz im fränkischen Langenaltheim gegründet. Das Stammkapital – Minimum waren damals 100 000 DM – wurde inzwischen in nicht-öffentlichen Kapitalerhöhungen auf rund 3 Millionen Euro erhöht. Mitte 2002 wurde die Aktie zu Kursen von 2 bis 2,50 Euro gehandelt. Daneben gibt es noch eine Wandelanleihe im Volumen von rund 1,5 Millionen Euro (6 % Kupon, Laufzeit bis Ende 2003).

Als Alleinvorstand fungiert Jürgen K. Herrmannsdörfer, der auch schon seit den 80er-Jahren als CEO (Vorstand) die Geschicke der Hermerlin Inc. (BVI) bestimmt. Die Hermerlin AG hat drei Tochter(aktien)gesellschaften, mit denen sie einen Großteil der Leistungen rund um Venture Capital und Vermögensbildung abdeckt: Über die *Circle of Merlin AG* läuft seit 1999 das Geschäft der Gründungsberatung und Emissionsbegleitung, die *Merlin Broker AG* ist eine Handelsplattform für ökologische Aktien und die zuletzt ge-

Hermerlin: Im Portfolio der Hermerlin Öko-Beteiligungs AG stecken neben Unternehmen aus den Bereichen erneuerbare Energien, Naturheilkunde und Medien auch zwei Hanf-Hersteller. An der Hempage, einem Hersteller und Vermarkter von Hanftextilien, hält Hermerlin über 100 000 Aktien. Das Unternehmen vermarktet seine Produkte inzwischen großteils über den Einzelhandel. Größte Abnehmer sind die Versandhändler Hess Natur, Waschbär und Panda. (Foto: Hermerlin)

gründete *Pro Future Capital AG* entwickelt u. a. Konzepte zur betrieblichen Altersvorsorge. Einen Handel nimmt die Merlin Broker AG nur bei solchen Titeln auf, die die Hermerlin-Kriterien erfüllen und in das eigene Portfolio aufgenommen worden sind. Als Auswahlkriterien werden auf der Homepage u. a. Nachhaltigkeit (soziale, kulturelle sowie ökonomische Komponenten), die »moralischen Kategorien der Initiatoren« und der »ganzheitliche Ansatz des Konzeptes« genannt.

Investitionsschwerpunkte liegen auf den Branchen umweltfreundliche Energiegewinnung, Naturkosmetik, naturgemäße Nahrungsmittelgewinnung, ökologisch sinnvolle Verkehrssysteme und Schadstoffentsorgung sowie humane Gesundheitskonzepte. Zum Stichtag Mitte 2002 hatte die Hermerlin neben den drei operativen 100 %-Töchtern folgende Beteiligungen im Portfolio:

Beteiligung	Aktien-Stückzahl
BAUM AG	400 000
Power Pulse Holding AG (ehem. Bomin Solar)	8 000
Wind Star AG	700 000
Augmentec AG	80 000
Naturheilkundliche Tagesklinik AG	204 516
Solantis Energy AG (ehem. Vita Plus AG)	254 871
Hempage AG	107 000
S.C. Carin S.A. (Rumänien)	140 000
Janosch Film & Medien AG	200 000
Schloßgut Wansdorf AG	9 700
Treuhanf AG	7 275

Im Zuge der Emissionsbegleitung legt der Vorstand vor allem Wert darauf, dass mit dem eingesetzten Aktionärskapital sparsam umgegangen wird. Doch Fehlentwicklungen und Krisen bei manchen Beteiligungen wie bei BAUM oder der insolventen Bomin/Power Pulse blieben nicht aus und haben ihre Spuren in Form von Abschreibungen auch in der Hermerlin-Bilanz hinterlassen. Viel Geld gekostet hat auch ein Fall von Untreue: durch Jürgen Mäurer, den Alleinvorstand der Augsburger Umho Umwelt Holding AG. Die Position, in die Hermerlin vor Jahren rund eine halbe Million Euro investierte, wurde komplett abgeschrieben, wobei Erträge und positive Buchwertveränderungen bei den anderen Beteiligungen diesen Verlust 1999 teilweise wieder ausgeglichen haben.

Die meisten der jungen Gesellschaften sind noch in der Verlustzone bzw. Entwicklungsphase. Die Solantis Energy AG hat beispielsweise Mitte 2002 mit einer kapverdischen Inselverwaltung die Tochter Aguas de St.Cruz gegründet, die mittels Wind- und Sonnenenergie Trinkwasser aus Meerwasser erzeugen soll. Hermerlin-Vorstand Herrmannsdörfer lebt von einem bescheidenen Gehalt, profitiert aber später im Erfolgsfall von Optionen auf Hermerlin-Aktien.

Kontaktadresse:

- Hermerlin Öko-Beteiligungs AG, Untere Hauptstr. 44 + 44a, D-91799 Langenaltheim, Tel: 09145/496, www.hermerlin.de

Ökologik Ecovest AG

Als Mit-Initiator Harald Schuderer noch Vorstand war, befand sich die Ökologik Ecovest AG wegen Informationsverweigerung noch auf der »graugrünen Liste« (siehe Kapitel 7.4). Inzwischen ist der damalige Aufsichtsratsvorsitzende Udo Bockemühl in den Vorstand gewechselt und legt quartalsweise die Bewertungen der Beteiligungen offen. Anfang 2002 hatte er folgende Beteiligungen im Portfolio:

Beteiligung/Darlehen	Bewertung (Euro)
Interhygreno GmbH	4 036 644
Umwelt.de GmbH	2 414 795
Schmiedendorf AG	2 295 259
Immobilie (Leipzig)	1 955 437
Papierschaum Priehs AG	1 796 374
Ökologik AG & Co. Energiewendefonds I–VI	334 367
Broncho-Air Medizintechnik AG	255 646
Sonstige (inkl. Ökologik GmbH)	1 614 359
Summe	*14 702 883*

Die Liste war einmal wesentlich länger, aber einige Pleiten haben die Ökologik Ecovest AG viele Millionen gekostet. Beim Konkurs des Ökohausherstellers Heckmann Haus GmbH & Co. KG mussten rund 1 Million Euro abgeschrieben werden. Auch die Engagements bei der Xitec GmbH, der Zeppelin10 Media-Agentur AG und dem Baustoffhersteller Isofloc GmbH endeten durch Insolvenzen. Nur beim konventionellen Finanzdienstleister Euroswitch GmbH gelang bisher ein Ausstieg mit gutem Gewinn. Einige der noch relativ hoch bewerteten Beteiligungen (Schmiedendorf AG, Broncho Air AG, PSP Papierschaum AG) sind mit der Bilanzerstellung teilweise Jahre im Rückstand bzw. haben Liquiditätsprobleme.

Neben den eigenen Aktien wurden in der Vergangenheit auch so genannte »Energiewende-Fonds« angeboten, geschlossene Fonds für Wind- und Wasserkraftprojekte. Bei der Energiewendefonds III Windpark Geisleden KG wurde die Ökologik Ecovest aus der Geschäftsführung abgewählt, bevor der Fonds wegen schadhafter Anlagen bzw. der Insolvenz des Turbinenherstellers Frisia selbst in die Zahlungsunfähigkeit schlitterte. Nicht zuletzt wegen dieser Negativ-Erfahrungen plant das Unternehmen keine weiteren Windpark-Fonds mehr und will künftig nur noch reine Venture-Capital-Fonds auflegen.

Mit einigen Anlegern führt die AG seit Jahren juristische Auseinandersetzungen über deren (Rückzahlungs-)Forderungen, es ergingen auch schon Pfändungsurteile, gegen die Ökologik Ecovest in Berufung ging. Ebenfalls kein Vertrauensbeweis: Die außerbörslich gehandelte Aktie wurde Mitte 2002 von Altaktionären – es gibt rund 2000 – zu Kursen unter 1 Euro angeboten, die anscheinend aber selbst zu diesem Bruchteil der seinerzeitigen Ausgabepreise kaum jemand haben wollte. Zugleich werden mit dem Innovationsfonds VII, der – u. a. im Hinblick auf einen möglichen Börsengang – Geld zur Beteiligung an der AG selbst sammelt, junge Aktien zu einem Vielfachen dieses Preises verkauft. Und dies – nach Auskunft von Vorstand Bockemühl – mit Erfolg. Zu Nutze kommt ihm dabei, dass er sich offenkundig neue Anlegerkreise erschlossen hat. Gezeichnet hat nicht mehr die alte idealistisch-grüne Klientel, sondern grundsätzlich an Venture Capital-Interessierte.

Kontaktadresse:

- Ökologik Ecovest AG, Kaiserstr. 11, D-60311 Frankfurt, Tel. 069/1338890, www.ecovest.de

Envire Holding AG

Die 1999 im Umfeld der Umweltfinanz AG gegründete Envire Holding AG – Vorstand Harry Kutzner ist auch Geschäftsführer der Umweltprojekt GmbH – hält großteils Positionen an außerbörslichen Öko-Aktien, die von der Umweltfinanz platziert worden sind oder noch platziert werden sollen (z. B. 81fünf, Unit Energy, Citycom, Stattauto Car Sharing, Janosch Film und Medien, NaBaLe Naturcenter sowie die inzwischen insolvente Intensys Solar). Die Gesellschaft ist noch sehr klein und will durch Ausgabe neuer Aktien weiterwachsen. Bis Ende 2001 kam durch die Platzierung von 350 000 Aktien zu Preisen zwischen 1 und 2 Euro erst rund eine halbe Million Euro in die Kasse.

Kontaktadresse:

- Envire Holding AG, Berliner Str. 36, 10715 Berlin, Tel. 030/86397459, www.envire-holding.de

NEW Umwelt AG

Die im Jahr 2000 gegründete Gesellschaft hält u. a. Beteiligungen an der Hasopor AG (Produktion von Schaumglas), der C.Tec Umweltanlagen AG (Anlagenbau u. a. für Altreifenrecycling), der Solar-Wind GmbH (Photovoltaik, Windenergie, Biomasse) und der Varicula Life Sciences AG (u. a. Impfstoffentwicklung, Therapeutika). Zudem hat sie sich Beteiligungsoptionen in den Bereichen Wasseraufbereitung und solare Wasserentsalzung gesichert.

Eine Bewertung ist derzeit noch schwer möglich, die Aktien wurden allerdings mit einem relativ hohen Agio auf den Markt gebracht.

Kontaktadresse:

- NEW Umwelt AG, Lenbachplatz 2, D-80333 München, Tel. 089/59 98 98-42, www.new-umwelt.de

AA Fortuna Venture Capital & Management AG, Venture Invest AG

Beide Gesellschaften haben über mehrere Branchen breit gestreute Portfolios, bei denen Umwelttechnik (wie z. B. die Fuel Cell Power Systems AG bei AA Fortuna oder die Umweltschutz UBP AG bei der Venture Invest) bzw. ethisch-ökologisch interessante Beteiligungen nur einen kleineren Teil ausmachen. Die AA Fortuna, mit knapp 10 Millionen Euro von den Investoren ausgestattet, musste 2001 den Wert ihrer Beteiligungen auf insgesamt rund 3,1 Millionen Euro abschreiben; der Bilanzverlust wuchs auf rund 6,4 Millionen Euro.

Kontaktadressen:

- AA Fortuna Venture Capital & Management AG, Bodenseestraße 4, D-81241 München, Tel. 089/889491-30, www.aafortuna.de
- Venture Invest AG, Engelbergerstraße 19, D-79106 Freiburg, Tel. 0761/50364-20, www.ventureinvest.de

Bio Bauern Beteiligungs AG

Die 2001 gegründete Gesellschaft beteiligt sich – wie der Name vermuten lässt – an Unternehmen bzw. Investitionen im Bereich Landwirtschaft und Lebensmittel, beispielsweise an Molkereien in Upland und Andechs. Vorstand Ralf Lottmann kalkuliert mit einer Rendite von 3 % ab 2003, später etwas mehr. 2003 soll auch erst der außerbörsliche Handel starten.

Kontaktadresse:

- Bio Bauern Beteiligungs AG, Postfach 10 19 64, D-44719 Bochum, Tel. 0234/60366, www.bio-bauern.uol.de

Wie gewonnen: ... so zerronnen, heißt es oft bei Investments im Venture Capital-Bereich. Insbesondere bei kleinen Unternehmen im Bereich Öko-Landbau und Öko-Einzelhandel haben Anleger schon zahlreiche Pleiten erlebt.
(Foto: GLS Gemeinschaftsbank)

Sonne und Wind Beteiligungen AGB

Für die von der Versiko AG im Jahr 2000 gegründete Beteiligungsgesellschaft wurde ein Paket von über 30 teilweise börsennotierten, großteils aber noch geheim gehaltenen Beteiligungen vorwiegend im Bereich erneuerbare Energien geschnürt. Bei der ersten öffentlichen Kapitalerhöhung wurde ein Agio von fast 100 Prozent auf den damaligen Wert (4 Euro pro Aktie) dieses Überraschungspakets verlangt. Da Ende 2000 die Kurse in diesem Sektor fast am Höhepunkt waren, dürfte der Wert des Pakets inzwischen stark gesunken sein. Genaue Zahlen oder eine Liste aller Beteiligungen wurden vor Redaktionsschluss des Buches nicht vorgelegt.

Kontaktadresse:

- Sonne und Wind Beteiligungen AGB, Fichtenstr. 42, D-40233 Düsseldorf, Tel. 0211/9737-129

2.5.2.1 Beteiligungsgesellschaften in der Schweiz

Während in Deutschland keine einzige Öko-Beteiligungsholding börsennotiert ist, sind in der Schweiz seit 1997 schon mehrere Gesellschaften mit teilweise recht unterschiedlicher Philosophie und Volumen an die Börse gegangen. Großer Vorteil für die Anleger: Sie können ihre Beteiligung jederzeit wieder verkaufen. Zudem unterliegen die Gesellschaften durch die Börsennotierung deutlich höheren Transparenz- und Berichtspflichten. Alle Gesellschaften orientieren sich am Inventarwertprinzip. Der Aktienkurs kann aber im Gegensatz zu Investmentfonds (siehe Kapitel 2.4.2) vom »inneren Wert« nach oben oder unten abweichen.

Das Nebenwerte-Journal schätzte im Mai 2002, dass in der Schweiz in den vergangenen zehn Jahren gut 5,5 Milliarden Franken in ethisch-ökologische Anlagen geflossen sind. Ein Teil davon steckt in den folgenden Beteiligungsgesellschaften.

Angebote der Sustainable Asset Management (SAM)

Die seit 1997 börsennotierte *Sustainable Performance Group AG (SPG)* investiert ähnlich wie ein Investmentfonds in börsennotierte Unternehmen, die nach den Kriterien des hauseigenen Sustainability-Index (siehe Kapitel 2.4.3) ausgewählt werden. Neben so genannten Sustainability-Pionieren liegt der Schwerpunkt dabei auf den Sustainability-Leaders. Die zehn größten Positionen waren zum Stichtag 31.3.2002 folgende Aktien: SAP, Unilever, Intel, Nokia, Whole Foods Market, ING Group, Johnson & Johnson, VW, Royal Dutch/Shell und Novozymes. Von der versprochenen »langfristig attraktiven Performance« haben die Anleger allerdings noch kaum etwas gespürt. Immerhin lag der SGP-Kurs nach fünf Jahren (Mitte 2002) zumindest noch in der Nähe des Erstausgabekurses von 400 Franken, während man mit manch anderer Beteiligungsgesellschaft wie z. B. der ebenfalls von SAM lancierten Smart-Energy-Aktie mehr als die Hälfte des Geldes verlieren konnte.

Die *SAM Smart Energy AG* konzentriert sich auf erneuerbare Energien und Energieeffizienz-Titel. Im Mai 2002 waren die zehn größten Positionen Westport Innovations (9,7 %), Aixtron, El Paso, Xantrex, Intermagnetics, Caminus, Active Power, BG Group, Impco Technologies und Fuel Cell Energy. Windkrafttitel waren mit weniger als 3 Prozent vertreten. Die Aktie dieser Beteiligungsgesellschaft, die im März 2001 zu 100 Franken an die Börse kam, sank in den ersten 17 Monaten auf nur mehr 37 Franken. Ein Grund: Zum Startzeitpunkt hatten viele Energiewerte ihren Kurshöhepunkt erreicht und gaben in der Folgezeit erheblich ab. Die zusätzlich zur Managementgebühr

(1 % p.a.) vorgesehene »erfolgsabhängige Entschädigung« (10 Prozent vom Wertzuwachs) ist somit auf längere Sicht nicht zu erwarten.

Kontaktadressen:

- Sustainable Performance Group AG, Birrenstrasse 11, CH-8835 Feusisberg, Tel. 0041/1/6872266, www.sustainable.ch
- SAM Smart Energy AG, Zollikerstr. 60, CH-8702 Zürich-Zollikon, Tel. 0041/1/3952800, www.samsmartenergy.com

Terra Trust Investment AG

Diese Beteiligungsgesellschaft wird seit Februar 1997 an der Berner Telefonbörse gehandelt. Mit einem Startkapital von knapp 5 Millionen Franken investiert man weltweit in »führende Unternehmen aus dem Bereich Ökologie« bzw. »nachhaltiger Lebensstil«. Dabei werden rund 70 Prozent des Gesamtvolumens in börsennotierte Unternehmen und rund 20 Prozent in Venture Capital angelegt (z. B. Power Pulse Holding AG oder die Felco Holding Zug AG und die Atlantis Energy Investment AG, die beide 2001 in Konkurs gingen). Unter den börsennotierten Aktien im Portfolio waren 2002 u. a. Amedisys, Electric City, Gamesa, Vestas und Global Care AG, eine andere Schweizer Beteiligungsgesellschaft mit ähnlichen Zielen.

Kontaktadresse:

- Terra Trust Investment AG, Grundstrasse 12, CH-6343 Rotkreuz, Tel. 0041/1/7905037, www.terratrust.com

Global Care AG

Etwas später als die Terra Trust Investment AG wurde auch die Global Care AG an der Berner Telefonbörse gelistet. Bei Global Care liegt der Schwerpunkt allerdings – nach dem US-Vorbild der »socially responsible«-Investmentfonds – auf sozial verantwortlichen Anlagekriterien. Im 20-Millionen-Franken-Portfolio waren 2002 u. a. Amedisys, Whole Foods Market, Umweltkontor und die nicht notierte Eichberg Bio AG, die Bio-Lebensmittel herstellt und vertreibt. Der Kurs – Mitte 2002 bei rund 30 Franken – liegt zeitweise erheblich (bis zu 40 %) unter dem Net Asset Value (NAV = innerer Wert lt. Firmenbewertung).

Kontaktadresse:

- Global Care AG, Gartenstrasse 36, CH-8002 Zürich, Tel. 0041/1/2020204, www.globalcare.ch

New Value AG

Die im Jahr 2000 gegründete New Value AG investiert in nicht börsennotierte »Wachstumsunternehmen mit ethisch-innovativer Grundhaltung« und unterstützt die meist noch sehr jungen Beteiligungsfirmen auch aktiv mit Managementleistungen (Controlling etc.). Unter den zehn Beteiligungen, die im Jahr 2002 gehalten wurden, befanden sich u. a. die Zürcher Bogar AG (veterinärmedizinsiche Arzneien auf pflanzlicher Basis, sog. Phytopharmaka) und die Triton AG (für die Landwirtschaft nützliche biologische Bodenhilfsstoffe / Bodenpilze). Der innere Wert (Net Asset Value) pro Aktie wird monatlich auf der Homepage veröffentlicht.

Kontaktadresse:
- New Value AG, Bahnhofstrasse 46, CH-8021 Zürich, Tel. 0041/1/2104664, www.newvalue.ch

Coopera AG

Die Coopera AG will Neues ermöglichen. Hilfestellung wird einerseits in Form von Anteilen oder Darlehen gegeben, andererseits durch Beratung der betreffenden jungen Unternehmen. Seit 1990 beteiligt sich die Gesellschaft an nicht börsennotierten kleineren Unternehmen, u. a. in der ökologischen Landwirtschaft (Biomilk AG, Biofrischdienst Horai AG, L'Aubier SA, Vanadis AG), bei Herstellern von Öko-Textilien (Maikaal-Initiator Remei AG, Ruckstuhl Teppichfabrik AG) und an Finanzinstituten (Alternative Bank ABS AG).

Kontaktadresse:
- Coopera AG, c/o Maeder Treuhand, Postfach, CH-3063 Ittigen, Tel. 0041/31/9218822, www.coopera.ch

New Energies Invest AG

Nicht börsennotierte Unternehmen im Sektor erneuerbare Energien sind Schwerpunkt dieser Beteiligungsgesellschaft. Mit einer Mindestanlagesumme von 50 000 Franken ist sie allerdings nicht für Kleinanleger gedacht. Die können erst nach einem später geplanten Börsengang einsteigen. Für die Auswahl der Beteiligungen ist u. a. Andreas Knörzer zuständig, der Delegierter des Verwaltungsrates und auch Mitglied des Investment-Komitees ist sowie seit 1994 für die Bank Sarasin und inzwischen verschiedene andere Banken mehrere Ökofonds managt. Mit dabei ist auch Dr. Jeremy Leggett, Gründer und Chef von The Solar Century und ehemaliger wissenschaftlicher Direktor der Internationalen Klimakampagne bzw. Solarinitiative von Greenpeace.

Kontaktadresse:

- New Energies Invest AG, c/o Bank Sarasin & Cie, Elisabethenstr. 62, CH-4002 Basel, www.newenergies.ch

Adev Energiegenossenschaft

Ausschließlich im Bereich erneuerbarer Energien bewegt sich auch die 1985 gegründete Adev Energiegenossenschaft. Sie ist Initiatorin und Hauptaktionärin der vier Unternehmen Adev Wasserkraftwerke AG, Adev Solarstrom AG, Adev Windkraft AG und der schon 1993 gegründeten Oeko-Wärme AG, an der sie noch ein Drittel hält. Daneben gibt es noch die Adev Solar KG, die

Adev Energiegenossenschaft: Die Schweizer Beteiligungsgesellschaft betreibt knapp drei Dutzend erneuerbare Energie-Anlagen – beispielsweise das Kleinstwasserkraftwerk Luterbach. Die schon 1918 errichtete Anlage wurde 2001 von der Adev umfassend erneuert und liefert seitdem 20 Prozent mehr Strom.
(Foto: Adev Energiegenossenschaft)

überwiegend mit dem Kapital privater Kommanditisten zwei Solarkraftwerke betreibt, und die von Adev verwaltete Genossenschaft pro Guggenloch, die ein Kleinwasserkraftwerk betreibt. Die Adev-Gruppe wies Ende 2001 eine Bilanzsumme von rund 7 Millionen Franken aus. Insgesamt betreibt sie zwölf großteils erdgasbetriebene Blockheizkraftwerke zur Strom- und Wärmeproduktion, elf Solarstromanlagen, fünf Kleinwasserkraftwerke, drei Biomassekraftwerke (Holzschnitzelfeuerung) und zwei Windkraftwerke. Im Jahr 2001 stiegen die Erlöse (inkl. Anlagenbau) um 188 Prozent auf rund 5,4 Millionen Franken, der Betriebsgewinn um fast 500 Prozent auf rund 61 000 Franken.

Kontaktadresse:

- ADEV Energiegenossenschaft, Oristalstr. 85, Postfach 550, CH-4410 Liestal, Tel. 0041/61/9219450, www.adev.ch

OC Group AG

Die Winterthurer OC Group AG versteht sich selbst nicht als Beteiligungs-Holding, sondern als Managementfirma. Mit ihren drei Beteiligungen – mehr sollen es auch nicht werden – Enercontract AG, Eco Bauhaus AG und Pflegeheim Berntor AG deckt sie die Bereiche Energie, Immobilien und Alterspflege ab. Beteiligungsmöglichkeiten gibt es in Form von außerbörslichen Aktien (letzte Kapitalerhöhung 2001 zum Preis von 24 Franken) oder Anleihen. Mittelfristig will die bisher noch kaum bekannte Gesellschaft »ein valabler Dividendenwert für den ökologisch-ethisch orientierten Kapitalmarkt« in der Schweiz werden.

Kontaktadresse:

- OC Group AG, Turmhaldenstrasse 6, CH-8400 Winterthur, Tel. 0043/52/26900-98, www.oc-group.ch

3 Altersvorsorge und Risikoabsicherung

›Es grünt so grün ...‹ gilt inzwischen auch für die Versicherungsbranche. Rund ein Dutzend verschiedener öko-sozialer Varianten und Anbieter tummelt sich allein auf dem deutschen Markt. Bei einer grünen Lebensversicherungs-Police soll durch die Veranlagung der Gelder nach ökologischen Kriterien auch die Umwelt als Lebensgrundlage geschützt werden. Neben Gesellschaften und Maklern, die nebenbei auch (umwelt-)fondsgebundene Policen anbieten, gibt es mit der Oeco Capital in Hannover seit 1996 – immer noch weltweit einmalig – eine eigene Versicherungsgesellschaft, die sich ausschließlich den Öko-Policen widmet.

Von dem Anfang 2002 in Deutschland in Kraft getretenen Altersvorsorgegesetz (Riester-Rente), das alle Anbieter verpflichtet zu berichten, ob ethisch-ökologische Kriterien bei der Veranlagung der Gelder eine Rolle spielen oder nicht, erhofften sich einige Anbieter einen deutlichen Aufschwung für grüne Altersvorsorgeprodukte. Bislang ist davon allerdings erst wenig zu spüren.

3.1 Lebensversicherungen

Große Rückversicherungen wie die Schweizer Rück oder die Münchner Rück machen sich zunehmend Gedanken über die enorm steigenden Schadensfälle (Überschwemmungen u. a. Naturkatastrophen), die mit der von Menschen verursachten Klimabelastung zu tun haben. Die Überlegungen sind nicht ganz uneigennützig: Schließlich müssen diese Gesellschaften für den (finanziellen) Schaden gerade stehen. Um dem abzuhelfen, holen sich die Vorstände auch den Rat von international agierenden Umweltschutzorganisationen wie Greenpeace ein.

Hinzu kommt, dass immer mehr Versicherte nach dem Verwendungszweck ihrer Gelder fragen. Dies umso mehr, da nach dem Debakel an den Aktienmärkten der Jahre 2001 und 2002 alle Versicherungskonzerne riesige Summen verloren haben. Bei dem einen oder anderen Anbieter könnte so ein Umdenken in Richtung eines nachhaltigen Investments einsetzen.

In Großbritannien, wo fondsgebundene Lebensversicherungen traditionell stark vertreten sind, gibt es seit 1984 auch entsprechende Ethik- und Umweltfonds, die über Renten- bzw. Lebensversicherungen angeboten werden. Auf dem europäischen Kontinent hingegen sind solche Initiativen erst seit 1992 festzustellen. Damals brachte der Öko-Versicherungspionier Ticino Leben erstmals eine »Öko-Police« auf den Markt. Im Folgenden werden rund ein Dutzend verschiedene Öko-Lebensversicherungen beschrieben, wobei grundsätzlich drei Arten zu unterscheiden sind:

1. Kapitallebensversicherungen mit eigenem Abrechnungskreis
2. fondsgebundene Versicherungen
3. konventionelle Policen mit indirekter Finanzierungswirkung.

3.1.1 UNEP-Umwelterklärung

Seit November 1995 haben in Kooperation mit dem Uno-Umweltprogramm (Unep) weltweit über 100 Versicherungsgesellschaften, darunter Gerling, Mannheimer, R&V, Schweizer Rück, Skandia, Wiener Städtische und Oeco Capital, eine gemeinsame »Erklärung der Versicherungswirtschaft zum Einsatz für die Umwelt« unterschrieben. Darin gehen die Versicherungsgesellschaften einige Selbstverpflichtungen ein, beispielsweise die stärkere Berücksichtigung ökologischer Aspekte bei der Entwicklung künftiger Versicherungsprodukte und der Vermögensverwaltung. Wörtlich heißt es in der Erklärung: »Eine nachhaltige Entwicklung verlangt ein Wirtschaften, das den gegenwärtigen Bedürfnissen Rechnung trägt, ohne die Chancen zukünftiger Generationen auf Befriedigung ihrer Bedürfnisse in Frage zu stellen. So zu handeln sehen wir als vernünftiges Wirtschaften an.« Hinsichtlich der Produktgestaltung und Vermögensverwaltung befürwortet man »Versicherungsprodukte und -dienstleistungen, die durch geeignete Vertragsbedingungen oder durch begleitende Maßnahmen, etwa der Schadenverhütung, umweltschonend wirken. Neben Sicherheit und Rentabilität als den wesentlichen Grundnormen der Vermögensverwaltung bemühen wir uns, Umweltgesichtspunkte einzubeziehen.« Der verbindliche Charakter dieser Erklärung geht dabei weit über eine ähnliche im Zuge des Rio-Gipfels von 1992 lancierte UN-Umwelt-Erklärung der Banken hinaus.

Doch Papier ist geduldig, nur wenige der Unterzeichner haben bisher die ausgetretenen Pfade verlassen. Selbst beim Kölner *Gerling*-Konzern, der sich maßgeblich am Zustandekommen der Unep-Erklärung beteiligte, waren in der Veranlagungspolitik anfänglich keine großen Änderungen festzustellen. Erst Jahre später wurde ein erster Umweltfonds aufgelegt, und im Zuge der Riester-Rente wurde 2002 eine erste Öko-Police lanciert. Über die Gerling-Tochter *Gerling Sustainable Development Project GmbH* wurden allerdings einige Projekte direkt finanziert, die dem Treibhauseffekt entgegenwirken sollen. Eine Initiative namens *Sustainability Investment Partners (SIP)* soll dafür sorgen, dass auch im Anlagebereich das Tempo in Richtung Nachhaltigkeit beschleunigt wird. Drei Partnerfirmen aus der Versicherungsbranche (Storebrand, Schweizer Rück und Victoria vom Ergo-Konzern) und zwei aus dem Finanzbereich (ING Group, SAM) investieren dabei über einen eigenen Venture-Capital-Fonds in 10–15 Unternehmen bzw. Projekte.

3.1.2 Kapitallebensversicherungen mit eigenem Abrechnungskreis

Die aufwändigste Form einer Öko-Versicherung ist nicht umweltfondsgebunden, sondern hat einen eigenen Abrechnungskreis. Das heißt, das Geld aller Versicherten wird nicht nur in Form von Investmentfondsanteilen veranlagt, sondern in allen nach den Vorschriften des Versicherungsaufsichtsgesetzes (VAG) möglichen Formen wie z. B. auch Immobilien oder Hypothekendarlehen für ökologische Bauvorhaben.

Oeco Capital Lebensversicherung AG

Im Normalfall wissen die Versicherten nicht, wie die Versicherung die Beiträge ihrer Kunden anlegt. Einen völlig neuen Weg geht hier – als weltweiter Vorreiter – die 1996 gegründete Oeco Capital Lebensversicherung AG mit Sitz in Hannover. Von der Anlage definitiv ausgeschlossen sind Veranlagungen in den Bereichen: Rüstungsindustrie, Atomindustrie, Gentechnologie, Rohstoffindustrie (mit Ausnahme der nachwachsenden Rohstoffe), Automobilindustrie und Chemieindustrie. Auch Banken und Versicherungen sind Bestandteil dieser Negativ-Liste, »soweit nicht ein direkter Zusammenhang zu ökologischen Investitionen nachgewiesen werden kann«. Als besonders unterstützenswert gelten hingegen Maßnahmen, Projekte und Unternehmen in den Bereichen:

- Klima-, Gewässer- und Bodenschutz
- Natur- und Artenschutz
- Lärm- und Strahlenschutz
- erneuerbare Energien
- Energieeinsparung und Recycling
- Abluft- und Abwasserreinigung
- Altlastensanierung.

Die ökologische Bonität der Kapitalanlagen wird bei Bedarf durch unabhängige Rating-Agenturen überprüft. Auch hier hat Oeco Capital Pionierarbeit geleistet. Die Hannoveraner waren die erste Versicherung, die mit Hilfe von Öko-Ratings alle Kaufkandidaten im Aktienbereich sehr eingehend überprüfen ließ.

Dass die Methodik des Öko-Ratings in Deutschland Fuß fassen konnte, ist auch einem aufwändigen Vier-Jahres-Projekt (1994–1998) des Öko-Invest-Verlags zu verdanken, das Oeco Capital als einer der Sponsoren mitfinanziert hat.

Für die Finanzanalyse ist die Privatbank Delbrück & Co. in Frankfurt zuständig, die auch den Aktien- und Anleihenanteil über den Spezialfonds *Oeco Capital Inka* managt. Im Portfolio des Spezialfonds finden sich beispielsweise Anleihen der Eurofima oder der Kommunalkredit Austria (siehe Kapitel 2.2.2). Im Aktienbereich sind u. a. Titel aus dem Natur-Aktien-Index enthalten.

1999 hat die Gesellschaft als erster deutscher Versicherer auch Minimalbedingungen für eine nachhaltige Forstwirtschaft – in Anlehnung an die Zertifikats-Bedingungen des FSC (Forest Stewardship Council) – in den Kriterienkatalog für die Kapitalanlagen aufgenommen. Bei Hypothekardarlehen wird den Kunden ähnlich wie bei der Umweltbank ein vierstufiger Umweltbonus in Form von Zinsvergünstigungen gewährt, wenn sie sich beim Hausbau für bestimmte ökologisch sinnvolle Investitionen entscheiden, z. B. Solaranlagen oder Regenwassernutzungsanlagen.

Über die Gesamtausrichtung (inkl. Büroökologie etc.) wacht ein Ökologischer Beirat, der sich derzeit aus folgenden Personen zusammensetzt: Max Deml, Chefredakteur Öko-Invest, Ulf Doerner, Umwelt-Ingenieur, und Dr. Christoph Schwingenstein, Verleger (Beiratsvorsitzender). Die Fülle der Einzelmaßnahmen macht schon deutlich, dass Oeco Capital die Selbstverpflichtung der Unep-Erklärung mit Abstand am stärksten umgesetzt.

Wer steht hinter der Oeco Capital? Die Lebensversicherung ist nach der Übernahme von den Gründungsaktionären Gothaer Rück, Schweizer Rück, Manufacturers Life Insurance, Kontiko GmbH und den ersten Vorständen zu 100 Prozent im Besitz der Concordia-Versicherungsgruppe in Hannover. In den Aufbaujahren kam es zu einem Liquiditätsengpass, der 1998 aber durch den Einstieg der Concordia behoben wurde.

Die Oeco Capital strebt eine möglichst hohe Transparenz an, sowohl bei der Veranlagungspolitik als auch bei den Tarifen und Kostenstrukturen. Auf der Produktseite gibt es die klassischen Kapital-, Risiko- und Rentenversicherungen sowie Zusatzversicherungen beispielsweise für Berufs- oder Erwerbsunfähigkeit. Angeboten werden auch Nichtraucher-Tarife, die erheblich günstiger sind. Guten Anklang auf dem Markt fand die Kinderpolice *Junior Basic*, die einerseits in Fällen von Invalidität oder Pflegebedüftigkeit unterstützt, die von den üblichen Unfallversicherungen nicht abgedeckt werden und anderseits zur Vermögensbildung des Kindes beiträgt.

Mit einigen Tausend Versicherten ist die Oeco Capital zwar noch vergleichsweise klein, aber die Wachstumsraten liegen nach wie vor über dem Branchenschnitt. Dabei ist die Concordia als Mutterkonzern kaum selbst im Vertrieb aktiv; den übernehmen vor allem unabhängige Vermittler und Versicherungsmakler.

Kontaktadresse:
- Oeco Capital Lebensversicherung AG, Karl-Wiechert-Allee 55, D-30625 Hannover, Tel. 0511/5701-2191, www.oecocapital.de

3.1.3 Fondsgebundene Versicherungen

Seit fast zehn Jahren gibt es in Deutschland die Möglichkeit, den Ertrag seiner Lebensversicherungspolice an einen oder mehrere ethisch-ökologische Investmentfonds zu binden.

Pro Vita Ökologische Investment Police
Die Stuttgarter Pro Vita GmbH hat in Kooperation mit der Skandia Lebensversicherung schon 1994 die Fonds-Police mit der größten Auswahl an ethisch-ökologischen Fonds konzipiert. Derzeit stehen fünf Fonds zur Wahl: SEB Invest Öko Lux, Oekosar, KD Öko Invest, UBS Eco Performance und SEB Invest Öko Rent. Daneben wird eine Variante mit einem aktiv gemanagten Pro Vita-Fondsportfolio angeboten. Die Performance ist im Vergleich mit konventionellen Fondspolicen in den vergangenen Jahren wesentlich besser ausgefallen. In einzelnen Jahren lag die Police – dank des Öko-Aktien-Booms – deutschlandweit an erster Stelle.

Für den Risikoanteil wird ein Nichtraucherrabatt gewährt; zwischen den Fonds kann man beliebig oft und kostenlos switchen. Die Mindestsummen sind 50 Euro beim Monatssparplan bzw. 10 000 Euro als Einmalanlagebetrag.

Kontaktadresse:
- Pro Vita Gesellschaft zur Vermittlung von umwelt- und sachwertorientierten Kapitalanlagen mbH, Stuttgarter Str. 100, D-70469 Stuttgart, Tel. 0711/81067-67, www.provita-kapitalanlagen.de

Life Time Öko, Versi Life
Die Münchner Continentale Lebensversicherung aG hat 1994 im Rahmen ihrer Flexiblen Fonds-Police die *Life Time Öko* eingeführt, bei der ein Teil der Beiträge in den Investmentfonds Oekosar, ein anderer in den Activest Eco Tech fließt.

Ebenfalls von Continentale auf den Markt gebracht wurde *Versi Life* von der Versiko AG, die seit Herbst 1994 eine 100 %-ige Öko-Investment-Police (mit teilgezillmertem Tarif) anbietet. Die Kapitalanlagebeträge werden in ökologische Fonds investiert, z. B. in den Oekosar oder den Ökovision.

Eine ähnliche Variante dieser Öko-Fonds-Police bietet Cosmos an: Seit September 1996 gibt es hier eine fondsgebundene Lebensversicherung, die an den SEB Invest Öko Lux gebunden ist. Da Cosmos als Direktversicherung keinen teuren Außendienst unterhalten muss, sind die Gebühren für die Policen sehr günstig. Auch die übrigen Konditionen (Möglichkeit des Umtausches in eine Rentenversicherung oder Kapitallebensversicherung, des Fonds-Switchens etc.) sowie eine sofortige Überschussbeteiligung sind verbraucherfreundlich gestaltet (inkl. Betragsermäßigung für Nichtraucher).

Kontaktadressen:

- Continentale Lebensversicherung aG, Beethovenstr. 6, D-80336 München, Tel. 089/5153-0, www.continentale.de
- Versiko AG, Fichtenstr. 42, D-40233 Düsseldorf, Tel. 0211/9737-0, www.versiko.de
- Cosmos Direkt Versicherungen, Halbergstr. 52–54, D-66121 Saarbrücken, Tel. 0681/966-6666, www.cosmosdirekt.de

3.1.4 Konventionelle Policen mit indirekter Finanzierungswirkung

Bei dieser Art von Policen gibt es keinen eigenen Abrechnungskreis und auch keine Bindung an einen Fonds: Nur die Gelder, die über einen bestimmten Vertriebsweg bzw. ein eigenes Label bei einem konventionellen Versicherer eingehen, werden nach bestimmten Öko-Kriterien veranlagt. In der Regel liegt dieser Anteil weit unter einem Prozent des gesamten großen Anlagetopfes. Letztlich gilt damit auch für alle konventionell Versicherten exakt die gleiche gemixte Anlagestruktur wie für die Öko-Policen-Kunden. Vorteil: Zumindest ein Bruchteil des Geldstroms wird in eine bestimmte Richtung gelenkt.

Transparente

Das Konzept für Transparente wurde 1996 vom Verein für alternative Versorgungskonzepte (V.A.V.) in Zusammenarbeit mit dem H + H Versicherungskontor Hamburg ins Leben gerufen. Der Vorstand der Hamburger Neue Leben Lebensversicherung AG garantiert dabei den Kunden, dass seine Gesellschaft mindestens in Höhe der Beitragszahlungen Refinanzierungsmittel für Transparente für ökologisch-soziale Kapitalanlagen zur Verfügung stellt.

Die Richtlinien umfassen sowohl einige positive Anwendungsbereiche von ökologischen Bauweisen bis zu »ökologisch effizienter Produktherstellung und Vermarktung« als auch die bekannten Ausschlusskriterien – beispielsweise Unternehmen, die direkt oder indirekt gefährliche Produkte wie Waffen oder Giftstoffe herstellen oder der Atomindustrie und ihren Zulieferern zuzurechnen sind.

Bevorzugte Investitionsbereiche sind:

- ökologische Architektur
- umweltfreundliche Energieerzeugung
- fortschrittliche Bildungseinrichtungen
- soziale Wohnprojekte
- Unternehmen mit herausragenden Sozialleistungen
- ökologisch effiziente Verkehrssysteme
- Herstellung und Vermarktung ökologischer Produkte.

Rund 3 Millionen Euro flossen z. B. in das Gesundheitszentrum St. Pauli, ein ehemaliges Hafenkrankenhaus, inkl. Krankenstube für Obdachlose. Eine noch größere Summe – mindestens 5 Millionen Euro – ist für ein Nachhaltigkeitszentrum (das »Ö«) in Hamburg-Ottensen vorgesehen, das Deutschlands größtes Bio-Zentrum mit rund 80 Büros, Läden und Werkstätten werden soll. Daneben wird ein Teil der Gelder im Investmentfonds Prime Value Mix veranlagt. Details (Anlagebericht) sind auch auf der Homepage abrufbar.

Kontaktadresse:

- Verein für alternative Versorgungskonzepte (V.A.V.), c/o H+H Versicherungskontor Hamburg, Sierichstr. 157, D-22299 Hamburg, Tel. 040/897124-0, www.versicherungskontor-hamburg.de

Ökolife

Schon 1994 brachte die Mannheimer Versicherungen AG die vom Verbund der Fairsicherungsläden entwickelte Ökolife-Police mit einem eigenen Abrechnungskreis auf den Markt. Doch die Versicherungstarife waren wohl zu verbraucherfreundlich – beim ungezillmerten Tarif werden die Abschlusskosten über die gesamte Laufzeit verteilt und nicht vorweg renditemindernd von den ersten eingehenden Beiträgen bezahlt. So erschienen die Provisionen für die Vermittler zu wenig attraktiv und die Police verschwand mangels

Volumen – es waren kaum Abschlüssen zustande gekommen – wieder in der Schublade.

Einige Jahre später wurde die Ökolife wieder mit Leben gefüllt. Allerdings nicht mehr mit einem – bei kleinem Volumen nicht sinnvollen – eigenen Abrechnungskreis, sondern mit einem anderen Konzept. Ähnlich wie bei der Transparente werden nur die vom Vertrieb der Versiko/Ökorenta eingesammelten Kundengelder in grüne Fonds veranlagt. Im großen Anlagetopf der Mannheimer Versicherung spielen die Gelder allerdings kaum eine Rolle.

Kontaktadressen:
- Mannheimer Versicherungen AG, Augustaanlage 66, D-68165 Mannheim, Tel. 0180/22024, www.mannheimer.de
- Versiko AG, Fichtenstr. 42, D-40233 Düsseldorf, Tel. 0211/9737-0, www.versiko.de
- Verbund der Fairsicherungsläden eG, Pantaleonsmühlengasse 36, D-50676 Köln, Tel. 0221/31080-0, www.fairsicherung.de

3.2 Rentenversicherungen

Vorweg eine Unterscheidung zweier Prinzipien, die in manchen Ländern heiß diskutiert werden. Jedes Prinzip hat Vor- und Nachteile, ist letztlich eines davon das bessere, oder ist eine Mischung von beiden ideal?

3.2.1 Kapitaldeckungsverfahren und Umlageverfahren

Im Gegensatz zum Kapitaldeckungsverfahren, bei dem Guthaben angespart werden, werden beim *Umlageverfahren* die derzeitigen staatlichen Pensionen durch Beiträge anderer oder Steuergelder – meist durch beides – finanziert. Das System wird durch die sofortige Umlage aller Einnahmen auf die Zahlungsverpflichtungen aufrecht erhalten und würde bei einer Unterbrechung des Zustroms neuer Gelder relativ schnell zusammenbrechen. Es weist also gewisse Parallelen zu Schneeballsystemen auf, die jedoch zusätzlich meist auf eine steigende Anzahl von Beitragszahlern angewiesen sind. Bei der Pensionsversicherung im Umlageverfahren genügt im Normalfall eine gleichbleibende Zahl, eng wird es hingegen bei schrumpfenden Einnahmen, aber steigenden Ausgaben, wie es die nächsten Jahrzehnte unweigerlich auf Länder wie Deutschland oder Frankreich zukommen wird. In beiden Ländern ist

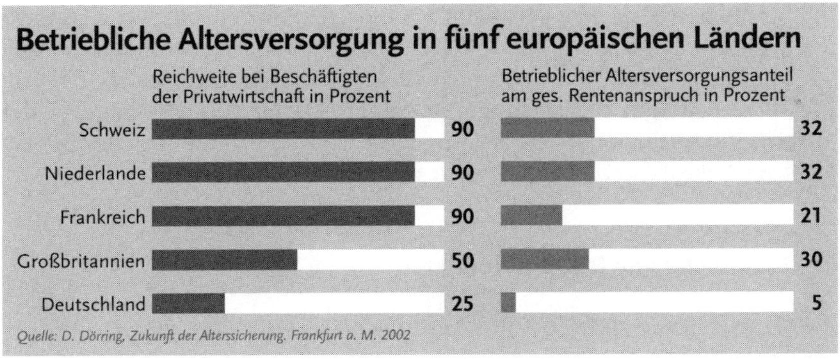

die Rentenschuld mit einer Quote von über 100 Prozent bereits größer als das Bruttosozialprodukt.

Die Probleme werden, obwohl mathematisch längst vorherzusehen, auch für den Laien immer offensichtlicher: Die so genannte Pensionsbelastungsquote, das Verhältnis der Rentner zur Zahl der Beitragszahler steigt im deutschsprachigen Raum aufgrund der demografischen Struktur unaufhaltsam weiter. Eines Tages werden 1000 Versicherte wohl mehr als 1000 Rentner finanzieren müssen – im Jahr 1990 waren es noch 500. Will man die Rentenzahlungen nicht drastisch kürzen, müssen entweder die Staatszuschüsse steigen und/oder die Beiträge bzw. das Eintrittsalter erhöht werden. Beides geht zu Lasten der jetzigen bzw. der kommenden Generationen. Denn was heute eingezahlt wird, kann nicht angespart werden, sondern muss an die derzeitigen Rentenanwärter ausgezahlt werden.

Kritisiert wird beim Umlageverfahren oft auch die ungleiche »Umverteilung« bei den öffentlichen Transferzahlungen, bei denen der Staat z. B. seine Beamten bevorzugt. Ein Beispiel: Österreichische Beamte – sie machen 14 Prozent der Rentner aus – zahlten, so rechnete vor einigen Jahren ein Politiker vor, nur 6 Prozent der Beiträge, kassieren aber 29 Prozent des Pensionsvolumens.

Um die absehbare Renten-Lücke zu schließen, hat die deutsche Bundesregierung die so genannte *Riester-Rente* konzipiert. Die auf dem *Kapitaldeckungsprinzip* basierende Versicherung wird von Banken, Versicherungen und Vermögensverwaltern aufgelegt und bietet neben einer Auszahlungsgarantie über die einbezahlten Beiträge lebenslange Rentenzahlungen. Wie schon zwei Jahre zuvor Großbritannien hat 2001 auch der deutsche Gesetzgeber im neuen Altersvorsorge-Zertifizierungsgesetz (AltZertG) eine Klausel eingebaut, nach der die Anbieter einer Berichtspflicht unterliegen. Sie müssen angeben, ob und wenn ja, wie sie die Geldanlage auch nach ethisch-ökologischen Aspekten prüfen. Alle Anbieter müssen »schriftlich darüber informieren, ob und wie ethische, soziale und ökologische Belange bei der Verwendung der eingezahlten Beiträge berücksichtigt« werden. Doch nur bei einer Handvoll der ersten 3500 zertifizierten Riester-Angebote hat man tatsächlich ethisch-ökologische Anlagekriterien angewandt.

3.2.2 Anbieter von Riester-Produkten

Die im Dezember 2001 vom Bundesaufsichtsamt für das Versicherungswesen (Nr. 002016) als Riester-Rente zertifizierte *Oeco Capital Altersvermögens-Rente* war eine der ersten im ökologischen Segment dieser neuen Gattung. Formale und inhaltliche Transparenz wird dabei groß geschrieben: Interessenten erhalten eine Aufstellung aller Kosten, die Versicherten später auch regelmäßig Informationen über die Kapitalanlagen.

Die GLS Gemeinschaftsbank eG startete gleich mit zwei Produkten, ein drittes wurde in Kooperation mit einer Bausparkasse ausgearbeitet. Das erste Riester-Produkt, die *GLS Rente-Plus,* ist ein selbstgestricktes Angebot nach dem Motto: Man nehme ein GLS-Sparkonto und verrente dieses (inkl. Zinsen) später. Das zweite Produkt ist eigentlich ein konventionelles, nämlich die *Mannheimer Primos-Rentenversicherung,* für das man allerdings eine spezielle Vertriebsvereinbarung geschlossen hat: Die Mannheimer verpflichtet sich alle von GLS-Kunden eingehenden Beiträge (nach Abzug der Kosten) nach strengen und von einem Anlageausschuss, auch mit GLS-Mitgliedern, kontrollierten ethisch-ökologischen Kriterien anzulegen. Dabei geht die Versicherung sogar in Vorleistung und veranlagt, ohne dass Beiträge geflossen sind, gleich 1,5 Millionen Euro in diesem Sinne. Allerdings gibt es – anders als z. B. bei der Oeco Capital – keinen eigenen Abrechnungskreis, sondern alle Gelder fließen in den großen Gesamttopf der Mannheimer Versicherung. Die reine GLS-Anlagephilosophie findet man also nur beim Riester-Produkt GLS Rente-Plus, deren Mittel bei GLS-Projektfinanzierungen bzw. -krediten arbeiten.

Auch die Düsseldorfer Versiko hat mit der *Versiko Riester-Rente* (VRR) bzw. dem *Vorsorge Plus-Plan* eigene Produkte entwickelt, deren Volumen teilweise in fünf ökologisch ausgerichteten Investmentfonds angelegt wird. Bei dieser »Fondsrente mit Mindestgarantie« werden die Kosten auf die gesamte Laufzeit verteilt, sodass – unter der Voraussetzung tendenzielle steigender Kurse – die Gesamtrendite höher liegen dürfte als bei Produkten, bei den die Gebühren früher abgezogen werden. Ob sich gegenüber einer Direktanlage in

Fonds, wie sie die Versiko-Tochter Ökorenta anbietet, ein Vorteil ergibt, hängt vom Einzelfall ab. Gutverdiener ohne Kinder fahren mit dem Riestermodell sicher weniger gut.

Schon 1992, lange vor Riester, hat Versiko die *Versi-Rente* eingeführt, eine an sich normale Rentenversicherung, für die der Versicherungsträger Continentale zugesagt hat, Gelder im Gegenwert von anfänglich 10 Prozent, später (ab 1997) 22 Prozent der einlangenden Versi-Rente-Deckungsbeiträge – ohne eigenen Abrechnungskreis – in einen ökologischen Investmentfonds umzuschichten.

Im Frühjahr 2002 kamen noch einige weitere Riesterprodukte mit mehr oder weniger grünem Touch auf den deutschen Markt, darunter z. B.

- die Certes-Rentenversicherung der Bruderhilfe Pax Familienfürsorge in Detmold, bei der die Überschusserträge nachhaltig angelegt werden (www.bruderhilfe.de).
- das Portfolio Zukunft der Gerling-Tandem Rente Dynamic: Es basiert teilweise auf dem Nachhaltigkeitsfonds Gerling Select 21, der sich am Dow Jones Sustainability Index orientiert.
- die Ökolife-Police der Mannheimer (siehe Kapitel 3.4.1), die über die Ökorenta in einer Riester-Variante angeboten wird.
- die Plus-Rente Classic bzw. Dynamic der SEB (www.seb.de) in Zusammenarbeit mit Gerling.

Noch kein eigenes Produkt hat die Pro Future Capital AG aufgelegt, die zur Hermerlin-Gruppe (siehe Kapitel 2.5.2) gehört und sich speziell mit Altersvorsorgekonzepten bzw. der Rentenproblematik befasst.

Kontaktadressen:

- Oeco Capital Lebensversicherung, Karl-Wiechert-Allee 55, D-30625 Hannover, Tel. 0511/5701-2191, www.oecocapital.de
- GLS Gemeinschaftsbank, Postfach 10 08 29, D-44708 Bochum, Tel. 0234/5797-0, www.gemeinschaftsbank.de
- Versiko, Fichtenstr. 42, D-40233 Düsseldorf, Tel. 0211/9737-0, www.oeko-foerderrente.de

3.2.3 Rentabilität und Ökologie bei Riester-Produkten

Die Faustregel ›Ein Prozent weniger Rendite bedeutet 20 Prozent weniger Riester-Rente im Alter‹ zeigt, wie sensibel die Renditefrage ist. Einige Anbieter – wie Pro Vita oder die Pro Future Capital – raten definitiv von Ries-

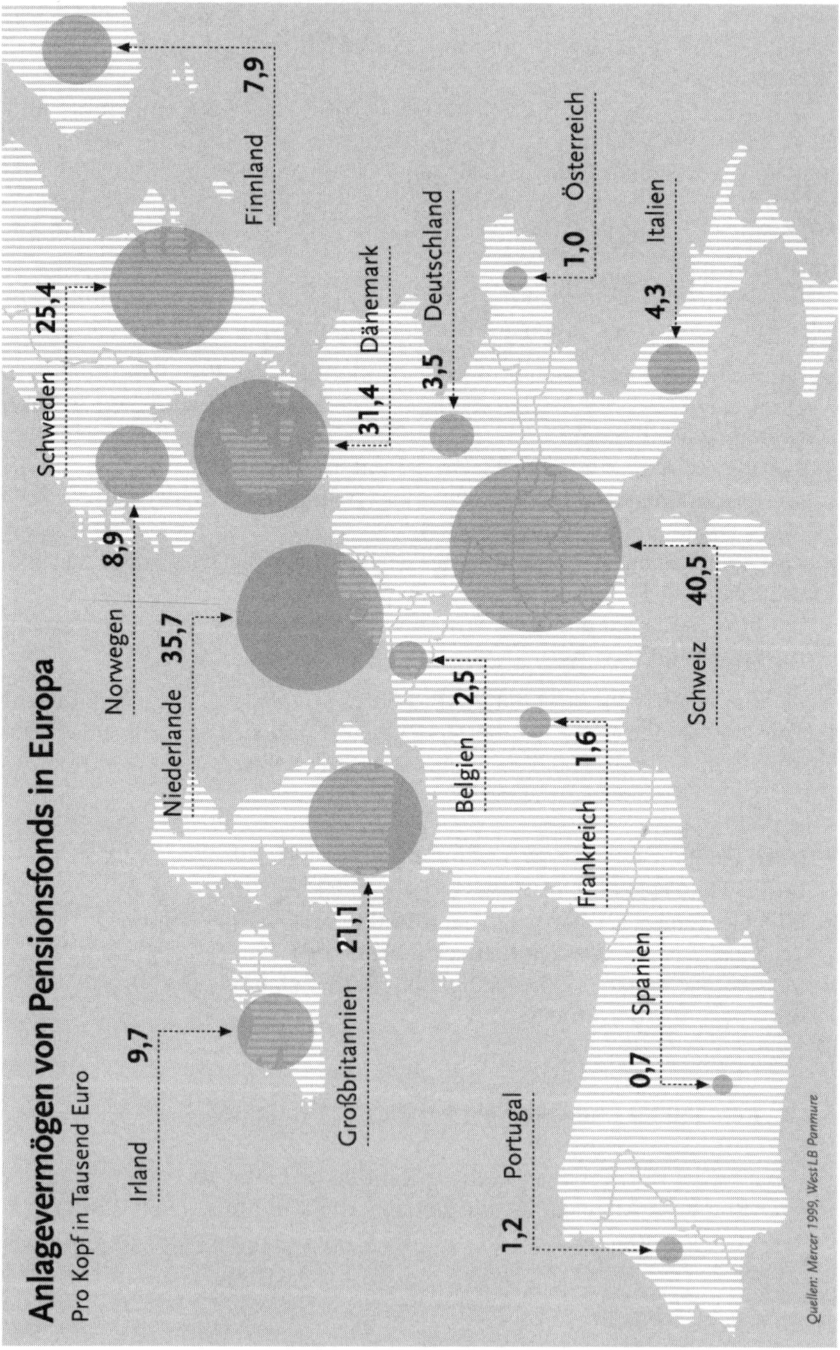
Anlagevermögen von Pensionsfonds in Europa
Pro Kopf in Tausend Euro
Irland 9,7
Großbritannien 21,1
Niederlande 35,7
Norwegen 8,9
Schweden 25,4
Finnland 7,9
Dänemark 31,4
Belgien 2,5
Deutschland 3,5
Frankreich 1,6
Schweiz 40,5
Österreich 1,0
Italien 4,3
Spanien 0,7
Portugal 1,2
Quellen: Mercer 1999, West LB Panmure

terprodukten ab. Sie könnten nur bei voller Ausschöpfung der Förderung, also bei kinderreichen Familien und relativ niedrigen Einkommen, besser abschneiden als Fondssparpläne, fondsgebundene Lebensversicherungen oder ähnliche Produkte ohne Förderung. Es fallen nämlich erhebliche Mehrkosten durch die Konstruktion (z. B. die Kapitalgarantie) der Riester-Rente an, wobei es aber wegen der sehr unterschiedlich strukturierten Kostenbestandteile vom Vertrieb bis zu Gebühren und Steuern bei der späteren Auszahlung der Rente selbst für Fachleute oft schwer ist, die Tarife zu vergleichen. Man sollte also vor Abschluss eines Riestervertrags zuerst kalkulieren, ob es nicht andere Möglichkeiten gibt, die insgesamt günstiger ausfallen.

Unabhängig von der Rentabilität ist auch die ethisch-ökologische Qualität der Riesterprodukte nicht so einfach wie bei anderen Altersvorsorgeprodukten zu beurteilen. Es sind diverse zusätzlich Kostenfaktoren im Spiel und zumindest der Anteil, der für die Garantieleistung verwendet wird, kann kaum nach diesen Kriterien veranlagt werden.

3.3 Pensionskassen

Während es in Österreich seit Mitte 1990 die ersten betrieblichen und überbetrieblichen Pensionskassen-Aktiengesellschaften gibt und seit 1997 auch eine grüne Variante, sind in Deutschland noch kaum erste Ansätze zu beobachten. In der Schweiz hingegen wurde das Thema Nachhaltigkeit bei der Veranlagung der Pensionskassenvermögen schon einige Jahre vorher umgesetzt. Dort entstanden so genannte Anlage- oder Sammelstiftungen, die ihre gesamte Anlagepolitik oder zumindest eine Anlagegruppe nach ethisch-ökologischen Kriterien führen.

3.3.1 Anlage- und Sammelstiftungen in der Schweiz

Nest Sammelstiftung, Nest Anlagestiftung

Zeitgleich mit der Vorbereitung des Gesetzes über die berufliche Vorsorge (BVG) entstand 1983 die Nest Sammelstiftung. Verschiedene Betriebe hatten das Bedürfnis das Pensionskassengeld für die versicherten Mitarbeiter(innen) so anzulegen, dass dem Prinzip der Achtung vor dem Menschen und seiner Umwelt Rechnung getragen wird. Inzwischen hat die Nest Sammelstiftung die betriebliche Vorsorge für fast 1000 Klein- und Mittelbetriebe verschiedener Branchen mit über 5000 Versicherten übernommen. In den ersten Jahren blieb das Pensionskassen-Kapital großteils in den eigenen Kreisen der Zürcher Selbstverwalter-Szene und wurde in Form von Hypotheken an Mitgliederbetriebe oder Liegenschaften, die an Mitgliederbetriebe vermietet wurden, angelegt. Nur ein kleiner Teil war in Anleihen investiert. Gegen Ende der 80er-Jahre hat sich dann ein gewisser Wertewandel vollzogen, und die Aktie hielt Einzug in das Portfolio. Außerdem wuchs das Vermögen an und Aktien dienten zugleich dazu, eine breitere Diversifikation zu erreichen.

In den fast 20 Jahren ihrer Existenz hat die Sammelstiftung ihre Grundsätze – die Förderung einer nachhaltigen Wirtschaftsweise, um mit der Umwelt und dem Wohl künftiger Generationen verantwortungsvoll umzugehen – mittels eines strengen ökologischen Auswahlverfahrens umgesetzt. Mit Hilfe des zusammen mit dem renommierten Umweltbüro Infras entwickelten Inratings (siehe Kapitel 6.2) werden jene Unternehmen ausgewählt, »die durch ihre Produkte, Produktionsprozesse und ihre ökologische Strategie eine nachhaltige Entwicklung vorantreiben«. Das Rating erfolgt für Öko- und Finanzbeurteilung – jeweils vierstufig, von durchschnittlich bis herausragend. Eine Investition erfolgt aber nur, wenn die auf diese Weise gefundenen Unternehmen auch finanziell erfolgreich sind.

Nest bietet anders als traditionelle Pensionskassen auch einige interessante Zusatzleistungen. Nicht nur Witwen, sondern auch Witwer erhalten eine Rente. Eine IV-Rente gibt es bereits ab 25 Prozent Invalidität. Man hat die Wahl zwischen Rente und (Teil-)Kapitalauszahlung und kann den Zeitpunkt der Pensionierung (Frühpensionierung oder Aufschub der Pensionierung) selbst bestimmen. Auch hinsichtlich Transparenz und Mitbestimmungsmöglichkeiten kann Nest als Pionier gelten. Die Versicherten erhalten Einblick in die Geschäftstätigkeit und die Geldanlage, seit kurzem auch per Internet. Betriebe und Versicherte können über die Personalvorsorge-Kommission Einfluss auf wesentliche Entscheidungen ausüben.

Aus der Nest Sammelstiftung ist 1995 die Nest Anlagestiftung hervorgegangen, die allen steuerbefreiten Vorsorgeeinrichtungen in der Schweiz (Pensionskassen, Wohlfahrtsfonds etc.) offen steht und bankenunabhängig, BVV2-konform und natürlich ebenfalls nach ethisch-ökologischen Auswahlkriterien ein Anlagevermögen von über 150 Millionen Franken verwaltet.

Kontaktadresse:

- Nest Sammelstiftung bzw. Nest Anlagestiftung, Limmatstrasse 275, Postfach 412, CH-8037 Zürich, Tel. 0041/1/444-5757, www.nest-info.ch

Ethos

Nicht die erste, aber inzwischen die weitaus größte ethische Pensionskasse ist die Genfer *Ethos – Schweizerische Anlagestiftung für nachhaltige Entwicklung*, die 1997 auf Initiative von Dominique Biedermann entstanden ist. Er hat schon als Direktor der Pensionskasse des Kantons Genf begonnen, das Kassenvermögen nach Nachhaltigkeits-Kriterien anzulegen. Der 1997 gegründeten Ethos, die anderen Pensionskassen offen steht, haben sich mittlerweile 83 öffentliche und private Pensionskassen (jeweils mit einem Teil ihres Vermögens) angeschlossen und insgesamt rund 1 Milliarde Franken eingebracht.

Gemanagt wird das Ethos-Vermögen von den Privatbanken Lombard Odier & Cie. und der Bank Sarasin. Dabei kann man unter mehreren Anlagestrategien wählen, z. B. gibt es die Kategorien Aktien Schweiz, Aktien Europa ohne Schweiz und Aktien Welt ohne Schweiz, seit 1999 auch Internationale Obligationen.

Transparenz und Information sind den Initiatoren ein besonderes Anliegen. Damit möchten sie bei den Mitstiftern das Bewusstsein für Corporate Governance und für eine Dialogkultur mit den Unternehmen fördern. Jeweils zu den Generalversammlungen der im Portefolio vertretenen Unternehmen wird ein mehrseitiges Unternehmensprofil mit Finanz-, Öko- und Sozialrating verschickt.

Kontaktadresse:

- Ethos, Schweizer Anlagestiftung für ein nachhaltiges Wachstum, Place Cornavin 2, Postfach, CH-1211 Genf 1, Tel. 0041/22/7161555, www.ethos-fund.ch

Stiftung Abendrot

Im Mittelpunkt der Anlagepolitik der Stiftung Abendrot soll der Mensch stehen. Gesundheit, Umwelt und Gerechtigkeit dienen als weitere Eckpfeiler. Ausgeschlossen werden deshalb Investments in Rüstung, Kernkraftwerke und Großprojekte, die gegen »ökologische Gebote verstoßen«. Die aus der schweizerischen Selbstverwaltungsszene entstandene Pensionskasse stammt aus einer Phase sehr emotional geführte Debatten um Kernkraftwerke. Viele Pensionskassen hatten damals bedeutende AKW-Anteile in ihren Portfolios, womit sich viele engagierte Versicherte nicht identifizieren konnten. Die ersten angeschlossenen Betriebe waren die Arzt- und Anwaltspraxen, Architekturbüros der Initiatoren selbst, die rund 70 bis 80 Versicherte einbrachten. Bis heute ist diese Struktur der ca. 500 Betriebe mit rund 3000 Versicherten ähnlich geblieben: Kleinstbetriebe (akademische Berufe) mit durchschnittlich drei bis vier Angestellten und Non-Profit-Organisationen mit sozial engagierter Mission, die besondere Erwartungen an ihre Pensionskasse haben.

Das Volumen wuchs bis Mitte 2002 auf über 150 Millionen Franken. Während man früher hauptsächlich in Immobilien und Hypotheken anlegte, wuchs mit zunehmender Kompetenz im Aktiengeschäft auch der Aktienanteil. 1996 lag er noch bei unter 5 Prozent, 1998 schon bei 16 Prozent. Es gibt einen Anlageausschuss, der mit dem von der Bank Sarasin geleiteten Portfoliomanagement zusammenarbeitet.

Kontaktadresse:

- Stiftung Abendrot, Postfach 953, CH-4001 Basel, Tel. 061/2699020, www.abendrot.ch

Pensionskasse für Unternehmen, Künstler und Freischaffende (PUK)

Vom Volumen her nur etwa halb so groß wie Abendrot ist die Pensionskasse für Unternehmen, Künstler und Freischaffende (PUK). Dem Gründungsmotiv und der Anlagephilosophie liegt ein anthroposophisches Weltbild zugrunde. Die einstige Teestübli-Clique aus dem ältesten Berner Vegetarier-Restaurant wollte nicht zusehen, wie mit ihren Geldern der »Zwangsvorsorge« Geschäfte unterstützt werden, über die sie keine Übersicht hat.

Die PUK strebt ganz bewusst keine Rendite-Maximierung an, sondern will für eine vernünftige Geldwert-Erhaltung sorgen. Investiert werden soll in Betriebe und Institutionen, die »sich am notwendigen Fortschritt der kulturellen, sozialen und wirtschaftlichen Verhältnisse orientieren, wie er sich aus einem zeitgemäßen Erfassen eines das Geistige in Mensch und Natur umfassenden Weltbildes ergibt«. Viele der über 150 PUK-Mitglieder bzw. Betriebe mit rund 1500 Versicherten sind nach anthroposophischen Wertvorstellungen geführte Institutionen – beispielsweise Rudolf Steiner-Schulen, aber auch Künstler und andere Freischaffende. Die Anlagestrategie bevorzugt mit jeweils einem Drittel Hypotheken und Immobilien, der Rest besteht großteils aus Anleihen und Darlehen. Aktien machen weniger als zwei Prozent aus. Die PUK will sich an Initiativen sinnvollen Wirtschaftens beteiligen; tut dies aber nur mittelbar über eine Beteiligung an Coopera (siehe Kapitel 2.5.2.1), die wiederum Titel der Alternativbank ABS oder der als Öko-Hotel ausgezeichneten L'Aubier SA hält.

Kontaktadresse:

- Gemeinschaftsstiftung PUK, Pensionskasse für Unternehmen, Künstler und Freischaffende, Postfach, CH-3063 Ittigen, www.coopera.ch/puk

Gepabu

Die kleinste und älteste der hier vorgestellten Pensionskassen ist bereits drei Jahre vor Einführung der Versicherungspflicht von einem Kreis Spät-Achtundsechziger der Berner Alternativszene aus der Taufe gehoben worden. Man wollte nicht mehr länger zusehen, wie das Stadtbild von Bern langsam »verwüstet« wurde, weil alte Häuser profitableren Gebäudekomplexen weichen mussten. Die eigenen Vorsorgegelder sollten für den Kauf und die ökologische Sanierung von Berner Liegenschaften eingesetzt werden; mit diesem Motiv ist die Gepabu 1982 gegründet worden.

Heute sind ihr über 100 Betriebe mit über 500 Versicherten angeschlossen, der Großteil des Vermögens von über 10 Millionen Franken ist in Liegenschaften und Hypothekardarlehen (an die eigenen Mitglieder) investiert, Aktien sind kaum darunter zu finden.

Kontaktadresse:

- Gepabu, Gemeinsame Personalvorsorgestiftung alternativer Bernischer Unternehmungen, Tavelweg 23, CH-3006 Bern

Weitere Pensionskassen

Parallel zum Investmentfonds UBS Eco Performance kam Mitte 1997 – durch eine von inzwischen 47 Anlagegruppen – die Gruppe Aktien Welt Oeko-Performance der *Anlagestiftung für der UBS für Personalvorsorge* auf den Markt, bei der ebenfalls der Begriff Öko-Effizienz im Vordergrund steht.

Die *Prevista Anlagestiftung* hat als Pensionskasse der Kantonalbanken 1997 Teile der Anlagestiftung ASA (Coop-Gruppe) übernommen, die u. a. auch eine Öko-Invest-Gruppe angeboten hat. Diese hat durch Missmanagment (Stichwort: Ifta-Skandal) mit außerbörslichen Aktien viel Geld verloren und musste saniert werden.

Daneben gibt es in der Schweiz noch ein paar ethisch-ökologisch interessante Einzelinitiativen von größeren Kassen wie die der *Berner Lehrerversicherungskasse*, deren Stiftungsrat beschloss, rund zwei Prozent des Vermögens in Venture Capital zu investieren. So beteiligt sich die Kasse z. B. an einer Pharmaforschungsfirma, die Wirkstoffe auf pflanzlicher Basis entwickelt, an einem Betrieb für biologischen Anbau von Heilpflanzen, an einem Hersteller von biologischen Fruchtsäften und am Hersteller der Kieser-Sportgeräte.

Kontaktadressen:

- Anlagestiftung der UBS für Personalvorsorge, Postfach, CH-8098 Zürich, Tel. 0041/1/2373474, www.ubs.com
- Prevista Anlagestiftung (Öko-Invest), Gessnerallee 32, Postfach 6582, CH-8023 Zürich, Tel. 0041/1/2154488, www.prevista-anlagestiftung.ch

3.3.2 Österreich

Winterthur Pensionskassen AG
In Österreich hat bisher nur die Winterthur Pensionskassen AG eine »grüne« Variante mit einem eigenen Abrechnungskreis anzubieten, nämlich die weitgehend nach ethisch-ökologischen Kriterien ausgerichtete *Veranlagungs- und Risikogemeinschaft 1 (VRG 1)*. Sie zählte im Jahr 2002 über 2000 Anwartschafts- und Leistungsberechtigte aus über 250 Betrieben und Organisationen und hatte ein Gesamtvolumen von rund 20 Millionen Euro. An laufenden Beiträgen kamen im Jahr 2001 rund 2,5 Mio. Euro in die Kasse. Die Performance betrug 1999 10,8 % und 2000 rund 6,4 % (nach der Statistik der österreichischen Kontrollbank). Im Jahr 2001 lag die Gemeinschaft mit 5,0 % im Minus. Angelegt wird vor allem in festverzinsliche Euro-Wertpapiere (z. B. Eurofima, Kommunalkredit Austria), Investmentfonds (z. B. Prime Value Mix), Zertifikate (Umwelt Ethik 24) und – das ist bei den meisten anderen Pensionskassen nicht der Fall – auch in einzelne Aktien (z. B. Jenbacher, Mayr-Melnhof Karton oder BWT).

Ihren Ursprung hat diese grüne VRG, die später mit einer konventionelle VRG verschmolzen wurde, in der 1998 vollzogenen Privatisierung der Pensionsansprüche von Politiker(innen). Das Startkapital kam aus Übertragungen von Ansprüchen gegenüber dem Bund von Abgeordneten verschiedener Parlamentsparteien. Der Veranlagungsausschuss für diese VRG hat weitreichende Rechte, z. B. das Recht auf Berichterstattung und Antragstellung in der Hauptversammlung der Pensionskasse. Dem fünfköpfigen Ausschuss gehören neben zwei Winterthur-Mitarbeitern (auf Vorstands- und Veranlagungsebene) auch drei von den Versicherten nominierte Vertreter an. Die Asset Allocation sieht – entsprechend gesetzlicher Mindest- bzw. Höchstgrenzen – derzeit 60 Prozent Anleihen und 40 Prozent Aktien vor, wovon 5 Prozent in Einzelaktien, der Rest in internationale Aktieninvestmentfonds mit guter Performance und günstiger Kostenstruktur investiert werden.

Kontaktadressse:

- Winterthur Pensionskassen AG, Mattiellistr. 2–4, A-1041 Wien,
  Tel. 01/51602-0, pensionskasse@winterthur.at

Hinweis: Die Anfang 2002 von der Zürich-Gruppe übernommene Winterthur Pensionskasse erhielt im Herbst 2002 einen neuen Namen, der bei Redaktionsschluss noch nicht feststand.

3.3.3 Deutschland

Nach den betrieblichen Pensionskassen, die für Mitarbeiter von Großkonzernen schon seit rund 100 Jahren bestehen, sind überbetriebliche Pensionskassen in Deutschland erst langsam im Werden. Eine »grüne« Pensionskasse gibt es noch nicht, gleichwohl spielen auch nicht-finanzielle Kriterien eine gewisse Rolle in der Diskussion, z. B. beim künftigen Branchenriesen *Metallrente*.

Das von der IG Metall und dem Arbeitgeberverband Gesamtmetall 2001 im Zuge der Einführung der neuen deutschen Rentengesetze gegründete überbetriebliche Altersversorgungswerk *Metallrente* rechnet mit 400 000 bis zu einer Million Versicherten und einem Beitragsvolumen von bis zu fünf Milliarden Euro. Angeboten werden Direktversicherungen, Pensionskassen und Pensionsfonds. Bei den rechtlich selbstständigen Pensionskassen dürfen bis zu 75 Prozent Aktien enthalten sein, die Versicherten können bei einem Wechsel des Arbeitgebers ihre Ansprüche aus dem Pensionsfonds übertragen. Die Metallrente will nicht nur die rund 3,6 Millionen Beschäftigten in der Metall- und Elektroindustrie ansprechen, sondern auch allen anderen Branchen wie z. B. Textil oder Handwerk offen stehen.

Für die Verwaltung des Vermögens wurden vier Unternehmen ausgewählt, darunter die Allianz, die mit einem Anteil von 55 Prozent das Konsortium anführt. Neben der Victoria Versicherung und der West LB ist auch die BHW-Gruppe beteiligt, an der die Gewerkschaftsholding BGAG mit 35 Prozent beteiligt ist. Später will man das Asset Management ausschreiben, frei nach dem Motto: Wer bei der Rendite nicht mithalten kann, kommt nicht zum Zuge oder fliegt wieder raus.

Die Metallrente hat zwar einen Beirat zwecks jährlicher Prüfung einzelner Engagements, verzichtet aber laut Geschäftsführer Heribert Karch auf einen engen Kriterienkatalog im Sinne sozialer, ethischer oder ökologischer Aspekte. Seine Begründung: »Der Arbeitnehmer möchte für sein Geld die größtmögliche Rendite – das hat bei uns oberste Priorität.«

Kontaktadresse:

- Metallrente, IG Metall, Lyoner Str. 32 , D-60528 Frankfurt.
  Tel. 069/6693-0 bzw. Metallrente-Hotline 01802-222 994,
  www.metallrente.de

3.4 Sachversicherungen

Auch bei anderen Versicherungen tut sich etwas in Sachen Umweltschutz: Anlässlich der 5. UN-Klimakonferenz Ende 1999 in Bonn stellte die Rheinland Versicherung das Konzept von *Cool-Invest* vor. Als Beitrag zum Klimaschutz wird dabei eine Kraftfahrzeug-, Wohngebäude- oder Betriebsversicherung mit einer Investition in die Aufforstung tropischen Regenwaldes verbunden. Der ›Baumsparvertrag‹ wird als Bausparvertrag mit CO_2-Neutralität, 4,25 Prozent Zinsgarantie und dem Cool-Bonus beworben. Durch die Vermarktung der Bäume nach etwa 25 Jahren soll Cool-Invest soviel an Rendite liefern wie vorher an Versicherungsprämien einbezahlt worden ist. Für die Pflanzungen, Pflege und Ernte ist der FSC-zertifizierte Forstbetrieb Futuro Forestal in Panama verantwortlich, der auch privaten Investoren Anteile anbietet.

Rheinland gehört zu den Unterzeichnern der Unep-Initiative der Versicherungswirtschaft und hat 1997 erstmals einen Umweltbericht mit betrieblicher Umweltbilanz veröffentlicht. 1996 hat Rheinland eine umweltorientierte Autoversicherung eingeführt, bei der Besitzer einer Bahn-Card oder anderer Jahreskarten für den öffentlichen Personenverkehr einen ermäßigten Tarif in der Kfz-Versicherung erhalten.

Der Kölner Versicherungskonzern Gerling bietet mit dem *Öko-Tarif Kraftfahrt* für umweltfreundliche Erdgasfahrzeuge günstigere Prämien. Ausschließlich mit Erdgas betriebene Pkw (monovalent) erhalten 15 Prozent Prämienvorteil auf die normale Haftpflicht- und Kaskoprämie, Fahrzeuge mit kombiniertem Antrieb (bivalent) noch 10 Prozent. Zwar gibt es in Deutschland erst gut 10 000 Erdgasfahrzeuge, aber der Markt wächst. Erdgasbetrieb erzeugt im Vergleich zu Benzin bis zu 23 Prozent weniger Kohlendioxid und bis zu 80 Prozent weniger andere Schadstoffe (Kohlenmonoxid, Stickoxide). Benzol und Ruß fallen fast gar nicht an.

Kontaktadressen:

- Cool-Invest / Baumsparvertrag, Rheinland Versicherung, Rheinland-Platz, D-41460 Neuss, Tel. 02131/290-0, www.rheinland-versicherungen.de, www.cool-co2.de
- Öko-Tarif Kraftfahrt, Gerling Versicherungs-Beteiligungs-AG, Gereonshof, D-50670 Köln, Tel. 0221/144-1, www.gerling.com

4 Finanzdienstleister für ethisch-ökologische Investments

Egal ob ein Unternehmer sein Beteiligungsmodell selbst entworfen oder mittels professioneller Hilfe ausgearbeitet hat – bei der Kapitalbeschaffung wird es ihm kaum gelingen, aus eigener Kraft genügend Investoren zu finden. Daher wenden sich viele Unternehmen an einen Finanzdienstleister. Dieser verfügt über ein Potenzial einiger Hundert oder Tausend Stammkunden, die bereit sind, sich aufgrund von Steuerspareffekten und/oder hohen Renditeerwartungen mit größeren Investitionssummen zu engagieren.

Mit dem Boom bei geschlossenen Windparkfonds, alternativen Banken und Umweltinvestmentfonds ist auch der grüne Finanzdienstleistungssektor im deutschsprachigen Raum zwischen 1990 und 2000 sehr schnell gewachsen. Daran hatten vor allem die Ökobank und die Umweltbank in Deutschland (gegründet 1988 bzw. 1997) und die Alternative Bank Schweiz (gegründet 1990) mit jeweils Zehntausenden Gründer(inne)n bzw. Kund(inn)en einen erheblichen Anteil. Aber auch zahlreiche private Initiativen und junge Firmen, die unabhängig von Kreditinstituten auf dem freien Kapitalmarkt Eigenkapital für das Unternehmenswachstum einwarben. Entsprechend stieg auch der Bedarf an Beratung und Vermittlung im Bereich der Finanzierung ethisch-ökologischer Vorhaben. Rund zwei Dutzend spezialisierte Finanzdienstleister wurden allein in Deutschland gegründet und zuvor konventionell agierende Vermittler machten Ethik und Ökologie zu einem neuen Schwerpunkt ihrer Arbeit.

Auf dem Höhepunkt konnten einzelne Berater innerhalb weniger Wochen Papiere im Wert von mehreren Millionen Euro bei ihren Kunden platzieren – die damit verbundene zehnprozentige Provision war leicht verdient. Doch diese Blütezeit währte nur wenige Jahre. Schließlich flossen viele der platzierten Beteiligungen Start-ups zu, die Risikokapital im wahrsten Sinne des Wortes brauchten. Als die ersten Unternehmen in die Insolvenz schlitterten, gab es auf Seiten der Anleger lange Gesichter. Manche gaben den Vermittlern die Hauptschuld an ihrem Totalverlust, obwohl dieses Risiko zumindest im Kleingedruckten nicht verheimlicht wurde. Die Vermittler mussten sich nun mit verärgerten Kunden oder gar Schadenersatzklagen plagen und verloren einen Teil ihrer Klientel. In einigen Fällen kam es auch zu Interessenskonflikten der handelnden Personen, die teilweise Aufsichtsräte der betreuten Unternehmen waren, andererseits aber ihre Vertriebsinteressen oder andere Funktionen wahren wollten. Manche Berater und Vermittler, die nur die schnelle Provision im Auge hatten oder

Finanzdienstleister für ethisch-ökologische Investments

Unternehmen	Internet www.	Tel.	Angebote Vv	Fo	KG	aA	VP	H	S	Jahr der Gründung	Anzahl der Mitarbeiter	Volumen in Mio Euro.	K	H	B
GLS Gemeinschaftsbank eG	gemeinschaftsbank.de	D 0234/5797-0	+		+	+	+		+	1974	90	207	3		G
Umweltbank	umweltbank.de	D 0911/5308-123	+	+	+	+	+			1997	90	212	3		A
Ökobank Niederlassung (wird von GLS übernommen)	oekobank.de	D 069/25610-282								1988	84	188	3		
Securvita-Unternehmensgruppe (* inkl. BKK)	securvita.de	D 040/38608-00		+			+			1984	(250*)		3		
Versiko AG	versiko.de	D 0211/9737-0	+	+	+	+	+			1975	84		3		A
Das Grüne Emissionshaus GmbH	das-gruene-emissionshaus.de	D 0761/29656-0			+					1996	28	85	3		
Umwelt Direkt Invest Beratungs GmbH	udi-nbg.de	D 911/929055-10		+	+					1998	15	27	3		
Ökorenta AG	Oekorenta.de	D 02103/9457-0		+	+		+			1999	14	47	3		
Umweltfinanz Wertpapierhandelshaus AG	umweltfinanz.de	D 030/8892070			+	+				1997	11	13	3		(A)
Hermerlin Öko-Beteiligungs AG	herMerlin.de	D 09145/496		+	+	+		+	+	1997	7	10	3	ja	A
Pro Vita GmbH	provita-kapitalanlagen.de	D 0711/81067-67		+	+		+			1994	6	16	3		
Innovativ Capital Jens Stallkamp eK/AG	innovativcapital.de	D 089/273714-0			+	+				1996	4	7	3		A
Konsens Mensch, Umwelt, Wirtschaft KG	konsens-kg.de	D 0611/700490		+	+		+	+		2001	4		2	ja	K
Oekogeno eG	oekogeno.de	D 0761/401120-6		+	+				+	1988	3		2		
Umweltsecur. GmbH	umweltsecur.de	D 030/8892070		+			+	+		1999	3	4	2	ja	
Murphy & Spitz Umwelt Consult	murphyandspitz.de	D 0228/9676400	+	+	+	+			+	1998	3		2		
Öko-Finanz Schönau	oeko-finanz.com	D 07673/8505		+	+		+		+	2000	2		1		
Depot VG	depotvg.de	D 07931/47689	+			+			+	1998	2		2		

Unternehmen	Internet www.	Tel.	Angebote Vv	Fo	KG	aA	VP	H	S	Jahr der Gründung	Anzahl der Mitarbeiter	Volumen in Mio Euro.	K	H	B
Konzept & Verantwortung V.makler Gm.	kuv.de	D 0731/277030		+			+			1990	2		2	ja	
Alterra Projekt GmbH	alterra.de	D 06172/942460		+	+		+	+	+	1991	2		2		
Trion Geldberatungs-genossenschaft	–	D 040/387060	+		+			+		1989	2	1	2	ja	
Team Consulting Öko-Finanzverm. GmbH	–	D 01922/633930		+	+		+			1996	2	1	2		
Ökodirekt GmbH	oekodirekt.com	D 09131/97208-0		+	+					1999	7	14	3		
Frauenfinanzdienst Vermittlungs GmbH	frauenfinanzdienst.de	D 0221/9128070		+	+		+	+		1987	5		3	ja	
Investition + Umwelt Fin.d. GmbH	–	D 0241/96908-95		+	+	+			+	1997	1		2		
Folio Ökol. Finanzberatung Gerd Meyer	folio-finanzberatung.de	D 04162/600401	+	+	+	+				1997	1		1		
Antana Vermögensverwaltung	–	D 0611/2385080	+							2000	2		1		
Vermögensverwaltung Udo Gann	–	D 069/91398230	+								1		1		
Ökofinanz Dresden	oekofinanz.de	D 0351/4943388		+	+		+			1995	1		2		
Finanz-Highlander	finanz-highlander.com	D 0421/6930224	+	+	+		+	+		1993	1		2	ja	
Ökol. Finanz- u.Man.ber. Reinh.Böttger	–	D 08861/256851		+	+	+				2000	1		1		
Öko-Aktien GmbH	oeko-aktien.de	D 0761/2024620		+	+	+				2000	1				
Gérard Jänichen Ökologische Vermögensberatung	gjaenichen.de	D 0221/5347506		+	+	+	+			1998	1				
Eco-Best-Invest Norbert Drews	eco-best-invest.com	D 040/6918588		+			+		+	2000	1		1		
Financial Planning Claudia Bischof	–	D 03342/200699		+	+		+			2000	1	1	2		
Corinna Neubert Grüner Finanzdienst	–			+	+					1994	1		1		

Unternehmen	Internet www.	Tel.	Angebote Vv	Fo	KG	aA	VP	H	S	Jahr der Gründung	Anzahl der Mitarbeiter	Volumen in Mio Euro.	K	H	B
Ingo Scheulen Ökol. Finanzdienstleistungen	oeconet.com	D 05222/977790	+	+	+			+	+	1995	1	1	2	ja	
Hermann Schrag Vermögensberatung	–	D 08137/92425						+		1999	1	–	1	ja	
Alternative Bank ABS AG	abs.ch	CH 062/2061616		+		+			+	1990	42	300	3		A
Freie Gemeinschaftsbank BCL eG	gemeinschaftsbank.ch	CH 061/2698100	+				+		+	1984	12	90	3		G
5D-Invest AG	5d-invest.ch	CH 062/8861090	+	+		+	+		+	2001	5	50	1		A
Büro Laurent Gaillard	blgreen.ch	CH 043/2449210	+	+		(+)	+		+	1991	1	2	1		
Stella Treuhand Norbert Andres	–	CH 01/3505580	+					+			1		2	ja	
SAM Sustainable Asset Management	sam-group.ch	CH 01/3971010	+						+	1995	55	(Holding)	2		
Tokos Vermögensberatung GmbH	tokos.net	A 01/5120149		+		+			+	1991	3		2	ja	
Josef E. Jilek Ethical Investments	–	A 01/4818551		+			+	+		2000	1		2	ja	
Ökoinvest Grosslercher & Hellwig OEG	oekoinvest-wien.com	A 01/5854129		(+)		(+)	(+)	+		2000	2		1	ja	

Legende:
Vv = Vermögensverwaltung
Fo = Vermittlung von Investmentfonds
KG = Vermittlung von KG/GbR-Fonds
aA = Vermittlung von außerbörslichen Aktien
VP = Vermittlung von Versicherungspolicen
H = Honorarberatung
S = Sonstiges

Das Volumen p.a. bezieht sich auf die ungefähr im letzten bzw. lfd. Geschäftsjahr vermittelte Gesamtsumme der Anlagen/Beiträge bzw. Bilanzsumme bei Banken. Die Kundenanzahl (K) ist in die Kategorien bis 100 (1), bis 1000 (2) und über 1000 (3) eingeteilt. Bei Honorarberatung (H) ist ein "ja" angegeben, wenn auch Leistungen auf Stundenhonorarbasis abgerechnet werden können bzw. dies sogar ausdrücklich erwünscht ist, um von Vermittlungsprovisionen unabhängig zu sein. Die B zeigt an, ob man sich auch an den Finanzdienstleitungsunternehmen selbst beteiligen kann, und zwar mittels A = Aktie, G = Genossenschaftsanteil, K = Kommanditeinlagen

Leere Felder in der Tabelle bedeuten in der Regel, dass das betreffende Unternehmen keine Angaben gemacht hat.

gar gutgläubig auf windige Firmen und deren nicht selten überteuerte Aktien hereinfielen, mussten schließen oder wurden insolvent, weil sie größere Pakete der später wertlosen Aktien auf eigenes Risiko in ihren Eigenbestand genommen hatten. Insofern haben alle Finanzdienstleister, die derzeit noch existieren, zumindest gezeigt, dass sie diese Krise mehr oder minder heil überstanden haben.

4.1 Deutschland

Unter den »grünen« Banken (siehe Kapitel 2.1) hat sich bis dato nur die Nürnberger *Umweltbank* ins Börsenemissionsgeschäft (z. B. bei der Umweltkontor) gewagt. Sie bietet ihren Kunden auch entsprechende Beratung sowie Wertpapierdepots bzw. erhöhte Zuteilungsquoten bei Neuemissionen. Für die in *Oekogeno* umbenannte ehemalige Ökobank-Genossenschaft war 2002 ein Jahr des Umbruchs. Neue Geschäftsfelder wurden gesucht, um auch ohne Vollbanklizenz »den alten Zielen der Ökobank gerecht« zu werden, z. B. in der Beratung und im Vertrieb von Windparkfonds oder anderen ethisch-ökologischen Unternehmensbeteiligungen. Nach den bei der Ökobank verbliebenen Verlusten und dem Austritt von mehr als 3000 Mitgliedern verbleiben der Oekogeno noch rund 20 000 Mitglieder und rund 2 Millionen Euro Genossenschaftskapital, um die neuen Bereiche aufzubauen. Auch nach der Sanierung der Bankgeschäfte und der Übernahme durch die GLS Gemeinschaftsbank sind noch ein paar der ehemaligen Ökobank-Agenten wie z. B. die Ökofinanz Dresden oder Lübeck aktiv.

Einige Finanzdienstleister, die wie *Das Grüne Emissionshaus* aus Freiburg hauptsächlich oder ausschließlich im Bereich Wind- und Solarenergiefonds tätig sind, findet man im Kapitel 2.3.2. Ein Unternehmen wie die *Hermerlin Öko-Beteiligungs AG*, die von der Gründungsberatung bis zur Platzierung von Aktien alle Dienstleistungen anbietet, haben wir im Kapitel 2.5.2 näher behandelt.

Seit ihrer Gründung im Jahr 1994 bietet die Stuttgarter *Pro Vita GmbH* mit ihrer Ökologischen Investment Police (über die Skandia-Versicherung) ein sehr flexibles Produkt (siehe Kapitel 3.1), das finanziell erfolgreich ist – im Jahr 2000 war es das beste gemanagte Fondspolicen-Portfolio in Deutschland – und mit über 80 Millionen Euro Beitragsvolumen zu den Marktführern zählt. Daneben werden vor allem Wind- und Wasserkraftbeteiligungen angeboten sowie Altersvorsorgeprodukte wie Vermögenswirksame Leistungen oder die Ökologische Investment Rente (Ö.I.R.). Im Jahr 2002 wagte sich Pro-Vita-Geschäftsführer Stefan Maiss mit der Icetrack AG, die zur Trinkwassergewinnung Eisberge übers Meer in Wüstengebiete schleppen will, auch auf das Feld der außerbörslichen Platzierungen.

Die aus der Umweltfinanz GmbH hervorgegangene Berliner *Umweltfinanz AG* – Gründungsgesellschafter waren Michael Schäfftlein, Dirk Baude und Alexander Winde – ist einer der größten Vermittler von außerbörslichem Risikokapital. Der Erfolg ließ jedoch oft zu wünschen übrig. Viele der platzierten Aktien werden heute – mit wenigen Ausnahmen – zu einem Bruchteil des Erstausgabepreises gehandelt, auch wenn im Fall von Unit Energy oder Solon zumindest der Börsengang gelungen ist (siehe Kapitel 2.4.1.1). Andere kamen gar nicht so weit und wurden insolvent (z. B. Intensys Solar, Oekoland) oder haben erhebliche Verluste und Liquiditätsengpässe zu verzeichnen (z. B. Karphosit, Treuhanf). Teilweise gelang es auch nicht, die Kapitalerhöhungen entsprechend dem Finanzbedarf zu platzieren, was nicht selten zur Insolvenz führte, obwohl das jeweilige Geschäftskonzept durchaus Chancen gehabt hätte. Doch die Umweltfinanzgruppe vermittelt nicht nur hochriskante außerbörsliche Aktien, sondern u. a. auch Windkraftbeteiligungen, Investmentfonds und Versicherungspolicen. Zu den Partnerunternehmen gehören neben der 1999 gegründeten Umweltsecur GmbH noch die Envire Holding AG, die Umweltprojekt GmbH (Gründungs- und Managementberatung) und die Umwelttreuhand GmbH (für Verwaltungsdienstleistungen).

Die 2001 in der *Alterra Projekt GmbH* aufgegangene Alterra Consult des ehemaligen Ökobank-Mitarbeiters Hans-Jürgen Gratz hat ihren Schwerpunkt etwas verlagert; eventuell wird der Finanzdienstleistungsbereich 2002 ganz verkauft. Alterra nutzt sein Vertriebs-Know-how verstärkt zur Unternehmensberatung. Man zeigt den Unternehmen – derzeit drei Kunden aus den Bereichen Naturkosmetik, Öko-Textilien und Solarstrom – welche Möglichkeiten der »grüne« Kapitalmarkt bietet.

Welche jährlich vermittelten Volumina tatsächlich im Spiel sind, geben kleine und mittelgroße Finanzdienstleister meist nicht bekannt. Anders ist die Situation bei börsennotierten Unternehmen, die schon aufgrund der Börsennotierung größere Publikationspflichten haben. Der seit 1999 mit Vorzugsaktion an der Börse gehandelte Öko-Finanzdienstleister *Versiko* hat das Jahr 2001 nach eigenen Angaben »nur bedingt erfolgreich« abgeschlossen. Trotz einer Verdopplung beim vermittelten Windparkvolumen sanken die Provisionserlöse insgesamt um rund 5 Prozent auf rund 6,6 Millionen Euro. Die Erträge aus der Verwaltung des eigenen Vermögens gingen um 85 Prozent auf nur mehr rund 1,2 Millionen Euro zurück. Dadurch ergab sich in der über 25-jährigen Unternehmensgeschichte ein Rekordverlust von 3,9 Millionen Euro. In der Folge sank die Versiko-Aktie von ihrem Höchststand um rund 90 Euro auf unter 8 Euro – also ähnlich wie die Deutsche Telekom um mehr als 90 Prozent. Das Ergebnis wäre noch um einiges schlechter ausgefallen, wenn Versiko nicht von der krisengeschüttelten Ökobank die Kapitalanlagegesellschaft Ökovision Lux. S.A. übernommen hätte, die einen Gewinn von rund 0,5 Millionen Euro ausweisen konnte. Die 1999 gegründete Tochter Ökorenta AG ist für die Konzeption und den Vertrieb von ökologischen Fonds- und Versicherungsprodukten zuständig. Mit der im Jahr 2000 gestarteten Tochter Sonne und Wind Beteiligungen AG hatte man Großes vor. Doch weder kam ein Beteiligungsvolumen von rund 50 Millionen Euro zusammen noch ging der für das dritte Quartal 2001 geplante Börsengang über die Bühne. Im Gegenteil: Es fielen hohe Verluste an, weil die Investition in über 30 Unternehmen fast auf dem Kurshöhepunkt Ende 2000 erfolgte. Über die Ergebnisse in den Kundendepots der Versiko Vermögensverwaltung GmbH (WVV), die »besonders vermögende Privatpersonen und Unternehmen in ganz Deutschland« als Kunden hat, wurde nichts bekannt.

Die Hamburger *Trion Geldberatungsgenossenschaft eG* hat seit 1989 über 100 Projektfinanzierungen (Direktfinanzierungen oder Bankdarlehen) im Volumen von über 30 Millionen Euro vermittelt. Neben der Geldbeschaffung bietet Trion auch umfangreiche Beratungsleistungen in den Bereichen Geldanlage, Erbschaftsfragen und Stiftungsgründungen und ist außerdem als deutsche Repräsentanz der dänischen Alternativbank Merkur (Trion Andelskasse) tätig. Trion-Chef Burkhard Zirkel gehört auch zu jenen, die sich bei Schieflagen – z. B. bei einigen Energiewende-Fonds der Ökologik Ecovest – vehement für die Interessen ihrer Kunden einsetzen.

Bei der *Depot VG Depotverwaltungsgesellschaft*, handelt es sich, wie der Name schon sagt, um einen Zusammenschluss von über 200 Öko-Investor(inn)en, die ihre Papiere gepoolt haben. Das hat nicht nur den Vorteil, dass man sie untereinander gebührengünstig handeln kann (vgl. Kapitel 2.5.1). Bei Hauptversammlungen kann man mit einer gebündelten Stimmenmacht auftreten. GbR-Geschäftsführer Bernhard Ruck wurde so schon mehrmals zum Aufsichtsrat bzw. Sanierungs-Vorstand gewählt.

Die Bonner *Murphy&Spitz Umwelt Consult* hat sich in verschiedenen Bereichen einen Namen gemacht: von der Erstellung von Analysen über die Leitung von Investmentklubs (siehe Kapitel 2.4.5) bis zur Platzierung von Windpark-Beteiligungen oder außerbörslichen Aktien und neuerdings der Organisation von Auffanggesellschaften für insolvente Firmen wie die Oekoland AG.

Die von Jens Stallkamp gegründete und geleitete Münchner *Innovativ Capital* hat neben konventionellen Unternehmensbeteiligungen auch eine Reihe von Aktien aus dem ethisch-ökologischen Bereich platziert. Doch nicht wenige davon, wie z. B. die von der Wabag initiierte Unternehmen (Biokraftwerk Zittau oder Trentec), haben ihren Kunden später erhebliche oder Totalverluste beschert.

Stallkamps frühere Mitarbeiterin Beate Raff, die mit ihrer *Capital Direct AG* ein ähnliches Firmenkonzept realisieren wollte, musste Ende 2001 Insolvenz anmelden, nachdem es auch bei ihr – u. a. weil zuwenig Nachfrage nach den Aktien bestand – Pleiten gegeben hat (Medipolan, United Nature).

Viele der Berater bzw. Vermittler beginnen als Einzelkämpfer vom Heimbüro aus und können sich im Lauf der Zeit einen dreistelligen Kundenstamm aufbauen. Doch aller Anfang ist schwer, und so haben manche Einzelunternehmen wie z. B. die *Civis Consult*, die erst im allgemeinen Börsentief der Jahre 2000/2001 an den Start ging, nach kurzer Zeit wieder aufgegeben. Andere sind mehr oder weniger erfolgreich schon viele Jahre unterwegs, z. B. die *Gérard Jänichen Ökologische Vermögensberatung*, der *Corinna Neubert Grüne Finanzdienst*, die *Vermögensverwaltung Udo Gann* – er managt auch ein rund 100 000 Euro großes Öko-Aktien-Sammeldepot für 20 Kunden – und die *Folio Ökologische Finanzberatung Gerd Meyer*.

Daneben gibt es noch einige Firmen von ehemaligen Versiko-Mitarbeitern wie *Grünes Geld Claudia Bischof* oder die 1995 gegründete *Ingo Scheulen ökologische Finanzdienstleistungen*. Dirk Jesaitis, der Inhaber der Dirk Jesaitis Windkraft & Finanzberatung, ist inzwischen Vorstand der Wind 7 AG (siehe Kapitel 2.5.1) und kann entsprechend größere Volumina im Windenergiebereich bewegen. Die *Öko-Aktien GmbH* platziert vor allem außerbörsliche Aktien, Jürgen Wetzel's *Öko-Finanz Schönau* vertreibt u. a. den ersten Freiburger Solarfonds (siehe Kapitel 2.3.3). Die Erlanger *Ökodirekt GmbH* vermittelt überwiegend Beteiligungen aus dem Bereich erneuerbare Energie, mit Schwerpunkt Risikokapital für die Entwicklung solarthermischer Großkraftwerke (Solar Millennium) und zählt inzwischen mehr als tausend Kunden.

Die Nürnberger *Umwelt Direkt Invest Beratungs-GmbH* (UDI) ist der Vertriebsarm der Umwelt-Management AG (UmAG, siehe Kapitel 2.3.2) und wird von Georg Hetz geleitet, der früher bei der Umweltbank bzw. der Quellebank tätig war. UDI bietet aber nicht nur die Windkraftfonds der UmAG, sondern auch Investmentfonds an.

Über die 1995 gegründete Firma *Forêt – Forest & Ethische Investitionen* versucht der Biologe Jörg Maas, die in Deutschland noch kaum verbreiteten Wald- bzw. Plantagenbeteiligungen zu verkaufen. Von einer zur Risikostreuung gedachten Beimischung festverzinslicher EthIK-Papiere hat sich Jörg Maas schnell wieder verabschiedet, nachdem die Machenschaften des EthIK-Gründers Hans Berner bekannt geworden sind.

Die 1993 mit dem Anspruch auf »ökonomisch-ökologisch effizientes Allfinanzmanagement unter dem Dach von Kompetenz und Erfolg« von Michael Wagner gegründete Firma *Finanz-Highlander* bietet eine in Deutschland noch kaum verbreitete reine Honorarberatung mit Stundensatz an. Wagner legt Wert auf eine völlig transparente Kostenstruktur, die auch seine eigene Provision enthält.

Zu den kritischen Vermittlern, die sich alle Projekte sehr genau ansehen bevor sie sie in ihr Programm aufnehmen, zählt auch Oliver Storz mit seiner 1997 gegründeten *Investition + Umwelt.* Inzwischen ist Storz auch journalistisch und seit 1999 als Aufsichtsrat in der Hamburger B.A.U.M-Gruppe tätig.

Alida Piper hat sich mit ihrer Münchner *Geld Welt* auf außerbörsliche Aktien und Beteiligungen spezialisiert. Ihre frühere Partnerin Margot Netter hat sich mit einer eigenen, ebenfalls im Ökofinanzbereich tätigen Einzelfirma *Aurum 2000* abgespalten, diese aber dann wieder aufgegeben. Auch hier gab es einige Flops wie die Aktien der Entecs – von denen man sich distanzierte als Zweifel an der Seriosität der Initiatoren auftauchten – oder die Beteiligung an der Recyclingfirma Arra Terra.

Norbert Drews bietet seit Mitte 2000 bei *Eco Best Invest* in Hamburg einen Online-Shop für Investmentfonds an, »die sowohl in höchstem Maße ethisch-ökologisch arbeiten als auch beste Performances erreichen bzw. in der Vergangenheit erreicht haben«. Dachfonds wie den Öko + Times hat er wieder aus dem Programm gestrichen. Außerdem vermittelt er Pro Vita-Policen und die »natürliche Krankenversicherung Barmenia«.

Ebenfalls in Hamburg sitzt die *Securvita-Gruppe,* die neben ihrem Hauptgeschäft im Krankenversicherungsbereich seit 2001 auch ein erstes Fondsprodukt, den Green Effects, in Deutschland vermarktet.

Seit über zehn Jahren gibt es auch speziell für die Bedürfnisse von Frauen zugeschnittene Vermögens- und Versicherungsberatungsunternehmen, die meist auch ethisch-ökologische Produkte wie Investmentfonds vermitteln, z. B. die Hamburger *Frauen Finanz Gruppe Susanne Kazemieh* oder die Kölner *Frauen Finanzdienst Vermittlungs GmbH* von Heide Härtel-Herrmann. Auf der Internetseite www.finanzfachfrauen.de finden sich rund 20 Anlaufstellen in ganz Deutschland.

Ein noch größeres loses Netz von rund 30 eigenständigen Versicherungsmaklern bzw. -beratern bilden die so genannten Fairsicherungsläden (www.fairsicherung.de), die auch viele Öko-Produkte in ihrem Programm haben.

Still geworden ist es um Firmen wie das *Aquisitionsbüro Kolb* von Frau Kolb, die einst tausende Adressen betreut hat. Verkauft wurden vor allem Ökologik-Aktien und Solar-Century-Fonds-Anteile, die später in Solar-Millenium-Aktien umgewandelt worden sind. Ebenfalls nur noch wenig in Erscheinung treten die *Gesellschaft für ökologisches Investment mbH,* die vor allem Windparks vermittelt hat, der seit 1998 aktive Vermögensberater Rainer Kuhn, die ebenfalls in München ansässige *Result Ökologische Projekt- und Vermarktungs-GmbH* oder die Bielefelder *Altera Pars Vermögens- und Beteiligungs KGaA*. Die *Team Consulting Öko-Finanzvermittlung GmbH* des Duos Elmar Lange und Roswitha Straulino hat ihren Öko-Anteil zurückgefahren.

Neben all den vorstehend genannten Beratern gibt es noch eine ganze Reihe von Firmen, die meist nur eigene, d. h. von Mutter- oder Schwesterfirmen entwickelte Produkte anbieten. Sehr viele davon stammen aus der Windenergiebranche wie z. B. Energiekontor, Umweltkontor oder European Energy Consult Holding, einer 90 %-igen Tochter der P&T Technology (siehe Kapitel 2.3.2).

Nachdem manche dieser Beratungsunternehmen Schwierigkeiten hatten, qualifizierte Mitarbeiter zu finden, die sowohl etwas von Finanzen als auch von ethisch-ökologischen Themen verstehen, hat das Kölner Mibeg-Institut im Jahr 2001 in Zusammenarbeit mit dem Deutschen Naturschutzring (DNR) und Finanzdienstleistern einen zwölfmonatigen Lehrgang (inkl. vierwöchigem Praktikum) speziell für ethisch-ökologisch orientierte Finanzdienstleister entwickelt.

Betrügereien

Auch im Finanzdienstleistungssektor gibt es einige mehr oder weniger unfreiwillige Firmenauflösungen. So hat die 1997 in München gegründete *Ökofinanz Ueber GmbH*, die vor allem Direktbeteiligungen wie Arra Terra oder Asbest Ex Verwertungs GmbH angeboten hat, nach der Verhaftung eines Mitarbeiters (wegen Untreueverdacht) ihren Betrieb wieder eingestellt.

Das »grüne Emissionshaus«, wie sich die 1992 gegründete *Wirtschaftsanalyse und Beratung AG (Wabag)* gerne selbst nannte, hatte trotz teurer PR-Kampagnen nie ein gutes Image. Einige Initiatoren stammten aus der in Anlegerschutzkreisen verpönten »Göttinger Gruppe«, die Wabag-Emissionsprospekte enthielten teilweise seitenlange Passagen, die wortwörtlich – nur die Namen waren ausgetauscht – abgekupfert waren. Fast alle von der Wabag auf den (außerbörslichen) Markt gebrachten Aktiengesellschaften waren in den Neuen Bundesländern angesiedelt und u. a. aufgrund der Geschäftsbereiche relativ riskant, obwohl meist hohe staatliche Investitionsförderungen gewährt wurden. Statt der von Wabag prognostizierten Erträge bzw. Kursgewinne bei Aktien (z. B. Trentec, Trentec II, Bio-Kraftwerk Zittau, K.U.R.S., Z.E.N.I.T.H., Kompact AG) haben die Anleger meist ihr ganzes eingesetztes Kapital verloren. Die Verantwortlichen wurden unter Betrugs- und Untreueverdacht verhaftet und zu Gefängnisstrafen bis zu acht Jahren verurteilt. Mit Ausnahme der Bio-Kraftwerk AG, bei der das Insolvenzverfahren wieder aufgehoben wurde, sind alle Firmen im Wabag-Umfeld pleite.

4.2 Schweiz

Während in Deutschland meist nur wenige Einzelkämpfer und kleinere GmbHs als ethisch-ökologische Finanzdienstleister tätig sind, gibt es in der Schweiz einige größere Unternehmen.

Die 1995 gegründete *Sustainable Asset Management AG* (SAM) richtet sich an private und institutionelle Großanleger. SAM hat den so genannten »Sustainable Shareholder Value« in die traditionelle Finanzanalyse integriert. Die Gruppe hat verschiedene eigene Investmentfonds, Beteiligungsgesellschaften und seit 1999 in Kooperation mit Dow Jones die Sustainability-Indizes (siehe Kapitel 2.4.3) auf den Markt gebracht. Aufgrund der schlechten Börsenentwicklung lagen die Indizes, nach denen inzwischen über 2 Milliarden Euro gemanagt werden, und jene Produkte, die erst im Jahr 2000 oder später lanciert worden sind, zur Jahresmitte 2002 mehr oder weniger stark in der Verlustzone.

Für den Schweizer Pionier, die 1990 gegründete und zwischenzeitlich über 40 Mitarbeiter(innen) umfassende *VTZ Versicherungstreuhand Zürich AG*, kam im Jahr 2001 das Aus. Die VTZ hatte vor allem außerbörsliche Aktienemissionen im Energiebereich vermittelt (z. B. Bomin Solar/Power Pulse oder Atlantis Energy Investments, beide inzwischen insolvent), aber auch aus anderen Branchen (z. B. Oeko Casa AG, Spagomed AG). Neben diesen meist durch Managementfehler verursachten Ausfällen, ist die VTZ bei der ökologischen Neuausrichtung der Genfer Geo Bank AG auch an betrügerischen Einzelpersonen gescheitert – der deutsche Möchtegern-Bankier Bernhard Bienemann wurde zu 5 Jahren Haft verurteilt. Den durch diesen Ausfall – verursachten Imageschaden – Anleger verloren über 15 Millionen Franken, eine zu risikoreiche Strategie sowie statutenwidrige Investitionen des VTZ-Chefs Martin Brenner bei Verwaltungsmandaten (Terra Trust Investment AG) hat die VTZ letztlich nicht mehr verkraftet. Die aus den Resten der Geo Bank hervorgegangene *EPS Finanz AG* (EPS stand für »Environmental Portfolio Systems«) bietet nun eher Unternehmensberatung an bis hin zur Vorbereitung eines Börsengangs.

Auch eine Reihe von primär konventionellen Vermögensberatern und -verwaltern hat sich in den vergangenen Jahren Kompetenzen im ethisch-

Bank Sarasin: Die kühle Steinfassade des traditionsreichen Schweizer Bankhauses birgt eine der ersten Adressen im ethisch-ökologischen Investment. Die von Andreas Knörzer geleitete Abteilung »Nachhaltige Vermögensverwaltung« betreibt umfassendes Research, legt eigene Fonds auf und hat mehrere Mandate zur Vermögensverwaltung. (Foto: Bank Sarasin)

ökologischen Investment erworben. Hierzu zählt vor allem das *Bankhaus Sarasin,* das neben dem Management mehrerer Investmentfonds auch zahlreiche andere Verwaltungsmandate errungen hat. Aber nicht nur Großbanken, auch kleine Unternehmen haben interessanten Nischen gefunden. Das 1991 gegründete Büro *Laurent Gaillard* (BLG) hat sich als unabhängige Finanzplanungs- und Anlageberatungsgesellschaft mit einem Teil seiner rund 70 Kunden auf »ökologische und sozialethische Anlagen« konzentriert. Es bietet mit dem 2001 lancierten Internetwegweiser www.ethicgreen.com Zugang zu einer Fondsdatenbank, in der Umwelt- und Ethikfonds nach verschiedenen Kriterien miteinander verglichen werden können (z. B. Wo ist Rüstung ausgeschlossen?).

4.3 Österreich

In Österreich ist die Öko-Investment-Szene in den vergangenen Jahren breiter geworden, auch wenn es noch kaum zugehörige Finanzdienstleister im engeren Sinn gibt. Den Markt dominieren die auch im Ausland bekannten Umweltanleihen der Kommunalkredit Austria (siehe Kapitel 2.2.2) und einzelne börsennotierte Aktien. Neben den schon seit 1990 bestehenden Anlegergemeinschaften *Oikocredit Austri«* und *Öko-Investmentklub Austria* kam in den Jahren 2001/2002 geradezu eine Flut von neuen Ethik-Fonds verschiedener Groß- und Regionalbanken auf den Markt. Daneben gibt es noch einzelne außerbörsliche Aktien im Ökostrom- bzw. Windkraftbereich. Doch Öko-Fonds und Aktien wollen vermittelt werden.

Der österreichische Ökofinanz-Pionier ist die 1991 gegründete *Tokos Vermögensberatung GmbH.* Sie bietet neben Investmentfonds auch außerbörsliche Anlagemöglichkeiten an, für die ein kapitalmarktgeprüfter Emissionsprospekt vorliegt – was in Österreich leider meist noch die Ausnahme ist. Die als »Klimabündnisbetrieb« ausgezeichnete Tokos (von griech. Kind) ist das Kind von Adelheid und Dr. Peter Reithofer, der schon Jahrzehnte Erfahrung im Vermögensberatungsgeschäft gesammelt hat.

Zwei kleinere, ebenfalls in Wien ansässige Beraterfirmen kamen erst 2000/2001 hinzu: die Josef E. *Jilek Ethical Investments,* die vorwiegend Fonds vermittelt und die *Ökoinvest Grosslercher & Hellwig OEG,* die neben der Fondsberatung auch im Bereich Projektfinanzierungen aktiv geworden ist.

5 Stiftungen, Spenden und Sponsoring

Auch eine Spende ist im weitesten Sinne eine »Investition«. Das finanzielle Engagement kommt nicht einem selbst, sondern hilfsbedürftigen Menschen zugute – so sollte es wenigstens sein! Berichte über einzelne Skandale verunsichern nicht wenige, ob das gespendete Geld auch wirklich gut angelegt ist.

Es würde den Rahmen dieses Buches sprengen, auch nur einen annähernden Überblick zu den spendenwerbenden Organisationen geben zu wollen, ganz zu schweigen von der Einschätzung der Wirksamkeit einer Spende. Denn nicht jede »Hilfe« hilft auch wirklich. Viele, gerade staatlich finanzierte Projekte haben mehr geschadet als genutzt, weil sie an den Bedürfnissen der Menschen vorbei gingen.

5.1 Spenden und Sponsoring

Wer mehr über die wichtigsten Organisationen wissen will, die Arten der Spendenwerbung, Anschriftengewinnung, Datenschutz, Verwaltungskosten und Rücklagenbildung kann unabhängige Prüfstellen wie das Deutsche Zentralinstitut für soziale Fragen (DZI) in Berlin oder die Zentralstelle für Wohlfahrtsunternehmen (ZEWO) in Zürich kontaktieren. Auch in Österreich gibt es seit einigen Jahren eine Dokumentationsstelle für spendenwerbende Organisationen. Beim Österreichischen Institut für Spendenwesen (ÖIS, Tel. 01/3174010) kann sich jeder, der Zusendungen von unbekannten Organisationen erhält, erkundigen, welche Daten dazu vorliegen. Informationen zum Thema bietet auch das Öko-Invest-Schwerpunktheft »Humanitäre Organisationen«.

Nicht nur Privatpersonen, auch viele Wirtschaftsunternehmen treten als Spender auf. Sie sponsern beispielsweise Aktivitäten im Umwelt- oder Naturschutz, soziale Anliegen oder Sport und Kultur. Manfred Bruhn hat den Begriff des Sozial- und Umweltsponsoring folgendermaßen definiert: »Planung, Organisation, Durchführung und Kontrolle sämtlicher Aktivitäten, die mit der Bereitstellung von Geld- und Sachmitteln oder Dienstleistungen durch Unternehmen für Personen und Organisationen zur Erreichung unternehmerischer Marketing- und Kommunikationsziele verbunden sind.« Im Rahmen eines Kongresses wurde 1994 die »Berliner Erklärung zum Umweltsponsoring« verabschiedet, der sich zahlreiche Umweltverbände angeschlossen haben (zum Wortlaut der Erklärung siehe: Grünes Geld. Jahrbuch für ethisch-ökologische Geldanlagen 2000/2001, Seite 218 ff.)

Checkliste: 10 Tipps für Spender

- ✓ Fordern Sie ausführliches Informationsmaterial der Organisation an, der Sie spenden möchten.
- ✓ Prüfen Sie anhand dieser Unterlagen, ob die Aufgabenstellung und die Zielsetzung der Organisation Ihren Vorstellungen entsprechen.
- ✓ Beachten Sie die Art der Werbung: Wird die Würde des Menschen in Wort und Bild respektiert oder wird der Mensch zum »Spendenobjekt« herabgesetzt ?
- ✓ Stellen Sie sicher, dass Sie für Ihre Spende immer eine steuerbegünstigte Spendenquittung erhalten (in Österreich nicht möglich). In Deutschland ist eine Gemeinnützigkeitsbescheinigung des örtlichen Finanzamtes die Voraussetzung dafür (Freistellung von der Kapitalertrags-, Vermögens- und Körperschaftssteuer).
- ✓ Nehmen Sie Einblick in die Rechenschaftsberichte und überzeugen Sie sich dadurch von der satzungsgemäßen Verwendung der Mittel.
- ✓ Überprüfen Sie, wie viel von Ihrer Spende tatsächlich in die Projekte fließt und wie viel für Marketing und Verwaltung aufgewandt wird.
- ✓ Hinterfragen Sie, welche Prüfungsgremien das Finanzgebaren der Organisation kontrollieren.
- ✓ Stellen Sie sicher, dass zweckgebundene Spenden möglich sind, falls Sie darauf Wert legen.
- ✓ Erfragen Sie, ob die Spenden sammelnde Organisation bei der Planung, Durchführung, Abrechnung und Erfolgskontrolle der Projekte mitbeteiligt ist oder ob alle Entscheidungen von einer Zentrale im Ausland getroffen werden.
- ✓ Überzeugen Sie sich, ob der Einsatz Ihrer Spende vom Eingang bei der Organisation Ihres Vertrauens bis zur Verwendung im Projekt lückenlos überprüfbar ist.

Stellvertretend für viele Banken, die schon lange mehr oder weniger große Umweltsponsoren sind, ein kurzer Verweis auf die Aktivitäten der deutschen *Commerzbank*. Das Geldinstitut ist vorbildlich beim innerbetrieblichen Umweltschutz und dem Neubau von Gebäuden. Zu seinen Sponsoringaktionen zählen u. a. der Umweltschutzpreis, die Wanderausstellung »Deutsche Nationalparks« und das Umweltpraktikum.

Stellvertretend für Versicherungskonzerne sei *Gerling* genannt. Der Versicherer hat als einer der Hauptsponsoren die Klimaschutz-Initiative e-mission 55, zur beschleunigten Ratifizierung des Kyoto-Protokolls, unterstützt.

Weitere Informationen über kommunale und private Projekte gibt es unter folgenden Kontaktadressen:

- Öko-Sponsoring e. V., Bundesgeschäftsstelle, Postfach 48 02 15, D-48078 Münster, Tel. 02501/261464, www.oekos.de/verein.html
- ESB Europäische Sponsoring-Börse, Postfach 519, CH-9001 St. Gallen, Tel: 0041/71/2237882, www.esb-online.com

5.2 Stiftungen: Zweck und Vermögensstruktur

Spenden an Umweltstiftungen, so genannte Nachstiftungen oder auch die Mitgründung einer Stiftung sind kein Öko-Investment im engeren Sinn. Doch das bei ihnen *investierte* Geld bewirkt zuweilen mehr als jede noch so schöne Finanzierung »rentabler« Umweltprojekte. Und wer Geld oder Güter an Stiftungen spendet, tut nicht nur ein gutes Werk: Zuwendungen sind meist auch steuerlich absetzbar. Spenden an eine gemeinnützige Stiftung sind nach dem neuen deutschen Stiftungsrecht bis zu einer Höhe von 20 000 Euro steuerlich abzugsfähig, und ererbtes Vermögen, das in eine Stiftung eingebracht wird, ist von der Erbschaftssteuer befreit.

Stiftungen haben meist folgende Charakteristika:

- Sie sind auf unbeschränkte Zeitdauer angelegt.
- Sie haben vom Stifter (bzw. den Stiftern) ein gewisses Vermögen erhalten, aus dessen Erträgen ein bestimmter, meist gemeinnütziger Zweck, der satzungsmäßig festgelegt ist, gefördert wird.
- Sie haben keine Eigentümer. Es gibt zwar – je nach Willen der Gründer – bestimmte Stiftungsorgane, aber wenig Kontrollmöglichkeiten. Oft bleibt nur die staatliche Aufsichtsbehörde.

Der Begriff der Gemeinnützigkeit kann bei Unternehmensstiftungen unter Umständen irreführend sein: Gemeinnützig muss nur die Verwendung des Ertrags sein, nicht die Tätigkeit eines stiftungseigenen Unternehmens. Oftmals bezieht sich die Gemeinnützigkeit auch nur auf einen sehr eingeschränkten Personenkreis, z. B. die Mitarbeiter oder ehemaligen Mitarbeiter eines bestimmten Unternehmens, die aus Mitteln einer Stiftung in bestimmten Fällen oder Notlagen Zuwendungen erhalten. Und diese Stiftung kann zugleich auch Eigentümer des gesamten Unternehmens sein.

Warum werden solche Unternehmensträger-Stiftungen errichtet? E. Stern nennt in seinem Buch »Die Stiftung als Unternehmer« folgende Gründe:

- Ein Unternehmensgründer will sein Lebenswerk verewigen.
- Die Rechtsform soll Unabhängigkeit gewährleisten (z. B. bei der Stiftung Warentest).
- Zufällige Ergebnisse der Erbfolge sollen ausgeschaltet, die Auszahlung von Erbansprüchen aus der Unternehmenssubstanz und eine Aufteilung oder Zerschlagung des Unternehmens verhindert werden.
- Das Unternehmen soll von schädlichen Interessen künftiger Eigentümer freigehalten werden.

- Gewinne sollen nicht den Kapitaleignern, sondern z. B. den Werksangehörigen oder anderen Zwecken zufließen.
- Und – last but not least – so lassen sich Steuern sparen.

Viele deutsche Stiftungen sind von ihrer Zweckbestimmung her ethisch-ökologisch interessant. Bis dato machen sich aber nur wenige Stiftungsleitungen die Mühe, auf die Anlage des Stiftungsvermögens die eigenen satzungsgemäßen ethisch- ökologischen Zweckbestimmungen anzuwenden. Obwohl es bei einigen Stiftungen, vor allem wenn große Vermögen zu verwalten sind, hierfür sogar eigene Portfoliomanagement-Abteilungen gibt.

Zur Ehrenrettung muss jedoch gesagt werden, dass trotz großer Ausgaben häufig nur ein geringes Stiftungsvermögen für längerfristige Veranlagung zur Verfügung steht. Eingehende Spenden werden meist nur kurzfristig angelegt – beispielsweise bis zur Finanzierung des nächsten Projekts oder zur Weiterleitung zweckgebundener Spenden. Viele Stiftungen sind auf regelmäßige staatliche Gelder angewiesen, um ihrem Zweck einigermaßen gerecht werden zu können.

Die meisten Stiftungen wollen nicht Preis geben, welches Vermögen sie wie angelegt haben. Bei den Umweltstiftungen, die ihre Finanzstruktur offen gelegt haben, dominiert die Anlage in festverzinslichen Wertpapieren (85 bis 100 Prozent). Einige Stiftungen legen fast alle eingehenden Spenden vorübergehend in Festgeld an, fast nur bei sehr großen Stiftungsvermögen sind auch Aktien zu finden. Kaum ins Gewicht fallen Investmentfonds und Immobilien (meist nur das eigene Verwaltungsgebäude). Ein ethisch-ökologisches Screening ist so gut wie nirgends etabliert. Es gibt jedoch einige Stiftungen, die ihre Anlagepolitik in den vergangenen Jahren nach ethisch-ökologischen Kriterien ausgerichtet haben.

5.3 Deutsche und internationale Beispiele

Die folgende Auswahl von Stiftungen mit ethisch-ökologischer Zielsetzung bezieht sich primär auf den deutschsprachigen Raum, wo es über 7000 Stiftungen gibt, die innerkirchlichen noch nicht mitgerechnet. Rund die Hälfte davon ist im Bereich Soziales oder Bildung und Erziehung tätig. Immerhin knapp 300 Stiftungen (rund 4 %) widmen sich satzungsgemäß dem Schutz von Umwelt, Landschaft und Natur.

Unter www.stiftungsindex.de findet man eine Linkliste zu rund 800 Stiftungen in Deutschland, die allerdings nur zu einem kleinen Bruchteil im Bereich Umwelt aktiv sind. Ein Hinweis für Vermögensverwaltungen und Portfoliomanager, die ihre Dienste auch Umweltstiftungen anbieten wollen:

Eine Adressenliste von über 70 deutschen Stiftungen, die vorwiegend im Bereich Umwelt- und Naturschutz tätig sind, ist gegen eine Schutzgebühr beim Fifega, Wien, (siehe Kapitel 6.2.1) erhältlich.

Deutsche Bundesstiftung Umwelt

Im Oktober 1989 hat die deutsche Bundesregierung auf Vorschlag des damaligen Finanzministers Waigel beschlossen, mit den Erlösen aus dem Verkauf des Salzgitter-Konzerns, immerhin knapp 1,3 Milliarden Euro, eine Umweltstiftung einzurichten. Mit diesem Vermögen ist die Deutsche Bundesstiftung Umwelt eine der reichsten Stiftungen in Europa.

Gefördert werden Projekte in folgenden drei Themenbereichen:

- Umwelttechnik,
- Umweltforschung/Naturschutz,
- Umweltkommunikation.

Deutsche Bundesstiftung Umwelt: Die Stiftung geht mit gutem Beispiel voran. Das in den 90er-Jahren errichtete Verwaltungsgebäude in Osnabrück wurde in energiesparender und ökologischer Bauweise errichtet – und mit mehreren Preisen ausgezeichnet. (Foto: DBU)

Die Palette reicht dabei von energiesparender Architektur, über Energieanlagen bis hin zu Naturschutzgruppen. Voraussetzung für die Förderung ist, dass sich die Projekte durch Innovation, Modellcharakter und Umweltentlastung auszeichnen. Von den jährlich eingehenden rund 2000 Projektanträgen werden 20 bis 25 Prozent unterstützt. Insgesamt wird pro Jahr eine Summe von 50 bis 60 Millionen Euro ausgeschüttet. In den ersten elf Jahren wurden so mehr als 4900 Umweltprojekte mit über 940 Millionen Euro gefördert. Bei der Vermögensveranlagung werden jedoch kaum ökologische Aspekte berücksichtigt, sondern z. B. Dax-Aktien(-fonds) gekauft.

Kontaktadresse:

- Deutsche Bundesstiftung Umwelt, An der Bornau 2, D-49090 Osnabrück, Tel. 0541/9633-0, www.dbu.de

Stiftung Zukunftsfähigkeit

Der Hamburger Diplomkaufmann Klaus Milke, der schon vor über 20 Jahren als »kritischer Aktionär« vor allem bei Banken aufgetreten ist, hat mit seinem Erbteil als Grundstock 1997 die Stiftung Zukunftsfähigkeit gegründet. Schwerpunkt ist das Thema »Sustainable Development« in Nord und Süd. Das Stiftungsvermögen beträgt derzeit rund 0,5 Mio. Euro. Die Stiftung mit Sitz in Bonn fördert aus den jährlichen Erträgen u. a. die Initiative Germanwatch e. V., die sich schon länger mit Entwicklungs-, Umwelt- und Menschenrechtsfragen beschäftigt.

Ungewöhnlich an der Stiftung Zukunftsfähigkeit ist die ebenfalls nach ethisch-ökologischen Kriterien ausgerichtete Anlage des Stiftungsvermögens (u. a. in ethisch-ökologischen Aktien- und Rentenfonds).

Neben dem Vorstand (bestehend aus Stiftungsgründer Klaus Milke, GW-Vorstand Holger Baum und Christoph Bals) gibt es noch ein Kuratorium (u. a. Reinhard Loske und Barbara Unmüßig) und einen Beirat (u. a. Ludwig Bölkow, Max Deml, Erhard Eppler, Christopher Flavin, Klaus Töpfer, Ernst Ulrich von Weizsäcker, Angelika Zahrnt). Interessierte können sich mit Zustiftungen bzw. Spenden anschließen.

Die Stiftung Zukunftsfähigkeit war und ist eine der treibenden Kräfte für eine »Lenkung der Kapitalströme im Sinne einer nachhaltigen Entwicklung«. Sie hat sich beispielsweise als Lobbygruppe bei der Gesetzesnovelle betätigt, durch die mit Wirkung vom 1.1.2002 die Berichtspflicht für alle Altersvorsorgeanbieter in Deutschland eingeführt wurde. Sie geht mit gutem Beispiel voran und will auch andere Stiftungen anstiften, die eigene Anlagepolitik umzustellen. Empfohlen wird ein Schlüssel von 55 bis 70

Prozent in festverzinslichen, nachhaltigen Wertpapieren und 25 bis 40 Prozent in Form von Aktien oder Nachhaltigkeits- oder Umweltinvestmentfonds.

Kontaktadresse:
- Stiftung Zukunftsfähigkeit, Kaiserstraße 201, D-53113 Bonn, Tel. 0228/60492-33, www.stiftungzukunft.de

Right Livelihood Stiftung

Der schwedisch-deutsche Schriftsteller Jakob von Uexküll verkaufte seine wertvolle Briefmarkensammlung und gründete 1980 aus dem Erlös eine Stiftung. Right Livelihood – im Buddhismus die fünfte Stufe auf dem achtfachen Pfad zur Erleuchtung – heißt »verantwortungsvolle Lebensführung«. Jährlich verleiht die Organisation – einen Tag vor der Nobelpreispräsentation in Stockholm – drei bis fünf »alternative Nobel-Preise für richtige Lebensführung« an Menschen oder Organisationen, die an »anwendbaren und beispielhaften Lösungen für die tatsächlichen Probleme unserer Zeit arbeiten«. Seit 1980 wurden über 80 Preisträger aus 60 Ländern bzw. über 650 Nominierungen ausgewählt, darunter Hermann Scheer, Johan Galtung, Ibfan (Int. Baby Food Action Network), Ken Saro-Wiwa, Astrid Lindgren, Vananda Shiva, Mordechai Vanunu oder Robert Jungk. Dabei fließt das Preisgeld von jährlich insgesamt rund 250 000 Dollar nicht an die jeweiligen Personen, sondern zur weiteren Unterstützung der betreffenden Projekte. In Fragen der Verwaltung des eigenen Vermögens – konsequent nach ethisch-ökologischen Kriterien, teilweise auch im Aktienbereich – nutzt der Stiftungsvorstand den Rat externer Experten.

Kontaktadresse:
- Right Livelihood Stiftung, P.O. Box 15072, S-104 65 Stockholm, Tel. 0046/8/7020340, www.rightlivelihood.se

Michael Succow Stiftung zum Schutz der Natur

Unter dem Motto »Erhalten und Haushalten« hat Prof. Dr. Michael Succow mit dem Preisgeld aus der Verleihung des alternativen Nobelpreises (1997) die Basis für seine Stiftung geschaffen. Ziele sind u. a. die »Entwicklung und Förderung von Welterbegebieten, Nationalparken und Biosphärenreservaten auf nationaler und internationaler Ebene«, der »Schutz und die Entwicklung von Feuchtgebieten, insbesondere von Mooren und Sümpfen« sowie die »Förderung internationaler Beziehungen in Naturschutz und Ökologie«. Auch ein Teil des Verkaufserlöses des Buches »Die Krise als Chance – Naturschutz in neuer Dimension«, das einen Überblick über die Naturschutzarbeit der letzten Jahre gibt, geht an die Stiftung.

Kontaktadresse:
- Michael Succow Stiftung zum Schutz der Natur, Büro Berlin, Elisabethweg 9, D-13187 Berlin, Tel. 030/79410146, www.succow-stiftung.de

Umverteilen! Stiftung für eine, solidarische Welt

Die Entstehungsgeschichte dieser Stiftung klingt fast wie ein Märchen: »Der Verkauf von Geschäftsanteilen eines Pharma-Unternehmens im Jahr 1986 überschwemmt einen linken Kreuzberger Erben mit so vielen Millionen Mark, dass dieser beschließt, dieses Geld nicht behalten zu wollen.« Mit diesem Satz beginnt eine Selbstdarstellungsbroschüre der Stiftung Umverteilen, die der Berliner Ulf Mann kurz vor Weihnachten 1986 mit rund 15 Millionen Euro aus seinem Erbe einsetzt hat. Der Stifter selbst wird laut Satzung durch einen monatlichen Bezug gemäß Bundesangestelltentarif versorgt. Stiftungsangestellte werden nicht höher als ein Chemiefacharbeiter entlohnt.

Zweck der Stiftung ist unter anderem auch die Förderung des Umweltschutzes. Das Schwergewicht liegt jedoch in der Entwicklungshilfe bzw. der Umverteilung des Reichtums. Dabei wird Entwicklungshilfe so verstanden, dass sie »nicht in erster Linie Hunger stillen soll, sondern den Ursachen von Hunger an den Kragen« geht, wie es Ulf Mann in der Präambel ausdrückt.

Die Projektfinanzierung erfolgt ausschließlich aus den Erträgen des Stiftungsvermögens, es sei denn die Stiftungsorgane beschließen eine Vermögensentnahme, wenn dadurch der Stiftungszweck »in ganz besonders sinnvoller Weise erfüllt« wird. Dabei darf das Stiftungsvermögen jedoch nie unter 5 Millionen Euro sinken. Bei der Verwaltung des Stiftungsvermögens stehen ethisch-ökologische Kriterien im Vordergrund. Das Barvermögen ist in Festgeldkonten, Wertpapieren und in Immobilien sozialer und ökologischer Modellprojekte angelegt. Eine im Stiftungseigentum befindliche Villa am Stadtrand von Berlin wurde einem Projekt für ausländische Drogenabhängige zur Verfügung gestellt, bei einem Mehrfamilienhaus in Kreuzberg wird ein Mieter-Selbstverwaltungsmodell versucht.

Seit 1987 hat die Stiftung Umverteilen über 3400 Projekte mit durchschnittlich rund 4000 Euro gefördert, was sich bis Ende 2001 auf eine Gesamtsumme von über 13 Milionen Euro summiert hat.

Kontaktadresse:

- Stiftung Umverteilen! für eine solidarische Welt, Merseburger Str. 3, D-10823 Berlin, Tel. 030/7859844, www.umverteilen.de

Bewegungsstiftung

Privates Vermögen für politischen Wandel einsetzen – lautete das Motto der zehn Stifter(innen) der Bewegungsstiftung, die im März 2002 mit einem Startkapital von 250 000 Euro in Berlin gegründet wurde. Die Bewegungsstiftung will »Anstöße für soziale Bewegungen geben und Kampagnen und Projekten Geld für sozialen und politischen Wandel zur Verfügung stellen«. Die ersten Projekte wurden schon gefördert, zum Beispiel das Internetmedium ngo-online.de, die Kampagnen der Coordination gegen Bayer Gefahren (CBG) gegen Tantalit-Exporte aus dem Kongo oder die Öffentlichkeitsarbeit des Bundeskongresses entwicklungspolitischer Aktionsgruppen (Buko). Förderobergrenze sind anfangs 1500 Euro, denn man erwartet, dass jährlich nur rund 10 000 Euro, das sind 4 % aus der Verzinsung des Stiftungskapitals, vergeben werden können.

Sehr transparent, da auf der Homepage nachzulesen, ist die Struktur der relativ risikoreichen Kapitalanlage des schon im Jahr 2001 gegründeten Fördervereins der Stiftung:

40 000 DM als Festgeld bei der Umweltbank
150 000 DM als Festgeld bei der BkmU Bank
175 000 DM im Aktienfonds Ökovison und
150 000 DM in Aktien der Sonne und Wind Beteiligungen AG.

Die letzte Position dürfte kaum mehr die Hälfte des Einstandswertes wert sein und ist ohnehin schwer verkäufllich, da nicht börsennotiert. Auch vom BkmU-Festgeld – die Bank wurde im April 2002 wegen Insolvenz geschlossen – dürfte über die Einlagensicherung nur ein Bruchteil übrig bleiben. Das Portfolio des Fördervereins entspricht allerdings nicht dem der später errichteten Stiftung, die eine risikoärmere Strategie verfolgt. Doch mit schätzungsweise 10 000 Euro Ertrag pro Jahr kann man keine allzu großen Sprünge machen. Um so mehr ist die Bewegungsstiftung, um ihren Zweck erfüllen zu können, auf Zustiftungen angewiesen, die ab 5000 Euro möglich sind. Mit dem Seminar »Mit Geld die Welt verändern ...« will man in verschiedenen Städten und Regionen zur Nachahmung animieren.

Kontaktadresse:

- Bewegungsstiftung, Artilleriestr. 6, D-27283 Verden, Tel. 04231/957540, www.bewegungsstiftung.de

Stiftung Mitarbeit

Diese 1963 gegründete Stiftung fördert neue Initiativen, Projekte und Gruppen im sozial-politisch-kulturellen Bereich mit grundsätzlich nicht mehr als 500 Euro. Der Schwerpunkt der Förderung liegt derzeit bei Initiativgruppen in den neuen Bundesländern. Über die formlosen Anträge entscheidet ein Beirat. In der alternativen und Selbstverwaltungs-Szene eine beliebte Anlaufstelle.

Kontaktadresse:

- Stiftung Mitarbeit, Bornheimer Straße 37, D-53111 Bonn, Tel. 0228/60424-0, www.mitarbeit.de

Stiftung Nord-Süd-Brücken

Das Stiftungskapital von über 15 Mio. Euro stammt aus dem Vermögen des Solidaritätskomitees der ehemaligen DDR, das sich aus vielen kleinen Einzelspenden zusammensetzte. Mit den Erträgen werden seit der Wiederverei-

Stiftung Nord-Süd-Brücken: Die Stiftung fördert Entwicklungsprojekte – und nimmt den Brückenschlag auch ganz wörtlich. Hier war der Koordinationsrat des Gemeindeaustauschprojekts Participa! Eco zu Besuch in Berlin. (Foto: Kate-Team)

nigung vor allem ostdeutsche entwicklungspolitische Nichtregierungsorganisationen zum Zweck der entwicklungspolitischen Bildungs- und Öffentlichkeitsarbeit und der Entwicklungszusammenarbeit gefördert (Trinkwasser-, Lebensmittel- und Gesundheitsversorgung, Einkommen schaffende Maßnahmen, Bildung, Umweltsicherung, Menschenrechte).

Bei der Anlage des Stiftungsvermögens werden ethische, ökologische und soziale Kriterien beachtet. Dies gilt vor allem für den Anteil (ca. 20 bis 30 Prozent), der nicht in festverzinsliche Wertpapiere investiert wird. Hiervon wurde die Hälfte in Fonds wie KD Fonds Öko-Invest, Oekosar, Sarasin Fair Invest sowie den KCD Union Aktien Nachhaltig Fonds gesteckt. Rüstung wird für alle Geldanlagen ausgeschlossen; dies ist auch in den entsprechenden Vermögensverwaltungsverträgen festgehalten.

Kontaktadresse:
- Stiftung Nord-Süd-Brücken, Greifswalderstr. 33a, D-10405 Berlin, Tel. 030/428513-85, www.nord-sued-bruecken.de

Soros Foundation

Als äußerst großzügig hat sich der ungarische Philosoph, Fondsmanager und Devisenhändler George Soros gezeigt, der 1992 mit unkonventionellen Devisenspekulationen gegen die Bank von England über eine Milliarde Euro Gewinn gemacht hat. Bei der Hongkong-Krise 1997 haben seine Fonds allerdings auch mehr als eine Milliarde verloren.

Soros hat zahlreiche nationale Open Society Funds bzw. Soros Foundations gegründet. Neben neunstelligen Dollarbeträgen an seine Stiftungen vermachte er beispielsweise den bosnischen Muslimen ein Weihnachtsgeschenk von 50 Mio. Dollar. Materieller Besitz bedeutet Soros wenig, aber sein Geschäft, nämlich aus Geld noch mehr Geld zu machen, hat er konsequent und erfolgreich wie kaum ein anderer betrieben.

Kontaktadresse:
- Soros Foundation, Bolyai u. 14, H-1023 Budapest, Tel. 0036/1/3150303, www.soros.org

Stiftung Zukunftserbe

Obwohl erst im Jahr 2000 gegründet, hat die Stiftung schon mehrere Projekte unterstützt, z. B. Vergleichsstudien zu Öko-Investmentfonds und Öko-Lebensversicherungen. Die Ergebnisse wurden im Öko-Test-Magazin publiziert.

Leider waren die Studien mit methodischen Fehlern behaftet, da das beauftragte Öko-Institut zwar viel Know-how in Fragen der ökologischen Bewertung, aber noch wenig in Fragen der Konstruktion von Finanzprodukten hat.

Kontaktadresse:

- Stiftung Zukunftserbe, c/o Öko-Institut e. V., Postfach 6226, D-79038 Freiburg, Tel. 0761/4767795, www.zukunftserbe.de

6 Information ist alles: Research- und Rating-Agenturen

Gerade bei ethisch-ökologischen Geldanlagen ist eine Vielzahl von Informationen notwendig, um eine tragfähige Basis für die eigene Auswahl der Investments zu finden. Konkrete Hilfestellung geben verschiedene Forschungsinstitute und Dokumentationsstellen, die ihre Dienste sowohl für Privatanleger wie professionelle Fondsmanager anbieten.

6.1 Aktienanalysten

Seit die ersten deutschen Unternehmen aus der Wind- und Solarenergiebranche an der Börse gegangen sind, ist ethisch-ökologisches Investment verstärkt ins Blickfeld geraten. Inzwischen geben viele Banken, nicht nur die in Emissionskonsortien vertretenen, entsprechende Branchenstudien und Einzelaktienanalysen heraus. Bankenunabhängige Analysen finden sich aber relativ selten. Neben dem Börsenbrief Öko-Invest (siehe Kapitel 6.3.1) hat sich – vor allem bei Emissionsstudien – die Bonner Murphy&Spitz Umwelt Consult einen Namen gemacht. Zwar trifft man nicht immer ins Schwarze – eine Fehleinschätzung gab es beispielsweise beim Börsengang der B.A.U.M AG – aber meist sind die im Auftrag der betreffenden Unternehmen erstellten Analysen umfassend und kritisch formuliert. Interessenskonflikte könnten sich jedoch fallweise dadurch ergeben, dass Murphy&Spitz auch als Finanzdienstleister aktiv sind und mehrere Gemeinschaftsdepots (siehe Kapitel 2.4.5 bzw. 4) managen, die die analysierten Aktien halten bzw. kaufen oder verkaufen können.

Kontaktadresse:

- Murphy&Spitz Umwelt Consult, Römerstraße 167/173, D-53117 Bonn, Tel. 0228/9676-400, www.murphyandspitz.de

6.2 Forschungsinstitute und Rating-Agenturen

Der Begriff Öko-Rating tauchte erstmals Anfang der 90er-Jahre auf und hat sich inzwischen zu einer festen Größe im ethisch-ökologischen Investment entwickelt. Darüber hinaus ist er jedoch wenig bekannt. Zum Vergleich: Auch der weltweit etablierte Begriff des (finanziellen) Bonitäts-Ratings konnte sich in den ersten zehn bis zwanzig Jahren nur schwer durchsetzen.

Seinen Durchbruch schaffte das Öko-Rating in den Jahren 1994 bis 1998. In dieser Zeit wurden regelmäßig Öko-Ratings im Anlegermagazin Börse Online, einem der größten Magazine dieser Art in Deutschland, und weiteren Medien abgedruckt. Monatlich konnten so rund 500 000 Leser(innen) die Öko-Ratings des Auftraggebers Öko-Invest lesen.

Noch ist es längst nicht so weit, aber wenn einmal eine allseits anerkannte »Öko-Skala« zur Unternehmensbewertung entwickelt werden kann, ist zu erwarten, dass so ein Öko-Rating auch die Aktienkurse (bzw. die Platzierbarkeit von Anleihen etc.) beeinflussen wird. Doch wer macht sich die Mühe, solche Ratings zu erstellen?

Weltweit betreiben rund 50 Institute bzw. Organisationen ein von Banken und Fondsgesellschaften unabhängiges ethisch-ökologisches Research. Fast ein Viertel dieser Institute hat seinen Sitz im deutschsprachigen Raum.

6.2.1 D-A-CH: Deutschsprachiger Raum

Fifega

Siebzehn Jahre nach dem bekannten amerikanischen IRRC und sieben Jahre nach dem britischen Eiris nahm im Herbst 1990 auch das erste deutschsprachige *Forschungsinstitut für ethisch-ökologische-Geldanlagen (Fifega) e. V.* mit Sitz in Wien die Arbeit auf. Nach der Etablierung weiterer spezialisierter Institute in Deutschland und der Schweiz führt es inzwischen kaum mehr eigene Einzel-Unternehmensstudien durch, sondern leitet entsprechende Anfragen weiter.

Nach wie vor sind aber einige Marktstudien (z. B. zu Themen wie ›Banken und Umwelt‹ oder ›Ethisch-ökologische Lebensversicherungsprodukte in Deutschland‹) in aktualisierten Fassungen erhältlich. Außerdem pflegt das Fifega eine weltweite Übersicht über alle Ethik- und Umweltfonds, wertet über 240 Zeitschriften aus und hat so ein umfangreiches Daten-Archiv zu ethisch-ökologischen Geldanlagen.

Die Bibliothek umfasst neben Büchern und Fachzeitschriften auch diverse deutsch- und englischsprachige Diplomarbeiten und Dissertationen (insgesamt schon fast 100), Studien und Forschungsberichte, Geschäfts- und Umweltberichte von mehreren Aktiengesellschaften, Rechenschaftsberichte von Investmentfonds sowie Beteiligungsprospekte ökologisch orientierter nicht börsennotierter Firmen. Das Institut versteht sich in erster Linie als Dokumentationsstelle. Es betreibt keine Vermögensberatung, man kann jedoch bestehende Wertpapier-Depots nach ethisch-ökologischen Kriterien überprüfen (Portfolio-Screening) bzw. laufend überwachen lassen (Portfolio-Monitoring).

Unternehmen, die überlegen, auf dem grünen Kapitalmarkt Geld einzusammeln, können so genannte Kapitalmarkt-Emissions-Studien erstellen lassen. Dabei handelt es sich um eine maßgeschneiderte Übersicht und Entscheidungsgrundlage für junge Unternehmen oder Projekte, welche Wege der Expansionsfinanzierung mehr oder weniger sinnvoll sind. Der Umfang solcher Studien beträgt rund 30–35 Seiten, der Preis rund 3 000 Euro. Neben einer Branchenübersicht und den möglichen bzw. zum Projekt passenden Rechtsformen werden darin verschiedene Modelle der Kapitalaufnahme bis hin zu einer ersten Bewertung samt Zielgruppenanalyse dargelegt.

Kontaktadresse:

- Forschungsinstitut für ethisch-ökologische-Geldanlagen (Fifega) e. V., c/o Kommunalkredit Austria AG, Türkenstr. 9, A-1090 Wien, Tel. 0043/1/315696-0

Imug

Im Lauf der 90er-Jahre entstanden in Deutschland und der Schweiz weitere Institute wie z. B. das Imug in Hannover (Institut für Markt – Umwelt – Gesellschaft). Das Imug wurde 1992 in der Rechtsform eines eingetragenen Vereins als ein praxisorientiertes Forschungsinstitut an der Universität Hannover gegründet. Es wird von der Theodor-Lessing-Stiftung finanziell unterstützt und arbeitet u. a. auch im Auftrag von Ministerien oder EU-Behörden. Großes Echo fanden die als Ratgeber-Taschenbücher veröffentlichten »Unternehmenstester« zu verschiedenen Branchen, in denen Firmen aus Sicht von Verbraucher- und Umweltverbänden beurteilt wurden. Die aus solchen Einkaufsführern gewonnenen Erfahrungen mit sozial-ökologischen Unternehmensbewertungen wurden zum Aufbau des Forschungsbereichs Ethisches Investment genutzt, der sich seit 1999 u. a. als externe Foschungsstelle für den Natur-Aktien-Index-Beirat einen Namen gemacht hat. Das Imug kooperiert mit dem Londoner Ethical Investment Research and Information Service (Eiris) und ist Teil der 1996 in New York gegründeten Global Partners Working Group, ein Zusammenschluss sozial-ökologischer Forschungsinstitute, die Investoren und Verbraucher über ethisches Unternehmensverhalten informieren. Als Partner fungieren dabei neben Eiris u. a. Ethibel (Brüssel), Center on Responsible Business (New York), Ethic Scan (Toronto), Asahi Shimbun Cultural Foundation (Tokio), Centre for Environmental Studies (Neu Dehli) und Avanzi (Italien).

Ein Drittel der rund 20 Imug-Mitarbeiter(innen) befasst sich mit Fragen des ethischen Investments. Das Corporate Research liefert Informationen an

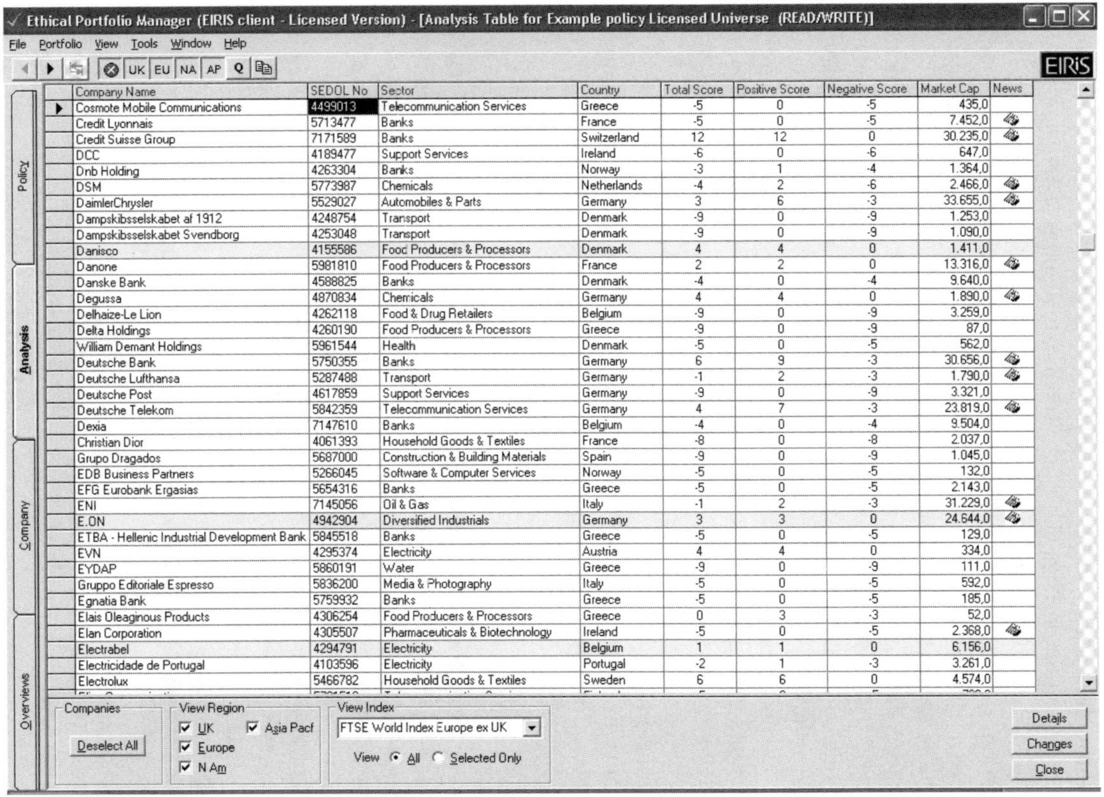

Ethical Portfolio Manager (EIRIS client - Licensed Version) - [Analysis Table for Example policy Licensed Universe (READ/WRITE)]

File Portfolio View Tools Window Help

Company Name	SEDOL No	Sector	Country	Total Score	Positive Score	Negative Score	Market Cap	News
Cosmote Mobile Communications	4499013	Telecommunication Services	Greece	-5	0	-5	435,0	
Credit Lyonnais	5713477	Banks	France	-5	0	-5	7.452,0	
Credit Suisse Group	7171589	Banks	Switzerland	12	12	0	30.235,0	
DCC	4189477	Support Services	Ireland	-6	0	-6	647,0	
Dnb Holding	4263304	Banks	Norway	-3	1	-4	1.364,0	
DSM	5773987	Chemicals	Netherlands	-4	2	-6	2.466,0	
DaimlerChrysler	5529027	Automobiles & Parts	Germany	3	6	-3	33.655,0	
Dampskibsselskabet af 1912	4248754	Transport	Denmark	-9	0	-9	1.253,0	
Dampskibsselskabet Svendborg	4253048	Transport	Denmark	-9	0	-9	1.090,0	
Danisco	4155586	Food Producers & Processors	Denmark	4	4	0	1.411,0	
Danone	5981810	Food Producers & Processors	France	2	2	0	13.316,0	
Danske Bank	4588825	Banks	Denmark	-4	0	-4	9.640,0	
Degussa	4870834	Chemicals	Germany	4	4	0	1.890,0	
Delhaize-Le Lion	4262118	Food & Drug Retailers	Belgium	-9	0	-9	3.259,0	
Delta Holdings	4260190	Food Producers & Processors	Greece	-9	0	-9	87,0	
William Demant Holdings	5961544	Health	Denmark	-5	0	-5	562,0	
Deutsche Bank	5750355	Banks	Germany	6	9	-3	30.656,0	
Deutsche Lufthansa	5287488	Transport	Germany	-1	2	-3	1.790,0	
Deutsche Post	4617859	Support Services	Germany	-9	0	-9	3.321,0	
Deutsche Telekom	5842359	Telecommunication Services	Germany	4	7	-3	23.819,0	
Dexia	7147610	Banks	Belgium	-4	0	-4	9.504,0	
Christian Dior	4061393	Household Goods & Textiles	France	-8	0	-8	2.037,0	
Grupo Dragados	5687000	Construction & Building Materials	Spain	-9	0	-9	1.045,0	
EDB Business Partners	5266045	Software & Computer Services	Norway	-5	0	-5	132,0	
EFG Eurobank Ergasias	5654316	Banks	Greece	-5	0	-5	2.143,0	
ENI	7145056	Oil & Gas	Italy	-1	2	-3	31.229,0	
E.ON	4942904	Diversified Industrials	Germany	3	3	0	24.644,0	
ETBA - Hellenic Industrial Development Bank	5845518	Banks	Greece	-5	0	-5	129,0	
EVN	4295374	Electricity	Austria	4	4	0	334,0	
EYDAP	5860191	Water	Greece	-9	0	-9	111,0	
Gruppo Editoriale Espresso	5836200	Media & Photography	Italy	-5	0	-5	592,0	
Egnatia Bank	5759932	Banks	Greece	-5	0	-5	185,0	
Elais Oleaginous Products	4306254	Food Producers & Processors	Greece	0	3	-3	52,0	
Elan Corporation	4305507	Pharmaceuticals & Biotechnology	Ireland	-5	0	-5	2.368,0	
Electrabel	4294791	Electricity	Belgium	1	1	0	6.156,0	
Electricidade de Portugal	4103596	Electricity	Portugal	-2	1	-3	3.261,0	
Electrolux	5466782	Household Goods & Textiles	Sweden	6	6	0	4.574,0	

Companies: Deselect All — View Region: UK, Asia Pacf, Europe, N Am — View Index: FTSE World Index Europe ex UK — View: All, Selected Only — Details, Changes, Close

Ethical Portfolio Manager: Das Londoner Eiris-Institut hat eine Datenbank entwickelt, in der nach verschiedenen ethisch-ökologischen Positiv- und Negativkriterien 2500 Aktien gescreent werden können. Auch das Imug-Institut in Hannover arbeitet mit diesem System und leistet das notwendige Research für die deutschen Aktien-Werte. (Abbildung: Imug)

Fondsgesellschaften wie Invesco oder Lupus Alpha, aber auch an Verbraucherorganisationen. Über die wöchentlich aktualisierte Datenbank ›Ethical Portfolio Manager‹ (EPM) kann, sortiert nach rund 40 ethisch-ökologischen Kriterien, auf die Daten von über 1500 europäischen und rund 1000 amerikanischen, japanischen und australischen börsennotierten Unternehmen zugegriffen werden (siehe Abbildung Seite 233).

Neben dem Einzelaktien-Research entwickelt das Imug auch Kriteriensysteme und Kennzahlen, beurteilt Fondsprodukte, erhebt repräsentative Marktdaten zu Präferenzen, Informationsinteressen und Anlegerverhalten.

1995 wurde die Imug Beratungsgesellschaft für sozial-ökologische Innovation mbH gegründet. Sie berät Unternehmen und Organisationen, die mit sozialen und ökologischen Innovationen am Markt erfolgreich sein wollen. Der Kundenkreis reicht von Trans Fair bis zum Otto Versand oder Volkswagen.

Kontaktadresse:

- Imug, Escherstr. 23, D-30159 Hannover, Tel: 0511/91115-14, www.imug.de, www.ethisches-investment.de

Scoris

Erst im Jahr 2000 wurde diese ebenfalls in Hannover angesiedelte Gesellschaft gegründet. Gesellschafter sind der ehemalige Imug-Researcher Axel Wilhelm als Geschäftsführer sowie die fünf europäischen Research-Institute Arese (Frankreich), Avanzi (Italien), Caring Company (Schweden), Centre Info (Schweiz) und Triodos (Niederlande).

Scoris ist als Teil der rund ein Dutzend Mitglieder umfassenden Sustainable Investment Research International Group (Siri Group, siehe weiter unten) für den deutschen Markt zuständig und kann auf Daten von rund 2000 Unternehmen zurückgreifen. Scoris bietet ähnliche Dienstleistungen an wie das Imug, hat aber wegen des späteren Markteintritts noch nicht so viele Kunden.

Kontaktadresse:

- Scoris GmbH, Sustainable Investment Research International, Lister Meile 9, D-30161 Hannover, Tel. 0511/270898-0, www.scoris.de

Südwind

Das 1991 von Mitgliedern verschiedener christlicher Konfessionen als Verein gegründete Südwind-Institut hat sich auf theologische und ethische Fragestellungen in der »Zwei-Drittel-Welt« spezialisiert. Auf der Suche nach den wirtschaftlichen Ursachen weltweiter Armut fühlt man sich der »Option für die Armen« verpflichtet und versucht, Möglichkeiten aufzuzeigen, wie und in welche Richtung Veränderungen erreicht werden können.

In Zusammenarbeit mit Gemeinden, Gruppen und Verbänden werden Forschung und Aktion verknüpft. Träger des kirchennahen ökumenischen Instituts sind über 100 Kirchengemeinden und -verbände sowie Vereine und rund 300 Einzelpersonen als (Förder-)Mitglieder. Zwei Stellen wurden inzwischen für den Arbeitsbereich Ethische Geldanlagen eingerichtet. Eine der Mitarbeiterinnen, Antje Schneeweiß, hat 1998 (Neuauflage 2002) das Buch »Mein Geld soll Leben fördern. Hintergrund und Praxis ethischer Geldanlagen« publiziert. Schon 1993 erschien der Titel »Was mache ich nur mit meinem Geld? Alternativen im Umgang mit Geld als Beitrag zu weltwirtschaftlicher Gerechtigkeit«.

Als Eigenprojekte oder Forschungsaufträge werden u. a. folgende Themen bearbeitet: Unternehmensanalysen, Kriterienentwicklung für ethisch-ökologische Geldanlagen, Produktentwicklung und Beratung im Bereich ethisch-ökologischer Geldanlagen, soziale und ökonomische Standards im Welthandel am Beispiel Bananen und Textilien, Verschuldungskrise und Schuldenumwandlung, Prostitutionstourismus, Auswirkungen von Altkleiderhandel auf die Zwei-Drittel-Welt, Frauen in ungeschützten Arbeitsverhältnissen und Umsetzungsmöglichkeiten der Ergebnisse der Rio-Konferenz für Umwelt und Entwicklung.

Das Institut finanziert sich durch Auftragsforschung sowie Mitglieds- und Förderbeiträge. Neben Recherchen betreibt Südwind auch Informations- und Öffentlichkeitsarbeit, Beratung von Einzelpersonen, Gruppen und Institutionen, Bildungsarbeit und beteiligt sich an Kampagnen (u. a. Bananen, Verschuldung, Altkleider, Textil/Bekleidung).

Kontaktadresse:

- Südwind, Institut für Ökonomie und Ökumene e. V., Lindenstr. 58–60, D-53721 Siegburg, Tel. 02241/53617, www.suedwind-institut.de

Blue Value

Die 2002 in der Schweiz gegründete Blue Value AG will durch einen Ethik-Transfer »Wirtschaft und Kapital für eine bessere Welt aktivieren«, eine zivilgesellschaftliche Ökonomie aufbauen, »die ein neues Bündnis zwischen Ethik und Markt, Lebensdienlichkeit und Ökonomie sowie Ethik und Gewinn anstrebt«. Die drei künftigen Geschäftsfelder sind das Ethik-Research, die Entwicklung von ethikrelevanten Finanzprodukten sowie eine Ethik-Beratung für Unternehmen (»Stakeholder Value«-Management, Ethik-Managementsysteme).

Unter den Gründern der AG sind vor allem Mitglieder bestehender Fondsbeiräte wie dem des Prime Value: Prof. Dr. Hans Ruh (Zürich), Reinhard Friesenbichler (Wien) und Jens Soth (Hamburg), die sich schon seit vielen Jahren mit der ethisch-ökologischen Bewertung von Unternehmen und Produkten beschäftigen.

Kontaktadresse:
- Blue Value AG, Lessingstrasse 9, CH-8022 Zürich, Tel. 01/2055547, www.bluevalue.ch

Centre Info

Das 1990 mit Mitteln der privaten Stiftung Fondation Duchemin aufgebaute Centre Info in Fribourg/Schweiz analysiert und bewertet das Verhalten und die ethisch-ökologische Performance von Unternehmen und Ländern. Hauptaktionärin ist heute die Fondation Pier Luigi Giovannini.

Das Centre Info ist Gründungsmitglied der Siri Group und bietet – vor allem für Fonds und institutionelle Anleger – ein Portfolio-Screening und -Monitoring an. Ein Corporate-Governance-Dienst bietet Aktionären die Möglichkeit, »eine aktive Rolle mittels zielgerichteter Ausübung ihrer Rechte wahrzunehmen«. Das Centre Info hat auch den Institutsverband European Corporate Governance Service (ECGS, www.ecgs.net) mitbegründet, der Stimmempfehlungen für Generalversammlungen und Analysen zu Corporate-Governance-Strukturen vor allem großer europäischer Aktiengesellschaften erstellt.

Kontaktadresse:
- Centre Info, Rue de Romont 2, CH-1700 Fribourg, Tel. 0041/26/3220614, www.centreinfo.ch

Ecos

Die u. a. durch ihr 1986 gestartetes umfangreiches Zeitschriften-Artikelarchiv (www.oekomedia.org) bekannt gewordene Ecos AG ist seit einigen Jahren auch für Fondsgesellschaften aktiv, vor allem für die beiden von der Schweizer Großbank UBS lancierten UBS Eco Performance und UBS Future Energy. Neben diesen Nachhaltigkeitsanalysen von börsennotierten Werten ist Ecos für das Base Investment Forum bei der Auswahl von nicht notierten Unternehmen im Bereich erneuerbarer Energien tätig.

Kontaktadresse:
- Ecos AG, Postfach, CH-4001 Basel, Tel. 0041/61/2051010, www.ecos.ch

Inrate

Die *Agentur für Nachhaltigkeits-Ratings Inrate* wurde 2001 als Tochterfirma der Pensionskasse Nest und dem Forschungsunternehmen Infras gegründet. Beim »Inrating« werden Umwelt- und Sozialverträglichkeit von Investitionen bzw. Unternehmen bewertet, wobei eine hohe Bewertung durch eine hohe Anzahl von Eichenblättern symbolisiert wird. Kunden von Inrate sind neben Nest u. a. die vier Raiffeisen Futura Fonds.

Kontaktadresse:
- Inrate, Ethical assessments by Infras and Nest, Limmatstrasse 275, Postfach 412, CH-8037 Zürich, Tel. 0041/1/274 15 84, www.inrate.ch

Oekom Research

Im Öko-Rating hat sich vor allem die Münchner Oekom Research einen Namen gemacht. Oekom bietet seine Dienste seit 1998 auch online an und hat bereits zahlreiche Unternehmen und Branchen untersucht. Die Kosten für solch ein Rating liegen zwischen einigen hundert (ein Unternehmen) und einigen tausend Euro.

Die Oekom Research AG ist derzeit die einzige Rating-Agentur im deutschsprachigen Raum, an der man sich auch als Privatanleger beteiligen kann. 1999 wurde die AG aus der Ökom – Gesellschaft für ökologische Kommunikation mbH ausgegliedert, die u. a. die Zeitschrift Politische Ökologie verlegt. Die ersten Aktien wurden zum Preis von 1,50 Euro den Mitarbeitern und den rund 80 stillen Gesellschaftern der Ökom GmbH nicht-öffentlich angeboten und in kurzer Zeit platziert.

Oekom Research hat Bewertungen von rund 600 großen Unternehmen erstellt, daneben noch von rund 200 Unternehmen aus den Branchen erneuerbare Energien, ökologische Landwirtschaft, Gesundheit. In den vergangenen Jahren wurde der Aktienresearch-Dienst durch das Segment der Anleihen erweitert. In so genannten Country Ratings werden Staatsanleihen nach 130 ethisch-ökologischen Kriterien auf Basis des Frankfurt-Hohenheimer-Leitfadens getestet. Ein Einzelrating kostet 290 Euro, der Country Report mit

ÖKO-RATING-RUBRIK

Mobilität und Energie: zwei elementare „needs" unserer Gesellschaft – und zwei Hauptursachen für die derzeitige Umweltkrise. Gibt es Möglichkeiten, diese Bedürfnisse auch umweltverträglicher zu erfüllen? Das ist die Aufgabe, die sich die österreichischen Jenbacher Werke gestellt haben.

Gesamtbewertung JENBACHER

249 von 300 erreichbaren Punkten, Gesamtrating: **+3,3**

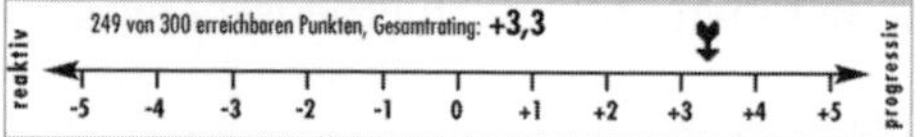

Einzelbewertung: Drei Untersuchungsbereiche (max. je 100 Punkte)	Punkte	Einzelrating
Organisation, z.B. ▸ Umweltleitlinien, Umweltbeauftragte ▸ Umwelt-Audit/Öko-Bilanz/Öko-Controlling	70	+2,0
Produktentwicklung, z.B. ▸ Durchführung von Umweltverträglichkeitsprüfungen ▸ Ökologische Optimierung der Produkte	100	+5,0
Beschaffung – Herstellung – Absatz, z.B. ▸ Umweltstandards im In- und Ausland ▸ umweltfreundliche Beschaffung und Logistik ▸ Verminderung des Energie- und Wasserverbrauchs und der Emissionen	79	+2,9

Jenbacher Werke AG

● Unternehmen und Produkte

Die mehrheitlich zur Auricon-Beteiligungs AG gehörende österreichische Jenbacher Gruppe gliedert sich in drei rechtlich selbständige Aktiengesellschaften auf: Jenbacherwerke AG (Holding-Funktion und Dienstleistung für den Standort Jenbach), Jenbacher Transportsysteme AG und Jenbacher Energiesysteme AG. 1993 erzielte die Gruppe einen Umsatz von 3.296 Mio. ÖS (etwa 470,8 Mio. DM) und beschäftigte insgesamt 2.157 Mitarbeiter. Der Löwenanteil des Umsatzes wird in den beiden operativen Gruppenmitgliedern Jenbacher Transport- bzw. Energiesysteme in einem Verhältnis von etwa zwei zu eins erwirtschaftet. Das Leistungsspektrum im Energiebereich bezieht sich zu ca. 95 Prozent auf die Herstellung und Wartung von Blockheizkraftwerken. Im Verkehrsbereich stellt Jenbacher aus-schließlich schienengebundene Fahrzeuge her: Lokomotiven, Triebwagen, Personen- und Güterwagen sowie Nahverkehrszüge.

● Stärken

Die ökologischen Stärken von Jenbacher liegen vorwiegend im Produktbereich. Sowohl bei den Energie- als auch den Transportsystemen werden Bedarfe mit Verfahren befriedigt, die nach allgemeiner Auffassung die Umwelt am wenigsten schädigen: Blockheizkraftwerke erzeugen gleichzeitig Strom und Wärme und erreichen damit einen Gesamtwirkungsgrad von bis zu 90 Prozent der umgewandelten Energie. Diese unter Umweltgesichtspunkten erfreulich hohen Werte sind – wenn man zudem die niedrigen Schadstoffemissionen der Gasmotoren berücksichtigt – im internationalen Vergleich zum Teil außer Konkurrenz. Mit der Herstellung von schienengebundenen Verkehrsträgern bedient Jenbacher einen Markt, der weitgehend umweltverträglich eingestuft wird. Auch hier werden die Produkte sukzessive ökologisch optimiert: So wurde u.a. bereits 1990 mit der sogenannten „Flüsterlokomotive" ein Modell entwickelt, dessen Lärmemissionen durchschnittlich um vier Dezibel unter den in Österreich 1993 eingeführten, europaweit strengsten Emissionsgrenzwerten liegen und damit eine Herabsetzung des Geräuschpegels von knapp einem Viertel verbunden ist. Ende 1993 stellten die Jenbacher Werke freiwillig die gesamte Beheizung an ihrem österreichischen Standort von Heizöl auf Gas um, wodurch sich die Emissionen an Schwefel- und Stickoxiden sowie an Kohlendioxid um einen beträchtlichen Faktor verringern. Deswei-teren konnte zwischen 1990 und 1993 das Abfallaufkommen in Jenbach durch konsequente Vermeidungsmaßnahmen um 30 Prozent bei gleichzeitigem Umsatzwachstum von 36 Prozent verringert werden.

Öko-Rating-Sponsoren

HERMERLIN British Virgin Islands
EthIK Köln
Luxinvest ÖkoLux Frankfurt
SECURVITA Hamburg

© ÖKO-INVEST Verlags GmbH, Wien (Telefon: 0043/1/535 18 15)

● Schwächen

Schwächen zeigten sich haupsächlich in zwei Bereichen: Die Organisation des betrieblichen Umweltschutzes könnte im Vergleich zum derzeitig Machbaren trotz eines engagierten Umweltbeauftragten noch verbessert werden. So gibt es z.B. keine konzernweite Umweltbilanzierung, sondern lediglich Daten für den Stand-ort Jenbach. Die Produktionsstätten in England und Ungarn werden darüber hinaus nicht den österreichischen Umweltstandards unterzogen, sondern orientie-ren sich lediglich an den lokalen Verhält-nissen. Dies wiegt vor allem beim ungarischen Standort, an dem ca. zehn Prozent des gesamten Umsatzes erwirtschaftet wird, schwer und führte im Rating innerhalb des Produktionsbereichs zu Punktabzügen.

● Rating und Selbsteinschätzung

Insgesamt erhält die Jenbacher Gruppe 249 von 300 erreichbaren Punkten und damit im Gesamtrating die Note +3,3. Die Jenbacher Werke schätzten sich selbst etwas geringer, nämlich mit +3,0 ein.

● Fazit

Jenbacher kann mit Fug und Recht behaupten, Produkte auf dem Markt zu haben, die derzeit aus ökologischer Sicht einen großen Nutzen haben und teilweise sogar Vorbildfunktion aufweisen. Die aufgezeigten organisatorischen Defizite und vor allem die noch fehlende Egalisierung der Umweltstandards der beiden ausländischen Produktionsstandorte sollen nach Auskunft des Umweltbeauftragten Dr. Uwe Pölzl in Kürze in Angriff genommen werden: „Zunächst haben wir begonnen, den Standort Jenbach ökologisch in den Griff zu kriegen. Dies wird mit dem kommenden Auditierungsverfahren fortgesetzt. Wir werden dann die gemachten Erfahrungen und Erkenntnisse auf die anderen beiden Standorte in England und vor allem Ungarn übertragen."

Das Öko-Rating wird einmal im Monat von der Münchner Umweltagentur ökom GmbH (Telefon: 089/54 41 84-50) im Auftrag von ÖKO-INVEST erstellt.

Beispiel Öko-Rating: Die Münchner Oekom Research hat langjährige Erfahrung in der Unternehmensbewertung. Hier ein Beispiel aus der von Öko-Invest initiierten Öko-Rating-Serie der Jahre 1994–1998. (Abbildung: Oekom Research)

31 Ratings der OECD-Staaten und Russlands kosten rund 7000 Euro. Zu den Oekom-Kunden zählen u. a. die SEB Invest, Metzler Investment, UBS Asset Management und mehrere österreichische Fondsgesellschaften.

Kontaktadresse:
- Oekom research AG, Goethestraße 28, D-80336 München, Tel. 089/544184-0, www.oekom.de

6.2.2 USA und Europa

Investor Responsibility Research Center (IRRC)

Das US-amerikanische Forschungszentrum wurde bereits Ende 1972 gegründet und ist heute mit über 80 Mitarbeitern weltweit das größte Institut seiner Art. Die Motive für die Gründung reichen in die 60er-Jahre zurück, als die Anti-Vietnamkriegbewegung ihren Höhepunkt erreichte. Viele Studenten demonstrierten damals gegen ihre Universitätsverwaltungen, weil deren Pensionskassen Aktien von Rüstungsunternehmen hielten, die Waffen nach Vietnam lieferten. Andere Interessensgruppen bedrängten die Manager großer institutioneller Fonds, ihre Verantwortung als Aktionäre bei den Hauptversammlungen der jeweiligen Gesellschaften wahrzunehmen: Themen wie Geschäfte mit Südafrika, Atomenergie und Rüstungsproduktion waren Gegenstand unzähliger Aktionärsresolutionen, die auf der Tagesordnung standen.

In ihrer Eigenschaft als Aktionäre mussten sich die Vertreter verschiedenster Institutionen mit diesen Themen befassen. Da es eine Menge Arbeitsaufwand bedeutete, sich in die jeweiligen Sachgebiete einzuarbeiten, um fundierte Entscheidungen treffen zu können, überlegten vor allem die Universitätsverwaltungen eine unabhängige Forschungsstelle zu gründen, die alle relevanten Daten sammeln und aufbereiten kann. Von dort sollte jeder die für ihn wichtigen Ergebnisse abrufen können. Mit einem Startzuschuss von Seiten der Ford-, Carnegie- und Rockefellerstiftung wurde schließlich das IRRC gegründet.

Inzwischen nutzen über 500 institutionelle Anleger, Banken und Finanzberater die Dienste des Zentrums, das als nichtkommerzielle und unparteiische Einrichtung auch bei der strengen amerikanischen Börsenaufsicht SEC (Securities and Exchange Commission) zugelassen ist. Schwerpunkte der Institutsarbeit sind neben der Erfassung von Aktionärsresolutionen, die Forschung und Dokumentation zu Themen wie Energie und Umwelt, Rüstung und Militär, Globales Investment oder Nordirland.

Die IRRC-Kunden werden online (z. B. über das Softwareprogramm Proxy Voter) oder über Publikationen auf dem Laufenden gehalten. Das Corporate Governance Bulletin berichtet beispielsweise über »goldene Fallschirme« (hohe Abfindungen für die Manager) oder »Giftpillen«, die Unternehmensleitungen bei geplanten feindlichen Übernahmen beeinflussen sollen, sowie aktien- und firmenrechtliche Einzelheiten, die in den jeweiligen Bundesstaaten der USA sehr unterschiedlich sein können. In der Reihe ›Social Issues Service‹ gibt es laufend Berichte über Aktionärsvorschläge: Welche Aktionäre bzw. Aktionärsgruppen haben zu welchem Zweck bei welchen Unternehmen Resolutionen eingebracht? Was hat sich dabei gegenüber dem Vorjahr geändert?

Ausführliche Studien (z. B. 350 Seiten über erneuerbare Energien) werden als Bücher publiziert, sind aber wegen der geringen Auflage mit Preisen von 200 Dollar oder mehr relativ teuer. Über 10 000 Dollar kostet das dreibändige Lexikon ›Corporate Environmental Profiles‹, in dem 500 US-Unternehmen nach ihren Leistungen und Verfehlungen (z. B. Umweltstrafen) gelistet und teilweise mit Branchenindexwerten verglichen werden. Seit einigen Jahren ist das IRRC auch mit einer Niederlassung in London vertreten.

Kontaktadresse:

- Investor Responsibility Research Center (IRRC), 1350 Connecticut Ave., N.W., Suite 700, USA-Washington, DC 20036-1702, Tel. 001/202/833-0700, www.irrc.org; London: 9 Carmelite Street, Suite 23, Tel. 0044/20/7072-8660

Ethical Investment Research Service (Eiris)

Das britische Forschungs- und Serviceinstitut Eiris wurde 1983 gegründet. Der Start wurde ermöglicht durch finanzielle Unterstützung verschiedener religiöser Vereinigungen (z. B. der anglikanischen Kirche und den Quäkern) und der nach Joseph Rowntree benannten Wohltätigkeitsstiftung. Eiris untersucht alle im FTSE (Financial Times)-Gesamtindex enthaltenen Unternehmen nach bis zu 30 quantifizierbaren Kriterien (z. B. Rüstungsanteil am Gesamtumsatz), trifft aber keine moralischen Werturteile über deren Aktivitäten. Mittels eines Kriterienrasters, den man einfach über die Aktien legt, im Lauf der Jahre kamen hunderte nicht-britische ins System, kann man so auf Knopfdruck eine Liste all jener abrufen, die eine bestimmte Kriterienkombination erfüllen oder nicht. Diese »acceptable list«, ein Portfolio Analysis Report für bis zu 35 Aktien oder ein Jahresabonnement des Rundbriefs Ethical Investor kann auch von Privatpersonen bestellt werden. Daneben fragen viele Institutionen an, um z. B. ihre in Pensionsfonds enthaltenen Aktien auf diese Weise einmalig oder regelmäßig (Monitoring) überprüfen lassen zu können.

Ein erstmals Ende 1987 erschienener Ethikfonds-Führer wird von Eiris in gewissen Zeitabständen aktualisiert und neu herausgegeben (Money & Ethics, über 100 Seiten). Leiter des Instituts ist seit dem Start Peter Webster, ein gelernter Mathematiker und Textverarbeiter. Er ist Geschäftsführer und u. a. zuständig für die Entwicklung von Konzepten und Dienstleistungen. Um kommerzielle Forschungsaufträge und Dienstleistungen (z. B. die Beratung von britischen Managern ethischer Investmentfonds) besser abwickeln zu können, wurde die Eiris Services Ltd. gegründet, die als Gesellschaft mit beschränkter Haftung firmiert. Insgesamt sind rund zwei Dutzend Mitarbeiter bei Eiris beschäftigt.

Kontaktadresse:

- Eiris, 80–84 Bondway, GB-London SW8 1SF, Tel. 0044/20/7840-5700, www.eiris.org

Ethibel

Auch in Brüssel gibt es seit 1992 ein Forschungsinstitut, das mit einem halben Dutzend Mitarbeiter (für über zwei Dutzend Kunden) nicht nur den belgischen Aktienmarkt nach ethischen Kriterien untersucht. In der Regel arbeitet Ethibel branchenorientiert, da die Unternehmen derselben Branche mit ähnlichen Marktentwicklungen, Chancen und Risiken konfrontiert sind. Bei Vorlage von quantitativen Daten ist so auch ein besseres Benchmarking möglich, was die Selektion der besten Performer erleichtert. Die Ethibel-Analysen beruhen auf einem unabhängigen Multi-Stakeholder-Dialog und Forschungsansatz, für den eine gute Kommunikation zwischen Researchern und Unternehmen unerlässlich ist. Unternehmensbesuche und internationale Kontakte mit anderen Researchorganisationen sind zeitaufwändig, helfen aber auch bei der Weiterentwicklung der Methodik. Ethibel bietet nicht nur einen Researchservice und diverse Unternehmensprofile an, sondern hat auch selbst Kriterien entwickelt, auf denen ein Anlageregister basiert. Die so entstandene Liste von Aktien und Rentenpapieren stellt das Universum dar, das Fonds für ihre Auswahl nützen können, wenn sie das Ethibel-Label anstreben. Das Bewertungsverfahren, die Kriterien und das Label sind in den Benelux-Ländern als offizielles Qualitätslabel (Benelux Nr. 903525) registriert. Das Label garantiert den Investoren primär die Glaubwürdigkeit von ethischen Anlageprodukten. Die so genannte »dritte Generation« von ethischen Finanzprodukten, die einem langfristigen Stakeholder-Ansatz folgt, macht in Belgien

Gebrauch von diesem Label. Als erste Generation werden jene Fonds verstanden, die fast nur Negativkriterien angewandt haben, die zweite Generation betrachtete meist nur die ökologisch oder die sozial positiven Aspekte eines Unternehmens.

Die Forschungstochter Stock at Stake hat im Jahr 2002 eine enge Kooperation mit Good Bankers vereinbart, einem japanischen SRI-Beratungsbüro mit ähnlicher Zielsetzung.

Kontaktadresse:
- Ethibel, Vooruitgangstraat 333/7, B-1030 Bruxelles, Tel. 0032/2/2061111, www.ethibel.be

Arese

Das französische Institut Analyses et Recherches Sociales sur les Entreprises (Arese) wurde Anfang 1996 von den Banken Caisses d'Epargne und Caisse des Dépôts als Recherche- und Analyseagentur gegründet. Arese genießt heute in Sachen Professionalität und Unabhängigkeit einen sehr guten Ruf und ist eine wichtige Anlaufstelle für ökologische und soziale Unternehmensinformationen in Frankreich. Arese versteht sich als neutrales Informationszentrum, das institutionellen und privaten Investoren, Portfolio-Manager/innen und anderen Interessierten eine Methodologie zur objektiven Umwelt- und Sozialanalyse von Großunternehmen zur Verfügung stellt und umfassende Informationen zu den größten französischen Unternehmen anbietet. Die Kriterien decken die Bereiche Aktionäre, Gesellschaft, Kunden und Lieferanten, Mitarbeiter und Umwelt ab. In einer ersten Tranche wurden die 40 größten französischen Konzerne untersucht (Index CAC 40), in einer zweiten Etappe weitere 80 Unternehmen, darunter die ersten 40 die Titel des SBF-120-Index.

Arese hat derzeit über 30 institutionelle Kunden, die über 1,6 Billionen Euro verwalten, und plant neben dem jetzigen Büro in der Nähe von Paris (20 Mitarbeiter) die Eröffnung mehrerer Büros in anderen Staaten.

Kontaktadresse:
- Arese S.A., 38 Av. Franklin Roosevelt, F-77210 Fontainebleau-Avon, Tel. 0033/1/603950-10, www.arese-sa.com

6.2.3 Sonstige Institute und Interessensverbände

Neben den beschriebenen Forschungsinstituten in Europa und den USA gibt es noch eine Reihe weiterer Organisationen, die sich teilweise kommerziell mit Fragen ethisch-ökologischen Investments befassen. Hier eine Auswahl der wichtigsten Anlaufstellen:

Association for Sustainable & Responsible Investment in Asia
Room 601 Hoseinee House, 69 Wyndham Street, Central Hong Kong, Tel: 852/31053701, www.asria.org

Ein von Tessa Tennant (vormals Henderson Investors, London) aufgebautes SRI-Netzwerk im asiatischen Bereich, das u. a. einen Email-Newsletter herausgibt.

Council on Economic Priorities (CEP)
30 Irving Place, New York, NY 10003, USA, Tel. 001/212/420-1133

Gemeinnützige Forschungsorganisation, die monatliche Research-Reports und Studien über die soziale Verantwortung von Unternehmen, Umweltschutz und Militärausgaben veröffentlicht und jährlich eine Art Oskar für die nach ihren Kriterien besten Aktiengesellschaften verleiht. Auch der Sozialstandard SA 8000 geht zu einem großen Teil auf das CEP-Team zurück.

CRIC (Corporate Responsibility Interface Center) e. V.
c/o Fachbereich Katholische Theologie, Goethe-Universität, Hausener Weg 120, D-60489 Frankfurt, Tel. 069/79822013, www.cric-ev.de

CRIC wendet sich an Investoren, die die Kriterien des Frankfurt-Hohenheimer Leitfadens zur Grundlage ihrer Investmententscheidungen machen möchten (vor allem kirchliche Anleger, Stiftungen, Banken und Versicherungen).

Eurosif (European Sustainable and Responsible Investment Forum)
P.O. Box 504, NL-4100 AM Culemborg, Niederlande, Tel.: 0031/345/523332, www.eurosif.info

Im 2001 gegründeten Eurosif haben sich nationale Verbände und andere Institutionen bzw. Unternehmen zusammengeschlossen.

Forum Nachhaltige Geldanlagen e. V.
c/o Adelphi Research gGmbH, Caspar-Theyß-Str. 14a, D-14193 Berlin, Tel. 030/8900068-40, www.forum-ng.de

Das 2001 in Berlin gegründete Forum sieht sich als Dachverband ähnlich dem britischen Social Investment Forum und ist auch Mitglied im Eurosif. Ziel des Forums ist die Förderung nachhaltiger Geldanlagen bzw. entsprechender politischer Rahmenbedingungen u. a. durch Öffentlichkeits- und Pressearbeit.

Environmental Data Services Ltd.
40 Bowling Green Lane, GB-London EC1R ONE, Tel. 0044/20/7814 5300, www.ends.co.uk

Dieses Dokumentationszentrum sammelt umweltrelevante Daten und Meldungen vorwiegend aus Großbritannien und der EU; im monatlichen Informationsdienst ENDS-Report wird auch über Aktiengesellschaften berichtet.

Ethicscan Canada Ltd.
Lawrence Plaza Postal Outlet, P.O. Box 54034, CAN-Toronto, Ontario M6A 3B7, Tel. 001/416/783-6776, www.ethicscan.ca

Private kanadische Firma, die sich mit der ethisch-ökologischen Unternehmensanalyse von rund 1500, teilweise nicht börsennotierten kanadischen Unternehmen in 43 Geschäftsfeldern beschäftigt; publiziert u. a. die Zeitschrift Corporate Ethics Monitor.

Global Reporting Initiative (GRI)
11 Arlington Street, USA-Boston, MA 02116, Tel. 001/617/2669384, www.globalreporting.org

GRI entwickelt und verbreitet Richtlinien (Sustainability Reporting Guidelines) zur freiwilligen Berichterstattung über ökonomische, soziale und ökologische Entwicklungen bzw. Kennzahlen von Unternehmen mit dem Ziel, eines Tages internationale Standards zu erreichen wie in der finanziellen Bilanzierung.

Innovest Strategic Value Advisors
4 Times Square, 3rd Floor, New York, NY 10036, USA, Tel. 001/212/421-2000, www.innovestgroup.com

Innovest ist eine private Rating-Firma, die auf der Eco Value 21-Rating-Plattform aufbaut und vor allem US-Aktien bewertet.

Interfaith Center on Corporate Responsibility
475 Riverside Drive, Room 566, New York, NY 10115, USA, Tel. 001/212/870-2295, www.iccr.org

Von über 250 Kirchen(gemeinden) getragenes Zentrum für kirchliche Aktionsprogramme und Aktionärsresolutionen zur Beeinflussung der Geschäftspolitik von amerikanischen Konzernen.

Michael Jantzi Research Associates Inc. (MJRA)
372 Bay Street, Suite 1906, CAN-Toronto, Ontario M5H 2W9, Tel. 001/416/861-0403, www.mjra-jsi.com

MJRA beobachtet rund 450 kanadische Aktien und hat im Jahr 2000 den ersten kanadischen Ethik-Aktien-Index entwickelt, der 60 Titel enthält. Michael Jantzi hat zusammen mit Deb Abbey das Buch »The 50 Best Ethical Stocks for Canadians« publiziert.

Ögut-Plattform Ethisch-ökologische Veranlagung
Hollandstraße 10/46, A-1020 Wien, Tel. 0043/1/3156393-20, www.gruenesgeld.at

In Österreichich bietet seit Anfang Februar 2002 die Website www.gruenes-geld.at zahlreiche Informationen zum Thema Grünes Geld, basierend auf der – nach deutschem Vorbild – herausgegebenen Broschüre »Mehr Wert: Ökologische Geldanlagen«. Die Plattform hofft, die Probleme, die in Deutschland bei der Formulierung bzw. Durchführung des Gesetzes zur Altersvorsorge aufgetaucht sind, bei einem ähnlichen Gesetz, für das man in Österreich – bislang erfolglos – Lobbying betreibt, vermeiden zu können.

Pensions Investment Research Consultants (PIRC) Ltd.
4th Floor, Cityside, 40 Adler Street, GB-London E1 1EE, Tel. 0044/20/72472323, ww.pirc.co.uk

Private Beraterfirma, die ethische Kriterien im Bereich von Investmentfonds und Pensionsvorsorge anwendet und Aktionärsaktivitäten fördert.

Social Investment Forum
1612 K Street NW, Suite 650, Washington, DC 20006, USA, Tel. 001/202/872-5319, www.socialinvest.org

Nationaler Verband von über 300 Anlageberaterfirmen, Investoren und Informationsdiensten, die sich mit ethischen bzw. sozial verantwortlichen Geldanlagen befassen.

Social Investment Organization
658 Danforth Avenue, Suite 409, CAN-Toronto, Ontario M4J 5B9, Tel. 001/416/461-6042, www.socialinvestment.ca

Kanadischer Verband von institutionellen Investoren, Beratern und NGOs.

Sustainable Investment Research International (Siri) Group
c/o KLD Research & Analytics, Inc., 530 Atlantic Avenue, USA-Boston, MA 02210, Tel. 001/617/426-5270, www.sirigroup.org

In der Siri-Group sind einige Sozial- und Umweltanalyse-Institute aus Europa und Nordamerika zusammengeschlossen, die insgesamt über mehr als hundert Analysten verfügen, die sich mit weltweit mehr als 1700 Unternehmen beschäftigen. Siri-Profile enthalten u. a. Informationen zu den Bereichen Umwelt, Mitarbeiter, Kunden, Corporate Governance und Lieferanten sowie über Ausschlusskriterien wie Tabak, Rüstung oder Atomenergie.

Taskforce on the Churches and Corporate Responsibility (TCCR)
129 St.Clair Avenue West, CAN-Toronto, Ont. M4V 1N5, Tel. 001/416/923-1758, www.tccr.org

Koordinationsstelle u. a. für kirchliche Aktionärsresolutionen zu ethischen und ökologischen Themen bei verschiedenen kanadischen Konzernen.

Trillium Asset Management Corporation
711 Atlantic Ave, Boston, MA 02111-2809, USA, Tel. 001/617/423-6655, www.trilliuminvest.com

Anlageberatungs- und Portfoliomanagementgesellschaft, die sich auf ethisch-ökologische Investments konzentriert.

U.K. Social Investment Forum
Holywell Centre, 1 Phipp Street, GB-London EC2A 4PS, Tel. 0044/20/77494880, www.uksif.org

Britischer Verband von Fondsgesellschaften, Pensionskassen, Anlageberater, Investoren und Instituten im Bereich des Ethical Investments.

6.2.3.1 Die Ceres-Prinzipien

In den 90er-Jahren überflutete eine grüne Welle die Hauptversammlungen amerikanischer Aktiengesellschaften. Dutzende Großkonzerne in den USA mussten sich auf den Hauptversammlungen mit Resolutionen befassen, die ihre umweltbewegten Aktionäre vorbereitet hatten. Ihren Ausgang nahm die Bewegung mit der Öl-Katastrophe des Tankers Exxon Valdez. Damals wurde ein Katalog von Verhaltensregeln, die so genannten »Valdez-Prinzipien«, ausgearbeitet und den Unternehmensleitungen zur Unterschrift vorgelegt. Die später in Ceres-Prinzipien umbenannten Selbstverpflichtungen fordern unter anderem, dass die Unternehmen Rohstoffe sparsam verwenden sollen, ihre Abfälle verringern, Emissionen mindern und Umweltschutzexperten einen Sitz im Aufsichtsrat gewähren sollen. Die Ceres-Prinzipien lauten im Einzelnen:

1. Schutz der Biosphäre
2. Maßvoller Umgang mit natürlichen Rohstoffen
3. Reduzierung und Entsorgung von Abfällen
4. Effizienter Einsatz von Energie
5. Gesundheitsschutz für Arbeitsplatz und Umgebung
6. Sichere Produkte und Konsumentenschutz
7. Haftung und Schadenersatz
8. Transparenz und Veröffentlichung
9. Mindestens ein Umweltexperte im Management
10. Jährlicher Rechenschaftsbericht.

Die Selbstverpflichtung zur Einhaltung dieser Prinzipien haben mehrere große US-Aktiengesellschaften (z. B. Timberland, Sun Oil) unterschrieben. Neben rund 100 US-Firmen gibt es auch zwei europäische Ceres-Mitglieder (Body Shop und Öko-Invest-Verlag).

Neben den Ceres-Prinzipien, die vor allem auf ökologische Aspekte der Unternehmenspolitik abzielen, sind in den USA schon länger die so genannten Sullivan-Prinzipien erstellt worden, die Menschenrechte und menschenwürdige Arbeitsbedingungen zum Inhalt haben.

Kontaktadresse:

- Ceres, 11 Arlington Street 6th Floor, USA-Boston, MA 02116-3411, Tel. 001/617/247-0700, www.ceres.org

6.3 Informationsdienste

Inzwischen ist eine große Zahl von Informationen, Zeitungen, Zeitschriften, Magazinen – ja sogar mehrere Fernsehkanäle zur Geldanlage auf dem Markt. Auch fast jede größere Bank gibt einen eigenen meist kostenlosen Informationsdienst heraus. Nur wenige befassen sich jedoch – über die finanziellen Informationen hinaus – auch mit ökologischen oder sozial-ethischen Aspekten. Der älteste anbieterunabhängige deutschsprachige Börsenbrief ist der Öko-Invest, der seit 1991 alle vierzehn Tage mit meist 16 Seiten erscheint. Eine gute Adresse ist auch die Verbraucherzeitschrift Öko-Test. Sie bietet in ihrer Rubrik »Ökonomy« monatlich Berichte zu verschiedenen Anlagemöglichkeiten.

6.3.1 Printmedien: Öko-Invest

Der Börsendienst hat den Untertitel »Investment mit Erfolg und Verantwortung« und ist nur im Abonnement per Post erhältlich. Eigene bankenunabhängige Aktienanalysen und jeweils ein Musterdepot mit börsennnotierten und außerbörslichen Werten bilden den Hauptteil des Heftes. Zu den bislang besten Aktienempfehlungen zählen die Aktien von Tomra (Kursanstieg rund 6000 Prozent zwischen 1993 und 2000) und Vestas (über 1000 Prozent Plus in den ersten drei Jahren nach dem Börsengang 1998).

Auf den ersten vier bis sechs Seiten wird jeweils eine bestimmte Branche analysiert oder Schwerpunktthemen wie Alternativbanken oder Windenergie behandelt. Die von Öko-Invest mit entwickelten Indizes Natur-Aktien-Index und PPVX werden regelmäßig abgedruckt. Daneben werden Updates zu früher besprochenen Unternehmen und die »Graugrüne Liste« veröffentlicht (siehe Kapitel 7.4), über 200 Zeitschriften ausgewertet, Neuemissionen vorgestellt, neue Literatur, Tagungsberichte sowie Veranstaltungshinweise. Quartalsweise werden die Performance-Tabellen von Umwelt-Investmentfonds und Zertifikaten abgedruckt sowie die entsprechenden Portfolios kritisch begleitet.

Rund 75 Prozent der rund 6000 Leser(innen) wohnen in Deutschland, die Hälfte der Abonnenten sind Privatanleger, der Rest professionelle Vermögensverwalter, Vertreter von Banken, Umweltorganisationen oder Umweltbeauftragte in Unternehmen.

Mit einem Netz von weltweit fast 50 Korrespondenten in 12 Ländern kann der Börsendienst oft vor Ort recherchieren lassen. Einzelhefte (siehe Kapitel 8.1) können nachbestellt werden.

Kontaktadresse:
- Öko-Invest-Verlags-GmbH, Schweizertalstr. 8-10/5/1, A-1130 Wien, Tel. 0043/1/8760501, Fax 0043/1/315696-1, oeko-invest@teleweb.at

6.3.2 Internet: Ecoreporter.de und andere

Zum Abschluss dieses Informationskapitels sind im Folgenden einige Dutzend ausgewählter Internetadressen mit jeweils einer kurzen Beschreibung aufgeführt. Waren früher manche Informationen schwer zu bekommen, muss man heute aus der Informationsflut des Internets herausfiltern, was ethisch-ökologisch orientierte Anleger interessieren könnte: neben konkreten Anlageangeboten vor allem gründlich recherchierte Fakten, aber auch Meinungen und Stimmungen.

Die Internetadressen vieler Unternehmen, Fonds, Banken, Finanzdienstleister, Aktienhändler oder Rating-Agenturen haben wir meist direkt an den betreffenden Stellen im Buch angeführt. Hier sind deshalb meist unabhängige Informationsquellen in Deutsch oder Englisch aufgeführt:

Deutschsprachige Seiten

www.bmu.de
Auf dieser Seite des deutschen Umweltministerium kann man u. a. die kostenlose Broschüre »Mehr Wert: Ökologische Geldanlagen« bestellen oder herunterladen.

www.boerse-online.de
www.financial.de
Diese und viele andere konventionelle Online-Dienste bringen manchmal auch ausführliche Berichte zu Öko-Aktien.

www.boxer99.de
Infodienst mit Meldungen und einer umfangreichen Datenbank für Unternehmen im Bereich erneuerbare Energien.

www.comdirect.de
www.direktanlagebank.de
Neben dem Online-Handel, Aktienkursen und Meldungen bieten diese und andere Direktbroker meist auch für Nichtkunden die Möglichkeit, ein persönliches Musterdepot einzurichten.

www.ecoreporter.de
Das umfangreichste und aktuellste Öko-Finanz-Info-Portal (inkl. der früher separaten Adressen www.umweltaktie.de und www.umweltfonds.de) bietet täglich viele Meldungen zu Aktien, Fonds, Beteiligungen etc, daneben auch Interviews und Videos. Einen Email-Newsletter und ein Email-Magazin im pdf-Format kann man kostenlos abonnieren, nur die ausdruckbare Version ist kostenpflichtig.

www.energiewerk.net
Das »ökonomisch-ökologisch-politische« Portal für erneuerbare Energien der Münchner Energiewerk AG, die einen internationalen Aktien-Index für erneuerbare Energien entwickelt hat.

www.genios.de
Die Wirtschaftsdatenbank der Handelsblattgruppe bietet Dokumente (Artikel, Bilanzen etc.) auch im Sektor Umwelt & Ökologie sowie die spezielle Umweltliteraturdatenbank Ulidat.

www.greenvalue.de
Überblick über alle aktuell in Deutschland angebotenen Wind- und Solarkraftfonds sowie das Inhaltsverzeichnis der entsprechenden Ratgeber-Print-Publikationen.

www.gruenegeldanlagen.de
Eine im Sommer 2002 von Stephan Rotthaus, dem Autor des gleichnamigen Buches, gestartete Übersicht, die – kostenpflichtig für die Anbieter – diverse Beteiligungsmöglichkeiten und Bankprodukte enthält.

www.gruenes-geld.de
Dokumentationen und Vorschau für die Messe und den Kongress »Grünes Geld«.

www.gruenesgeld.at
Die von der Ögut-Plattform »Ethisch-ökologische Geldanlagen« lancierte Seite enthält u. a. die kostenlose um einen österreichischen Teil erweiterte deut-

sche Broschüre »Mehr Wert: Ökologische Geldanlagen« sowie Veranstaltungshinweise.

www.inwo.de
Initiative für Natürliche Wirtschaftsordnung: Freiwirtschaftsgedanken, Bücher & Termine.

www.oeko-invest.de
Neben Texten aus dem Öko-Invest-Printheft findet man u. a. ein Archiv, die »graugrüne Liste« sowie ein moderiertes Diskussionsforum mit zahlreichen Fragestellungen beispielsweise zu Neuemissionen, Problemen bei börsennotierten Aktien, Windparks oder außerbörslichen Aktien.

www.iwr.de
Das Hauptportal für Regenerative Energiewirtschaft vom Internationalen Wirtschaftsforum Regenerative Energien (IWR) enthält auch die Börsenkurse entsprechender Aktien.

www.oekomedia.org
Ein von Basel aus betriebener, sehr umfangreicher und benutzerfreundlicher deutschsprachiger Umweltmedienspiegel (zum Surfen und Artikelvolltext-Bestellen)!

www.oevermoehle-consult.de
Der unabhängige Hamburger Consulter befasst sich mit Chancen und Risiken von Wind-, Solar- und Biomasse-Aktien bzw. -beteiligungen.

www.umweltjournal.de
Verfügt neben aktuellen Meldungen über ein umfangreiches Online-Umweltlexikon, das auch Suchbegriffe wie den Natur-Aktien-Index erklärt.

www.umwelttechnik.at
Die vom österreichischen Wirtschaftsministerium betreute Datenbank ist u. a. mit dem EU-Netzwerk Ecobusiness und dem weltweiten Global Directory for Environmental Technology verknüpft.

www.unternehmensgruen.de
Unternehmerverband zur Förderung umweltgerechten Wirtschaftens mit Publikationen und Terminen.

www.wallstreet-online.de
Ausführliche Kursinformationen, Berichte und Suchfunktionen nach Stichworten oder Aktien. Im Diskussionsforum »Grüne Aktien« posten meist Teilnehmer mit Pseudonymen (aus Kostengründen wurde im Mai 2002 die 20-köpfige Redaktion entlassen).

www.windbranche.de
Das Windkraftbranchenportal des Internationalen Wirtschaftsforums Regenerative Energien (IWR).

Englischsprachige Seiten

www.ceres.org
Homepage von Ceres (Coalition for Environmentally Responsible Economies) mit den 10 Ceres-Prinzipien und Links zu allen Mitgliedsunternehmen.

www.environmental-finance.com
Das britische Monatsmagazin befasst sich nicht nur mit Investment, sondern auch mit Emissionshandels-, Umweltmanagement- und Klimafragen.

www.ethicalfunds.com
Kanadische Seite zu SRI-Fonds mit allgemeiner Einführung und aktuellen Meldungen.

www.goodmoney.com
US-SRI-Fonds samt Archiv und zahlreichen Links zu Beratern und Verbänden.

www.greenmoney.com
Das US-amerikanische Greenmoney Journal enthält neben Artikeln auch viele Links zu Fonds-Anbietern.

www.sec.gov
Homepage der US-Börsenaufsichtsbehörde SEC (Securities and Exchange Commission) mit zahlreichen und sehr umfangreichen Datenbanken.

www.socialfunds.com
Ethisch-ökologische US-Investmentfonds samt Meldungen, teilweise kostenpflichtig.

www.socialinvest.org
Homepage des US-amerikanischen Social Investment Forum (SIF) mit Fondsdaten und Berichten zur Marktentwicklung.

www.sricompass.org
Umfassende SRI-Fondsdatenbank mit Suchfunktion.

www.thehungersite.com
Besucher können – einmal täglich und kostenlos – eine Handvoll Reis spenden. Bezahlt werden diese Spenden gegen den Hunger in der Welt von den Werbeanzeigen der Firmen, die für einen bestimmten Zeitraum auf dieser Seite präsent sind.

www.unep.ch/eco
Auf der Finanzdienstleistungen/Investment-Seite der Uno-Entwicklungsorganisation Unep finden sich u. a. Fragen wie »Environmental issues in asset management« und »Choosing stock according to environmental criteria«.

7 Anlegerservice und Anlegerschutz

7.1 Wie kaufe ich Aktien?

Eine nur scheinbar banale Voraussetzung für den Kauf von Wertpapieren ist der Besitz von Geld. Auf keinen Fall sollten Aktien auf Pump gekauft werden. Denn liegt die Rendite der gekauften Papiere nicht über den Kreditzinsen, geht täglich Geld verloren – und am Ende bleibt ein Berg von Schulden übrig. Die seit Frühjahr 2000 andauernde Börsenbaisse ist ein beredter Beleg für das Risiko solcher Finanzierungsmodelle. Auch bei Ansparplänen mit monatlichen Raten ist Vorsicht geboten, da nicht sicher ist, dass das momentane Monatseinkommen über Jahre konstant bleibt. Aktien deshalb möglichst nur dann kaufen, wenn genügend Geld vorhanden ist, das mittelfristig nicht dringend benötigt wird.

Der erste Weg zum Aktienkauf führt meist zur Wertpapierabteilung in einem Kreditinstitut. Das muss nicht die Bank sein, bei der man schon ein Konto oder ein Sparbuch besitzt. Oft empfiehlt es sich, bei verschiedenen Instituten nachzufragen, denn die Qualität der Beratung und die Höhe der Bankgebühren können stark schwanken. So genannte Diskontbanken oder -broker bieten meist extrem niedrige Gebührensätze – dafür allerdings auch keine Beratung.

Wenn es sich bei den gewünschten Papieren um Werte handelt, die an einer in- oder ausländischen Börse »notieren«, das heißt, gehandelt werden sind folgende Schritte notwendig:

1. Eröffnen eines Wertpapierdepots
2. Erteilen eines Kaufauftrages an die Bank.

Der Bankberater sucht die Wertpapierkennnummer bzw. den gebührengünstigsten Börsenplatz für das gewünschte Papier aus. Der Kunde erteilt seine Kauforder mit Bedingungen: »bestens« möglich heißt z. B. zum momentanen Kurswert; bei »limitiert« wird eine Obergrenze für den Preis festgelegt – sollte der Kurs in der vereinbarten Zeit immer darüber liegen, wird das Papier nicht gekauft.

3. Bereithalten des Gegenwertes (in bar oder auf einem Konto).

Wenn der Auftrag über die Bank ausgeführt ist, wird nach einigen Tagen der Gegenwert fällig und das Wertpapier auf dem Depot »eingebucht«. Beim Verkauf der Papiere ist der Vorgang im Prinzip gleich: Auch hier ist ein Limit möglich, die Gutschrift des Verkaufserlöses erfolgt nach wenigen Tagen.

Theoretisch könnten die meisten Aktien auch als Papier-Urkunden ausgehändigt werden. Für eine schnellere Handhabung bei An- und Verkauf, eine sichere Verwahrung und die Gutschrift von Dividenden empfiehlt es sich aber ein Bankdepot in Anspruch zu nehmen. Die jährlichen Depotgebühren sind für inländische Papiere gering (z. B. 0,15 % des Wertes), für die nur im Ausland gehandelten etwas höher (z. B. 0,5 %).

Bei den Ankaufgebühren lohnt es sich, Preisvergleiche anzustellen. Manchmal ist es z. B. billiger, amerikanische Aktien nicht über die New Yorker Börse, sondern über den Freiverkehr oder den Telefonhandel in Frankfurt oder Berlin anzukaufen. Böse Überraschungen lassen sich vermeiden, wenn vor dem Kauf bei der Bank genau die anfallenden Gebühren erfragt werden und Sie sich diese Auskunft auch schriftlich garantieren lassen.

Bei komplizierteren Vorgängen als Aktienkäufen ist es ratsam, sich bei der Bank nach den gültigen Devisenvorschriften und anderen Bestimmungen zu erkundigen, die oft auch zum Zwecke des Anlegerschutzes erlassen worden sind. Vorsicht geboten ist bei Haustürgeschäften oder telefonisch aus dem Ausland angepriesenen Geldanlagen, vor allem wenn hohe Renditen versprochen werden. Wer Geldüberweisungen an eine Briefkastenfirma vornimmt, darf sich nicht wundern, wenn er es nie mehr wiedersieht.

7.2 Wichtige steuerrechtliche Bestimmungen

In einigen Ländern gibt es noch eine *Börsenumsatzsteuer*. Diese wird bei jedem Wertpapieran- oder -verkauf fällig, ist aber in der Regel bereits in den allgemeinen Bankgebühren schon enthalten.

Die *Kapitalertragssteuer* fällt immer dann an, wenn beispielsweise Erträge in Form von Dividenden ausgeschüttet werden. Dies ist meist nur einmal im Jahr, zum Kupontermin, der Fall; manchmal auch halbjährlich oder – vor allem bei amerikanischen Aktien – quartalsweise. Die Steuersätze sind je nach Ursprungsland sehr verschieden und liegen meist zwischen 10 und 35 Prozent. Für Finanzprodukte wo keine Ausschüttungen stattfinden, z. B. bei den thesaurierenden Investmentfonds, gibt es von Land zu Land unterschiedliche Regelungen.

Eine *Einkommensteuer* ist zu zahlen, wenn das persönliche Jahreseinkommen, das noch nicht lohnsteuermäßig oder anderweitig erfasst ist, bestimmte Grenzen überschreitet. In diesem Fall ist man verpflichtet, eine entsprechende Einkommensteuererklärung abzugeben. Schon einbehaltene Steuerbeträge (Quellensteuer) werden unter bestimmten Voraussetzungen auf Antrag beim Finanzamt auch auf die Einkommens- bzw. Lohnsteuer angerechnet oder rückerstattet, damit es nicht zu einer Doppelbesteuerung kommt. Zu diesem Zweck gibt es zwischen den meisten Industriestaaten entsprechende Doppelbesteuerungsabkommen.

Wenn die Summe aller Wertpapiere, Immobilieneinheitswerte und sonstigen Vermögensgegenstände eines Haushalts über gewissen Freibeträgen liegt, ist mancherorts auch eine *Vermögenssteuer* zu entrichten (z. B. in Höhe von einem Prozent).

Die so genannte *Spekulationssteuer* fällt in Deutschland und Österreich an, wenn Wertpapiere innerhalb von zwölf Monaten mit Gewinn wieder verkauft werden und der dabei erzielte Reingewinn bestimmte Freigrenzen pro Kalenderjahr überschreitet. Zur Berechnung des Reingewinns werden alle Verkaufsgewinne den Werbungskosten (Depotgebühren, Börsenzeitschriften usw.) und möglichen Verlusten aus anderen Wertpapiergeschäften gegenübergestellt. Der Steuersatz richtet sich dabei nach dem persönlichen Spitzensatz für das übrige Einkommen.

Ob es sich beim Gewinn bringenden Verkauf von Wertpapieren um eine Spekulation handelt, hängt also entscheidend vom Zeitpunkt ab. Um Steuern zu sparen, kann es ratsam sein, das Ende der Spekulationsfrist abzuwarten. Was aber tun, wenn man das Geld schon vorher dringend braucht? In diesem Fall gibt es z. B. die Möglichkeit, seine Wertpapiere von einer Bank mittels eines so genannten Lombardkredits belehnen zu lassen statt zu verkaufen. Man zahlt dabei allerdings für den vereinbarten Zeitraum die üblichen Kreditzinsen. Das gleiche Verfahren gilt auch für Anleger von Investmentfonds.

Die *Erbschafts- und Schenkungssteuer* betrifft auch Wertpapiere, deren Wert jedoch, ähnlich wie bei der Vermögenssteuer, nicht unbedingt in Übereinstimmung mit dem jeweiligen Börsenkurs, sondern durch einen so genannten Steuerkurs festgelegt wird.

Für geschlossene Fonds (siehe Kapitel 2.3), Investmentfondssparpläne und verschiedene andere Kapitalmarkt- bzw. Altersvorsorgeprodukten gibt es zahlreiche Steuersparmöglichkeiten und Förderungen von staatlicher oder Arbeitgeberseite, die teilweise von individuellen Kriterien wie Einkommen oder Kinderzahl abhängig sind.

7.3 Was muss ich beim Kauf von geschlossenen Fonds/Direktbeteiligungen beachten?

Im Bereich der Investmentfonds und börsennotierten Aktien gibt es besondere Schutzbestimmungen für Anleger und vielfältige Publizitätspflichten für Anbieter und Unternehmen. Dennoch ist man auch hier keineswegs vor

Reinfällen gefeit: Die Bilanzfälschungen beim Energieriesen Enron oder die Luftbuchungen beim Neue-Markt-Unternehmen Comroad haben gezeigt, dass mit krimineller Energie auch strenge Vorschriften umgangen werden können.

Kaum durch Schutzbestimmungen geregelt, und damit auch riskanter, sind alle Formen von Direktbeteiligungen (siehe Kapitel 2.3 und 2.5). Bei Energieanlagen (Wind, Sonne, Wasser, Biomasse), Öko-Immobilien, Umwelttechnologiefirmen oder in der ökologischen Landwirtschaft können sich Anleger als Mitunternehmer(in) direkt beteiligen. Die Angebote werden auf dem so genannten freien Kapitalmarkt offeriert, der kaum einer staatlicher Aufsicht unterliegt. Weil es auch einige unseriöse Anbieter gibt, ist hier besondere Vorsicht geboten (s. Kapitel 7.4).

Öko-Investments sind vergleichsweise »jung«, häufig werden sogar Pilotprojekte aufgelegt. Deshalb sollten sie noch intensiver geprüft werden als konventionelle Beteiligungsarten auf dem freien Kapitalmarkt, bei denen – wie bei Schiffs- oder Immobilienfonds – jahrzehntelange Erfahrungswerte vorliegen. Wer sich ein wenig umsieht, wird über die Palette staunen: Die Angebote hunderter »Öko-Anbieter« allein in Deutschland reichen von soliden Langfristinvestitionen bis zu riskanten, aber im Erfolgsfall hochrentablen Erfindungsverwertungen. Daneben gibt es Umweltprojekte, die neben Geld auch noch persönliches Engagement erfordern. Es liegt nicht zuletzt an den Anlegern und ihrer Auswahl der Investitionsmöglichkeiten, welche Projekte letztlich realisiert werden können.

Wo werden Beteiligungsmöglichkeiten angeboten?

Wer als Initiator seine Beteiligungsangebote selbst vertreiben will, ist meist auf Anzeigen in den traditionellen Beteiligungsrubriken der Süddeutschen Zeitung und der Frankfurter Allgemeinen Zeitung angewiesen. Zunehmend finden sich auch in Fach-, Messe- und Umweltzeitschriften, anderen Tageszeitungen – wie der alternativen Tageszeitung taz – in Börsenzeitschriften und -informationsdiensten entsprechende Inserate (Anbieterübersicht Wind- und Sonnenfonds siehe Kapitel 2.3.2).

Ein immer größeres Volumen wird inzwischen über Vermögensberater verkauft, die sich großteils oder ausschließlich auf ökologische Beteiligungsangebote spezialisiert haben (siehe Kapitel 4). In den vergangenen Jahren haben die unabhängigen Vermittler viel Know-how und Erfahrung angesammelt, sodass sie Chancen und Risiken relativ gut einschätzen können. Leider sind die Einnahmen auch hier großteils an Provisionen geknüpft, eine Honorarberatung hat sich in Deutschland noch nicht durchsetzen können. Andererseits ist das

Bemühen um die Kunden groß. Schließlich sollen sie nicht nur für einen einmaligen Abschluss gewonnen werden, sondern als langjährige Stammkunden.

Wer steht hinter einem Beteiligungsangebot?

Der *Initiator* ist für das Projekt verantwortlich, das er konzipiert hat und hat schon mehr oder weniger hohe Vorlaufkosten für Planung und Vorbereitung eines Angebots ausgelegt.

Der *Prospektherausgeber,* der nicht mit dem Initiator identisch sein muss, ist ebenfalls in der Haftung für alle Prospektangaben. Er prüft die Kalkulationen des Initiators und kann auch als Treuhänder fungieren, wodurch die Anlegergelder zusätzlich abgesichert werden können.

Der *Vertrieb* übernimmt ggf. die Vermittlung von Anlegern, wodurch sich der Initiator zumindest Zeit erspart oder in manchen Fällen das Projekt überhaupt erst genügend Kapital erhält. Gelingt dies nicht, bleibt der Initiator auf seinen Vorlaufkosten sitzen, das Projekt kann nicht realisiert werden.

7.3.1 Gesellschaftsformen: GmbH & Co. KG und andere Rechtsformen

Je nach Zielsetzung und Umfang eines Projekts haben unterschiedliche Rechtsformen bestimmte Vor- und Nachteile. Hier eine Auswahl der gängigsten Unternehmensarten.

GmbH

Für die Gründung einer Gesellschaft mit beschränkter Haftung (GmbH) bei einem Notar sind mindestens zwei Gesellschafter(innen) notwendig, die ein Kapital von derzeit mindestens 25 000 Euro einbringen (in Österreich 30 000 Euro). Die Haftung des Unternehmens ist, wie es der Name ausdrückt, auf das Gesellschaftskapital beschränkt. Bei Beteiligungskonstruktionen wird die GmbH beispielsweise so genannte *stille Gesellschaften* anbieten, da für die Stammanteile keine persönlich steuermindernden Verlustzuweisungen möglich sind. Noch häufiger gründet man eine – steuerlich ebenfalls interessante – Kommanditgesellschaft (KG) in Form einer GmbH & Co. KG.

GmbH & Co. KG

Eine typische KG besteht aus den persönlich voll haftenden, geschäftsführenden Komplementären – in der Regel den Initiatoren – und den mit ihrem

Kapitalanteil haftenden Kommanditisten (Anlegern). Die GmbH & Co. KG ist eine Sonderform der KG, bei der als Vollhafter eine GmbH eingesetzt wird. So wird einerseits wieder die Haftung beschränkt, andererseits bleiben trotzdem die steuerlichen Vorteile einer Personengesellschaft, wie z. B. die individuelle Verlustzuweisung, für die Kommanditisten erhalten.

Zwischen der KG und der GmbH (der Initiatoren) wird ein Vertrag geschlossen, der u. a. die Höhe der Geschäftsführungsvergütung regelt.

GbR mbH

Eine Gesellschaft bürgerlichen Rechts mit beschränkter Haftung (GbR mbH) kommt wesentlich seltener vor. Sie hat – anders als die KG – keine Bilanzierungspflicht und kann so wegen der einfacheren Buchführung beispielsweise Kosten für Steuerberatung einsparen. Aus Sicht der Anleger gibt es aber einen gravierenden Nachteil: Sie haften nämlich – wie bei der normalen GbR – über den Kapitalanteil hinaus auch mit ihrem gesamten Privatvermögen. Insbesondere dann, wenn z. B. versäumt wurde, bei allen Außenkontakten (Geschäftspartner, Lieferanten, Kunden etc.) auf die im Innenverhältnis vertraglich vereinbarte Beschränkung hinzuweisen.

Auch im Falle einer Unterversicherung kann es brenzlig werden: Kommt es zu einem Betriebsunfall mit unbeteiligten Dritten, die nichts von der GbR mbH und der Haftungsbeschränkung wissen, haften alle Gesellschafter auch mit ihrem Privatvermögen, selbst wenn der Gesellschaftsvertrag die Haftung ausschließt.

Genossenschaft

In einer Genossenschaft können beliebig viele natürliche Personen Mitglied werden, in dem sie mindestens einen Geschäftsanteil übernehmen. Oberstes Organ ist eine Generalversammlung, die Vorstand und Aufsichtsrat wählt. Außerdem gibt es noch eine externe Kontrolle durch Prüfungsverbände, die jede Genossenschaft alle zwei Jahre hinsichtlich Geschäftsführung, Mittelverwendung und Vermögenslage überprüft. Im Vergleich zu anderen Rechtsformen ist die Gründung und der Betrieb einer Genossenschaft relativ aufwändig. Haftungsbeschränkungen für die Mitglieder müssen ausdrücklich in der Satzung festgelegt sein.

7.3.2 Verkaufsprospekte und Prognosen

Ohne Prospekt kein Geld. Anleger müssen anhand eines so genannten Emissionsprospektes in der Lage sein, Beteiligungsangebote zu prüfen, bevor sie investieren. Das geplante Vorhaben wird darin beschrieben, Prognosen über die zukünftige Entwicklung erstellt, Chancen und Risiken erläutert.

Der Gesetzgeber, die Gerichte sowie Verbraucher- und Anlegerschutzvereinigungen fordern gewisse Standardelemente für Form, Inhalt und Vollständigkeit von Beteiligungsprospekten. Der Prospekt sollte möglichst in gebundener Form vorliegen, die Vertragstexte und Prognosedaten sollten erläutert werden.

Da es später – insbesondere bei Konkursen – manchmal zu juristischen Auseinandersetzungen mit den Initiatoren kommen kann, empfiehlt es sich, neben dem Prospekt auch alle anderen schriftlichen Unterlagen, die für die Anlageentscheidung wichtig sind, aufzubewahren.

Prospekthaftung

Wer als Initiator falsche oder unzureichende Angaben in einem Prospekt macht, kann gemäß § 264a (Kapitalanlagebetrug) des Strafgesetzbuchs bzw. Bestimmungen des BGB sowie des Gesetzes gegen unlauteren Wettbewerb zur Rechenschaft gezogen werden. Möglich sind Geldstrafen und Haftstrafen bis zu drei Jahren. Um sich gegen diese Haftungsrisiken weitgehend abzusichern, lassen viele Initiatoren ihre Unterlagen vor der Veröffentlichung durch einen Wirtschaftsprüfer kontrollieren.

Prospektprüfung

Für eine Prospektprüfung in diesem Sinne gibt es zwar keine verbindlichen Vorschriften, aber es haben sich gewisse Methoden und Standards entwickelt. Das Institut der Wirtschaftsprüfer (IdW) beschreibt, welche Funktionen eine Prospektprüfung erfüllen sollte:

»... festzustellen, ob der Prospekt die für eine Entscheidung des Kapitalanlegers wesentlichen prüfbaren Angaben vollständig und richtig enthält. Vollständig sind die Angaben, wenn keine Anhaltspunkte für das Fehlen wesentlicher Angaben bestehen; richtig sind sie, wenn angegebene Tatsachen zutreffen, Annahmen als solche gekennzeichnet und glaubhaft und schlüssig sind.

Die Prospektprüfung bietet keine Gewähr für den Eintritt des wirtschaftlichen Erfolges und der steuerlichen Auswirkungen der im Prospekt beschriebenen Kapitalanlage und entbindet den Anleger nicht von der eigenen Beurteilung der Risiken und Chancen der dargestellten Tatsachen, Annahmen und Folgerungen. Sie ist kein Rechtsgutachten und kein technisches Gutachten. Die Prospektprüfung bezieht sich ausschließlich auf den zu prüfenden Prospekt, nicht aber auf zusätzliche werbliche Aussagen der Initiatoren bzw. Prospektherausgeber.«

Bei kleineren Projekten wird eine Prospektprüfung meist aus Kosten- und Zeitgründen nicht durchgeführt, bei Investitionssummen von mehreren Millionen Euro sollte dies aber selbstverständlich sein. Anleger können den Prüfbericht anfordern und nachlesen, wer der Prüfer war und mit welchen Methoden gearbeitet wurde.

Prospektinhalte

Meist werden, auf einer Überblicksseite komprimiert, allgemeine Informationen über den/die Initiatoren, Prospektherausgeber sowie die Handelsregisterangaben über Bezeichnung, Sitz, Kapital, Geschäftszweck und Geschäftsführung des Unternehmens zusammengefasst. Auch finanzielle oder personelle Verflechtungen zwischen den beteiligten Unternehmen sollten aufgelistet sein.

Schon an dieser Stelle ist Vorsicht geboten, wenn dubiose Auslandsadressen (oft Briefkastenfirmen) auftauchen oder die Herausgeber Rechtskonstruktionen wählen, die im Inland unbekannt sind.

Nach dieser Überblicksseite enthalten die meisten Prospekte folgende Abschnitte:

- Darstellung des Unternehmens bzw. Investitionsprojekts
- Wirtschaftlichkeitsberechnung (Umsatz- und Ertragsprognosen)
- Beteiligungsangebot inkl. steuerlicher Aspekte
- Chancen & Risiken
- Gesellschaftsverträge inkl. Kündigungsmöglichkeiten.

Manchmal ist auch eine technische Kurzbeschreibung des Vorhabens angebracht (z. B. nähere Informationen zu den eingesetzten Energietechnologien) oder die Vertragspartner sind von Interesse (z. B. Kommunen, Lieferanten, Abnehmer). Zur Beschreibung des künftigen Standorts und der wirtschaftlich-politischen Rahmenbedingungen gehören auch Informationen über den Stand der Planungen bzw. erforderliche Genehmigungen und Patente.

Dreh- und Angelpunkt eines Prospekts ist die *Ertragsprognose*. Um abschätzen zu können, wie realistisch die Prognosen sind, helfen »Worst-Case-« und »Best-Case«-Szenarien. Anhand derer lässt sich zumindest der Spielraum für die Entwicklung der nächsten Jahre abschätzen. Alle erkennbaren Risiken bzw. Maßnahmen zur Verringerung dieser Risiken sollten in diesem Zusammenhang aufgelistet sein. Weitere wichtige Fragen sind: Wie sicher sind feste Abnahmeverträge oder gesetzlich geregelte Vergütungen für Strom aus erneuerbaren Energiequellen? Welche Lebensdauer und Betriebssicherheit haben die Anlagen?

7.3.3 Die Art der Beteiligung

Unabhängig von der Rechtsform der Beteiligungsgesellschaft werden verschiedene Möglichkeiten der Beteiligung angeboten:

- Beteiligung als Gesellschafter (Aktionär, Kommanditist)
- Beteiligung als stiller Gesellschafter
- Beteiligung als Darlehensgeber.

Wichtig sind in diesem Zusammenhang auch Informationen zu den Bereichen

- Geschäftsführung und Kontrollorgane
- Bindung und Haftungsumfang Ihrer Beteiligung
- Treuhänderschaft und Mittelverwendungskontrolle
- Rückabwicklung.

Als Gesellschafter einer GbR mbH oder KG beteiligen Sie sich direkt am Unternehmen und nehmen entsprechend Ihrem Kapitalanteil an Gewinn und Verlust teil. Außer bei der GbR ist die Haftung der Anleger normalerweise auf ihren gezeichneten Kapitalanteil beschränkt.

Neben den finanziellen Fragen sind auch die Einfluss- und Kontrollmöglichkeiten zu beachten. Die Kontrollorgane sollten möglichst von den Anlegern und nicht von der Geschäftsführung selbst bestimmt werden können. Gerade in der Startphase junger Unternehmen haben sich aus der Sicht des Anlegerschutzes auch die Instrumente einer Treuhänderschaft bzw. Mittelverwendungskontrolle bewährt. Der Treuhänder, meist ein unabhängiger Wirtschaftsprüfer, Steuerberater oder Rechtsanwalt, gibt dabei die Anlegergelder nur nach und nach entsprechend dem Investitionsplan bzw. nach Baufortschritt frei. Die Gesellschaft kann nicht direkt über die Gelder verfügen, sondern erst nach entsprechenden Nachweisen.

Für den Fall, dass ein Projekt nicht realisiert werden kann, müssen die Modalitäten einer so genannten Rückabwicklung vertraglich festgelegt sein: In welchem Zeitraum fließt welcher Anteil der Anlegergelder zurück? In welchem Ausmaß müssen die Initiatoren die Vorlaufkosten (ggf. inkl. der eigenen Geschäftsführervergütungen) selbst tragen?

Beteiligung als typischer stiller Gesellschafter
Typisch stille Gesellschafter sind in der Regel am Gewinn beteiligt, aber nicht am Verlust. Deshalb können Sie auch keine steuerlich wirksamen Verlustzuweisungen geltend machen. Ihre Einkünfte unterliegen – als Einkünfte aus Kapitalvermögen – den für sie geltenden Einkommensteuersätzen.

Beteiligung als atypischer stiller Gesellschafter
Hier ist man nicht nur am Gewinn, sondern auch am Verlust und am Unternehmenswert beteiligt und kann als Mitunternehmer steuerlich interessante Verlustzuweisungen beanspruchen. Die Einkünfte zählen als Einnahmen aus Gewerbebetrieb und werden mit dem persönlichen Spitzensteuersatz besteuert.

Beteiligung als Darlehensgeber
Darlehen auf dem freien Kapitalmarkt sind etwas völlig anderes als Spareinlagen oder Festgelder bei einem Kreditinstitut, die selbst im Fall einer Bankpleite nicht verloren gehen. Das Ausfallsrisiko bei Darlehen an Unternehmen ist dagegen wesentlich größer. Nicht selten nehmen Initiatoren Darlehen als eigenkapitalersetzende Mittel auf, um z. B. bei Banken entsprechende Sicherheiten bieten zu können. Der Darlehensgeber riskiert so auf 5 bis 10 Jahre gebunden sein Geld, hat aber weder eine Beteiligung am Unternehmen, noch Anteil am Wertzuwachs, noch Kontroll- oder Mitspracherechte.

Einen Sonderfall sind die so genannten *partiarischen Darlehen*, mit denen beispielsweise die GLS-Gemeinschaftsbank/GKG recht erfolgreich arbeitet. Partiarische Darlehen werden in der Regel zu einem Mindestsatz verzinst. Darüber hinaus erhalten die Darlehensgeber aber auch einen bestimmten Anteil am Unternehmensgewinn. Zinsen und Gewinnanteile unterliegen der Einkommensteuer.

7.3.4 Rentabilität und Risiko

Ohne eine zumindest marktübliche Renditeaussicht finden auch ökologische Projekte nur wenige Anleger. Doch gerade die Abschätzung der Rentabilität ist eine Wissenschaft für sich. Zu viele Parameter gehen in die Rechnung ein, jede Schätzmethode – wie z. B. über den so genannten internen Zinsfuß – hat auch ihre Nachteile und kann für den Laien irreführend wirken. Leider vermitteln manche Prospekte den Eindruck, das Beteiligungsangebot würde dem Anleger eine ähnlich sichere Rendite wie das Sparbuch bieten. Abgesehen davon, dass es diese Sicherheit nicht gibt, erweisen sich auch alle Schätzungen als mehr oder weniger fehleranfällig. Dennoch: Es sollte einigermaßen plausibel nachvollziehbar sein, wie sich eine Finanzplanung zusammensetzt. Für eine Abschätzung der Rentabilität eines Projektes sind zumindest folgende Teilrechnungen anzustellen:

- Gesamtkosten der Investition (ggf. inkl. Vertriebsprovisionen etc.)
- Gesamtfinanzierung (Eigenkapitalanteil, Zuschüsse, Agio etc.)
- Ergebnisprognose/Wirtschaftlichkeitsberechnung
- steuerliche Aspekte.

Bei Fördermitteln (z. B. nicht rückzahlbare Landes-, Bundes- und EU-Zuschüsse) sollte bekannt sein, von welchen Auflagen bzw. Fristen sie abhängen. Alle Kosten sollten nach Betriebskosten, Verwaltungskosten, Abschreibungen und Zinsen aufgeschlüsselt sein. Nicht zu vergessen sind auch Beträge für Rücklagen (z. B. Reparaturen) oder Unvorhergesehenes.

In jedem Prospekt sollten natürlich auch die steuerlichen Aspekte behandelt werden, vor allem wenn mit Verlustzuweisungen operiert wird (GmbH & Co. KG, GbR oder atypisch stiller Gesellschaft). Nicht nur bei Auslandsbeteiligungen kann sich die Frage nach dem Währungsrisiko stellen. Verlustzuweisungen ausländischer Unternehmen werden vom inländischen Finanzamt meist nicht anerkannt. Umgekehrt müssen nicht alle von einem deutschen Beteiligungsunternehmen mit einem ausländischen Partner geschlossenen Verträge dort auch anerkannt werden. Weitere Risiken lauern in technischen Entwicklungen, politischen Faktoren und der Vertrauenswürdigkeit der handelnden Personen.

7.4 Schwarze Schafe und graugrüne Listen

Die Zeiten, in denen Chefredakteur Kapferer vom DFI gerlach report, ethische Anlagen überwiegend als »Abzockmodelle« bezeichnete sind längst vorbei. Und richtig gestimmt hat dieses Urteil nie. Die Mehrzahl der ethisch-ökologischen Anlagemodelle ist seriös und funktioniert seit Jahren reibungslos. Trotzdem können auch bei seriösen Anbietern Verluste vorkommen (siehe Kapitel 2.3). Und wie in jeder Branche gibt es im ethisch-ökologischen Investmentbereich auch Insolvenzfälle, stille Liquidationen (mangels Masse) und sonstige Firmenzusammenbrüche, bei den die Anleger oft bis zu 100 Prozent ihres eingesetzten Geldes verlieren. Von Managementfehlern oder äußeren Umständen, durch die sich der geschäftliche Erfolg nicht einstellen wollte, waren beispielsweise folgende Unternehmen betroffen: Call-A-Bike AG, Fairest/Fainest AG, Oekoland AG, Oikos GmbH & Co. KG, Sunlive AG (ehemals Eco-Licht AG), Terra Vita Ökologische Produkte und Dienstleistungen GmbH oder der Verlag der Ökologischen Briefe GmbH & Co KG.

Doppelt ärgerlich ist ein Verlust jedoch, wenn nicht die eigentliche Anlage, sondern hohe Vertriebskosten oder gar Betrügereien für den Niedergang mitverantwortlich sind. Leider kommt es immer wieder vor, dass sich auch im grünen Segment des so genannten grauen Kapitalmarkts schwarze Schafe einschleichen. Zur Erinnerung hier einige Fälle aus der Vergangenheit: Bienemann Vermögensverwaltung, Essen; Clean Concept-Gruppe, Gersthofen/ Untergruppenbach; Concorde-Artus bzw. Artus Ethische Vermögensverwaltung GmbH, Köln/Siegen; Eag Ethische AG für Wirtschaft und Kapital, Dänisch-Nienhof; Eurokapital AG, Berlin; finnova GmbH & Co KG, Zeven; Geo Vermögensverwaltung AG, Essen; Geo Bank AG, Genf; Hanseatische AG, Hamburg; Wabag-Gruppe, München.

Das Strickmuster von Anlagebetrügern gleicht sich häufig: Anleger werden mit hohen *Renditeversprechungen* geködert, Vermittler durch *hohe Provisionssätze* motiviert, im Fall von Aktien gibt es *keinen unabhängigen Handel*, sondern der »Kurs« wird durch den Initiator festgelegt (bzw. gesteigert). Hinzu kommt manchmal, wenn tatsächlich eine Veranlagung stattfindet, eine *mangelnde Risikostreuung*.

Aus Platzgründen können hier nicht alle rechtlichen Grundlagen, die für den Anlegerschutz wichtig sind, zitiert werden, z. B. das Aktiengesetz, das Börsengesetz, das Verkaufsprospektgesetz, das Wertpapierhandelsgesetz, das Kreditwesengesetz (KWG) oder die EU-Wertpapierdienstleistungsrichtlinie. Staatliche Institutionen und Finanzmarktaufsichtsämter (Bundesanstalt für Finanzdienstleistungsaufsicht, Graurheindorfer Str. 108, D-53117 Bonn bzw. Lurgiallee 12, D-60439 Frankfurt, Tel. 0228/4108-0, www.bafin.de) bzw. diverse Staatsanwaltschaften brauchen leider oft Jahre, bis sie bestimmte Produkte vom Markt nehmen bzw. Ermittlungsverfahren einleiten. Die Medien sind meist wesentlich schneller, wenn es darum geht, Skandale oder Gefahren aufzudecken. Hier eine Auswahl von Anlegerschutz-Medien/Institutionen:

- *Anlegermagazine*
  Börse Online (Serie Graumarkt-Report), Finanztest (Studien)

- *Börseninformationsdienste*
  DFI gerlach report (Nonsens-Liste etc.), Direkter Anlegerschutz Heinz Gerlach (inkl. CD-ROM), kapitalmarkt intern (kmi, inkl. CD-ROM), Öko-Invest (graugrüne Liste, www.oeko-invest.de)
- *Organisationen*
  Deutsche Schutzvereinigung für Wertpapierbesitz e. V. (www.dsw.de), Schutzgemeinschaft der Kleinaktionäre e. V. (SdK, www.anlageschutz-archiv.de, Verbraucherzentrale Berlin e. V. (schwarze Liste) oder Fifega (Archiv & Recherchen zu allen »Öko«-Papieren).

Graugrüne Liste des Öko-Invest Verlages	
Land	Unternehmen
D	1. Show GmbH & Co. KG
USA	Aerodynamic Recycling Technology Corp.
D	Aquatec AG
D	Arra Terra Verbundstoff GmbH
D	Arra Terra Wertstoff-Produktions-GmbH
D	Asbest Ex Verwertungs GmbH
USA	Ayur-Veda Investments Ltd.
D	Bassmann Bau AG (Umweltfonds 1 bis 6)
CH	Belland AG
D	B.O.O.T. Beteiligungsges. für ökon. u. ökol. Technologien mbH
USA	Consolidated Growers & Processors Inc. (CGP)
D	Ecoregio-Verlags-GmbH & Co KG
D	Ethik Vermögensverwaltung AG ("EthIK plus")
L	Europa Hanf S.A.
CH	FEBA Holding
CH	Gesalfina AG
USA	Green Power Inc.
E	GWI Plant SL i.G.
A	Heart Watcher Tele-Herzüberwachungs AG
D	IVS GmbH/AquaFun
CH	Jenni Liegenschaften AG

Land	Unternehmen
D	Linner GmbH & Co. Industriebet. KG (EWW-Fonds)
CH	Luis Trenker Naturprodukte AG
D	Mabuse Verlag-GmbH
D	MLF Holding für Umwelttechnologien AG
D	Natur- und Erlebniswelt NEW Betriebs GmbH
D	Nordwestddt. Kulturhof e.V. ("Kunst-Sparen")
D	Orisa GmbH
D	Products for People GmbH
D	PSP Papierschaum AG
T	Royal Forest Development Co., Ltd.
D	Schmiedendorf AG
D	S.E.T. AG (Stegmann Environment Technology AG)
D	S.L.I.C.E AG
CH	ST Europe Trading AG
D	WFE Wings-for-Energy GmbH
CH	Windcraft AG
D	Wonsei AG
Stand: 27.5.2002	

Der Öko-Invest-Verlag hat die so genannte »Graugrüne Liste« erarbeitet (siehe Tabelle). Die Liste wird laufend aktualisiert und einmal im Quartal publiziert. Sie enthält – ohne Anspruch auf Vollständigkeit – diejenigen Anbieter von im weitesten Sinn ethisch-ökologischen Geldanlagen, die der Öko-Invest-Redaktion Informationen verweigern, die nötig wären, um die Angebote bzw. die Seriosität der Anbieter umfassend beurteilen zu können. Aufgrund dieser Informationsverweigerung rät Öko-Invest von Investments in die aufgeführten Unternehmen ab. Andererseits lässt dies nicht den Umkehrschluss zu, dass alle Unternehmen auf der Liste unseriös sind.

Fazit:
Anleger sollten sich – nicht nur im Ökobereich – ein möglichst genaues Bild von den Initiatoren und der Qualifikation des Managements machen, bevor sie investieren. Vorsicht ist auf jeden Fall dann geboten, wenn jemand jährli-

che Renditen von weit über 10 Prozent verspricht. Vermittlern dieser Anlagen sollte man getrost die Gegenfrage stellen, warum sie nicht längst selbst ihr ganzes Geld in solche Anlagen stecken, statt sie unters Volk bringen zu wollen.

7.5 Glossar mit den wichtigsten Begriffen

Aktie ist ein Wertpapier, das einen Anteil am Vermögen und Gewinn einer Aktiengesellschaft verbrieft und dem Inhaber gewisse Einflussrechte sichert.

Aktiengesellschaft ist ein Unternehmen, dessen Grundkapital durch die Ausgabe von Aktien aufgebracht worden ist.

Anleihe ist eine meist mehrjährig laufende verzinste Schuldverschreibung öffentlicher oder privater Emittenten.

Ausschüttung nennt man die Auszahlung von Gewinnanteilen an die Inhaber von Aktien oder anderen Anteilscheinen.

Börse ist der Platz, an dem nach Angebot und Nachfrage die Kurse von Aktien und anderen Wertpapieren festgesetzt werden.

Depot ist das »Konto« für Wertpapiere, wenn man diese bei einem Kreditinstitut aufbewahren lässt.

Dividende: siehe Ausschüttung!

GbR steht für Gesellschaft bürgerlichen Rechts, die durch Übereinkunft verschiedener Gesellschafter mittels Gesellschaftsvertrag gebildet wird, wobei kein Grundkapital notwendig ist.

GmbH steht für Gesellschaft mit beschränkter Haftung, deren Mitglieder nicht mit ihrem ganzen Vermögen, sondern im Normalfall nur mit der Gesellschaftereinlage haften.

Grundkapital ist das mittels Aktien oder anderer Anteilscheine aufgebrachte Eigenkapital eines Unternehmens.

Hauptversammlung (HV) heißt das oberste Organ einer Aktiengesellschaft. Die Aktionäre wählen auf der HV den Aufsichtsrat.

Holding(-gesellschaft) nennt man eine Dachorganisation, die selbst keine eigene Geschäftstätigkeit ausübt, sondern Mehrheits- oder Minderheitsbeteiligungen bei anderen Unternehmen besitzt.

Inventarwert ist der zu einem bestimmten Zeitpunkt berechnete Wert eines Anteils am Vermögen eines Investment(fond)s.

Investition ist Geldanlage in Vermögenswerten.

Investmentfonds sind Fonds, die eine Vielzahl verschiedener Wertpapiere enthalten, über deren An- und Verkauf ein Fondsmanagement entscheidet.

Investor ist eine Person, die – im Gegensatz zum Spekulanten – an einer längerfristigen Geldanlage interessiert ist.

Kredit heißt ein Darlehen, das innerhalb einer gewissen Zeit einschließlich Zinsen zurückgezahlt werden muss.

Kursgewinn ist die Differenz zwischen dem Kurswert beim Verkauf und dem Kurswert beim Ankauf von Wertpapieren.

Nominalverzinsung ist der Zinssatz bezogen auf den Nennwert eines festverzinslichen Wertpapiers.

Performance siehe Rendite

Portefeuille/Portfolio ist die Gesamtaufstellung der Wertpapiere eines Investmentfonds oder eines Investors.

Rendite ist der Prozentsatz an Gewinn, den man aus einer Kapitalanlage zieht, bei Aktien also die Dividende bezogen auf den Kurs bzw. die Kurssteigerung bezogen auf den Ankaufskurs.

Spesen sind Gebühren für Dienstleistungen, die dem Anleger z. B. bei Banken, Börsen, Treuhändern usw. verrechnet werden.

Stückaktien sind Aktien ohne Nennwert. Jede Stückaktie steht für einen bestimmten prozentuellen Anteil an einer AG.

Thesaurierung nennt man im Gegensatz zur Ausschüttung das Einbehalten der Erträge, die somit den Wert eines Anteils erhöhen.

Vermögen ist der Bestand an Immobilien, Wertpapieren, Geld und sonstigen Wertgegenständen abzüglich der Schulden und Verpflichtungen.

Zertifikate sind Anlageinstrumente in Form von Anleihen, bei denen der Emittent dem Investor jenen Wert zurückzahlt, der sich bei einer Anlage in einen vorher definierten Korb von Wertpapieren ergeben hätte.

Zins ist ein Prozentsatz, den der Kapitalnehmer dem Kapitalgeber zusätzlich zur Rückzahlung des Kapitals zu zahlen hat.

8 Anhang

8.1 Literatur

8.1.1 Bücher, Studien

Abbey, Deb; Jantzi, Michael: The 50 best ethical stocks for Canadians. High Value Investing. Toronto 2001

Aktie Grün. Investition in die Zukunft? Doppelheft 67/68 der Politischen Ökologie, ökom-Verlag, München 2000

Aktion Finanzplatz Schweiz. Stiftung für Konsumentenschutz (Hg.): Damit Ihr Geld grün bleibt. Ein ökologisches Banken-Brevier für solche, die ihr Geld nicht auf Kosten ihrer Kindeskinder anlegen wollen. Bern 1995

Armbruster, Christian: Entwicklung ökologieorientierter Fonds. Eine Untersuchung im deutschsprachigen Raum und in Großbritannien. Dissertation Uni Augsburg, Josef-Eul-Verlag, Lohmar/Köln 2000

Balz, Bernd-Christian: Ethisch-ökologische Geldanlage. Eine kapitalmarktorientierte Analyse. Iko-Verlag für kulturelle Kommunikation, Frankfurt 1999.

Bassler, Karin; Kuhlo, Martinus; Stoll, Peter (Hg.): Ethisches Investment. Strategien für kirchliche Geldanlagen. Gesangbuchverlag, Stuttgart 2001

Baumgarten, Jörg; Ritter, Karin; Schmidtlein, Stephan; Wolter, Dirk: Die Kirche und ihr Geld. Vom Geld begeistert – vom Geist bewegt? Südwind-Materialien 2. 2. Aufl., Siegburg 1994

Bobikiewicz, Luc: Private Geldanlage in Sonne, Wind- und Wasserkraft. Freiburg 1993

Brill, Hal; Brill, Jack; Feigenbaum, Cliff: Investing With Your Values. Making Money Andf Making A Difference, Bloomberg Press, New York 1999

Bundesministerium für Land- und Forstwirtschaft, Umwelt- und Wasserwirtschaft (Hg.): Mehr Wert: ökologische Geldanlagen. Wien 2002

Bundesministerium für Umwelt, Naturschutz und Reaktorsicherheit; Umweltbundesamt (Hg.): Mehr Wert: ökologische Geldanlagen. Berlin 2000

Bundesministerium für Umwelt, Naturschutz und Reaktorsicherheit; Umweltbundesamt (Hg.): Green Finance. Umweltmanagement in Banken, Sparkassen und Versicherungen. München 2001

Bundesverband Windenergie e. V.: Mit einer grünen Anlage schwarze Zahlen schreiben. Tipps für Ihre Beteiligung an einem Windkraftprojekt. Osnabrück 2001

Christian Ethical Investment Group; Eiris: Ethical Investment – An idea whose time has come. London 1991

Conrads, Jürgen: Geldanlage mit sozialer Verantwortung. Wiesbaden 1994

Co-op America: A Socially Responsible Financial Planning Guide. Washington, jährlich neu seit 1988

Council on Economic Priorities (Hg.): Shopping for a better World, New York 1994

Creutz, Helmut: Das Geldsyndrom. Wege zu einer krisenfreien Marktwirtschaft, München 1993

Deml, Max; Wallner, Josef: Widerspruch zu Protokoll. Handbuch für kritische Aktionärinnen und Aktionäre. Wien 1989

Deml, Max; Jungmeier, Michael: Grünes Geld. Handbuch für umweltbewußte Anleger, Wien 1990

Deml, Max; Baumgarten, Jörg; Bobikiewicz, Luc: Grünes Geld. Jahrbuch für ethisch-ökologische Geldanlagen 1995/1996. Wien 1994

Deml, Max; Baumgarten, Jörg: Grünes Geld. Jahrbuch für ethisch-ökologische Geldanlagen 1998/99. Waldthausen/Service-Fachverlag Universität Wien. Ritterhude/Wien 1998

Deml, Max; Hassler, Robert (Hg.): Öko-Rating. ökom-Verlag, München 1998

Deml, Max et. al. : Rendite ohne Reue. Eichborn, Frankfurt/M. 1996

Deml, Max; Weber, Jörg: Grünes Geld. Jahrbuch für ethisch-ökologische Geldanlagen 2000/2001. Altop, München 2000.

Domini, Amy L.; Kinder, Peter D.: Ethical Investing. How to make profitable investments without sacrificing your principles. Reading/USA 1986

Ecoreporter.de: Doppelte Dividende. Begleitstudie zur Kongressmesse Grünes Geld 2001 in Berlin. Dortmund 2001

Erklärung von Bern (Hg.): Ethisch-ökologische Geldanlagen in der Schweiz. Einführung, Handlungsvorschläge und Marktübersicht. Bern 2000

Ev. Akademie Tutzing (Hg.): Bibel und Börse. Ethisches Investment auf dem Kapital- und Arbeitsmarkt (Pressemappe Symposium), Tutzing 1992

Franck, Kirein: Grünes Geld. Der grüne Anleger – das unbekannte Wesen. Begleitstudie zur Kongressmesse Grünes Geld in Hamm, 1999

Friesenbichler, Reinhard: Ethische Investmentfonds – Grundlagen, Marketing und empirische Erhebung. (Diplomarbeit) Graz 1996

Gerard, Jean-Luc: Börse oder Leben. Geld ökologisch-ethisch anlegen. Verlag Rüegger, Zürich 2002

Grieble, Peter: Ethisch-ökologische Geldanlagen. Einflussmöglichkeiten durch Beachtung von ethisch-ökologischen Gesichtspunkten bei der Anlage von Geld. Dissertation Uni Hohenheim, Iko-Verlag, Frankfurt 2001

Harrington, John: Investing with Your Conscience. How to achieve high returns using socially responsible investing, New York 1992

Hassler, Robert et. al.: Fundraising für die Umwelt. Finanzierungsmöglichkeiten für Umweltinitiativen. München 1994

Hawken, Paul; Lovins Amory & Hunter: Öko-Kapitalismus. Die industrielle Revolution des 21. Jahrhunderts. Wohlstand im Einklang mit der Natur. Riemann Verlag One Earth Spirit 1999

Hoffmann, Johannes; Ott, Konrad; Scherhorn, Gerhard (Hg.): Ethische Kriterien für die Bewertung von Unternehmen – Frankfurt-Hohenheimer Leitfaden. Frankfurt/M 1997

Hoffmann, Johannes; Scherhorn Gerhard: Saubere Gewinne. So legen Sie Ihr Geld ethisch-ökologisch an. Herder, Freiburg 2002

Homolka, Walter: Umweltfonds. Investieren in die Zukunft. Bonn 1990

Institut für Markt-Umwelt-Gesellschaft (imug) (Hg.): Der Unternehmenstester. Ein Ratgeber für den verantwortlichen Einkauf – Die Lebensmittelbranche. Reinbek 1995

Institut für Markt-Umwelt-Gesellschaft (imug) (Hg.): Der Unternehmenstester. Kosmetik, Körperpflege und Waschmittel. Reinbek 1997

Institut für Markt-Umwelt-Gesellschaft (imug) (Hg.): Unternehmenstest. Neue Herausforderungen für das Management der sozialen und ökologischen Verantwortung. München 1997

Institut für Markt-Umwelt-Gesellschaft (imug): Investorenentscheidungen als Determinanten nachhaltiger Unternehmensführung. Hannover 2000

Institut für Markt-Umwelt-Gesellschaft (imug) / muk: Der Markt für sozial-ökologische Geldanlagen in Deutschland. Ergebnisse einer repräsentativen Privatanlegerbefragung (Arbeitspapier). Hannover 2001

Investor Responsibility Research-Center (IRRC): Corporate Environmental Profiles: 3 Bd., Washington 1993

Kellermann, Daniel; Pelikan, Edmund; Schiefer, Friedrich: Marktreport Windkraftbeteiligungen. Landshut 2001

Kellermann, Daniel; Pelikan, Edmund: Marktreport Photovoltaikbeteiligungen. Landshut 2002

Kessler, Wolfgang (Hg.): Geld und Gewissen. Kompass für ethisch motivierte Sparer. Publik-Forum Verlag, Oberursel 2000

Kinder, Peter D.; Lydenberg, Steven D.; Domini, Amy L. (Hg.): Social Investment Almanac. A Comprehensive Guide to Socially Responsible Investing. New York 1992

Kinder, Peter D.; Lydenberg, Steven D.; Domini, Amy L. (Hg.): Investing For Good. Making Money While Being Socially Responsible. New York 1993

Kretschmer, Ralph: Kritische Analyse und Vergleich von Bewertungsmethoden für Unternehmen im Rahmen ökologischer Investmentfonds: Inhaltliche und institutionelle Aspekte, Diplomarbeit St. Gallen 1991

Legett, Jeremy (Hg): Climate Change and the Financial Sector. The Emerging Threat – The Solar Solution. München 1996

Lietaer, Bernhard A.: Mysterium Geld. Emotionale Bedeutung und Wirkungsweise eines Tabus. Riemann Verlag One Earth Spirit 2000

Lowry, Susan M.: Economics as if the Earth Really Mattered, USA 1988

Lowry, Ritchie P.: Good Money. A Guide to Profitable Social Investing For the 1990s. New York, London 1991

Lydenberg, Steven D. et al.: Rating America's Corporate Conscience. A provocative guide to the companies behind the products you buy every day. Reading/USA 1986

Marthaler; Stern; Brenner: Grünes Geld für unsere Zukunft. Muri 1997

Miller, Alan: Socially Responsible Investment. The financial impact of screened investment in the 1990s. London 1991

Miller, J. Alan: Socially Responsible Investing. How to invest with your conscience. New York Institute of Finance, New York 1991

Öko-Institut e. V.: Umwelt- und Nachhaltigkeitstransparenz für Finanzmärkte. Zwischenbericht, Freiburg 2001

Övermöhle Consult & Marketing GmbH: Kurzanalyse des Marktes für Windkraftprojektierer in Deutschland. Hamburg (Update) 2002

Övermöhle Consult & Marketing GmbH: Marktstudie zur energetischen Verwertung biogener Rohstoffe. Hamburg 2002

Pauli, Gunter: Upcycling. Wirtschaften nach dem Vorbild der Natur für mehr Arbeitsplätze und eine saubere Umwelt. Riemann Verlag One Earth Spirit 1999

Pfeiffer, Hermannus: Grüne Anlagen. Geld anlegen mit ökologischer und sozialer Verantwortung. Köln 1995.

Power, Charles W.: Social Responsibility & Investments, Nashville/New York 1971

Pastoralamt der Diözese Linz, Arbeitsstelle für Umweltfragen (Hg.): Geld und Natur. Heft 18 der Reihe Mensch und Umwelt. Linz 1994

Roche, Peter; Hoffmann, J.; Homolka, Walter (Hg.): Ethische Geldanlagen. Kapital auf neuen Wegen, Frankfurt/M. 1992

Roddick, Anita: Body and Soul. Erfolgsrezept Öko-Ethik. Düsseldorf 1991

Racek, Alfred: Befreiungsphilosophie des Geldes. Thaur 2001

Riha, Johannes: Konzeptions- und Konstruktionsmöglichkeiten eines Ethik- und Ökologie-Aktienindex am Beispiel des NAX-Index. Wirtschaftsuniversität Wien 2001

Rotthaus, Stephan: Grüne Geldanlagen. Ökologisch und ethisch bewusst investieren. Alle Anlageformen im Überblick. Falken-Verlag 2001

Sallmutter, Hans; Freyschlag, Fritz (Hg.): Ethische Investments. Sind Moral und Rendite vereinbar? Verlag des Österreichischen Gewerkschaftsbundes, Wien 2001

Schäfer, Henry; Gülle, Andreas: Ethische Finanzdienstleistungen. Forschungsprojekt (EFF). Universität Siegen, Arbeitsberichte 1-3/2000

Schaltegger, Stefan; Figge, Frank: Umwelt und Shareholder Value. WWZ-Studie Nr. 54, Basel 1997

Schierenbeck, Henner; Seidel, Eberhard (Hg.): Banken und Ökologie. Konzepte für die Umwelt. Wiesbaden 1992

Schily, Otto: Flora, Fauna und Finanzen. Über die Wechselbeziehung von Natur und Geld. Hamburg 1994

Schmidheiny, Stephan: Kurswechsel. Globale unternehmerische Perspektiven für Enwicklung und Umwelt. München 1992

Schmidheiny; Zorraquinn: Finanzierung des Kurswechsels. Die Finanzmärkte als Schrittmacher der Ökoeffizienz. Zürich 1996

Schneeweiß, Antje; Institut für Ökonomie und Ökumene Südwind e. V. (Hg.): Mein Geld soll Leben fördern. Hintergrund und Praxis ethischer Geldanlagen. Mainz/Neukirchen-Vluyn 1998.

Schneeweiß, Antje: Kursbuch ethische Geldanlagen. Fischer-Taschenbuch, Frankfurt 2002.

Schössler, Christof; Frühschütz, Leo: Öko-Investment. Mit gutem Gewissen zum großen Geld. München 2001

Schweizerische Nationalkommission Justitia et Pax (Hg.): Wie verantwortlich Geld anlegen? – Anstöße zur Diskussion über kirchliche Geldanlagen. Bern 1989

Simpson, Anne: The Greening of Global Investment. How the environment, Ethics and Politics are reshaping Strategies. Dartford 1991

Söhner, Christian: Environmental Shareholder Value. TU Dresden, 2001

Staiss, Frithjof: Jahrbuch Erneuerbare Energien 2001, Bieberstein-Fachbuchverlag, Radebeul 2001

Tschandl, Martin: Sozialökologie und Unternehmenskultur. Unternehmen auf dem Prüfstand. Service-Fachverlag der Wirtschaftsuniversität Wien, Wien 1994

Unternehmensgrün (Hg.): Geld für den Umbau. Finanzierungskonzepte für zukunftsfähige Unternehmen. Neu-Ulm/München 2001

Verbraucherzentrale NRW (Hg.): Ethisches Investment. Rendite mit gutem Gewissen. Düsseldorf 2001

Weber, Jörg: Zukunftssicher anlegen. Ein Ratgeber für Nachhaltigkeits- und Umweltfonds. ökom-Verlag München 2001

Werner, Klaus; Weiß, Hans: Schwarzbuch Markenfirmen. Die Machenschaften der Weltkonzerne – mit Firmenindex. Deuticke Verlag, Wien 2001

Widowitsch, Roland; Breiner, Gerlinde; Wall-Strasser, Sepp (Hg.): Im Roulette der Finanzmärkte. Alterssicherung in Zeiten des Neoliberalismus. Promedia-Verlag, Wien 2002

Winkler, Dennis: Schnellkurs Umwelt-Aktien Gewinn mit grünen Anlagen. Walhalla-Verlag, Regensburg, 2001
Wolff, Hendrik: Das Management von Umweltfonds. Peter Lang Europäischer Verlag der Wissenschaften, Frankfurt/M. 1995
Zürcher Kantonalbank: Nachhaltigkeitsrating für Staaten. Zürich 2002

8.1.2 Branchenanalysen Öko-Invest

Aktienhandel: Ahag AG, Valora, BAV GmbH, Hermerlin Öko-Beteiligungs-AG, E Trade; Golden Genesis, Mr. Evergreen AG (Nr. 170)
Aktienkennzahlen: KGV, KUV, Ebit; NAI-Profil Tomra, US-Umweltfonds, Graugrüne Liste, Planus AG, Unit Energy (Nr. 242)
Aktivkohle: Calgon Carbon, Norit; Gea, Horiba, Hydro Québec (Nr. 3)
Altenheime: Corona Seniorenheim AG, cura-Fonds Öko-Rating: Sunrise Medical, Banca Etica, TES Oecon KG; Solvis KG (Nr. 124)
Alternativbanken: Ökobank, GLS Gemeinschaftsbank, Freie Gemeinschaftsbank BCL, Alternative Bank ABS, EDCS/Oikos, Merkur (Nr. 63)
Alternativenergie: California Energy, Magma Power, Alpha Real; Gerresheimer Glas, Draegerwerk, Jenbacher (Nr. 1)
Alternativer Handel: Gepa GmbH, EZA GmbH, OS3, Cona GmbH, Dritte-Welt partner GmbH, Eine-Welt Team Versand GmbH, El Puente GmbH, Natural Wonders, Real Goods Trading, Seventh Generation, Traidcraft plc; Öko-Rating: RPS Group (Nr. 84)
Altersvorsorge: GLS Gemeinschaftsbank, Öko Renta AG, Pro Future Capital AG, Versiko AG, Winterthur Pensionskassen AG, NAI-Profil Fannie Mae, Ethik-/Umweltfonds USA (Nr. 254)
Altlasten: B.U.S., Enclean, Groundwater Technology, International Bioremediation Services (Nr. 41)
Aluminium: Algroup, Viag, Alcoa, Pechiney, Norsk Hydro, Alcan, Kaiser Aluminium, B.U.S.; Precious Woods (Nr. 185)
Analysten: Comroad AG; Enron, Murphy & Spitz Umwelt Consult; Umweltfonds D-A-CH-L, Postbank Dynamik Vision; Oressana AG (Nr. 259)
Anlegerschutz: Ökologik-Glosse, »Graugrüne Liste«, Gastkommentare H. Gerlach & k-mi, Mr. Evergreen AG-Kaufempfehlung (Nr. 143)
Anleihen: Eurofima, Kommunalkredit Austria, Moody's Corporation NAI-Profil Severn Trent; Abo Wind; Umweltkontor (Nr. 243)
Artenvielfalt: Earth Sanctuaries, Shaman Pharmaceuticals; Bericht Forum Solarpraxis; Stadt Werk Berlin KG, Stoffkontor Kranz (Nr. 251)

Fruchtsäfte: El Puente GmbH, Hansen Natural, Northland Cranberries, Odwalla, Steierobst, Zuteilung Umweltkontor-Emission (Nr. 215)

Gartenbedarf: AgriDyne, Hozelock Group, Ringer, Wyevale Garden Centres; Neuemission Mayr-Melnhof Karton (Nr. 61)

Gefängnisbetreiber: Avalon Correctional Services, Children's Comprehensive Services, Cornell Companies, Correctional Services Corporation, Prison Realty Trust / CCA, Ramsay Youth Services, Wackenhut Corrections; NAI-Profil Grontmij, Öko-Test-Verlag (Nr. 220)

Gen-/Biotechnologie: Mycogen, Ecogen, Seragen, Magainin Pharmaceuticals etc.; imug-Projekt Unternehmenstest (Nr. 49)

Genussscheine: Drägerwerk; Zeolite Australia, Lino Diagnostic, COOL Invest, Umweltbank, Graugrüne Liste (Nr. 199)

Geothermische Energie: California Energy, Crew Energy, Magma Power, OESI Power; 2-Jahres-Jubiläum, Z-Umweltfonds (Nr. 50)

Geschäftsberichte: Daimler Benz u. v. a.; Verlag der Ökologischen Briefe (Nr. 42)

Geschenke: Hinz & Kunzt GmbH, Inpro Solar Systeme, Toys' R' Us, Murmel Spielwerkstatt, Healthy Planet Products; Umweltpreise 1997, Bassmann Umwelttfonds Nr. 6, Sunways GmbH, Broncho-Air-Krise (Nr. 151)

Gesundheitsökonomie: Birman Managed Care, Oxford Health Plans u. a.; Hanf-Investments, Broncho-Air, Ballard Power (Nr. 159)

Gewürze: Kotányi GmbH, Australian Ethical, Lösch/Sero-Skandal, Plambeck AG, Aqua Tec AG, Rexall Sundown, Twinlab (Nr. 177)

Glas: Oberland Glas, Vetropack, GTS Duratek, Öko-Rating Gerresheimer Glas; EPS Finanz, WRE, Nest (Nr. 110)

Glücksspiel: Bundeslotterie für Umwelt und Entwicklung, Casinos Austria Int.; SW Umwelttechnik AG, Two-Wings-Öko-Korb (Nr. 149)

Gold: Gold Mines of Australia, Ashanti Goldfields, Battle Mountain Gold; Canadian Imperial Ginseng, Neuem. Sero Entsorgung AG (Nr. 83)

Griechenland: Athens Medical Center, Delta Dairy, ELAIS, Minoan Lines, Nikas; NAI-Profil Boiron, Nevest, Öko-Test (Nr. 218)

Großbritannien: Eiris, NPI Social Index Tracker Fund, Severn Trent, Waste Recycling Group, Body Shop, RPS Group; FUTAG (Nr. 189)

Grundwasser: Öko-Rating Groundwater Technology, Gundle/SLT Environmental; BAV GmbH, Omega Environmental (Nr. 102)

Grünes Geld Sonderheft mit TELEBÖRSE (32 Seiten): Rückblick auf das Boomjahr 2000 (Solar, Wind etc., mit Interviews) (Nr. 228a)

Hanf: THC The Hanf Company GmbH, TreuHanf GmbH & Co KG, Hanf-Center HC AG, Rohemp S.A./GmbH, The Ohio Hempery Inc., Zellform GmbH; Ethventure GbR, Gerling-Konzern Globale Rückversicherungs-AG, Pro Vita (Nr. 107)

Klärschlamm: N-Viro International, Pacific Summa Env., Zeolite Australia; Oeco Capital, Ethos, Hermerlin Öko-Beteil. AG, Planus (Nr. 167)
Klebstoffe: Henkel KGaA, Beiersdorf, Uzin Utz, H.B. Fuller; NAI-Profil Triodos Groenfonds; Umweltfonds D-A-CH-L, Gumpp (Nr. 246)
Klimatisierung: Belimo Automation, Carrier Aircon, Fedders, Öko-Rating Appliance Recycling; Neueemission BGI, Autoteilen Österreich, Tacke-Konkurs, Terra Trust Investment, Twike (Nr. 142)
Kliniken/Pflegeheime: Horizon Healthcare, Ramsay Health Care, Rhön-Klinikum, Corona u. a.; Fugro McClelland (Nr. 14)
Kompostierung: Compost America Holding, USA Biomass, Eco Soil Systems; 7. WRE-Kapitalerhöhung, HV der Ökologik Ecovest AG (Nr. 192)
Konzernproblematik: Asea Brown Boveri, Environmental Technologies International, Auricon Beteiligungs-AG (Nr. 20)
Kosmetik: Avon Products, Body Shop, Weleda, Wella; US-Fonds, Fifega-Forschung (Nr. 21)
Kraft-Wärme-Kopplung: Ballard Power Systems, Besicorp, Cogen. of America, Cogeneration Publ., Jenbacher, York Research, Sero, Capstone SERV Funds, Solar Century (Venture) Fund (Nr. 175)
Kritische Aktionäre: Schering, Bayer, SBG, Siemens, Steyr-Daimler-Puch, Verbundgesellschaft u. v. a.; »Ethikdepot«-Skandal (Nr. 35)
Kunst: Coutts Jubiläumsstiftung, Artists for Nature, Artemis, Christie's, Sotheby's, Elisabethbühne Salzburg, Martin Lawrence Limited Editions, Portfolio Kunst, Ernst Hilger GmbH; Fuchs Umwelttechnik, SonnenHaus Öko-Handels-GmbH, Natur pur (Nr. 113)
Kunststoffrecycling: Advanced Environmental Recycling Technologies, Wellman, Plastic Omnium; Europarat-Flüchtlingsfonds (Nr. 26)
Kupfer: KGHM Polska Miedz, Matrix Metals, Norddeutsche Affinerie, Phelps Dodge; IPO-Plan Conergy, Gumpp (Nr. 233)
Landwirtschaft: AGCO, Archer Daniels Midland, Biogrond, Deere, ECO Region GmbH, Rapunzel AG; Finnova, Interview Oekonomia (Nr. 71)
Lärmschutz: Noise Cancellation, Resound; Ökologische Briefe, Versiko, WRE AG, Wabag P.U.R., Energy Conversion Devices (Nr. 117)
Leasing: Leasing Solutions, Interpool Inc., P&R Container, XTRA Corp.; Jenoptik, Naturstrom, OKK-Anleiheprogramm (Nr. 176)
Leder: Wilsons The Leather Experts, The Leather Factory; Ökobank-Krise, Öko-Test-Verlags GmbH & Co KG, Solon, Solarworld (Nr. 208)
Logistik: Deutsche Post World Net AG, Ifco Systems NV, IVU Traffic, Stinnes; Umweltfonds F-GB; Intensys Solar, Mayr-M. (Nr. 247)
Marken: Coca Cola, Body Shop; Öko-Rating Ben & Jerry's, Umweltfonds, Umweltbank AG i.G., Tomra (Nr. 112)

Matratzen: Beter Bed Holding N.V., Conzzeta Holding, Foamex International, Recticel; NAI-Profil Timberland, B.A.U.M. (Nr. 240)
Medizintechnik: Aesculap, Drägerwerke, Fresenius; AFW KG, Jenbacherwerke; Stevia Süßstoff SRL i SCA (Nr. 57)
Mergers & Acquisitions: Dexia, Fortis, KBC Bancassurance Holding; Polen-Update, Wind 7 (Nr. 257)
Messeveranstalter: Reed Int., MCH Messe Schweiz AG, MKMV GmbH, Öko-Zentrum NRW, Komm. »Terror, Krieg & Börse«; BWT (Nr. 245)
Metallrecycling: Horsehead, Imco Recycling, Proler; Johnson Matthey, Darbo (Nr. 5)
Milch: Südmilch, Sachsenmilch, Müller, Schärdinger, Meij, Snow Brand u. a.; Warnung vor European Kings Club (Nr. 45)
Mineralwasser: Clearly Canadian, Brau und Brunnen, Überkingen; Solarlebensversicherung, Chambers Development, Parnassus Fund (Nr. 12)
Mitarbeiterbeteiligung: Stock-option-Modelle, Auro Pflanzenchemie GmbH/AG; BAV/SINETEC-Ermittlungen, Umweltbank (Nr. 155)
Möbel: Rolf Benz, Burgbad, Möbel Walther, K&M Möbel, La-Z-Boy, Herman Miller; CCR Logistics (Nr. 198)
Müllentsorgung: Duales System, Austria Email, GTS Duratek; Öko-Rating WMX Technologies, Grünspecht GmbH & Co KG (Nr. 98)
Musik: C.Bechstein, Baldwin, Steinway, Matth. Hohner, Guitar Center, Integrity, Sony Music, PolyGram, EMI; Ökol. Akademie Linden (Nr. 171)
Nanotechnologie: Nanometrics, Nanopierce Technologies, Nanophase T., Human Genom Sciences, Nanogen; Ifco Systems, AquaTec, SET, AUGE Umwelt Holding (Nr. 206)
Naturheilmittel/Homöopathie: Boiron; Canadian Imperial Ginseng, Herbalife Int., Nature Sunshine, Paracelsian, Shaman Pharmaceuticals, Spagomed AG, Tsumura & Co, Weleda; Öko-Rating Drägerwerke, Mabuse Verlags-GmbH (Nr. 74)
Naturkost: Spectrum Organics Products, United Nature Beteiligungen, Whole Foods Market, Wild Oats, Oekoland, Rapunzel Naturkost, AL naturkost Handels GmbH; Espen, Stiller Berg (Nr. 239)
Naturwarenhandel: Waschbär Umwelt-Produkt-Versand GmbH, WWF Panda, Green Box Handels-GmbH, TerraVita GmbH, Rapunzel Naturkost, Seventh Generation, Öko-Rating Natural Wonders; ASA-Stiftung. Fainest-/Fairest-Krise RQM (Nr. 118)
Nebenwerte: Umweltbank, Terra Trust, Bomin Solar, Alliance Invest, WRE, Terra Vita i.L., EthIK-Streit-Kommentare (Nr. 139)
Neuseeland: Tranz Rail, Evergreen Forests, Sanford, Trust Power, Waste Management; Pacific Hydro, Phönix Sonnenstrom (Nr. 249)

Papier(recycling): PWA, Technocell, Sarrio, Leykam, Laakirchen; Index (Nr. 19)

Patente: Engelhard, National Patent Development, Battery Technologies; Öko-Rating Kenetech; Glosse Eneral AG i.G. (Nr. 86)

Penny stocks: Healthy Planet Products, Battery Technologies, Rock Shox, Planus Unit Energy; US-Fonds; NAI-Profil Wedeco (Nr. 248)

Pensionskassen: Ethos, Nest, Abendrot, PUK, ASA, Winterthur Pensionskassen AG, APK, Öko-Rating Matria Healthcare; Ifta (Nr. 152)

Pharmaindustrie: Arkopharma, Astra Zeneca, Aventis, Boiron, Bristol Myers Squibb, GW Pharmaceutical plc, ImClone, MediGene, Merck & Co., Pfizer, Phytopharm plc, Stada AG; BNP Umwelt:Ethik24-Zertifikat (Nr. 258)

Plantagen: Bosque Puerto Carillo, Pacific Northern Ventures, Precious Woods; Alternative Bank Schweiz, Freie Gemeinschaftsbank (Nr. 48)

Polen: Rafako, Prochem, Budimex, Mostostal-Warszawa, Bank Ochrony Srodowiska; Öko-Rating GEA AG, Bienemann, SUT KG (Nr. 96)

Portugal: Corticeira Amorim, HidroprojectoEng., Portucel, Soporcel; BAV, Nevag/Nevest/NLH (Nr. 243)

Privatisierung: Deutsche Telekom, Guinness Flight Privatisation Fund, Railtrack Group, Verbund; Ethos, Oeco Capital, S.A.G. (Nr. 181)

Pumpen: Allweiler, KSB, Pfeiffer Vacuum, Helix, ITT Industries, World Water Corp.; Care Invest AG, Solar Century Fonds I (Nr. 184)

Rauchen: Philip Morris, Consolidated Cigar; Öko-Rating Bank Ochrony Srodowiska, Polnische Umweltanlagen, Winterthur Pensionskassen, Öko-Strommarkt, NPI Social Index, Seventh Generation, Banca Etica (Nr. 162)

Regeltechnik: Honeywell, LEM Holding AG, Eurotherm; »Neues von EthIK«, Ökologik AG (Nr. 133)

Rehabilitation: Eifelhöhenklinik, Rhön-Klinikum, Marseille-Kliniken, Healthsouth; Umweltfonds, Achterbahn (Nr. 147)

Reifen: Goodyear, Continental, Pirelli, Sumitomo, Bandag, Treadco, Greenman Techn.; Umweltfondsübersicht, Motos, Ökologik (Nr. 141)

REITs: Health Care REIT, Health Care Property, Meditrust, Plum Creek Timber, Prison Realty Trust; Stoffkontor Kranz AG (Nr. 211)

Rohstoffe: Noranda, Rio Tinto, Gazprom, Imco Recycling; Internetadressen, Sustainablity Rating, S.A.G. Solarstrom (Nr. 165)

Rollstühle: Invacare; graugrüne Liste: BkmU, REAG Regenerative Energien AG; Öko-Test Holding AG; SW Umwelttechnik (Nr. 261)

Rückversicherungen: Schweizer Rück, Münchner Rück, Hannover Rück, Öko-Ratings Clearly Canadian und Staatl. Mineralbrunnen (Nr. 144)

Russland: Irkutskenergo, Aeroflot; Neuemission Wedeco, Sunlive, Wisy, Kurssturz bei NEG Micon, Kenetech (Nr. 197)

Rüstungskonversion: DST Deutsche Systemtechnik GmbH, Mittenwalder Gerätebau GmbH; Polnische Pensionskassen, Hermerlin (Nr. 200)

Schiffbau: Bremer Vulkan AG, Kvaerner; Bienemann-Skandal, Planus Zahntechnik, VA Stahl (Nr. 97)

Schokolade: Barry Callebaut, Green & Black's, Hawaii Vintage Chocolate, Krasny Oktyabr, Lindt & Sprüngli AG, Neuhaus N.V., Stollwerck; Nordex-IPO, NAI-Profil Mayr-Melnhof Karton, United Nature Group (Nr. 232)

Schuhe: Timberland, Ryka, Schuhmanufaktur Reiter, Gea Shoes, Högl+Lorenz Shoe Group; Geest-Windpark GmbH, Success Group (Nr. 55)

Schweiz: Elco Looser, Kunert, Degremont, Sita, ABS, Biogrond (Nr. 4)

Shareholder Value: Shimano, Tomra Systems; Öko-Rating-Branchenanalysen, Keystone Energy Services (Nr. 164)

Sicherheitstechnik: Autoliv, Rosenbauer Int., Barringer Technologies, Detection Systems, Identix, Silent Witness; Naturstrom AG (Nr. 205)

Software: Microsoft, Oracle, Magic Software, Zitel, Yahoo!, Vocaltec u. a. Öko-Rating Energy Conversion Devices; Umweltfonds (Nr. 154)

Solarenergie: Alpha Solarco, Energy Conversion Devices, Öko-Rise 700, Photocomm, Spire (Nr. 23)

Spanien: Abengoa, Aguas de Barcelona SA, Befesa Medio Ambiente SA, Fundación Ecología y Desarrollo, Gamesa, Renta 4 Ecofondo FIM; Energiekontor -WSB- GmbH & Co. Wind-Solar-Bau KG, Sonne + Wind Beteiligungen (Nr. 227)

Spielzeug: Lego, Ravensburger, Revell, ASS, Murmel Spielwerkstatt, Brio, Hasbro, Mattel, Toys ›R‹ Us, Nintendo; Air-Tech (Nr. 77)

Sport: AFC Ajax, Borussia Dortmund KGaA, Bröndby IF, Celtic PLC, Grasshopper Fußball, Manchester United, Societa Sportiva Lazio SpA; NAI-Profil Gaiam, Phönix Sonnenstrom (Nr. 226)

Sprachen: Lernout & Hauspie Speech Products; Lingo Media; Systran SA; Euro-American Venture Capital Federation (Nr. 260)

Stiftungen: Dt. Stiftung für Umweltpolitik, Dt. Bundesstiftung Umwelt, Dt. Umweltstiftung, Umverteilen!, Volkswagen (Nr. 37)

Südafrika im Wandel: Eskom, Rustenburg Platin, Community Growth Fund; Pannon-Flax, Cacky-»Ethik-Depot«, Timberland (Nr. 58)

Tanküberwachung: Tank & Umwelt GmbH, M.A.X. Holding, Tanknology, Omega Environmental, Matrix Services; Öko-Rating Mineralbrunnen Überkingen-Teinach (Nr. 70)

Tee: Gepa, EZA, Eastern Highlands Plantation, Tanganda Tea, Celestial Seasonings, Lebensbaum U. Walter, Nur Natur Stillern Mooseuracher; Fakutech, Lyon Mountain Spring Water, Öko-Rating Mayr-Melnhof Karton (Nr. 78)

Telearbeit: Telegate AG; Hanf-Investments (Treuhanf, CGPR), Oekom Research, Rock Shox, AUGE Umwelt Holding, Plambeck (Nr. 195)
Telekommunikation: British Telecom, Öko-Rating Deutsche Telekom, Umweltfonds, Planus Zahntechnik (Nr. 116)
Themenparks: Euro Disney, Favori Dinlenme Yerleri, Mystery Park, Parc Astérix S.A., Walt Disney; Brandl Solar, Wind 7 (Nr. 219)
Thermalbäder: Bad Neuenahr, Bad Salzschlirf, Danubius Hotels, Jod-Thermalbad Endorf, Terme Catez; Swissca (Nr. 172)
Tiere: Zoolog. Garten Berlin, Petsmart, Veterinary Centers, Petco Animal Supplies; »Grünes Geld«-Kongress, BVT (Nr. 196)
Tierfutter: Agra Tagger, Eurofins Scientific, PetsMart, Purina Mills; Phönix Sonnenwärme, Sanotec, Venture Invest (Nr. 231)
Tourismus: Accor, Euro Disney, Club Med; Ökobank, EDCS, Balcke-Dürr (Nr. 39)
Transport: CSX, Nedlloyd, Danzas, Kühne & Nagel, Railtrack, NFC, Öko-Rating Eurotunnel; Novitec GmbH, Entecs-Warnung (Nr. 148)
Tschechien: Elektranry Opatovice, Moravia Glass, Praszka Teplarenska; Fainest/Fairest, »Öko-soziale« Versicherungen (Nr. 67)
Uhren: Bucherer, Citizen Watch, Fossil, Maddox Uhrenfabrik, Movado Group, Seiko, Swatch Group; Call A Bike, Elsbett, Energiekontor, Isofloc GmbH, Oekostrom, Ökologik Ecovest (Nr. 225)
Umweltberichte: (diverse Tabellen); Medipolan, Tagungsbericht Finanzierung und Umwelt, Öko-Rating Eurofima (Nr. 114)
Umweltfonds Skandinavien etc: Miljö-Invest, Aktier Miljö Denska Invest, Biosphere, Pierson Environment Growth (Nr. 25)
Umweltinvestmentfonds in D-A-CH-Lux; Oikos-Konferenz, Advatex (Nr. 18)
Umweltrecht: Foris AG; Abex GmbH, Abo Wind, Plambeck Neue Energien, Unit Energy Europe (Nr. 221)
Umweltverträglichkeitsprüfung: RPS Group, Grontmij, Fugro, B.A.U.M. EPAG; Öko-Rating Jenbacher, Carbike, Innova (Nr. 72)
Umweltzeichen: Blauer Engel, EU-Ecolabel, Hundertwasser etc.; Öko-Rating Seventh Generation; Ökom, Taz eG, SGS, Memtec (Nr. 146)
UNCED Rio 92: Merlin Int. Green Investment Trust, Tanknology Environmental (Nr. 15)
Ungarn: Zalakeramia, Fotex, Hungagent, Gar Agent, Ibusz; Ökom GmbH, Precious Woods, Sun Life Ecological Portfolio (Nr. 40)
US-Ethik-/Umweltinvestmentfonds; Surveillance, Vetropack, Frauenthal Keramik, Telfos AG (Nr. 10)
Venture Capital: AFW Alternative Fernwärme KG, B.A.U.M. Epag, Coopera, Ecovest Holding, Fainest/Fairest, Hermerlin Green Ventures, Media Oeko Invest, Ökologik, Ökom GmbH, tbg; Öko-Rating Omega Environmental (Nr. 106)

Verkehrsleitsysteme: Trafficmaster, Comroad, Tele Atlas, Skytelematics, M-Technologie Bet. AG; Neuem. Umweltkontor (Nr. 213)
Verlage: Dow Jones & Co, Taz, Ökotest-Verlag, Ökom GmbH, Öko-Invest-Verlag, Öko-Rating: Lösch Umweltschutz (Nr. 150)
Verlustbeteiligungen: Ökologische Briefe, Terra Vita, Ökom, Spörl Umwelttechnik, BTA; City Com Elekromobilfabrik (Nr. 51)
Verpackung: Sonoco Products, Schmalbach-Lubeca, Carnaud Metalbox, Saint Gobain; Resultat Leserumfrage (Nr. 30)
Versicherungen: Aetna, Secura, Versiko, VTZ; Kenetech, SBV-»Umwelt-Call«, RPS Group, Einsteigerportfolio (Nr. 47)
Vitamine: CIVC Industries, Nature's Sunshine, Naturade, NBTY; B.A.U.M. Epag; Mayr-Melnhof, Memtec, WMX Technologies (Nr. 131)
Währungen: BIZ, Europäisches Währungsinstitut; Öko-Rating Umweltanleihe, Hermerlin Öko-Beteiligungs-AG, Eco Licht (Nr. 132)
Wärmedämmung: Corticeira Amorim, Domo Contract Bauträger GmbH, Felco Holding, Heraklith Holding, Isofloc GmbH (Nr. 103)
Waschmittel: Henkel KGaA, Procter & Gamble, McBride, Sonett OHG; Neuemissionen: Triple Tree Trust, Interseroh (Nr. 163)
Wasserkraft: Wasserwerke Zug, KW Laufenburg, VKW, Verbund, Sachsen Wasserkraft; Öko-Rating Noranda Forest, Cacky-Skandal (Nr. 90)
Wasserreinhaltung: Ionics, Osmonics, Générale des Eaux, Hild Handels AG; Sunrise Medical (Nr. 11)
Wasserversorger: Aguas de Barcelona, American Waterworks, California Water Service, Générale des Eaux, Gelsenwasser, Thames Water, Wessex Water, Severn Trent; Öko-Rating New World Power, Energiekontor Wind-Solar-Bau KG (Nr. 94)
Wein: Robert Mondavi Winery, Brwon-Forman, BRL Hardy, Weingut S. Kuntz; NAI-Profil Transmeta; SAG, Sunways, Umweltkontor (Nr. 244)
Weltbank / GEF: IBRD, IFC, MIGA; Umweltfondsübersicht, Green Power (Warnung) (Nr. 166)
Weltbevölkerung: Condomi, Deutsche Stiftung Weltbevölkerung; Grau-grüne Liste, Konkurs Versicherungstreuhand Zürich AG i.K. (Nr. 217)
Werbung: König Kommunikation, Hunzinger Information, Umwelt-PR-Anbietertabelle; Öko-Investmentklub Austria ÖIAG 2 (Nr. 188)
Wertebergung: Odyssee Marine Exploartion, RMS Titanic, Seahawk Deep Ocean, Carribean Marine Recovery, WISI, Sea Explorer; Gerling-Konzern, Think Tools, Oekoland, Battery Technologies (Nr. 207)
Windenergie: Kenetech, New World Power, BVT, UWW GmbH, Nordwind GmbH u. v. a.; Umweltbank AG i.G., Corona Seniorenheim, Ifta, Oecono-

8.2 Die Autoren

Max Deml

Publizist, geboren 1957 in Bayern, seit 1979 wohnhaft in Wien, verheiratet, 2 Kinder.

Studium der Psychologie, Philosophie und Politikwissenschaft an den Universitäten Regensburg und Wien; seit 1990 Leiter des Forschungsinstituts für ethisch-ökologische Geldanlagen (Fifega) in Wien; seit 1991 Geschäftsführer des Öko-Invest-Verlags und Chefredakteur des Börsenbriefs Öko-Invest; Autor eines Handbuchs für kritische Aktionärinnen und Aktionäre (Widerspruch zu Protokoll!, 1989) und des Jahrbuchs »Grünes Geld« (seit 1990) sowie Kolumnist bei mehreren Umwelt- und Finanzzeitschriften. Er entwickelte 1997 den »Natur-Aktien-Index« (NAI).

Hanne May

Journalistin, geboren 1965 in Mainz, lebt in Wiesbaden.

Studium der Germanistik, Kunstgeschichte und Publizistik an der Universität Mainz; von 1993–2000 Redakteurin für eine Baufachzeitschrift, intensive Beschäftigung mit den Themen Nachhaltigkeit, Energieeffizienz, erneuerbare Energien und energiesparendes Bauen; von Februar 2000 bis Juni 2002 Redakteurin und stellvertretende Chefin vom Dienst des Anlegermagazins DIE TELEBÖRSE; redaktionelle Schwerpunktthemen: Bauindustrie, Energiewirtschaft und ethisch-ökologisches Investment; seit vielen Jahren in der Entwicklungspolitik und internationalen Kulturarbeit aktiv; Mitbegründerin eines Entwicklungshilfeprojektes in Bangladesch (Mati e. V.).

Für die Info-Grafiken und Charts bedanken wir uns bei *Kadja von Coester*, geboren 1963, Studium der Germanistik, Fotoassistentin, Buchhändlerin und seit 1996 Infografikerin für Wirtschaftsmagazine.

Stichwortregister

Energie ohne Ende
Werte schaffen
Mit Umweltkontor-Geldanlagen sichere Werte schaffen – für sich selbst, die eigenen Kinder und die Bewahrung der Natur.
Umweltkontor <blue> fonds: Renditen aus Wind, Sonne, Wasser, Biomasse.
UMWELT KONTOR ®
Renewable Energy AG
Brüsseler Allee 23
D-41812 Erkelenz
Hotline: 08 00/85 11 111
Telefax: 0 24 31/94 52-399
E-Mail: finance@umweltkontor.com
www.umweltkontor-finance.com

wir bauen im hauskonzept 81 FÜNF
häuser aus holz
investieren in ökologische Wachstumswerte
Sie interessieren sich für unser **ökologisches** Haus aus Holz in Niedrigstenergiebauweise oder wollen mit Aktien der GUMPP AG zukunftssicher und **ökologisch** in Wachstumswerte investieren - wir informieren Sie gern und unverbindlich.
Fordern Sie unseren Prospekt "Häuser aus Holz" an.
GUMPP AG
Häuser aus Holz
Hauptstr. 65 - 86637 Binswangen
Telefon (08272) 9985-0
Telefax (08272) 9985-25
http://www.gumpp.de
Email info@gumpp.de